LES
FORÊTS LORRAINES

JUSQU'EN 1789

Par Charles GUYOT,

PROFESSEUR A L'ÉCOLE NATIONALE FORESTIÈRE DE NANCY,
MEMBRE DE L'ACADÉMIE DE STANISLAS
ET DE LA SOCIÉTÉ D'ARCHÉOLOGIE LORRAINE.

NANCY
TYPOGRAPHIE G. CRÉPIN-LEBLOND
Passage du Casino

1886

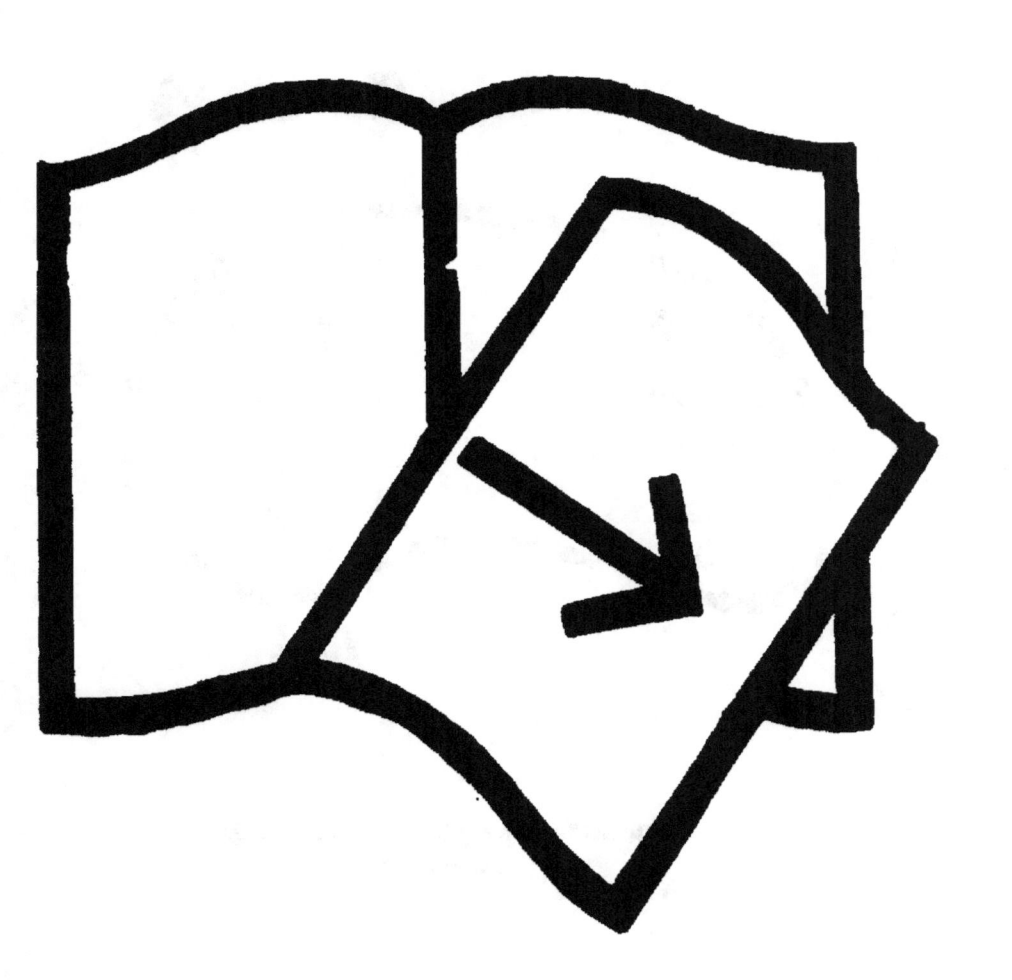

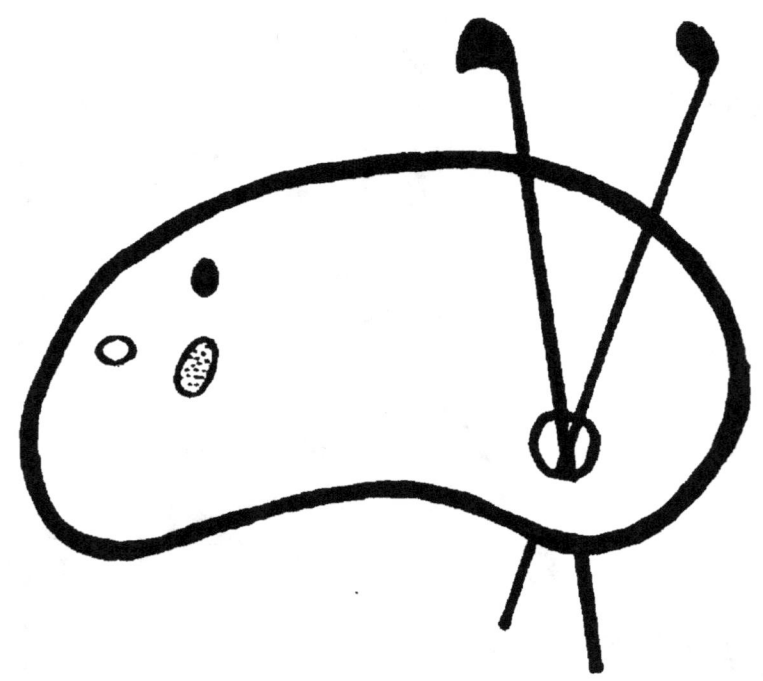

DEBUT D'UNE SERIE DE DOCUMENTS EN COULEUR

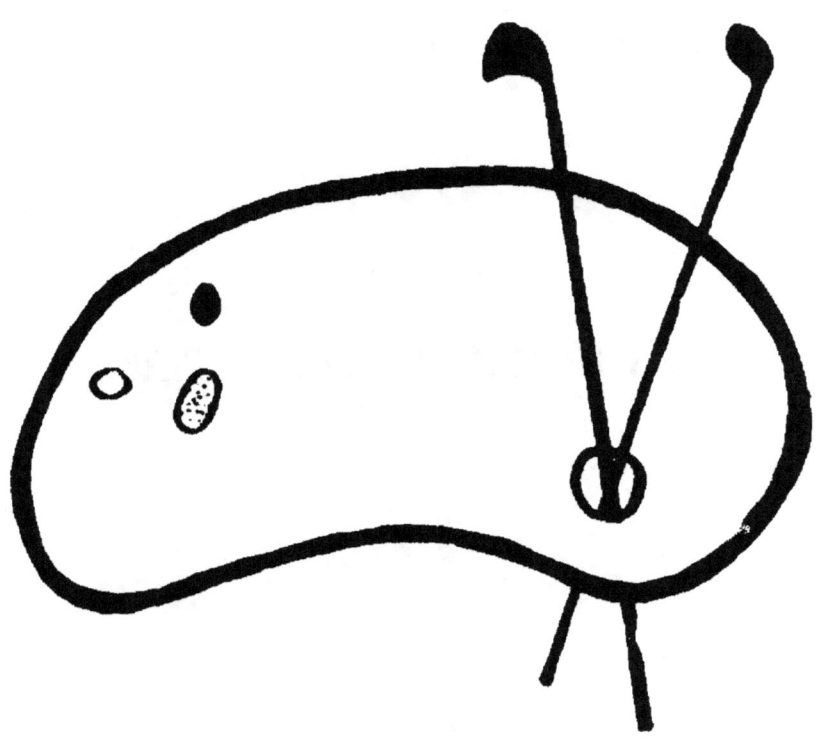

FIN D'UNE SERIE DE DOCUMENTS
EN COULEUR

LES FORÊTS LORRAINES

LES
FORÊTS LORRAINES

JUSQU'EN 1789

Par Charles GUYOT,

PROFESSEUR A L'ÉCOLE NATIONALE FORESTIÈRE DE NANCY
MEMBRE DE L'ACADÉMIE DE STANISLAS
ET DE LA SOCIÉTÉ D'ARCHÉOLOGIE LORRAINE

NANCY

TYPOGRAPHIE G. CRÉPIN-LEBLOND

Passage du Casino

—

1886

PRÉLIMINAIRES

Il y a longtemps déjà que M. Alfred Maury, dans un ouvrage remarquable, esquissait à grands traits l'histoire des forêts françaises ; le vaste programme qu'il traçait ainsi ne pouvait être rempli qu'à l'aide de monographies spéciales à nos diverses régions forestières. Jusqu'ici cependant, l'appel adressé par l'éminent auteur n'a pas trouvé beaucoup d'écho : on ne peut citer, à notre connaissance, comme histoires locales, que le livre de M. de Maulde sur la Condition forestière de l'Orléanais, et celui de M. L. Guiot sur les Forêts et les Bandites du Comté de Nice. Sans doute, M. Picard a publié sur le Charolais et l'ancien duché de Bourgogne des documents intéressants ; d'autres encore ont reproduit des fragments anciens se rapportant à la gestion forestière antérieure à 1789 (1). On peut dire néanmoins que les forestiers français se sont montrés en général peu soucieux d'étudier le passé du domaine qui leur est

---

(1) Voir notamment, dans la Revue des Eaux-et-Forêts, 1885, p. 337 et 391, deux articles de M. Ed. Vivier : *l'Administration des Eaux et Forêts dans le département du Gers, au XVIIIe siècle*.

confié, et qu'il reste beaucoup à faire dans cette branche intéressante de nos connaissances historiques.

Nous avions essayé de combler cette lacune, pour les anciens duchés de Lorraine et de Bar, tels qu'ils étaient constitués avant 1789, et nous avons fait remonter nos recherches aussi haut que possible, persuadé que bon nombre de problèmes agités de nos jours ne peuvent trouver leur solution que dans l'étude des origines, notamment dans la connaissance approfondie des premiers siècles du moyen-âge. Nos sources sont surtout les Archives de Meurthe-et-Moselle, si riches pour l'ensemble des départements lorrains, et dont l'accès nous a été rendu particulièrement facile, grâce à l'obligeance du savant M. Henri Lepage, auquel nous ne saurions trop témoigner notre reconnaissance. Nous avons aussi trouvé des documents importants, relativement aux forêts de la montagne, dans les Archives des Vosges; le fonds lorrain de la collection des Archives nationales a été par nous consulté avec fruit; enfin, plusieurs de nos collègues du service forestier ont bien voulu nous communiquer quelques pièces intéressantes qu'ils ont pu recueillir.

Nous avions d'abord pensé publier en notes, ne fût-ce que par extraits, les textes qui nous semblaient les plus remarquables : mais nous nous sommes vite aperçu que ce serait ainsi grossir démesurément le volume de notre ouvrage. Nous nous sommes donc contenté d'indiquer les sources, afin de permettre aux lecteurs de vérifier eux-mêmes ou de poursuivre leurs études sur les points qui les intéressent ; de plus, nous avons inséré *in extenso*, comme appendice à la fin de notre travail, quelques chartes ou documents qui nous ont paru particulièrement caractéristiques.

Embrassant dans cette histoire un intervalle d'au moins dix-huit siècles, il nous était impossible de suivre séparément chaque question depuis l'origine jusqu'aux temps actuels : nous avons dû, par conséquent, scinder notre récit en un certain nombre de périodes, formant autant d'époques suffisamment tranchées. La première va jusqu'au XIIe siècle ; nous y parcourons rapidement le temps des Gaulois et des Romains, où la pénurie de documents est fort grande ; mais nous pouvons déjà donner plus de détails sur l'organisation du pays à partir de l'occupation franke, d'autant mieux qu'alors se forment et s'implantent les institutions qui vont se développer pendant tout le reste du moyen-âge. Dans une seconde période, nous suivons l'histoire de la Lorraine pendant qu'elle est gouvernée par des ducs indépendants, jusqu'au milieu du XVIIe siècle où, à la suite des catastrophes sanglantes du règne de Charles IV, l'influence française devient définitivement prédominante. Cette partie est la plus considérable ; c'est d'abord la plus riche en documents de tous genres ; c'est aussi le moment de l'épanouissement complet des droits d'usage, l'époque où l'organisation administrative est le plus originale, et où le traitement des forêts est inauguré suivant un mode rationnel. Enfin notre troisième période s'étend jusqu'à 1789, dans des temps où la Lorraine ne s'appartient plus que nominalement, et depuis sa réunion à la France en 1766, pendant qu'elle participe à la vie commune de la patrie française ; c'est la transition entre le régime ancien et celui qui est appliqué de nos jours ; le sujet prend pour ainsi dire plus d'actualité et l'intérêt devient plus immédiat.

On remarquera, pendant cette longue suite de siècles, l'étroite relation qui existe entre les forêts et l'économie rurale. C'est au moyen-âge surtout que cette connexité est particulièrement remarquable, mais elle se poursuit encore maintenant. Aussi, c'est dans le cours de recherches sur la condition des classes rurales en Lorraine, que nous avons été conduit d'abord à recueillir quelques données sur les forêts ; puis, nos documents devinrent peu à peu tellement considérables, que cette partie de l'ouvrage ne rentrait plus dans les proportions de l'ensemble. Nous avons cru devoir l'en détacher et en faire l'objet d'une publication séparée, sans attendre le surplus, qui paraîtra quelque jour. Cette étude sur les forêts a été déjà partiellement insérée dans les Mémoires de la Société d'archéologie lorraine ; mais le volume actuel est plus complet, en ce qu'il contient toute la période moderne, et que nous y avons joint, sous forme de tables, de glossaire et d'appendices, ce qui peut en rendre la lecture plus fructueuse et plus facile.

Pour arriver à ce résultat, nous avons dû nous livrer à un travail long et souvent pénible ; aussi beaucoup peut-être seront-ils d'avis que nous aurions pu mieux employer nos forces, et que les efforts étaient hors de proportion avec le but à atteindre. Nous conservons pourtant cette illusion que nos études ont leur côté intéressant et utile : n'oublions pas que la forêt ne se crée pas en un jour, et que nous vivons aujourd'hui de l'épargne des siècles écoulés, profitant de la sagesse de nos devanciers, et subissant l'effet de leurs erreurs ; il faut donc qu'au moins l'histoire des derniers siècles ne nous demeure pas cachée. Nous souhaitons aussi que notre illusion soit partagée par beaucoup de travailleurs : qu'il se trouve quelqu'un pour continuer notre sujet pendant l'époque actuelle, et que, dans chaque région de la France, des recherches semblables aux nôtres soient entreprises et menées à bonne fin. Si ce livre peut donner à d'autres l'idée de marcher sur nos traces, nous nous estimerons suffisamment récompensé, et nous ferons des vœux pour que nos émules puissent réussir mieux que nous.

SOMMAIRE

LIVRE I. — LES FORÊTS JUSQU'AU XIIe SIÈCLE.
(Périodes gallo-romaine et franke).

CHAPITRE 1er. — *Période gallo-romaine.*

Situation du territoire lorrain du temps des Gaulois. Organisation romaine ; la *Sylva cosagus* appartient au fisc : forêts des domaines ruraux (P. 1-4).

CHAPITRE 2. — *Période franke.*

Composition de la villa franke ; les forêts font partie du manse dominical ou terre salique. Droits des habitants du domaine dans la forêt du seigneur, origine des usages de l'époque suivante. Concessions au profit de maisons ecclésiastiques. Exploitation des forêts, essartements. Situation particulière des forêts de montagne (P. 4-20).

Surveillance et répression des délits ; les lois barbares modifiées par les coutumes locales. Constatations des forestiers, jugement par le plaid ou la Cour du seigneur (P. 20-23).

Répartition des essences. Droit de chasse ; les *forestæ*. Droit de pêche, pêcheries (P. 23-31).

LIVRE II. — LES FORÊTS DEPUIS LE XII° SIÈCLE JUSQU'AU MILIEU DU XVII° (Périodes féodale et ducale).

CHAPITRE I". — *Répartition générale des forêts sur le territoire. Distribution par nature de propriétaires. Populations forestières.*

Difficultés de la topographie forestière ; distinction entre la plaine et la montagne ; époques différentes de colonisation. Les acensements de la montagne vers le xii° siècle et les défrichements qui en résultent. L'étendue des forêts de plaine ne varie pas sensiblement depuis le xvi° siècle, (P. 32-35).

Principales essences ; décroissance du chêne dans la montagne, raison de ce phénomène (P. 35-38).

A l'origine, toutes les forêts importantes appartiennent au duc et aux seigneurs. Augmentation du domaine ducal par les *accompagnements* consentis avec les maisons religieuses, par les acquisitions nécessaires pour le roulement des salines (P. 39-43).

Formation des forêts de communautés, à dater des chartes d'affranchissement ; elles proviennent toutes du domaine ducal ou seigneurial ; accroissements ultérieurs par acensements ou amodiations. Intervention du seigneur dans l'administration des bois communaux, notamment en cas de défrichement : défense d'aliéner, triage, tiers denier (P. 43-50).

Rareté, jusqu'au xvi° siècle, des forêts de particuliers (P. 50).

Causes générales de variations dans l'étendue des surfaces boisées : l'industrie et l'agriculture. Les salines et les mines. Les verreries ; importance de cette industrie, essartements des verriers (P. 51-55).

Le déboisement est dû surtout à l'extension de l'agriculture aux dépens des forêts de montagne. Droit d'essartement des habitants dans les bois de la communauté ; ses conséquences sont peu sensibles. Acensements accordés à titre privatif, dans la montagne et dans la Vôge, aux xv⁰ et xvi⁰ siècles ; leur importance. Législation sur les aliénations du domaine (P. 56-62).

Les populations forestières. Situation spéciale des terres de l'abbaye de Remiremont ; mairies et foresteries. Les arrentés, les ecclésiaux. Venairies de la Vôge. Hommes restaurables ou hommes de fer. Condition des personnes dans les populations forestières ; la mainmorte au moyen-âge ; tous les arrentés ne sont pas mainmortables ; adoucissements progressifs de la mainmorte, dans la montagne comme dans la plaine (P. 62-69).

CHAPITRE 2. — *Droits d'usages dans les forêts.*

Rappel de la répartition des propriétés boisées ; différence entre le censitaire et l'usager (P. 70-71).

Les chartes de franchise des xii⁰ et xiii⁰ siècles ne créent pas les droits d'usage ; quels que soient leurs termes, elles ne font que confirmer des droits antérieurs. Cas exceptionnels dans lesquels des concessions usagères ont pu être faites dans le cours du moyen-âge. Les usages ont-ils pu se créer en Lorraine par la simple possession ? Les usages au profit des communautés de campagne sont les plus fréquents ; autres usages au profit de couvents, de simples domaines, ou accessoires à des acensements consentis en faveur d'industriels (P. 71-77).

Difficultés pour l'appréciation des chartes anciennes. L'usage est-il un droit ou une tolérance ? valeur de la clause de *bon plaisir*. Les habitants sont souvent qualifiés usagers dans des bois appartenant à leur communauté en propriété pleine. Différence entre un contrat d'acensement, une translation de propriété pleine, et une simple constitution d'usage. Sources de la matière : les titres et les Coutumes (P. 77-80).

De la *délivrance*, considérée comme obligation caractéristique de l'usage ; son ancienneté. *Assignal* pour les gros bois ; distinction en cette matière des rapailles et banbois de la montagne. L'assignal est remplacé par une réglementation analogue, pour les usages de peu d'importance.

Variété des formes de la délivrance : par arpents, par pieds d'arbres, etc ; délivrances tacites. En Lorraine, la délivrance n'était pas constatée par acte écrit (P. 80-85).

Défense de séparer le droit d'usage de l'habitation dans la seigneurie ; assimilation de l'usage, au XVIe siècle, à une servitude prédiale. Prohibition très fréquente d'aliéner les produits délivrés ; exceptions (P. 85-87).

Redevances usagères. Elles se confondent pour partie avec les redevances et les services des tenures ; l'usager ne paie séparément que des taxes très modiques, au moins pour les produits ligneux. Relèvement sensible du taux des redevances à partir du XVIe siècle. Redevances en argent ou en nature. Usages sans redevances. Distinction entre la redevance usagère et le prix des bois payé par les amoisonnés (P. 87-91).

Usages du comté de Dabo ; forment-ils une classe spéciale ? Aux caractères essentiels des usages ordinaires, il faut joindre la condition de la filiation bourgeoise (P. 91-92).

Les autres obligations de l'usager ont été formulées vers l'époque de la Renaissance, comme conséquence de l'application du droit romain aux contrats d'origine germaine. Assimilation de l'usage à une servitude réelle. Obligation de jouir en bon père de famille, ses effets (P. 92-94).

Sanction des obligations de l'usager : amende de gruerie ; résolution possible du droit. Modes d'extinction laissés à l'initiative du propriétaire : apportionnement ou règlement de l'usage, ayant pour but d'en concentrer l'exercice sur une partie de la forêt ; cantonnement, ayant pour effet de dégrever la forêt entière. Ces deux procédés ont été employés concurremment en Lorraine (P. 94-99).

Détails sur les différentes espèces d'usages au bois. Affouage ; bois mort et mort-bois, bois de charbon. Maronage ; chablis et bois de débit. Usages pour objets déterminés : instruments d'agriculture, échalas, bardeaux, clôtures (P. 99-104).

Usages au pâturage : leur importance et leur ancienneté. Différence entre la vaine pâture en forêt, et la vive pâture ou paisson. Dispositions coutumières sur la vaine pâture ;

elles sont applicables en forêt, pourvu que le canton soit *défensable* et qu'on se trouve hors le temps de paisson. Délits de pâturage (P. 105-109).

Paisson ou glandée, son importance, ses restrictions. Limitation du nombre des porcs, exclusion des bestiaux de commerce. Epoques de paisson et de recours. Redevances (P. 109-113).

Dispositions relatives aux moutons et aux chèvres (P. 113).

Conclusion : importance des droits d'usage pour le paysan (P. 114-115).

Chapitre 3. — *Organisation administrative; répression des délits.*

Origines de l'organisation administrative ; les forestiers des justices rurales ; les forestiers des seigneurs (P. 115-117.)

Administration des forêts ducales. Confusion primitive des offices forestiers avec ceux des prévôts ou des receveurs du domaine. Formation des grueries ; officiers qui les composent : gruyer, contrôleur, arpenteur ; recrutement de ces fonctionnaires. Grand gruyer ; commissaires extraordinaires. Chambres des Comptes. Fonctions respectives. Nomination et attributions des gardes. Rémunération des offices : gages en argent, allocations en nature, affouages. Abus et malversations (P. 117-128).

Etendue de la compétence des grueries ducales en dehors des bois du domaine : distinction entre les seigneuries et communautés qui font partie des hautes justices du domaine, ou qui sont soumises à d'autres seigneurs hauts justiciers. Droit de réglementation du haut justicier sur les bois de communautés enclavées dans sa haute justice ; conditions d'application des ordonnances ducales. Conséquences de cette situation pour l'administration des forêts communales : nomination des gardes ; intervention du seigneur pour autoriser toutes les mesures intéressant l'avenir ; des *embanissements*. Les communautés lorraines ne sont pas en tutelle pour la gestion de leurs forêts (P. 129-137).

Forêts des communautés ecclésiastiques : leur administration: *taix* à court terme dont elles peuvent être l'objet (P. 137-138).

Répression des délits dans les forêts seigneuriales. Notions sommaires sur les justices rurales (P. 139-140).

Compétence des grueries pour les forêts du domaine et celles des communautés comprises dans les hautes justices ducales. Assises du grand gruyer. Procès au sujet des anticipations ; abornements et bordures. Fonctions de constatation des gardes pour tous délits ; leur responsabilité pénale. Formes de la constatation : les *rapports*, délais ; droit de chaque propriétaire de « faire reprise sur le sien ». Obligation de prendre un gage sur le délinquant. Foi due aux rapports: dans quels cas la preuve contraire est admise ; de l'*attronchement*. Procédure forestière (P. 140-150).

Tarifs de peines en matière forestière ; leur variété. L'amende, peine principale. Classification des délits d'après les ordonnances ducales. Délits de pâturage : par échappée ou de garde faite. Délits de bois : amende fixe, circonstances aggravantes ; élévation des amendes au xviie siècle, elles deviennent proportionnelles à la valeur du bois enlevé. Amendes dans les bois de communautés ; amendes des bois embannis. Délits d'écorcement et d'essartement ; responsabilité des adjudicataires. Recouvrement de l'amende par les juges seigneuriaux et ducaux. Attribution des condamnations pécuniaires : amendes et réparations ; prélèvement au profit du garde rapporteur (P. 150-154).

Cas exceptionnels dans lesquels il y a confiscation. Défense aux gruyers de modérer les peines ; transactions après jugement. Rareté des peines corporelles : contre les insolvables, l'emprisonnement est à la fois une peine et un moyen de contrainte. Contrainte par corps contre les solvables. Conclusion (P. 155-157).

CHAPITRE 1. — *Exploitation et traitement des forêts.*

Sources et difficultés de la matière. Classification des produits forestiers : ligneux et non ligneux. Importance relative des produits non ligneux au moyen âge. Essaims, miel et cire. Carrières, meules. Des paissons ; adjudication des glandées, variations dans le produit ; mesures tendant à la protection du gland ; règles de police. Pâturage des *Chaumes* vosgiennes : analogies et différences avec le pâturage en forêt (P. 157-162).

Modicité du revenu provenant des produits ligneux, au xv° siècle. Comment se consomment les gros bois : délivrances aux usagers, réparation des *usuines* du domaine, bois de construction aux habitants des communautés (P. 162-164).

Forme des aliénations de produits au xv° siècle : prépondérance de l'*amoisonnement* ou *affortage* sur la vente proprement dite ; caractères différents. Amoisonnés au chauffage ; amoisonnés au bois de travail ou d'industrie, leur importance, variété des métiers forestiers ; assiette et nature des redevances. Dangers des amoisonnements, pour le propriétaire de la forêt, abus possibles, restrictions graduelles imposées à partir du xvi° siècle (P. 164-168).

Utilisation des bois de service non délivrés : importance des scieries pour cet objet. L'origine de la scierie vosgienne n'est pas connue, son ancienneté. Redevances des *scies* acensées · tantôt simples reconnaissances de prise d'eau, tantôt paiement du droit de prendre en forêt les arbres nécessaires au roulement. Scies usagères. Scies marchandes ; forme des adjudications, amoisonnements. Débit approximatif des scies au xvi° siècle (P. 169-173).

Introduction de la vente proprement dite, au xvi° siècle. On vend successivement la *souille* par petits lots, puis les arbres. Les adjudications de souille sont les plus importantes. Les ventes des arbres, par pieds, ne comprennent, dans les forêts feuillues, que les châblis et bois dépérissants. Ventes de sapins au pied d'arbre, pour les scieries ; ventes par troncs ou au cent de planches. Rareté des ventes en gros, pour la souille ou pour les arbres. Les ventes après façon sont exceptionnelles ; vente à l'unité. Produits accessoires : ils sont ordinairement amoisonnés ; exception pour les *soucquettes* et le bois de charbon (P. 173-180).

Formalités des ventes : publicité, adjudication sur la

coupe même, frais ; époque des ventes. Délais de coupe et de vidange ; sanction en cas de retard. Règles pour l'exploitation (P. 180-183).

Prix des différents produits forestiers : difficultés d'appréciation, à cause de la rareté du commerce des bois. Les prix de vente peuvent être confondus souvent avec les redevances usagères ; taxes de *gruyage* des sapins. Bois de chauffage, frais d'exploitation et de façonnage ; le prix de l'arpent de chauffage, vendu sur pied, est essentiellement variable ; prix de la corde et du cent de fagots déduits des taxes de denrées de la ville de Nancy ; produits accessoires. Bois de service ; commerce des planches de sapin : flottage des planches, péages. Mauvais état des rivières pour le flottage des charpentes ; usage des traineaux en montagne. Importance de l'exportation des bois de Lorraine jusqu'en Hollande (P. 186-192).

Peut-on indiquer approximativement le revenu en argent des forêts lorraines ? complexité de la question ; extraits des comptes de quelques grueries importantes. Exemples de ventes de forêts en fonds et superficie (P. 190-192).

Traitement des forêts feuillues avant les règlements du xvi⁰ siècle : jardinage ; les termes de futaie et de taillis ne doivent pas être entendus dans le sens actuel. Jardinage des résineux. Valeur des termes de banbois et rapailles, en ce qui concerne le traitement des sapinières. Rareté des massifs pleins de haute futaie (P. 192-197).

Ordonnances de règlement du xvi⁰ siècle : leur préambule, leur originalité. Bois feuillus : formation de contrées ou séries, fixation de la révolution et plan de balivage. Auparavant, la durée de la révolution n'est pas réglée. Révolutions normales pour les bois du domaine et des communautés : le *tire-et-aire* inconnu en Lorraine. Plans de balivage antérieurs au xvi⁰ siècle : ils tendent à former des peuplements très riches en futaies, sauf éclaircies au moyen de coupes extraordinaires ; autres balivages moins riches en futaies : on les distingue par les noms de haute et moyenne futaie, grand et petit taillis. Les règlements du xvi⁰ siècle n'innovent pas en cette matière. Point de mise en règle pour les résineux ; conseils sommaires donnés aux gruyers pour la désignation des *marches* de scieries ou la suspension des exploitations. Opérations de culture : recépages, nettoiements, élagages. Conclusion : absence d'aménagements proprement dits, brièveté des révolutions, rareté des futaies pleines (P. 197-207).

Chapitre 5. — *Chasse et pêche.*

Importance de la chasse au moyen-âge. Le seigneur foncier n'en a jamais conservé le monopole. Garennes. Chasses seigneuriales ou *haute chasse* ; concessions particulières du droit de chasse. Exercice de la chasse par les tenanciers du ban, ressemblance avec les droits d'usage ; variétés et restrictions ; locations de la petite chasse. Réglementation étroite des chasses dans le cours du xvi° siècle, caractère et motifs. Peines des délits de chasse. Procédés de chasse : corvées des tenanciers pour la chasse à courre. Fauconnerie. Espèces de gibier ; les ours dans les Vosges. Organisation de la vénerie ducale ; peu d'importance de la louveterie. Les *Meutes et vèneries* de Jean de Ligniville (P. 207-221).

La pêche dans les eaux courantes ; analogies avec la chasse et avec les usages forestiers. Pêcheries bannales des seigneurs ; droits de jouissance des tenanciers ruraux ; concessions de pêche. Les droits de pêche des habitants n'ont pas été restreints au xvi° siècle. motif. Règlements de pêche, sanction. Procédés de pêche, espèces de poissons. Les étangs, leur création au moyen-âge, corvées pour leur entretien. Exploitation des étangs : locations, ventes de la pêche des étangs du domaine ; prix du poisson. Le poisson de mer au moyen-âge (P. 221-233).

Conclusion : relations du paysan avec les forêts et les eaux, pendant cette période (P. 233-234).

LIVRE III. — LES FORÊTS DEPUIS LE MILIEU DU XVIII° SIÈCLE JUSQU'EN 1789 (Période française).

CHAPITRE 1ᵉʳ. — *Variations dans la consistance des forêts. Droits d'usages.*

Effets des guerres du xvii° siècle sur l'étendue et la composition des massifs boisés. Acensements du domaine sous le règne de Léopold ; législation domaniale jusqu'en 1789 (P. 235-238).

Règlements relatifs aux usagers ; restrictions de jouissance ; redevances usagères ; modes de délivrance. Limitation du nombre des feux ; extinction du droit par cantonnement ou rachat. On ne crée plus de nouveaux usages (P. 238-244).

Effets des guerres sur les industries forestières. Décadence des verreries de la Vôge, création d'usines nouvelles. Les affectations : différence avec les droits d'usage. Etablissements métallurgiques. Salines : augmentation progressive de la production, conséquence pour les forêts. Plaintes, au xviii° siècle, au sujet de la disette du combustible ; commencement d'utilisation de la houille (P. 245-250).

Superficie des forêts domaniales vers 1750. Contenances approximatives des forêts des communautés laïques ou ecclésiastiques, des forêts seigneuriales (P. 250-252).

Etude spéciale du droit de tiers denier. Son ancienneté, son importance pour le trésor ducal, dès le xvii° siècle. Il s'applique généralement aux bois des communautés, exceptionnellement à des bois possédés par les seigneurs. Tiers denier dans les domaines engagés. Les seigneurs perçoivent le tiers denier sur les communautés de leurs hautes justices. Extinction du droit au moyen d'un triage. Législation sur le tiers denier ; ordonnance de 1664 et règlement de Léopold ; conclusion sur la nature du droit (P. 253-260).

Variations dans la répartition des essences forestières ; état climatérique (P. 260-262).

Chapitre 2. — *Grueries et maîtrises ; leurs attributions.*

Organisation administrative pendant l'occupation française. Léopold rétablit les grueries et Stanislas les maîtrises. Personnel de surveillance. Les forestiers déchargés des fonctions de comptabilité. Administration supérieure : commissaires réformateurs, puis grand maître. Bureau des Eaux-et-forêts, puis Conseil des finances (P. 262-268).

Surveillance des officiers du domaine sur les bois des communautés et des particuliers. Distinction essentielle suivant que ces bois se trouvent ou non situés dans les hautes justices du domaine. Gestion des forêts appartenant aux ecclésiastiques ; de celles des communautés laïques. Bois des particuliers autres que les hauts justiciers (P. 268-274).

Emoluments des officiers ; les gages et le casuel. Les charges forestières transformées en offices, viagers ou héréditaires (P. 274-281).

Fonctions judiciaires des grueries et des maîtrises. Modifications quant à la hiérarchie des tribunaux d'appel, et quant à la composition du siège (P. 282-285).

Procédure et pénalités (P. 285-288).

Chapitre 3. — *Exploitation et traitement des forêts.*

Gestion forestière. Les produits autres que le bois n'ont plus la même importance qu'autrefois : recettes de pierres, ventes de la glandée, amodiation des herbes ; prospérité des chaumes vosgiennes. Produits ligneux ; les délivrances sont moins nombreuses que précédemment : bâtiments domaniaux, service de la marine, usagers, affectataires (P. 288-293).

Fin des amoisonnements. Pour les forêts résineuses, l'amodiation des scieries constitue un mode spécial d'utilisation des produits : scies marchandes, usagères ou particulières (P. 293-300).

Ventes par adjudication ; leur importance progressive. Ventes de souilles à l'arpent ; augmentation de l'étendue des coupes ; prix de l'arpent et de la corde. Ventes de futaies au pied d'arbre ; châblis ; bois façonnés, prix du façonnage (P. 300-305).

Rendement en argent des forêts domaniales. Valeur des forêts en fonds et superficie P. 305-306).

Règlements sur la forme des ventes, les conditions d'exploitation et de vidange P. 306-309.

Ventes dans les bois des communautés ; distribution de l'affouage communal (P. 309-312).

Extension du commerce des bois ; amélioration des voies de communication, voies fluviales. Commerce avec l'étranger (P. 312-315).

Modes de traitement des forêts au XVIII° siècle. Forêts feuillues : rétablissement des *assiettes* après la période des guerres ; augmentation de la durée des révolutions, plans de balivage abandonnant à l'exploitation une partie des futaies existantes ; constitution de séries nouvelles ; rareté des coupes extraordinaires (P. 315-327).

Forêts résineuses : coupes jardinatoires sur toute l'étendue de la forêt ; formation des séries ; coupes dites de *nettoiement* dans les forêts en mélange. Rareté des documents applicables aux règlements des forêts de la montagne. Caractères de la coupe par pieds d'arbres et par classes : résultats de ce *jardinage composé* (P. 327-333).

CHAPITRE 4. — *Chasse et pêche.*

Changement important dans la nature du droit de chasse : il devient droit régalien. Les *plaisirs*, les capitaineries de chasse. Les seigneurs hauts justiciers partagent la chasse avec les possesseurs de fiefs, en vertu de l'octroi du souverain. Droit de suite. Contrats de transmission perpétuelle du droit de chasse ; permissions et amodiations (P. 334-337).

Entraves considérables à la chasse des roturiers. Maintien des corvées de chasse (P. 337-339).

Règles de police pour l'exercice du droit de chasse. Constatation et poursuite des délits ; pénalités (P. 339-340).

XVIII

Louveterie et destruction des animaux nuisibles (P. 340-342).

Droit nouveau relativement à la propriété des cours d'eau et à la pêche ; rivières navigables. Pas de changement dans la nature du droit de pêche, pour les seigneurs et les particuliers. Acensements et amodiations des pêcheries domaniales et seigneuriales. Maintien des droits de pêche des communautés. (P. 342-345).

Règles de police pour l'exercice du droit de pêche. Constatation et poursuite des délits ; pénalités (P. 345-347).

Etangs. Police des cours d'eau en dehors de la pêche (P. 347-348).

CONCLUSION. — Principales étapes de l'histoire forestière en Lorraine, depuis le moyen-âge jusqu'à l'époque contemporaine (P. 349-351).

LES
FORÊTS LORRAINES

LIVRE I. — Les forêts jusqu'au XIIe siècle.

Chapitre 1er. — *Période gallo-romaine.*

L'histoire nationale, si obscure pendant les premiers siècles de notre ère, est encore plus indécise pour les temps qui précèdent l'arrivée des Romains. Dans la Belgique, comme dans le reste des Gaules, nous savons que le territoire était divisé entre des peuplades à peu près indépendantes les unes des autres, telles que les Leukes, les Médiomatrices et les Verodunenses, dans la Lorraine propre. Les villes étaient très rares, et la population, fort clairsemée, était disséminée dans les campagnes. On peut supposer qu'alors les forêts couvraient la plus grande partie du territoire, aussi bien dans la plaine que dans la montagne. Ces forêts appartenaient indivisément à tous les membres de la tribu, car les Gaulois commençaient à peine la culture agricole, et constituaient, principalement dans le nord, un peuple pasteur, habitué à parcourir de vastes espaces. Cette vie semi-nomade n'exigeait ni routes ni chemins, et, à la suite de leurs troupeaux ou pour les besoins de la chasse, les Gaulois pénétrèrent jusqu'aux cimes des Vosges, où l'on rencontre de nombreux témoignages de leur culte et de leurs habitations. Dans des parties de la province qui, maintenant encore, possèdent de nombreuses forêts, dans le pays de Dabo et près des sources de la Sarre, on a retrouvé des *dolmens*, des enceintes sacrées de pierres sans ciment, des bas-reliefs de divinités, qui prouvent, sinon une installation sédentaire, du moins une fréquentation certaine antérieure à l'époque romaine (1).

Les siècles qui suivirent la conquête de Jules César produisirent jusqu'au fond de la Gaule de profondes transformations. Les populations, considérablement accrues, devinrent complètement agricoles; de nombreuses *villæ*, dont on exhume si fréquemment des vestiges, eurent pour effet le déboisement de la plaine, au profit des cultures permanentes. Il n'en fut pas de même dans la montagne, où les Romains n'étendirent jamais leur domination d'une manière aussi complète : ils se bornèrent, en effet, à percer au travers de la chaîne des Vosges de grandes voies militaires pour assurer leurs communications avec le Rhin, sans coloniser cette partie de la province, qui demeura sans changements notables, telle que l'avaient laissée les Gaulois.

(1) H. Lepage, *Statistique de la Meurthe*, v° *Abreschwiller*. *Communes de la Meurthe*, v^{is} *Dabo, Phalsbourg, Hasselbourg.*

La *sylva vosagus* appartenait au fisc, comme toutes les terres vacantes, et probablement il en était de même des grands massifs de bois qui furent conservés dans la plaine (2). Le surplus du domaine forestier, les parcelles moins importantes à proximité des habitations, étaient englobées dans les *villæ* voisines, qui constituaient, comme on sait, autant d'exploitations agricoles, où un petit nombre d'hommes libres commandaient à des troupes nombreuses d'esclaves et de colons.

Il n'y avait donc alors, pour nous servir de termes modernes, que deux genres de propriétés forestières : les unes à des particuliers, possesseurs des *latifundia* qui partageaient le sol ; les autres à l'Etat, qui, sans doute, n'en retirait pas grand profit. Quant aux cités, peu nombreuses et peu importantes, il n'est pas présumable qu'elles aient eu dans leur patrimoine des forêts considérables ; du moins on ne saurait comparer, pour la richesse et la population, les petites villes de la Belgique aux grandes agglomérations du midi : Metz seule pourrait faire exception à cet égard. Enfin, nous manquons de détails sur l'administration forestière romaine ; il existait certainement des magistrats et des officiers chargés de la gestion des *saltus publici* et de la surveillance générale, mais ce service devait être dirigé, moins en vue d'utiliser les produits, alors sans valeur, que de favoriser le pâturage et empêcher la dévastation du sol.

A dater du IVe siècle, la prospérité décline et la population décroît. Sous l'influence des guerres fréquentes et de l'augmentation des impôts, les proprié-

(2) Digot, Hist. d'Austrasie, II, p. 125.

taires abandonnent leurs biens, qui vont grossir les immenses domaines du fisc impérial. Une grande partie de la législation de l'époque est consacrée à mettre en valeur ces terres et à les peupler de gré ou de force. Dans ce but, des peuplades germaines furent peu à peu transplantées au milieu de l'ancienne race gallo-romaine, et c'est ainsi que se prépara, lentement et insensiblement, l'installation complète des Franks sur notre sol.

Chapitre 2. — *Période franke*.

On peut faire commencer au ve siècle cette époque remarquable, pendant laquelle la situation des campagnes subit de profondes modifications, qu'il nous faut exposer au moins sommairement, en ce qui concerne notre étude spéciale. La condition des personnes influa directement sur l'état des terres, et, comme la culture agricole avait alors avec la forêt des relations très intimes, il en résulta pour la propriété forestière des conséquences importantes.

Sous les Romains, la *villa* ou domaine rural est habitée par des colons et des esclaves, le maître seul est un homme libre, pouvant disposer à son gré de toutes les parties de sa terre, qui n'est grevée d'aucun droit au profit de ceux qui la cultivent. L'immigration germaine se fit surtout aux dépens des bois vacants et des possessions fiscales, que se partagèrent les nouveaux arrivants ; tous libres et égaux, ils s'attribuèrent des lots plus ou moins étendus, suivant leurs grades dans l'armée, et, quittant l'épée pour la charrue, vinrent se fixer sur leurs nouveaux domaines. Toutefois, un changement important ne tarda pas à se produire. Les anciens chefs de bande formèrent une aristocratie territoriale devant laquelle disparurent promptement les petits propriétaires libres. De gré ou de force, ceux-ci ne tardèrent pas à abandonner leurs possessions à leurs puissants voisins, et, par une remarquable interversion du droit antérieur, à cultiver comme serfs le lot qu'ils détenaient comme propriétaires libres. Parallèlement, dans les domaines gallo-romains, les esclaves s'élevaient jusqu'au servage. Quand cette double évolution en sens inverse se fut accomplie, la constitution de la *villa* fut identique dans toute la province, quelle que fût l'origine de ses possesseurs. Le maître ou seigneur resta seul propriétaire, mais les tenanciers, bien différents des esclaves romains, furent des serfs jouissant de droits définis, cultivant chacun leur lot distinct, moyennant des redevances et des services déterminés dans la coutume ou loi de la terre.

Il est facile de se faire une idée de cette organisation rurale, car la constitution intérieure des domaines est partout identique, non seulement dans le pays qui devait plus tard former la Lorraine, mais encore dans tout le nord et l'est de la Gaule (3). C'est le système des *manses* qui devait persister jusqu'au xii° siècle, et dont les effets remarquables se font sentir pendant tout le moyen-âge. Le seigneur a divisé sa terre en deux parts : l'une, qu'il s'est réservée pour l'exploiter directement, se nomme le *manse dominical* ou *terre se-*

---

(3) Voir notamment Guérard, *Prolégomènes du Polyptyque d'Irminon*, passim.

lique (4), l'autre est distribuée en tenures à des conditions invariables. Chaque manse servile est cultivé par une famille qui doit en même temps des corvées au seigneur pour les travaux du manse dominical, et qui jouit en échange de droits d'usage importants sur lesquels nous aurons occasion de revenir. Il en résulte une certaine communauté d'intérêts entre le maître et ses tenanciers, une situation favorable pour tous, qui eut pour conséquence un vif essor de l'agriculture et un accroissement rapide de la population.

L'étendue de ces domaines est fort variable suivant les lieux : on la détermine habituellement par le

(4) Les termes : *mansus dominicatus* ou *indominicatus*, *curtis*, *terra salica*, sont synonymes et désignent la part que s'est réservé le propriétaire pour son exploitation directe. Ainsi : « Debent autem servi *curtem indominicatam* muro circumdare. » (Charte de Chrodegang pour l'abbaye de Gorze, 765, D. Calmet, II, Preuves, col. cv et cvi). — « *Mansum indominicatum* cum terris sibi subjectis. » (Donation d'Hedwide à la même abbaye, 939, *Hist. de Metz*, III. Pr. 69. — « Dedit in Vilre duos mansos cum *salicá terrá* et sylvá » (Charte du pape Alexandre III pour Bouzonville, 1179, Calmet, VI, Pr. xlc).

Ce terme *terre salique* vient de l'allemand *sal*, *sala*, qui désigne la maison, la *salle* couverte où se tiennent les plaids, où se rend la justice de la terre. Voir Hanauer, *Cours Colongères*, p. 34-49. C'est ce qu'indique bien le passage suivant : « Super addimus *judiciarium* mansum. » (Charte de Godefroy de Bouillon pour St Dagobert de Stenay, 1069, Calmet, II pr. ccoxlii). D'après le droit barbare, les femmes étaient exclues de la succession de cette terre, parce qu'un homme pouvait seul, à l'origine, remplir les obligations qui s'y trouvaient attachées. On en a fait plus tard une application au droit public de la monarchie, la loi salique, pour l'exclusion des femmes au trône de France.

nombre de manses tributaires qu'ils contiennent. Trente manses peut être considéré comme un chiffre moyen. Chacun de ces manses se compose surtout de terres arables, d'un peu de pré, parfois de parcelles de vigne et de quelques bois taillis : c'est la quantité jugée nécessaire pour faire vivre une famille ; elle varie nécessairement suivant la localité, soit de 5 à 10 hectares. Il est bien plus difficile de se rendre compte de l'importance du manse dominical. Il comprend d'abord de grandes pièces de terre réunies autour du manoir, puis des vignes et des prairies, des terres vagues et des pâturages, enfin de vastes forêts. Nulle part les titres n'évaluent exactement ces différentes parties : ils disent, par exemple, que les terres exigent 140 mesures de semence, que les vignes peuvent produire cent mesures de vin, les prés 20 chars de foin, et que, dans la forêt, 700 porcs trouvent leur nourriture. Si l'on traduit ces estimations en contenances approximatives, on voit que la part du seigneur est au moins égale à celle des tenanciers, pour les terres en culture ; quant à la forêt, elle est toujours hors de proportion avec le reste et représente parfois avec les pâturages les neuf-dixièmes de la surface totale (5). On se fera d'ail-

(5) Un fait essentiel à remarquer dans la constitution des domaines, c'est que le manse seigneurial contient proportionnellement très peu de terre arable contre de très vastes espaces en pâturages et en forêts. Ainsi, d'après les calculs de M. Guérard (*Prolégomènes du Polyptyque d'Irminon*), le manse seigneurial moyen dans les *fiscs* ou domaines de St-Germain-des-Prés, a plus de 8.000 hectares, dont 40 hectares seulement en culture. La proportion doit être à peu près la même et l'étendue comparable, dans la charte suivante, où l'ensemencement des terres nécessite seulement

leurs une idée assez nette d'un domaine gallo-frank en
réfléchissant que presque partout ces antiques subdi-
visions du sol ont été conservées dans les limites des
bans ou des paroisses : le finage de la communauté
rurale actuelle coïncide donc souvent avec le domaine
primitif, sauf les cas où le défrichement partiel de la
forêt a permis plus tard de dédoubler la contenance
originaire.

Cette exposition sommaire était indispensable pour
apprécier l'état des forêts à l'époque franke. Les
parcelles boisées des domaines se rencontraient donc
soit dans le manse dominical, soit dans les manses
tributaires. Ces dernières, de peu d'étendue, rappro-
chées des habitations, servaient surtout au chauffage et
s'exploitaient en taillis (6). C'était là sans doute que

---

10 mesures de froment, tandis qu'on peut nourrir 700 porcs
dans la forêt adjacente : « Mansum indominicatum cum
ædificiis superpositis, et de terris arabilibus indominicatis,
ubi possunt seminari de annona modii s intra utramque sa-
tionem, de vineis ad colligendum de vino modios c, de pratis
ad carradam xx.... de sylvâ ad saginandum porcos dcc. »
(Donation de Longeville à l'abbaye de Gorze, 910. Calmet, II,
Pr. CLXIX).

Il est évident, comme nous le faisons observer, que ces
domaines primitifs furent subdivisés postérieurement, pour
permettre l'accroissement de population que signalent les
historiens à cette époque : la proportion des forêts et des
pâturages dut néanmoins rester toujours considérable, à
cause de l'élève des bestiaux qui constituait l'occupation
essentielle des agriculteurs d'alors.

(6) Il est assez difficile de donner des exemples pour la
composition du manse tributaire, attendu que la description
sommaire des domaines, que l'on trouve dans les chartes,
comprend en bloc la partie seigneuriale et les tenures, sans

les tenanciers prenaient aussi les échalas pour les vignes et le bois nécessaire aux clôtures (7). Pour le surplus, ils se servaient dans la forêt du seigneur. Tous les habitants de la terre venaient y exploiter les objets nécessaires à leurs besoins, et les conditions de cette jouissance étaient réglées par la coutume, en même temps que les redevances et les services correspondants. Les forêts seigneuriales étaient ainsi partout grevées, et le seigneur ne souffrait nullement de cette situation, car il eût été fort embarrassé de tirer autrement parti de cette portion de son domaine. Ce fut plus tard seulement, quand les bois commencèrent à prendre quelque valeur, qu'il eut intérêt à procéder

distinction. Nous renvoyons aux détails donnés par M. Guérard qui a si bien élucidé ces importantes questions. (Voir *Prolégomènes*, p. 899-903.)

Dans la description d'un domaine échangé par l'abbaye de Gorze, en 851 (*Hist. de Metz*, III, Pr. 29), on lit que les masses de ce domaine comprennent : « de terrâ aratoriâ jornales LVI, de sylvâ ad saginandum porcos C, de minutâ (bois taillis) ubi possunt stirpari ad jornales XXX, et de prato ad colligendum fœnum carratas X. » Dans cette énumération, où l'on ne distingue pas la qualité des masses, nous pouvons admettre que la grande forêt est du domaine seigneurial, tandis que les trente jours de taillis, dont on peut essarter à volonté, appartiennent aux tenanciers.

Dans une charte de saint Gauzelin pour l'abbaye de Bouxières, en 933, il est rapporté qu'une femme noble nommée Hérésinde a donné un *bois taillis* dont on indique les limites. (Com. *Meurthe*, v° *Autreville*).

(7) Un grand nombre de domaines contiennent des vignes. Quant aux clôtures, elles constituent une obligation très fréquente des tenanciers ; d'abord la *sala*, la maison seigneuriale et ses dépendances devaient être closes, suivant l'habitude germaine ; ensuite toutes les terres en culture

aux règlements ou apportionnements dont nous verrons des exemples dans la période suivante. A l'époque où nous nous trouvons, tous les tenanciers profitaient, concurremment avec le propriétaire, de l'affouage, du maronage, du pâturage et du panage ; mais il fallait un titre exprès pour que d'autres personnes pussent se joindre aux tenanciers des manses, seuls usagers de droit commun.

Les droits d'usages forestiers des habitants de la terre sont donc aussi anciens que le domaine lui-même, et prennent leur origine dans la coutume, de même que le droit sur les terres vagues, également comprises dans le manse dominical. Or, les coutumes locales restèrent longtemps non écrites, de sorte qu'il n'est pas étonnant de ne trouver dans les documents de l'époque aucun texte formel en cette matière. La participation

devaient être défendues par des palissades à cause du pâturage du grand bétail.

« Ad clausuram faciendam perticatas x » (Donation de Quincy à l'abbaye de Gorze, 770. *Hist. de Metz*, III, Pr. 14). — « In sepibus xv pedes » (Revenus de l'abbaye de Chaumousey en 1110. *Documents de l'Hist. des Vosges*, II, 62). — « Palas dare ». (Donation de Chrodegang à l'abbaye de Gorze, 765, Calmet, II, Pr. cv).

Voir aussi, pour l'importance de ces clôtures, la loi des Ripuaires, *Tit*. XLIII, *de Sepibus*, et Guérard, *Prolégomènes*, p. 745-822).

Une charge des manses assez voisine de la précédente consiste dans la fourniture de bardeaux pour les bâtiments du seigneur : « In maio mense *scindulas* c. » (Donation de 770, *Histoire de Metz*, III, Pr. 14). « Scindulas v, ad tectum horre nostri. » (Revenus de l'abbaye de Chaumousey, en 1110 ; *Documents de l'Hist. des Vosges*, II, 62).

D'après D. Calmet (Donation de 1107, III, Pr. LIX), *stalareum* est le bois d'où l'on tire les palissades.

des tenanciers à la jouissance des forêts ne peut cependant faire doute : elle résulte des actes de donation au profit de personnes étrangères au domaine, dans lesquels le donateur, au lieu d'entrer dans le détail des conditions imposées, se borne à dire qu'on jouira de l'usage de la manière ordinaire, ou suivant la coutume des serfs de la terre, ce qui établit clairement la jouissance primordiale de ceux-ci (8).

Les textes assez nombreux qui se rapportent aux droits d'usage s'appliquent donc toujours à des habitations situées en dehors du domaine. Ces droits sont très variés et souvent fort étendus. La plupart des concessions sont extrêmement larges : *ad omnes usus, ad usum sylvæ et pascuarum* (9). D'autres sont plus expli-

(8) « Liberum usum aquæ, sylvæ, et pabuli, *cùm aliis* participabunt. » (Lettre de l'évêque Riquin pour le prieuré de Gondrecourt, vers 1112. Calmet, III, Pr. LXVIII). — « Dedit (fratribus) *communem usum* in aquis, sylvis et pascuis. » (Confirmation des biens du prieuré de St Don, en 1122, Calmet, V, Pr. CXLIII). — « Usuarium communium pasturarum nemorumque. » (Confirmation des biens de l'abbaye de Rangéval, en 1152. Calmet, V. Pr. CCCXLIX). — Usum sylvarum et pascuarum aquarumque, *more suorum sercorum*. » (Confirmation des biens du prieuré de Deuilly, en 1188. Calmet, VI, Pr. LV).

Les termes *communis usus, communia nemora*, qui se trouvent ci-dessus, ne doivent pas faire illusion : il ne s'agit pas de forêts communes, *d'allmends* dont les tenanciers seraient propriétaires, car on ne comprendrait pas de quel droit un seigneur viendrait en concéder l'usage à des personnes étrangères ; ce sont les forêts seigneuriales, dont jouissent les serfs du domaine, ainsi qu'il est expliqué dans la charte de 1184.

(9) Voir la note précédente, et de plus : « Usuarium sylvæ ad ædificia construenda, ad focum et ad omnes alios usus. » (Fondation du prieuré de Laître, vers 1094. Calm, III,

cites : on voit ainsi concédés, ensemble ou séparément, l'affouage ou bois de feu, le maronage ou bois de construction, le bois mort, le bois propre à fabriquer des chariots, le droit de faire du charbon (10). Le pâturage est quelquefois accordé sans distinction d'ani-

Pr. xxv:ii). — « Usuarium in toto nemore de Botonagri, tàm ad ædificandum quam ad comburendum, et usuarium et pascua animalium cujusque generis. » (Confirmation des biens de l'abbaye de Villers-Bettnach, en 1137. *Hist. Metz*, III, Pr. 112). — « Pasturas, piscaturas, vias, et usuaria ligna ad marrinandum et ignes Abbatiæ et grangiarium. » (Confirmation des biens de l'abbaye de Beaupré, en 1157. Calm. V. Pr. cccLxv). — « Pasturas per totum finagium de duobus villis Faulx, in pratis, terris, sylvis, ad omnia animalia totius generis, ac omnia usuaria tàm in aquis quàm in sylvis et terris, et ligna ad marrinandum et focum faciendum, et ad omnes alios usus. » (Donation du duc Simon à l'abbaye de Bouxières, en 1176, Calm. VI, Pr. xxiv).

(10) « Focariam de mortuâ sylvâ habere, et plaustra ad aratra sua, stabula etiam facere. » (Donation de la villa de Lay à l'abbaye de St-Arnould, en 950. Calm. II, Pr., cxcvi.) — « In waldo suo usum lignorum ad opus ignis, et ædificiorum construendorum in grangiâ de Boncort....., usum præterea mortui nemoris. » (Confirmation des biens de l'abbaye de Murault, en 1137. Calm. V, Pr., cccLxii). — En 1171, le comte de Mousson donne aux religieux de Trois-Fontaines une partie de sa forêt de Morey et leur usage au bois mort (*Com. Mthe*, v° *Morey*). — En 1179, le comte de Vaudémont donne à l'abbaye de Clairlieu l'usage au bois de feu, et les bois pour faire du charbon (*Com. Mthe*, v° *Ochey*). — En 1174, le comte de Salm confirme à l'abbaye de Haute-Seille le droit de pâturage pour ses troupeaux, le bois à brûler ou à construire dans toute la seigneurie de Pierre-percée (*Com. Mthe*, v° *Pierre-percée*).

maux (11) ; mais ailleurs il est restreint aux porcs (12), dont l'élevage constituait fréquemment le profit le plus considérable de la forêt.

Ces concessions, faites au profit d'abbayes, de granges ou de maisons déterminées, avaient pour équivalent habituel des redevances annuelles, payables au propriétaire. Toutefois, quand le concessionnaire était une abbaye, le contrat affectait presque toujours le caractère d'une donation sans charges, et l'exemption de la redevance accoutumée était stipulée formellement (13). Les relations de l'usager et du propriétaire

---

(11) Leytard de Darney donne à l'abbaye de Droiteval, vers 1140, les droits d'usage pour le pâturage des bestiaux, le panage des porcs et pour le bois de maronage (*Doc. de l'Hist. des Vosges*, IV, 2). — Voir aussi les textes cités ci-dessus.

Le produit des abeilles est mis sur la même ligne que les arbres et le pâturage : « De omnibus sylvis sive nemoribus in Sti Maximini fundo jacentibus, decimam partem tàm in arboribus quàm de pretio porcorum sive utilitate apium. » (Confirmation des biens de St-Maximin, en 1065. Calm. II, Pr., cccxxxii). Il est souvent question dans les titres de la dîme des abeilles, preuve de l'importance qu'avait à cette époque la production du miel.

(12) Voir la donation de Simon de Rouceux à l'abbaye de la Crête, vers 1159 (Doc. de l'Hist. des Vosges, V, 5-6). « Sylva in pastum porcorum. » (Confirmation des biens de l'abbaye de Rouzonville, en 1179. Calm. VI, Pr. xlc.)

(13) « Ligna et materiem, sine respectu reditûs aut censûs. » (Fondation de St-Pierre de Luxembourg, en 1063. Calm. III, Pr. ix). — « Usuarium sylvæ..... nec a dominis, vel custodibus sylvæ, vel ab aliquo, ullum tributum super hoc exigetur. » (Fondation du prieuré de Laitre-sous-Amance, vers 1094. Calm. III, Pr. xxviii.) — « Usuarium in sylvis, ità ut nullus requirat ab eis aliquem respectum

ne nous sont pas connues ; à cette époque primitive, elles devaient être fort simples, et la forêt avait trop peu de valeur pour que le propriétaire eût grand intérêt à prendre des mesures dans le but de restreindre la consommation du bois. Cependant, il semble qu'au xii° siècle, la règle de la délivrance commence à s'implanter en Lorraine : on appelle ainsi l'obligation qu'a l'usager de se faire désigner par le propriétaire les arbres ou les cantons qui doivent être annuellement affectés à l'exercice de son droit. Nous avons en effet un texte qui oblige l'usager à demander la permission du donateur ou de son intendant (14).

Telle était donc la situation des forêts dans les grands domaines ruraux : les massifs importants appartiennent au seigneur ; ils sont grevés, suivant la coutume de la terre et aux conditions ordinaires des tenures, d'usages

---

vel consuetudinem. » (Fondation de l'abbaye de St-Pierremont, en 1096. Calm. III, Pr. xxxvi.) — « Usus sylvæ... ut utantur sine omni servitio. » (Confirmation des biens du prieuré de Deuilly, en 1188. Calm. VI, Pr. lv.)

(14) Il s'agit dans ce texte d'un droit d'usage au panage : « Porcos in pastionem nisi per me aut ministerialem meum non mittant. » (Donation de Simon de Rouceux à la maison de la Crète, vers 1159. Doc. de l'Hist. Vosg. V, 5-6.)
La formalité de la délivrance était-elle exceptionnelle à cette époque, ou bien, au contraire, doit-on la croire sous-entendue dans les autres concessions ? Quoiqu'il en soit, l'usager paraît parfois en être exempté d'une manière expresse. Ainsi, dans l'acte de fondation du prieuré de Laître, vers 1094 : « Dedit usuarium sylvæ... ad pastionem porcorum, quotquot habuerint et quamdiu voluerint. » (Calm. III, Pr. xxvii.) Il est remarquable que ces deux passages, les seuls qui se rapportent à la délivrance, sont l'un et l'autre relatifs au panage.

très larges au profit des tenanciers. D'autres usages, qui peuvent être beaucoup moins complets, sont assez souvent concédés à des étrangers, mais ils sont consignés d'habitude dans des actes écrits, et s'exercent suivant les stipulations que ces actes contiennent.

On présume facilement ce que devait être l'exploitation de ces forêts : il ne faut pas supposer, pour l'époque où nous nous trouvons, des règles compliquées ; on allait couper au plus près les arbres nécessaires, et la forêt se reformait à la longue, comme elle pouvait. S'il est permis de faire une assimilation avec nos méthodes modernes, c'était donc un jardinage, dirigé d'une manière très sommaire. En dehors des besoins domestiques, d'autres causes tendaient à restreindre les surfaces boisées : les industries, telles que les mines, exigeaient déjà du charbon (15) ; les salines consommaient du chauffage (16) ; enfin, l'accroissement extra-

(15) Donation mentionnée ci-dessus, en 1179, du comte de Vaudémont à l'abbaye de Clairlieu, relative au bois nécessaire pour faire du charbon (*Com. Mthe*, v° *Ochey*).

(16) Dans le dénombrement des biens de l'abbaye de Mu... en 1180 (*Doc. de l'Hist. Vosg.* III, 2-12), on trouve le ... acheter le bois nécessaire pour cuire le sel provenant des ...nes de l'abbaye. — Il fallait aussi du bois de maronage pour la construction et l'entretien des puits salés. Ainsi, dans l'acte de confirmation des biens de St-Martin-lès-Metz, en 1186 (*Hist. de Metz*, III, Pr. 142) : « Si forte fossa dissipata fuerit, illi qui mansum possident, cum expendio et vehiculis suis, in sylvis Ecclesiæ ad resarciendam fossam quatuor ligna, si invenire potuerint, accipient. »

On peut citer encore la production des écorces à tan, qui était usuelle. En 671, Dagobert II, chassant dans la forêt de la Woëvre, fut assassiné dans un canton dit *Scortias* (aux écorces). Digot, *Hist. d'Austrasie*, III, 260.

ordinaire de population, qui rendait la Gaule du ıx⁰ siècle aussi peuplée qu'aujourd'hui, motivait de nombreux essartements, afin de fournir de nouvelles terres à la culture. Ces essartements se firent peu à peu, sur chaque domaine, au fur et à mesure des besoins. Quand les tenanciers se trouvaient à l'étroit, le seigneur *amansait* un nouveau canton de bois, qui était relié au manse seigneurial, ou servait à former un fisc distinct (17). Un grand nombre de titres font mention de ces essartements, qui eurent lieu sur une très vaste échelle : la faculté d'essarter constituait un élément important de la propriété d'une forêt (18) ; l'exploitation des arbres n'était souvent que secondaire. La consé-

(17) Comme exemple, M. Hanauer décrit la formation du village de Ste-Croix, en 1142, dans la Marche de Marmoutiers (*Constitutions des Campagnes*, p. 52-53 : « Des seigneurs ayant fait don d'une forêt à St-Martin, l'abbé y fait élever une chapelle, défriche une partie de la forêt et met la terre en fermage. Il forme ainsi 19 manses, payant chacun 4 sous de cens ; l'un d'eux est abandonné au maire, un autre sert à l'entretien du curé deux autres forment la Cour seigneuriale.... » Bien qu'il s'agisse ici d'une forêt d'Alsace, les choses se passaient de même en Lorraine.

(18) « Præterea de *stirpio* et sylvâ Sti Stephani et Sti Apri ab exactoribus nostris calumniam patiebantur... » (Lettre de Zwentibold pour l'abbaye de St-Evre, en 898. Calm. II, Pr. CLXIV). — « In sylvis vero vel *in sartis*, aut Jardi aut accipiendi nullum jus habeat » (Règlement des sous-voués de Verdun, en 1052. *Hist. de Verdun*, Pr. 6-7.) — « Potestatem habeat in eâ foreste *stirpandi* aut venandi, aut aliquid operis exercendi. » (Charte de Henri le Pieux pour l'Evêque de Toul, en 1011. *Hist. de Toul*, Pr. XXIV). — « Sylvam etiam quæ dicitur Burstal, ad quidquid voluerit incidere vel *excolere*. » (Fondation du prieuré de Chisy, en 1097. *Hist. de Metz*, III, Pr. 103-104).

quence de ces défrichements fut de pousser la culture sur des surfaces très considérables : jamais, si ce n'est de nos jours, la forêt ne fut aussi réduite qu'à la fin de cette période ; plus tard, la végétation sauvage envahit de nouveau bien des cantons de la plaine couverts de moissons au xiie siècle (19). Néanmoins, le défrichement ne paraît pas avoir été exagéré, et l'heureux équilibre qui doit exister entre la terre arable et le sol forestier ne fut pas compromis.

Le système des manses et ses conséquences ne doit pas cependant être cherché au delà de la plaine ; la région montagneuse ne fut colonisée que plus tard et suivant d'autres principes. Au viie siècle, à un moment où les domaines du bas pays étaient organisés d'une manière définitive, la chaîne des Vosges restait encore à peu près telle que l'avaient laissée les Romains, et l'arrivée des Franks n'y avait pas sensiblement augmenté la population sédentaire. C'est aux solitaires chrétiens et aux moines qu'appartient l'honneur d'avoir rendu habitables des contrées couvertes avant eux de bois et de marais. Ils facilitèrent l'écoulement des eaux, commencèrent les défrichements, construisirent les premières habitations et firent pousser les premières récoltes. Autour des monastères de Senones, Moyenmoutier, *Juncturæ* [St-Dié], Remiremont, se groupèrent des populations de plus en plus nombreuses, qui donnèrent naissance à des villages, puis à des villes impor-

---

(19) Principalement pendant la guerre des Anglais, et au xviie siècle, pendant la guerre de Trente-Ans. Voir les Périodes suivantes.

tantes (20). Toutefois, cette colonisation n'était pas complète, et ce fut seulement dans le cours de la période suivante que la montagne vosgienne se peupla définitivement, telle que nous la voyons de nos jours. L'influence des moines, bien que moins importante dans la plaine, s'y fit cependant sentir : ainsi, vers 1160, le duc Mathieu appela dans la forêt de Haye une colonie de Citeaux, avec faculté d'essarter aussi loin que possible ; là fut créée l'abbaye célèbre de Clairlieu, qui, malgré sa proximité de Nancy, était alors dans un véritable désert (21).

Nous venons d'analyser les causes qui produisirent les défrichements en Lorraine jusqu'au xii° siècle : d'abord, et surtout, l'accroissement de population qui correspond à l'installation des Franks dans la plaine, puis l'action des moines, principalement active dans la montagne. Revenons maintenant aux forêts des domaines ruraux, pour rechercher comment était orga-

---

(20) Voir Digot, *Hist. d'Austrasie*, IV, 125-133 ; — et un Mémoire du même auteur sur *la Population et la Culture dans les Vosges*, aux *Annales de la Soc. d'Emulation des Vosges*, VI, 824-848.
Senones est la plus ancienne abbaye du pays ; un diplôme de Childéric II, en 661, suppose le monastère déjà créé (*Hist., de Senones*, dans les *Doc. de l'Hist. des Vosges*, V. 11-18). St Hydulphe bâtit Moyenmoutier en 671 ; St-Dié ne vint à *Juncturæ* qu'en 669 ; Bodon construisit vers 663 Etival, Bonmoutier et Offonville (*Ib. loc. cit.*). — Vers 621, Romaricus et Amatus se retirèrent dans la villa d'Habendum, origine de Remiremont (*Hist. d'Austrasie*, IV, 13-24). Enfin, en 980, lors de la fondation d'Epinal, il n'y avait en ce lieu que cinq *mansiones* dépendant de Dognéville (Digot, *Mémoire* cité).

(21) Digot, *Hist. de Lorraine*, I, 339.

nisée la surveillance et la répression des délits. Il ne faut pas à cet égard se guider uniquement sur les lois barbares, celle des Ripuaires par exemple, qui ne contient de pénalités en matière forestière que pour l'enlèvement de bois déjà coupés dans la forêt *commune* (22). Ce texte démontre bien que la loi barbare s'appliquait à un état social antérieur, complètement modifié depuis l'installation des Franks dans les Gaules. Auparavant,

(22) Titre LXXVI de la loi des Ripuaires, *de materiamine vel lignis furatis*. Voici le texte : « Si quis Ripuarius in sylvâ *communi* seu Regis vel *alicujus* locata materiamen vel ligna fissa abstulerit, xv solidis culpabilis judicetur. Sic de venationibus vel de piscationibus ; quia non res possessa est, sed de ligno agitur. Aut si negaverit, cùm sex juret. » Ce qu'il faut traduire ainsi : « Le Ripuaire qui enlève des bois déjà coupés qui se trouvent dans la forêt commune, ou dans une forêt appartenant au roi ou à quelque particulier, sera condamné à une amende de xv *solidi*. Il en est de même en matière de chasse et de pêche, car il n'y a pas, dans ces affaires, de possession bien caractérisée ; on suit la même règle que pour les bois. Si le coupable nie, il doit amener avec lui six cojurateurs. »

D'après ce texte, il n'y aurait de possession que celle résultant de la coupe des arbres. En cas d'enlèvement de bois sur pied dans la forêt d'autrui, le délinquant n'est passible d'aucune peine édictée par la loi. Est-ce à dire que le propriétaire foncier ne peut au moins se faire restituer sa chose ? rien ne s'oppose à ce qu'il en soit ainsi : *le damnum sine injuriâ* est très fréquent au moyen-âge.

On sait que les lois barbares ont été remaniées à plusieurs reprises : le texte ci-dessus nous prouve que ces remaniements ont déjà eu lieu dans la loi ripuaire. Quand la tribu se trouvait encore sur la rive droite du Rhin, il n'y avait pas de propriétés privées, ni pour les terres, ni pour les forêts. Du moment où il est question de forêts appartenant au roi ou à des particuliers, c'est que la colonisation germaine dans les Gaules est un fait accompli.

alors que les Ripuaires n'étaient qu'une petite peuplade des bords du Rhin, ils étaient constitués comme les autres tribus germaines : le territoire de la nation était entouré d'une large bande de forêts et de terres vagues, qui formaient l'*allmend*, la forêt commune, appartenant indivisément à tous les hommes libres. On comprend qu'alors la coupe des arbres, qui n'était que l'exercice d'un droit, ne pouvait constituer un délit ; il fallait, pour qu'une peine fût prononcée, que l'arbre enlevé eût déjà reçu la marque d'appropriation d'une autre personne : ce que l'on punissait, c'était non pas le délit forestier, mais le vol de la chose d'autrui. Dans l'organisation du domaine gallo-frank, il n'y a pas d'*allmend* ; les tenanciers, qui ne sont plus des hommes libres, mais des serfs, ne sont pas co-propriétaires de la forêt seigneuriale, puisqu'ils n'ont sur cette forêt que des droits d'usage. On comprend donc que l'enlèvement du bois au delà des besoins de l'usager, ou dans la forêt d'un domaine voisin, puisse donner lieu à l'application d'une peine, ou tout au moins à la restitution de la valeur. Les lois barbares ne restèrent pas longtemps l'unique code des populations rurales : de très bonne heure, la coutume, la loi de la terre, vint suppléer à leurs dispositions, et les modifier à l'infini.

Puisque nous admettons que des délits forestiers étaient légalement possibles, il faut voir comment ils étaient constatés et punis. Parmi les offices ruraux, à côté du maire, *major* ou *villicus*, représentant du seigneur et chef des *ministériels* (23), les anciens

---

(23) On entend par *ministeriales* (plus tard *ménestrels* tous les officiers de la Cour, quelles que soient leurs fonc-

textes parlent fréquemment des *forestarii*, dont la surveillance ne se bornait pas aux bois, mais s'étendait aux vignes, et généralement à toutes les parties du finage, concurremment avec les banvards. Ils sont nommés, comme tous les autres officiers, par les tenanciers du domaine, à l'intervention du seigneur ou de *l'avoué* du monastère. Ils reçoivent, à ce titre, une tenure spéciale, et participent au partage de certaines amendes, avec les membres de la cour. Leurs fonctions sont obligatoires et constituent plutôt une charge qu'un avantage pour les titulaires : c'est que, outre la surveillance des délits, ils doivent aider aussi le maire dans la gestion du manse seigneurial (24).

Quand le forestier constate un délit, il doit, avant tout, prendre un gage, c'est-à-dire un objet quelconque appartenant au délinquant, parce que la représentation

---

tions, judiciaires ou non : le maire, le doyen, les échevins, les forestiers, etc. — « Hæc omnia trado ut habeant in eisdem possessionibus *ministeriales suos*, videlicet villicum et scabinionem, et ceteros officiales constituant. » (Fondation de l'abbaye de Vergaville, en 966. Calm. II, Pr. ccxxii.) — « Quidquid abbas et præpositus suus ipse et per familiam suam atque ministeriales suos emendare potuerit. »(Accord pour la vouerie de Condé, en 1135. Calmet V, Pr. cxc.)

(24) » Singulis annis eligant rustici duos forestarios ad custodiendos campos fideliter » (Charte de Chrodegang pour l'abbaye de Gorze, en 765. Calm. II, Pr. cv.) — « Ipsi forestarii omnibus annis persolvant ad curtem xii denarios et advocato vi. » (Même texte). — « Forstarios et custodes possidet in vineis supradicti loci. » (Fondation de l'abbaye de St-Sauveur à Toul, vers 1069. *Hist. de Toul*, Pr. lxxxi.) — Voir sur le caractère général des offices ruraux : Guérard, *Prolégomènes*, p. 431-474, et Hanauer, *Cours Colongères*, p. 93-110.

de cet objet devant les juges fait présumer la culpabilité de son propriétaire ; pour se décharger, le prévenu est obligé de démontrer par témoins que l'objet n'était pas en sa possession au moment du délit. Le gage imposait donc au prévenu la charge de la preuve contraire, comme notre procès-verbal moderne (25). Le débat a lieu devant le plaid ou la cour du domaine, présidée par le maire, convoquée par le doyen. Elle se compose d'un certain nombre d'échevins ou juges, habituellement nommés par leurs pairs et renouvelés tous les ans ; ce sont ces échevins qui décident le procès en appliquant la coutume locale ; le maire dirige les débats et assure l'exécution de la sentence (26).

(25) Cette efficacité du gage comme mode de preuve est établie par le texte suivant : « Probationem autem eorum injustam, quæ malâ consuetudine fuerat accepta, interdicimus ; itâ tamen, si forestarius legitimum probamentum ostenderit, ille cui imponit, si devictus fuerit, bannum emendet. Si veró probamentum illud suum esse negaverit, vel si sine legitimo probamento a forestario accusatus fuerit, cum idoneis testibus sacramento se excuset... » (Lettres de l'empereur Henri V pour l'abbaye de Remiremont, en 1113. Calm. III, Pr. LXIX.) — Ces anciennes pratiques judiciaires sont restées dans le souvenir des habitants de la campagne : *gager* un délinquant, en matière de mésus champêtre, signifie dresser contre lui un procès-verbal.

(26) Le maire représente le seigneur devant la Cour ; seuls les échevins jugent. Cette répartition d'attributions est la même dans toutes les Cours ; jamais le maire n'a voix délibérative : — « Quidquid his comitiis *judicio scabinorum* acquireret... » (Charte de Bouzonville, de 1033. Calm. III, Pr. LXXII.) — « Diffiniet villicus omnia, *secundùm judicium scabinionum* ipsius curtis. » (Charte d'Amelle, de 1095. *Hist. de Metz*, III, Pr. 100.) — « Les quatre échevins

Ce tribunal rustique, institué d'une manière très libérale, tranchait ainsi tous les procès, civils ou criminels, de même que les simples délits forestiers.

Pour terminer ce rapide tableau, il serait intéressant de connaître la composition des forêts de cette époque, et de savoir si les essences qu'on y rencontre de nos jours s'y trouvaient, avec leur station actuelle et dans les mêmes proportions. D'anciennes légendes, qui ne se fondent sur aucune donnée certaine, veulent qu'autrefois les chênes aient couronné le sommet des hautes Vosges, dont ils auraient ensuite été chassés par les sapins. Le seul texte qu'on puisse invoquer en cette matière ne remonte qu'au VIIe siècle, et nous montre déjà le sapin en possession de la montagne (27). Nous verrons sans doute, dans la période suivante, que le chêne était alors plus répandu qu'il ne l'est aujourd'hui, mais il serait téméraire de conclure à une permutation complète, qui doit remonter, si jamais elle a existé, aux époques préhistoriques.

On a conservé un souvenir plus précis de la faune qui peuplait alors les forêts, et des grandes espèces aujourd'hui disparues, l'auroch et l'ours, que l'on chas-

---

établis à Ormes apaiseront toute contestation, entre les hommes et leurs seigneurs. » (Charte d'Ormes, 1189. *Com. Mthe*, v° Ormes.)

(27) Le moine Richer, historien de Senones, qui écrivait au XIIe siècle, dit que le pays était couvert d'épaisses forêts de sapins (*memoribus abietinis*), lors de la fondation du monastère, au VIIe siècle. C'est le témoignage le plus reculé que nous connaissions sur la composition des forêts vosgiennes.

sait dans la forêt des Vosges (28). La chasse était une occupation favorite des Germains, et avait pour eux une importance toute autre que pour les Romains. Ceux-ci se servaient surtout de pièges et de rêts, tandis que les Franks ne connaissaient que la chasse à courre, dont on ne peut user qu'avec de vastes espaces. En Germanie, alors que tous les membres de la tribu étaient encore égaux et libres, chacun chassait à son gré sur la terre commune ; il ne pouvait donc être question de délits, et des peines n'étaient prononcées que pour le vol du gibier dont un chasseur s'était déjà emparé. Dans les Gaules, ces dispositions de la loi ripuaire sont encore maintenues, mais elles n'ont plus d'application (29). Sans doute, à côté de la forêt

(28) Voir à ce sujet Digot, *Mémoire*, cité plus haut, *sur les Vosges au VIIe siècle*.

(29) Outre le texte reproduit à la note 22, au sujet du vol de bois, tout un titre de la loi des Ripuaires (*Tit.* XLII) s'occupe de la chasse : « *De venationibus.* — I. Si quis de diversis venationibus furaverit aliquid et celaverit, seu et de piscationibus, XV solidis culpabilis judicetur. Quia non est hæc res possessa, sed de venationibus agitur. — II. Si quis cervum domitum vel cùm truttis (pullis cervinis) occiderit, aut furatus fuerit, non sicut de reliquis animalibus furtum exigatur, sed tantùm XV solidis culpabilis judicetur. — III. Si autem in venatione non fuit, XXX solidis culpabilis judicetur. »

Ce sont trois cas de vol de gibier, dans lesquels la loi n'applique pas la peine ordinaire du *furtum* mais une pénalité beaucoup plus douce. D'abord, pour le détournement le gibier déjà tué ou approprié par autrui, 15 *solidi* ; pour avoir tué ou volé un cerf apprivoisé ou un cerf avec son faon, 40 *solidi* ; enfin, pour le même fait, s'il n'y a pas eu chasse proprement dite, 30 *solidi* seulement. Quant à la simple chasse sur le terrain d'autrui, ce titre XLII ne s'en occupe pas ; il faut se reporter au titre LXXVI, qui ne reconnaît pas de véritable possession en cette matière.

commune, on trouve celles du roi et des seigneurs, mais les princes des deux premières races, qui s'étaient réservé la forêt des Vosges et celle des Ardennes, y faisaient soigneusement garder la chasse. Grégoire de Tours raconte la colère du roi Gontran s'apercevant que l'on a tué un bubale qu'il comptait poursuivre (29 *bis*). De plus, nous avons vu que le nombre des hommes libres diminua rapidement, de telle sorte qu'en dehors de l'aristocratie terrienne, il n'y eut bientôt plus que des serfs. Dans le domaine rural, le droit de chasse fit donc partie du *mansus dominicalus*, et il est peu probable que les tenanciers des manses aient pu chasser à leur gré dans la forêt seigneuriale où ils prenaient leurs usages (30) ; rien ne s'oppose cependant à ce qu'ils aient eu la permission de détruire les bêtes sauvages sur les terres dont ils avaient la culture, et même nous verrons, dans la période suivante, qu'en dehors de certaines restrictions, les paysans jouissaient, en matière de chasse, de droits assez étendus. Il arrivait aussi parfois que le propriétaire détachait le droit de chasse du fonds lui-même, soit en le concédant séparément, soit en se le réservant après avoir aliéné une partie de la terre. Ces concessions séparées du droit

(29 *bis*) Voir Digot, *Mémoire* cité plus haut.

(30) Le droit de chasse est compris dans la description des domaines sur le même rang que les forêts ; il doit donc être rangé dans le manse seigneurial. Toutefois, aucun texte n'exclut expressément les serfs de la chasse dans les bois du domaine. Evidemment il leur était impossible de chasser à courre : s'ils accompagnaient le seigneur, c'était comme corvéables, ainsi que nous le verrons dans le Livre suivant.

de chasse prenaient le nom de *forestæ* (31), terme qui désigne le terrain sur lequel s'exerçait le droit concédé :

(31) En 898, Zwentibold donne à l'évêque de Toul une partie du bois de Heys, libre de tout cens, avec le droit de chasse (*Statistique de la Meurthe*, supplément, v° *Forêt de Haye*. — « Noverint omnes quod adierit nostram serenitatem Bertholdus, petens sibi dari, quod ad jus dispositionis nostræ pertinere videbatur, *forestem* scilicet et *bannum venationis* in sylvis infrà nominandis..... Cujus petitionibus annuentes, eamdem forestem et bannum venationis concessimus, ut nulla deinceps *nobilis aut ignobilis* persona cujuscumque conditionis, potestatem habeat in eâ foreste. » (Donation de Henri le Pieux à l'évêque de Toul, en 1011. *Hist. de Toul*, Pr. xxiv). On voit par ce texte que le droit de chasse ne se rattache pas à la qualité de la personne, mais au droit de propriété ; seulement, il n'y avait à cette époque de propriétaires que les nobles et les grands. — « Castellum Merenvaldi, cum *foreste* quæ dicitur Wawria. » (Confirmation des biens de la cathédrale de Verdun, en 1066. Calm. II, Pr., xii).

Il faut remarquer enfin que le terme de *forestis* ou *foresta* dévia promptement de la signification première. Au lieu de se rapporter uniquement aux droits de chasse ou de pêche, il signifia tout droit quelconque sur une propriété boisée, ainsi le droit de défricher, comme dans la charte de 1011 citée à la note 18 ci-dessus.

M. Clouet, *Histoire de Verdun*, tome II, p. 344, donne l'extrait d'une charte dans laquelle un seigneur renonce à son droit de *foresta* en faveur du chapitre de Ste-Marie de Verdun ; cette pièce est intéressante, d'abord à cause de la date, 1198, car, à partir du xii° siècle, le droit de *foresta* disparaît et se transforme en droit d'usage ou en acensement : ensuite, en ce que la charte énumère les attributs qui constituent cette *foresta* : interdiction à tous, même au propriétaire du sol, d'essarter, de faire de la cendre, d'envoyer des attelages (pour y chercher du bois), et enfin de chasser. Cette *foresta* avait donc un caractère mixte, et la chasse n'en constituait qu'une partie ; une pareille

c'était le plus souvent des forêts, mais on pouvait y trouver aussi d'autres espèces de biens.

De même que les forêts, les eaux du domaine se trouvaient intégralement comprises dans le manse seigneurial. On ne faisait pas de distinction entre les grands et les petits cours d'eau : les plus grands fleuves comme les plus petites rivières étaient tombés dans la propriété privée. Les textes concernant la pêche sont très nombreux : l'usage du poisson était, en effet, bien plus essentiel pour l'alimentation qu'il ne l'est maintenant, et les rivières mieux peuplées. Aussi, dans presque tous les domaines, est-il question de pêcheries (*piscaria, piscatura, piscatoria*) (32), qui profitaient le plus sou-

---

diversité d'attributs ne se rencontrait pas, croyons-nous, dans les chartes des âges précédents.

Voici, d'ailleurs, ce texte : « Jus universum quod in foreste Beatæ Mariæ Virdunensis apud Merulam..... mihi vindicabam, quod sartare, cinerisare, carrucas mittere, vel venari prohibeam,... resignavi : quatuor tantum modo *bannales bestias* excipiens, videlicet cervum et cervam, accipitrem et sprenarium. De capriolo autem, utrùm bannalis sit, nondùm plene cognovimus... In aliis venationibus, sartagiis, excisionibus, et cæteris omnibus, præfatam forestam homines bannarii Beatæ Mariæ absolute et incontradice exercebunt... »

Le renonçant, Joffroy d'Apremont, ne réserve ainsi de son droit de *foresta* que la chasse à quatre espèces de bêtes sauvages, dites pour ce motif les *bêtes bannales* : le cerf, la biche, et deux variétés d'oiseaux de proie ; pour le chevreuil, il y a doute, et on se réserve sans doute de consulter les coutumes du pays. Cette charte de 1198 sert ainsi de transition entre la période des *foresta*, et celle des chasses bannales, que nous étudierons plus loin. (Voir livre II, Chap. V, textes et notes 2-3, etc.)

(32) « Ex piscatoriâ nostrâ. » (Charte de l'Evêque Frotaire pour St-Evre de Toul, en 836. Calm. II,.Pr. cxxx). — « Ad

vent au seigneur, mais qui étaient fréquemment l'objet de concessions à des personnes étrangères, et dont pouvaient user aussi les habitants du ban.

En effet, ce que nous avons dit au sujet de la chasse n'est pas vrai pour la pêche, au moins d'une manière absolue. Les cours d'eau étaient partagés, d'après les convenances du seigneur, en lots de natures différentes : les uns, les *pêcheries* proprement dites, dont faisaient sans doute partie les endroits les plus poissonneux, étaient retenus dans le domaine seigneurial, ou concédés sous formes de tenures à des *piscatores*, pour lesquels cette attribution constituait un manse de nature particulière 33) ; — les autres, comprenant le reste des cours d'eau, étaient abandonnés à la jouissance

---

Flaviniacum piscatoriam solam. » (Donation de l'abbaye de St-Vanne aux Bénédictins, en 952. Calm. III Pr. LXXIX). — « Ad Arcium quantùm ibi habet, cùm portu et piscariâ. » (Bulle de S'-Léon IX pour la cathédrale de Verdun, en 1049. *Hist. de Verdun*, Pr., 3.) — « Piscatio de Laïs cùm terrâ. » (Fondation du prieuré de Chiny, en 1097. *Hist. de Metz*, III. Pr.. 103). — « Septiniacum et Mosagium, — cùm piscationibus, molendinis..... » — (Donation de la comtesse Mathilde à l'église de Verdun, en 1107. Calm. III, Pr. LIX).

(33) « In Cadiniaco mansum, scilicet piscatorem suprà manentem, nomine Arhantecum, cùm uxore suâ Aglanae... » (Confirmation des biens de St-Evre de Toul, vers 870. *Hist. de Toul*, Pr. 1-3). — « Dedit piscaturam in Mosellâ, donans unum de suis piscatoribus, cùm possessione e familiâ suâ. » (Fondation du prieuré de Laître sous-Amance, vers 1094. Calm. III, Pr. XXVIII). — « Totam terram de Mizon, et in aquam piscatorem unum, et decimationem portæ et piscium. » (Fondation du prieuré de St-Thiébaut, en 1094. Calm. III. Pr. XXIX). — « Duo piscatores, cùm uxoribus et filiis, et ter à ipsorum quæ pertinet ad beneficium piscaturæ. » (Charte de 1097 citée à la note 33).

commune des tenanciers du domaine, au même titre
que les forêts (34). Les pêcheries seigneuriales ou
l'ensemble des cours d'eau pouvaient être l'objet de
donations ou de ventes, qui comprenaient soit le droit
de pêche intégral ou concurremment avec les habitants,
soit la pêche pendant certaines *nuits* de la semaine (35).

(34) « Villam Layum, cùm rectidudine pontis super fluvium Murt siti, piscaturâ *bannali*, molendinis..... » (Donation de Lay à l'abbaye de St-Arnould, en 950. Calm. II Pr., cxcvi). — « Aquam a ponte Sti-U-lalrici usque ad rupem Moranis, cùm omnibus usibus suis, et *liberam piscaturam* pro velle (?) suprà et infrà. » (Fondation de l'abbaye de St-Pierre à Luxembourg, en 1083. Calm. III, Pr., ix.) — « Dedit etiam vi virgas molendini (la pêche dans six toises d'eau autour du moulin) et *communem* usum in aquis, sylvis et pascuis. » (Confirmation des biens du prieuré de St-Don, en 1122. Calm. V, Pr., cxliii.) — « *Liberum* aquæ *usum* eis concedimus. » (Fondation du chapitre de Liverdun, en 1188. *Hist. de Toul*, Pr., xciii.)
On peut induire de ces expressions qu'il y avait un usage commun sur les eaux, et que cet usage n'était autre que celui des habitants du ban. Bien que les textes ne soient pas aussi nets que pour les forêts, ce qui tend à confirmer notre opinion, c'est que nous verrons plus tard de simples manans en possession du droit de pêche, et qu'il est difficile de donner une autre origine à ce droit.
Quant à la partie réservée au seigneur, bien que souvent concédée sous forme de manse, elle était parfois retenue au domaine propre : « In indominicatâ meâ piscaturâ concessi (fratribus) potestatem piscandi. » (Fondation du prieuré de Chiny, en 1097. *Hist. de Metz*, III, Pr., 163.)

(35) « Damus ex piscatoriâ nostrâ unaquâque hebdomadâ duas noctes. » (Charte de Frotaire pour St-Evre de Toul, en 836. Calm. II, Pr., cxxx.) — « Ad villam Petram nocte unâ in hebdomadâ piscationem. » (Confirmation des biens de l'église de Toul, en 890. *Hist. de Toul*, Pr., v.) — « In unaquâque hebdomadâ dies duos, mercoris et veneris. » (Lettre

On trouve ainsi des *forestæ piscationis* analogues aux *forestæ venationis* dont il a été question ci-dessus (36).

Le droit de pêche des seigneurs s'appliquait également aux étangs et aux eaux non-courantes (37). Les procédés de pêche ne nous sont qu'imparfaitement connus ; on voit cependant que les filets étaient en usage (38). On capturait aussi le poisson au moyen de vannes, en mettant à sec une partie du lit de la

de Zwentibold pour l'abbaye de St-Evre, en 898. Calm. II. Pr., CLXIV.)

Ailleurs, la concession est faite sans limitation de temps : « Mercatum in villâ Spinal et piscationem. » (Confirmation des biens du chapitre d'Epinal, en 1003. *Doc. de l'Hist. vosg.* I, 13) — En 1183, donation à l'abbaye de Clairlieu de la pêche à Bosserville. (*Com. Meurthe*, v° *Bosserville*.)

(36) « Concessimus in perpetuo... piscationem *in foreste nostrâ super fluvium Mosellæ*... » (Lettre de Zwentibold pour St-Evre, 898. Calm. II, Pr., CLXIV.)
Les limites de la concession étaient le plus souvent celles de la seigneurie ; mais parfois elles étaient plus restreintes, et alors on prenait soin de les déterminer d'une manière précise : « Specialiter eis damus amfractum aquæ sub castro, qui brachium Sti-Eucharii dicitur. » (Fondation du chapitre de Liverdun, en 1188. *Hist. de Toul*, Pr., XCIII.) — « De piscatione sic definitum est, quod solum cursum rotarum (le droit de pêche sous les roues du moulin) Stus-Maximus obtineret. » (Fondation de la collégiale de St-Maxe de Bar, en 1022. Calm. II, Pr., CCLII.) — Voir aussi les chartes de 1063 et de 1123, citées note 34.

(37) « Mansus cum lacu piscatorio. » (Bulle de St-Léon IX pour l'abbaye de Hesse, vers 1050. Calm. II, Pr., CCLXXXVIII.)

(38) « Instrumenta ad capturam piscium necessaria. » (Fondation de St-Maxe de Bar, en 1022. Calm. II, Pr. CCLII).— « Concessimus ut singulis canonicis singulos piscatores in aquâ nostrâ sine retibus habere liceat. » (Fondation du chapitre de Liverdun, en 1188. *Hist. de Toul*, Pr., XCIII.)

rivière (39). Les espèces de poissons étaient sans doute les mêmes qu'aujourd'hui ; toutefois, le saumon remontait la Moselle jusqu'au delà de Toul et Liverdun (40). Enfin, la loutre était poursuivie sur les bords de la Mortagne ; on lui donne, au xiie siècle, le nom de castor (41).

Les notions qui précèdent suffisent pour présenter une idée générale de la situation forestière pendant cette période. Remarquons, en terminant, que nous n'avons pas fait mention de forêts appartenant à des communautés : les rois et les ducs possédaient les grands massifs de la montagne, ceux de la plaine étaient compris dans les domaines ruraux des seigneurs. La communauté, le village, tel que nous le connaissons, organisme distinct de la vie sociale, n'existait pas alors : c'est seulement dans les siècles suivants que nous aurons à parler de communes et de forêts communales.

(39) Decimam anguillarum, sive ex suâ vennâ, sive aliarum proveniant. » (Confirmation des biens de la collégiale de Commercy, en 1186. Calm. VI, Pr , LII.) — « Sive retibus sive vennâ capiantur. » (Charte de 1188 citée note 38.)

(40) « Decimam salmonum. » (Même charte de Liverdun, 1188.)

(41) « Piscariam Mortagnae, itâ tamen ut *castores* et bannum in manu suâ retineat. » (Confirmation des biens de l'abbaye d'Autrey, en 1182. *Doc. de l'Hist. vosg.* IV. 96.)

LIVRE II. — Les forêts depuis le XII° siècle jusqu'au milieu du XVII°.

Chapitre I*. — *Répartition générale des forêts sur le territoire. — Distribution par nature des propriétaires. — Populations forestières.*

Ce serait un problème insoluble que de vouloir reconstituer, pour une époque déterminée du moyen-âge, la carte forestière du pays. Les éléments de ce travail manquent complètement, parce que les documents que nous possédons sur l'histoire des campagnes lorraines ne parlent des forêts que d'une manière purement incidente, pour noter seulement l'existence des droits de propriété ou d'usage, sans spécifier l'importance des massifs auxquels ces droits étaient applicables ; parce que, de plus, les changements dans la topographie forestière furent incessants, pour des causes que nous aurons à examiner plus loin. Nous nous bornerons donc à esquisser sommairement quelle fut, de siècle en siècle, la situation générale du pays, et les grands faits qui purent influer sur l'histoire de la propriété boisée.

Nous avons déjà vu que, pendant la période précédente, il fallait distinguer entre la plaine et la montagne. Ces deux parties de la province ont toujours présenté, au point de vue agricole, des différences profondes, encore sensibles de nos jours : les populations s'y sont groupées diversement, le sol n'est plus le même ; le pâturage d'une part, les cultures de l'autre, créent des besoins distincts ; enfin, la production ligneuse est nettement caractéristique : ici les arbres feuillus, là les essences résineuses. Il en résulte un ensemble de conséquences qui apparaîtront dans la suite de cette étude. Au XII° siècle, à part le fond des vallées et les alentours des monastères, la forêt vosgienne s'était maintenue à peu près intacte, le domaine gallo-frank n'y était pas constitué, et la population rurale devait être très faible. Mais, pendant tout le cours de cette période, il se produisit un mouvement incessant de colonisation, qui, partant de la plaine, remonta peu à peu dans toute l'étendue du haut pays. Ce mouvement atteignit son maximum d'expansion aux XV° et XVI° siècles, et eut pour résultat le défrichement successif de vastes surfaces occupées par la forêt, sur lesquelles s'implantèrent les cultures, et surtout les pâturages. Les guerres et les calamités de tout genre qu'eut à souffrir le pays, ne ralentirent pas sensiblement cette expansion, parce que ces évènements n'eurent d'action immédiate que sur les cantons de la plaine, et restèrent sinon inaperçus, du moins plus facilement supportables dans les vallées de la montagne, protégées par l'éloignement des grandes voies de communication.

La plaine, au XII° siècle, présentait déjà depuis longtemps son organisation définitive, ses villages existaient dans la plupart des lieux qu'ils occupent encore maintenant, et sa population agricole avait poussé les cultures partout où elles étaient possibles ou avantageuses. Il en résulta que la surface boisée, au lieu de subir une diminution progressive, resta sensiblement la même, malgré les apparences contraires. Les variations qui se produisirent dans la suite des siècles furent essentiellement locales, et découlèrent de causes différentes. La constitution de la communauté rurale, substituée à l'ancien domaine, eut pour conséquence la formation des forêts communales, mais n'influa nullement sur l'étendue des surfaces boisées. Les acensements, si nombreux, accordés par les seigneurs et par le domaine, avec autorisation de défrichement, auraient dû faire disparaître les forêts de plaine, de même qu'ils entamaient celles de montagne ; nous verrons plus loin cependant que les essarts pratiqués d'un côté furent, en définitive, compensés par les accrues qui se formaient naturellement ailleurs. Les guerres, si fréquentes et si désastreuses alors pour les lieux qui en étaient le théâtre, avaient souvent pour résultat la ruine complète de villages, qui ne se reformaient que longtemps après, alors que la forêt avait déjà recouvert le finage. Mais ces ravages, au lieu de s'étendre à des contrées entières, comme il arriva plus tard avec les grandes armées, étaient restreintes à des localités peu nombreuses ; sans quoi l'on ne pourrait comprendre comment, avec toutes les batailles dont les historiens nous font le récit, les campagnes lorraines auraient pu se maintenir et rester florissantes. En résumé, l'étendue des forêts de plaine, si l'on considère l'ensemble de la province, ne dut pas subir de changement important du XII° au XVII° siècle (1).

Alors, comme maintenant, les forêts d'essences feuil-

(1) Sur la formation des villages dans la montagne et dans la plaine, voir notre brochure : *Les villes neuves en Lorraine*, Nancy, 1883, p. 6, etc.

lues se trouvaient dans la plaine, et les résineux dominaient dans la montagne. Toutefois, il semble, à consulter les anciens titres, que cette répartition, de nos jours si tranchée, était alors moins nette, et que les feuillus occupaient des stations dont ils ont été depuis complètement dépossédés. C'est surtout pour le chêne que les exemples abondent. De nos jours, on le trouve par pieds isolés, le long des ruisseaux par exemple ; mais il forme très rarement des massifs en montagne, tandis qu'au XVIe siècle, il y avait des *chênages* à Ormont au dessus de St-Dié, à la Croix, à Ramonchamp, et dans d'autres stations encore où, depuis, le chêne a disparu des forêts (2). On peut faire une remarque analogue pour le charme, essence de plaine et de terres fortes, que l'on voit aux mêmes époques associé au hêtre dans la montagne et dans un sol siliceux (3). De ces deux anomalies, la première est la plus importante, et il est difficile d'en trouver une explication plausible. Etant admis que les exigences des espèces restent toujours les mêmes, quel changement extérieur a pu causer cette retraite du chêne, et son remplacement par le hêtre ou les résineux ? On

(2) Compte du domaine de St-Dié, pour 1561, bois de la châtellenie de Spitzemberg et de la montagne d'Ormont (*Arch. Mth.*, B. 8785). — Compte de la gruerie de Bruyères, pour 1565, bois de Champ (*Ib.* B. 3852). — Compte de la gruerie de la Croix, pour 1571 (*Ib.* B. 8785). — Compte de la gruerie du ban de Ramonchamp, pour 1580 (*Ib.* B. 8835).— Compte de la gruerie de Bruyères, pour 1697 (*Ib.* B. 3890).

(3) Compte du domaine de St-Dié, pour 1561, contrée de Combrimont, dans la garde de Wisembach (*Arch. Mthe*, B. 8785). — Etat des bois de la gruerie d'Arches, en 1568, bois du Bas de Pouxou (*Ib.* B. 3465).

serait tenté de l'attribuer à un abaissement de la température, d'autant mieux que le même phénomène se remarque dans la vigne, qui a pareillement rétrogradé, et qu'on ne cultive plus, comme au xvi° siècle, à Taintrux près de St-Dié, ni à Raon-l'Etape (4). Mais, dans d'autres contrées, en Normandie par exemple, la culture de la vigne a constamment décru depuis le xii° siècle, sans que l'on ait songé à attribuer ce phénomène à des changements atmosphériques (4 *bis*). Il est plus probable que ces substitutions d'essences sont dues à l'action de l'homme, à certains abus de jouissance (4 *ter*), et au traitement régulier que les forêts ont subi, surtout dès le xvi° siècle ; à coup sûr, le résultat était inattendu et contraire au désir des forestiers de l'époque, qui préféraient partout le chêne au sapin : mais ce ne serait pas la première fois que l'événement aurait mal répondu aux efforts d'une science encore peu sûre d'elle-même. Cette opinion nous semble d'autant plus plausible que les hivers ne paraissent pas avoir été plus rigoureux au moyen-âge que de nos jours : sans doute, on peut relever au xv° siècle quatre années pendant lesquelles les vignes et les arbres fruitiers ont été plus ou moins gravement atteints en Lorraine (5), mais

(4) Rôle de la terre de Taintrux, en 1566, seigneurie de Chateaubréhain (*Arch. Mthe*, B. 9530). — Compte du domaine de St-Dié, pour 1569 : les Censes de Raon (*Ib.* B. 8662).

(4 *bis*) Léop. Delisle, *Condition de la Classe agricole en Normandie*, chap. XV.

(4 *ter*) Voir plus loin les conséquences des exploitations minières pour les chênes de la montagne.

(5) Pour l'hiver de 1407-1408, voir Servais, *Annales du Barrois*, II, 415. — Hiver de 1434 : *Annales* de St-Thiébaut de Metz, dans D. Calmet, *Hist. de Lorraine* (V, Preuves).

les temps modernes nous offrent malheureusement des exemples de semblables calamités.

Sauf cette différence, relativement peu importante, l'aspect général des forêts lorraines était donc sensiblement de même au moyen-âge qu'aujourd'hui. Dans la montagne le sapin (6), rarement seul, plus souvent associé au hêtre (7), parfois au bouleau et à l'érable (8) ; au-dessous se rencontrent le houx et le genêt (9) ; dans les vides se jettent les coudriers et les saules (10). En plaine, c'est le chêne, en mélange avec le charme ou le hêtre, et par places le frêne, l'aune, ou encore le bouleau (11).

Hiver de 1442 (Ib.). — Hiver de 1480-81, Digot, *Hist. de Lorraine*, III, 369. — Hiver de 1637, *Journal de Pierre Vuarin*, aux *Documents de l'Hist. de Lorraine*, tome V.

(6) Le sapin est partout cité sans qualificatif, sans distinction d'espèce ni de variété. Il est dès lors impossible de savoir s'il s'agit du vrai sapin des Vosges, de l'épicéa ou même du pin sylvestre.

(7) Le hêtre est cité très fréquemment, avec des formes bien diverses : on dit indifféremment des *fouge, fuouge, fols, fouls*, et comme diminutif *fouteaux*.

(8) Le bouleau (*bolle*) est assez fréquent. L'érable (*plaine*) est plus rarement mentionné ; voir au Compte de la gruerie de Bruyères, pour 1619 (*Arch. Mthe, B.* 9905).

(9) A Fossart (*Arch. Mthe, B.* 9785) ; à la Croix (*Ib.* 9785).

(10) Le coudrier (*colre* ou *corrée*) se rencontre, comme maintenant, partout où la forêt est en mauvais état (Gruerie de Lubine, *Arch. Mthe. B.* 9785 ; — *Ib.* B. 10.341).

(11) Le chêne n'est nulle part distingué par variétés. La *charmoye* ou charmille l'accompagne très fréquemment ; ainsi : *Arch. Mthe, B.* 9905. Pour le frêne, voir *eod. loc.* Pour l'aune, *Ib.* B. 9909.

Nous allons étudier maintenant comment ces forêts étaient habitées, quels étaient leurs propriétaires ; puis nous verrons de quelle manière on tirait alors parti de leurs produits.

Nous avons vu, au Livre précédent, que les forêts, ainsi que les eaux et les pâturages des domaines gallo-franks, se trouvaient comprises dans cette portion de la terre que le seigneur se réservait en propre, dans le *mansus indominicatus*. Plus tard, quand le régime féodal se développa, tel qu'il devait durer pendant le moyen-âge, il n'est pas étonnant de rencontrer toutes les forêts importantes entre les mains des rois, des ducs et des grands. Aussi, dans les descriptions de seigneuries, dans les dénombrements de fiefs, il est toujours fait mention de forêts, à la suite des terres arables et des prairies (12). Malgré les démembrements successifs que subit ensuite le manse dominical, cette situation se maintint jusqu'au bout, la propriété forestière se prêtant moins que toute autre au morcellement dans un grand nombre de mains.

Comme propriétaire féodal et comme héritier des empereurs dans la forêt des Vosges, le duc de Lorraine engloba dans son domaine les massifs boisés importants situés à peu près sur tous les points du territoire. Seules, les abbayes de la montagne pouvaient

---

(12) Engagement du domaine de Cheminot, en 1211 (*Hist. de Metz*, III, 170). — Mise à la loi de Beaumont de la Neuville et Dounoux, en 1298 (Dufourny, I, 85). — Charte de Rambervillers, xiv° siècle (*Documents de l'Hist. des Vosges*, I, 184-189). — Affranchissement de Creuë, près Hattonchâtel (*Duf.* VII, 247). — Dénombrement de la seigneurie de Sorcy, en 1573 (Dumont, *Ruines de la Meuse*, IV, 108-111).

rivaliser avec lui, à cause de la libéralité magnifique dont avaient usé à leur égard les rois et les princes de la seconde race. Remiremont possédait la plus grande partie des hautes Vosges ; Senones et Moyenmoutier étaient aussi très riches en forêts ; il en était de même dans la plaine, quoiqu'à un moindre degré. Néanmoins les ducs, à partir du XIII° siècle, surent obtenir une bonne part de ces richesses territoriales et augmenter notablement leur domaine aux dépens de l'Eglise, en se faisant payer cher la protection et les sauvegardes qu'ils imposaient aux établissements religieux. A leur exemple, les grands vassaux agirent de même pour les couvents compris dans leurs fiefs : de là ces *accompagnements* (13), espèces de donations, plus ou moins forcées, par lesquels l'abbaye reconnaissait le duc ou le haut baron comme co-propriétaire de ses forêts, et recevait en échange la protection du bras séculier contre les ennemis du dehors.

Une autre cause d'accroissement du domaine forestier ducal, au moins sur certains points de la province,

---

(13) En 1229, accompagnement entre l'abbé de Jandeures et le comte de Bar, (Dufouray, I, 56). — En 1561, accompagnement de Thibaut de Bar avec les moines de St-Mihiel (*Hist. de St-Mihiel*, 481-483). — En 1284, accompagnement du comte de Salm dans les bois des moines de Senones (*Hist. de Senones*, de D. Calmet, p. 153, aux *Doc. de l'Hist. vosg.*, tome V). — En 1398, accompagnement de Jean de Salm avec les abbés de Senones et de Moyenmoutier, pour les bois de Ravines (*Ib.* p. 171). — En 1518, l'abbé de Troisfontaines associe le duc de Lorraine aux bois de Javart et du Chesne (Duf. II, 652).

Voir, sur les Accompagnements, notre opuscule cité : *Les villes neuves en Lorraine*, p. 8.

consista dans la nécessité d'alimenter les salines, qui fournissaient une bonne part des revenus de l'Etat. Nous ne pouvons ici que mentionner sommairement l'histoire de cette industrie importante, qui s'exerçait par l'évaporation des eaux salifères au moyen de la chaleur, et qui, de nos jours, a été renouvelée par l'exploitation du sel gemme dans les profondeurs du sol. A l'origine, la propriété des puits salés se transmettait librement ; il n'y avait guère de maison seigneuriale, laïque ou ecclésiastique, qui n'eût à Dieuze, à Salonne ou à Moyenvic, soit un droit d'usage, soit la possession d'une *poêle* ou usine destinée à *cuire* le sel. Peu à peu, cette nature de biens se concentra dans les mains de personnes puissantes ; les ducs, par acquisitions successives, finirent par devenir seuls maîtres des sources exploitées. A partir du xviie siècle, les salines furent considérées en droit comme biens régaliens, et la vente des produits forma au profit de l'Etat un monopole très lucratif. Mais la fabrication du sel entraînait une dépense énorme de combustible ; on s'en fera une idée en sachant qu'il fallait 25 chars de fagots pour produire un muid de sel, et qu'à la fin du xvie siècle, les salines ducales donnaient tous les ans 45.000 muids à la consommation nationale ou étrangère.

Pour alimenter ces fourneaux insatiables, on coupa d'abord dans les forêts que le domaine possédait anciennement autour des salines ; de proche en proche, on gagna toujours plus loin, tant que le transport fut possible. Bientôt il fallut s'adresser aux forêts ecclésiastiques et seigneuriales : le duc les prenait à bail, par contrats d'acensements à long terme, ou bien les achetait en fonds et superficie et augmentait d'autant ses

possessions, souvent au prix de lourds sacrifices (14).
Nous verrons plus loin les résultats de ces exploitations
forestières, quant à l'aménagement et à la gestion des
massifs ; notons seulement que les salines avaient une
administration spéciale, qui devait s'entendre avec
les officiers forestiers, et que chaque usine recevait *son affectation*, c'est-à-dire un périmètre de
forêts présumé suffisant pour son alimentation, et
qu'elle ne pouvait dépasser. Nous voyons ainsi quels
vastes espaces étaient nécessaires pour cette industrie :
plus de 25,000 arpents pour la seule saline de Dieuze,
au commencement du xvii° siècle (15). Il semble même

(14) Du 26 mai 1567, bail pour 24 ans des bois de l'abbaye
de Beaupré, pour aider à la fourniture des salines ducales
de Moyenvic (*Arch. Mthe*, H. 351). — Du 3 août 1581, acensement pour 18 ans des bois du Chapitre de St-George,' sis
au ban de Moncel-lès-Lunéville, pour les salines de Rosières
(*Ib*. G. 496). — Du 3 novembre 1604, acensement perpétuel
des bois de la Primatiale de Nancy, dépendant du prieuré de
Salonne, à condition que « S. A. ne prendra rien ès autres
bois dépendant de l'Eglise » (*Ib*. G. 421). — En 1610-1613,
achat de 1347 arpens pour la saline de Dieuze (*Ib*. B. 716). —
En 1613, les dames de Vergaville vendent au duc 1082
arpens de leurs bois, proche les salines (Dufourny, V, 244).

(15) Réglement du duc Raoul pour les bois, du 16
novembre 1640 (Mss, n° 189, Bibl. Nancy, t. I, à sa date).—
Compte de la gruerie de Lunéville pour 1584 (*Arch. Mthe*.
B. 6838). — Contrôle de la gruerie de Dieuze, pour 1584 (*Ib*.
B. 5410). — Contrôle de la gruerie de Viviers, pour 1604 (*Ib*.
B. 10341). — Etat abrégé des bois appartenant à S. A. pour
les salines, en 1613 (*Ib*. B. 716). — Réglement de Charles
et Nicole pour la gruerie de Dieuze, du 7 août 1625 (*Ib*. Lay.
Dieuze, II, n° 11). — Compte de la gruerie de Dieuze, pour
1625 (*Eod. loc.*) ; pour 1627 (*Ib*. B. 716).

Voir au Chap. IV ci-dessous, pour l'aménagement de ces
bois affectés aux salines.

que ces affectations n'étaient pas toujours suffisantes : les gouverneurs des salines, intéressés à étendre de plus en plus la fabrication, s'installaient volontiers dans les bois appartenant aux seigneurs, s'arrogeant le droit de faire couper les bois malgré les propriétaires ; de là, des réclamations aux Etats-généraux, et le duc plusieurs fois obligé de modérer leur zèle, en déclarant qu'on ne prendrait plus les bois, sinon de gré à gré (16).

Après avoir mentionné ces causes d'augmentation des forêts ducales ou seigneuriales, nous allons étudier inversement celles qui tendirent à les diminuer. Une des plus importantes est la formation des forêts de communautés. On sait que la communauté rurale eut son origine, en Lorraine, dans le domaine du seigneur gallofrank, et qu'à une époque reculée, vers le X° siècle environ, l'ensemble des tenanciers, serfs ou mainmortables, se constitua tel qu'il devait rester dans la suite, avec des droits et des biens distincts de ceux de chacun de ses membres. Les chartes de franchise, qui, pour la plupart, datent du XII° ou du XIII° siècle, n'ont pas créé cette situation ; elles la consacrent, en la supposant préexistante ; elles la sanctionnent, en définissant par écrit les rapports avec le seigneur, autrefois confiés à la coutume de chaque domaine ; elles la rendent surtout apparente, en mentionnant les immeubles formant le patrimoine de cet être moral, la communauté

---

(16) Ordonnance d'Antoine, prise à la requête des Etats, le 27 novembre 1540 (Mss. n° 189, Bibl. Nancy, tome I, à sa date). — Réponse du duc Charles III, le 16 septembre 1577, aux articles de griefs présentés par MM. de la Noblesse (Ib).

être de droit, intermédiaire pour ainsi dire entre le seigneur, autrefois seul propriétaire, et les bourgeois, propriétaires privatifs de l'avenir. Parmi ces immeubles, les chartes mentionnent très fréquemment des forêts, dont l'origine ne peut être douteuse : elles émanent nénécessairement, comme le reste des biens de communautés, du manse seigneurial, dont elles sont un démembrement : tantôt elles sont données ou cédées par la charte même, en considération des redevances et des services énoncés au même acte ; tantôt elles se trouvent depuis longtemps déjà la propriété des communautés, et la charte ne fait que rappeler leur existence (17).

Le domaine communal, une fois créé, devait s'augmenter dans la suite, toujours aux dépens des immeubles ducaux ou seigneuriaux. Ces accroisse-

(17) En 1211, engagement de Cheminot : «... Pro custodiâ nemoris hominibus ejusdem villæ communis. » *Hist. de Metz*, III, Pr. 170). — Charte de Brieulles, 1261 (Dumont, *Ruines de la Meuse*, III, 394-400). — Charte de Lunéville, 1265 (A. Joly, *Mém. de la Soc. d'Arch. lor.*, 1868, p. 127). — Charte de Longuyon, 1270 (Duf. VIII, 175). — Charte pour la Neuville et Doulaoux, 1298 (*Ib.*, I, 86). — Seconde charte de Liverdun, 1337 (*Com. Mthe. hoc. v°*). — Charte d'Allain-aux-bœufs, 1305 (*Ib.*, *hoc v°*). — Charte de Sampigny, 1320 (*Ruines de la Meuse*, V, 11-19). — Echange de l'Evêque de Verdun avec la communauté de Sampigny, 1322 (*Ib.* V, 23). — Droits de l'abbaye de St-Pierre à Norroy-sous-Prény, en 1360 (*Comm. Mthe, hoc v°*). — Charte du ban de Derbamont, 1481 (*Doc. de l'Hist. vosg.*, VII, 81-86). — Charte confirmative pour Châtel, 1532 (*Ib.* I, 218). — Charte de Rainville, 1551 (*Ib*, IV, 185). — Echange du duc avec les habitants de Triconville, 1556 (Duf., II, 607).

ments successifs, en ce qui concerne les forêts, ont lieu quelquefois par donation, à l'occasion de quelque circonstance importante, ou pour indemniser la communauté d'une perte subie, d'une charge imposée (18). Plus fréquemment, et surtout à partir du xvi⁰ siècle, c'est un contrat d'acensement, ou bail perpétuel, qui transfère aux habitants la quasi-propriété de la forêt, en imposant comme condition de maintenir le sol à l'état boisé. Le cens consiste tantôt dans le paiement annuel d'une somme d'argent, avec ou sans deniers d'entrée, tantôt en redevances d'avoine. Le taux est entièrement variable, sans doute d'après la valeur de la superficie, mais aussi suivant les circonstances diverses dans lesquelles la convention est intervenue ; parfois les censitaires ne paient que quelques gros par *conduit* ou ménage, ce qui équivaut à une donation avec charges ; ailleurs, ils rendent à peu près l'équivalent du revenu, comme dans une location véritable (19). Plus rarement,

(18) En 1486, le duc René II donne aux habitants de la Mothe leur *plein usage* au bois du Grand-Faylel. D'après une autre charte de 1576, il apparaît que cet usage est bien la propriété pleine (*Doc. de l'Hist vosg.*, VII, 99-110). — En 1567, l'évêque de Metz donne les Hayes de Créboney à la ville de Rambervillers (*Ib.*, III, 227). — En 1608, l'Electeur palatin donne le bois de Junholt aux habitants de sa neuve ville de Lixheim (*Com. Mthe, hoc v*).

(19) En 1493, René II acense aux habitants de Seichamps un bois ès Montants (*Com. Mthe, v⁰ Seichamps*). — En 1496, les habitants de Houdreville possèdent d'acensement 206 arpens de bois (*Ib., hoc v⁰*). — En 1503, le sieur de Valengin acense à la communauté de Senaide le ban de Duraut, y compris les bois. (*Doc. de l'Hist. vosg.*, VII, 176-181). — En 1538, acensement par le seigneur aux habitants des Ménils d'un bois de 56 arpens (*Com. Mthe. hoc v⁰*). — En

les communautés se contentaient de prendre en amodiation les forêts du seigneur, pour un terme assez long : 60, 70 ans par exemple ; nous verrons que les maisons religieuses avaient surtout l'habitude de tirer ainsi parti de leurs biens (20).

1541, les habitants de Baransy, près Longwy, acensent les trois quarts du bois dit Planeaul (Duf. VI, 316). — En 1555, les habitants de Tillot-sous-les-Côtes acensent le bois le Comte (Ib. VII, 401). — En 1555, les habitants d'Abeuville acensent les Hayes de Bayonville (Ib. VI, 318). — En 1564, les habitants d'Ognéville acensent les rapailles de Correy (Com. Mthe, v° Ognéville). — En 1572, le duc acense aux habitants de Vaudémont 66 arpens en la forêt de Perches (Ib. v° Vaudémont). — En 1574, les habitants de Raon-aux-bois acensent 300 arpens au Vauthier-roche (Duf. I, 395). — En 1578, acensement aux habitants de Contrisson de 80 arpens ès bois de Haronsart (Ib. II, 759). — En 1582, acensement aux habitants de Tollaincourt du bois du Chesnois (Ib., VII, 532). — En 1586, le duc acense aux habitants d'Arrancy 240 arpens de bois (Ib. VIII, 247). — En 1594, aux habitants de Praye, 72 arpens (Com. Mthe, hoc v°). — En 1604, le seigneur de Coincourt acense aux habitants les bois du Fou et des Quatre-Journaux (Ib., v° Coincourt). — En 1615, acensement du duc aux habitants de Conflans-en-Jarnisy des bois de Gros-Pré (Duf. V, 48). — En 1621, aux habitants de Gérardcourt, 10 jours 4 hommées de bois (Com. Mthe, hoc v°). — En 1633, aux habitants d'Angomont, deux contrées de haute futaie, la Vouree et le Fay (Ib., v° Angomont).

(20) En 1469, les habitants de Lucy possèdent le bois de la Voivre, à titre de bail de l'abbaye de St-Martin de Metz (Com. Mthe, v° Lucy). — Le 21 juillet 1572, les religieux de Beaupré donnent aux habitants de Landécourt un bois dépendant du monastère, à titre de laix et admodiation pour l'espace de 61 ans (Arch. Mthe, H. 389). — En 1580, le Chapitre de Dieulouard acense aux habitants de Dieuze, pour 70 ans, les bois qu'il possède en ce lieu et bans joignants (Duf. V. 228).

La coutume de Lorraine et les usages locaux donnaient au seigneur le droit d'intervenir dans l'administration des bois communaux, et notamment des forêts. Comme donateur présumé, le seigneur avait intérêt à la conservation des immeubles qui provenaient de lui ; comme protecteur naturel de la communauté, son autorisation devait être obtenue, toutes les fois qu'il s'agissait d'une opération grave ou d'un acte pouvant engager l'avenir. Nous avons de nombreux exemples de cette surveillance légale, que nous retrouverons en traitant des grueries ; pour toute transformation du bois communal, les habitants doivent se munir de l'adhésion du seigneur : ainsi, pour créer une forêt nouvelle, ou plutôt la laisser croître et la mettre en défends. La conséquence de cet acte était la restriction du vain-pâturage, dont profitait le seigneur à titre de premier habitant : on ne doit donc pas s'étonner qu'il se fasse payer sa permission, de manière à compenser le préjudice qui pouvait lui être causé (21).

La défense exprimée le plus fréquemment est celle d'aliéner sans autorisation la *chose communiale* (22). Toutefois, il n'était pas rare que le duc ou le seigneur donnât cette autorisation ; c'était, d'ordinaire, quand il

---

(21) Voir Dufourny, III, 718 ; — Digot, *Histoire de Lorraine*, V, 114.

(22) *Coutume de Lorraine*, tit. xv, art. 28. — Autres dispositions légales restrictives de la vente des biens de communautés : Du 6 août 1569, articles des Etats accordés par Mgr. le duc (Mss. Bibl. Nancy, n° 189, tome I) ; — du 2 mai 1597, ordonnance sur les aliénations des ecclésiastiques et des communautés pour le duché de Bar (*Ib.*, tome III). — Exemple d'une sanction de ces défenses : Duf., IV, 296.

voulait acquérir lui-même l'immeuble commun (23) ; on peut penser qu'alors les habitants étaient à la merci de leur surveillant légal. Mais, dès que le pouvoir ducal acquit quelque prépondérance, il s'interposa, en cette matière comme en beaucoup d'autres, entre le seigneur et ses sujets, et sa haute sanction dut être obtenue à titre de supplément de garantie. Ce qui montre bien que les communautés n'étaient pas abandonnées à l'arbitraire de leurs anciens maîtres, c'est la mention de procès à la suite desquels la propriété des forêts en litige est maintenue aux habitants (24).

Dans beaucoup de provinces françaises, le seigneur, se fondant sur sa qualité de donateur originaire, se faisait attribuer, sous le nom de *triage*, une partie de la forêt communale, d'ordinaire le tiers, et renonçait en échange à toute participation dans les fruits et revenus de l'immeuble. Ce droit de triage, qui nécessita souvent, en France, l'intervention de l'autorité royale, ne paraît pas avoir été reconnu par les coutumes lorraines. Un seul document, à notre connaissance, peut s'y rapporter. On peut expliquer autrement les partages de

(23) Cessions de forêts de communautés au duc ou à des seigneurs : En 1346 (*Duf.*, I, 660) ; en 1560 (*Ib.*, IX, 630) ; en 1563 (*Stat. Mthe*, v° *Alaincourt*) ; en 1579 (*Com. Mthe*, v° *Manoncourt-en-Vermois*) ; en 1597 (Duf., III, 559) ; en 1608, (*Ib.*, II, 571) ; en 1628 (*Com. Mthe*, v° *Altroff*).

(24) En 1483, émeute des bourgeois de Toul, qui revendiquent contre l'Evêque la *fouerresse* de Villey (*Com. Mthe*, v° *Toul*). — En 1567, sentence du bailliage de Saint-Mihiel adjugeant aux habitants de Moineville et Valleroy des bois communaux dont la propriété leur était contestée (Duf. III, 646). — Lettres patentes de 1689, maintenant les habitants de Domgermain dans la propriété de 1865 arpens de bois (*Com. Mthe*, hoc v°).

forêts qui interviennent assez fréquemment au sujet de biens communaux : c'est la cessation de l'indivision produite par les accompagnements de l'âge précédent, qui s'étaient conclus à l'origine aussi bien aux dépens des communautés d'habitants que des maisons ecclésiastiques (25).

Un autre droit seigneurial, celui-ci spécial à la Lorraine, doit être mentionné ici, bien que son histoire appartienne surtout à l'époque suivante : il s'agit du droit de *tiers denier*, d'après lequel le seigneur prélevait, en cas de vente des produits forestiers, un tiers du prix payable par l'acquéreur. Ce droit est certainement antérieur au XVII° siècle : nous en avons relevé une mention expresse en 1399. On a beaucoup disserté sur son origine, qui reste obscure : nous croyons qu'il faut l'assimiler aux droits de mutation entre-vifs que partout en Lorraine les acquéreurs payaient au seigneur pour obtenir la confirmation de leur acquisition. Seulement, tandis que le taux de ces droits de mutation était très variable suivant les localités, et dépassait rarement le 6° denier, la vente des produits forestiers,

(25) En mars 1343, accord entre le prieur de Flavigny et les habitants du lieu, pour le partage des biens indivis (*Arch. Mthe*, H. 124). — En 1568, procès entre le seigneur des Kœurs et les habitants, au sujet des bois communaux, pour lesquels le seigneur, comme haut-justicier, a droit de réglementer l'exploitation, ce que refusaient les habitants. Comme transaction, le seigneur prend 500 arpens de bois et les habitants restent maîtres de défricher le reste sans payer cens (*Ruines de la Meuse*, II, 363). Cette solution se rapproche beaucoup du triage tel qu'il existait en France ; toutefois le mot ne se rencontre dans aucun document lorrain de l'époque.

uniquement pour les biens des communautés, se trouve uniformément taxée au tiers ; c'est là une anomalie singulière, de laquelle aucune explication plausible n'a été donnée (26).

Pendant plusieurs siècles, il n'y eut pas de propriétaires forestiers autres que le duc ou les seigneurs et les communautés. Il faut aller jusqu'à l'époque des acensements, au xvi® siècle, pour rencontrer de simples bourgeois détenteurs de forêts, encore n'étaient-ce, la plupart du temps, que des parcelles de peu d'importance (27). Peu à peu, cependant, ces particuliers acquirent de véritables domaines, et quelques-uns d'entre eux ne le cédèrent en rien aux seigneurs pour l'étendue de leurs immeubles. Ce qui le montre bien, c'est que les ducs, aux xvi® et xvii® siècles, contractent indifféremment avec des bourgeois ou des seigneurs, pour l'achat de forêts ou autres biens ruraux (28). Enfin, de même que nous avons vu les couvents amodier fré-

---

(26) Voir pour la quotité du droit de mutation entre-vifs : Charte de 1538, *Doc. de l'Hist. vosg.*, IV, 36-48 ; — Déclaration de 1580, *Com. Mthe*, v° Lebeuville ; — *Com. Mthe*, v° Bainville-aux-Miroirs ; — *Ib.* v° *Cleméry*, v° *Delme*, v° *Chicourt*, etc.

Voir surtout, pour le tiers denier, le Livre suivant, Chapitre 1er. — Ce droit existait certainement avant le xviii® siècle, comme on peut en juger par le texte suivant : En 1399, Robert, duc de Bar, quitte aux habitants de Villers-la-Montagne 10 francs qu'ils lui devaient pour le *tiers denier* du surpoil de leurs bois, qu'ils ont vendus pour aider à payer une dette qu'ils avaient pour lui à Metz (Duf. I, 78).

(27) Bois de particuliers, formés par acensements : en 1521, Duf. I, 756 ; — en 1529, *Ib.*, I, 792 ; — en 1618, *Com. Mthe*, v° *Laneuvelotte* ; — en 1612, *Ib.*, v° *Mazerules*.

(28) Duf. I, 737 ; — *Com. Mthe*, v° *Lanfroicourt*.

quemment leurs bois au domaine ducal ou à des seigneurs, ils passèrent de semblables contrats avec de simples particuliers, qui paraissent même appartenir à une classe sociale assez peu élevée (29).

Nous venons de mentionner, dans ce qui précède, les deux causes principales qui influèrent sur la répartition de la propriété forestière : la formation des forêts communales et des bois de particuliers. Mais ces évènements, de même que les accompagnements des siècles plus anciens, n'avaient aucun effet direct sur l'augmentation ou la diminution des surfaces boisées. Il nous reste à étudier cette seconde partie de notre programme : les limites des forêts lorraines ont-elles été modifiées, et pour quelles causes ? On peut ramener à deux motifs principaux les variations déjà signalées précédemment : l'accroissement de l'industrie et l'expansion de l'agriculture.

Nous avons parlé des salines, et nous avons vu que ces usines, quelle qu'ait été leur consommation de combustible, n'ont pas motivé le déboisement des forêts. Sans doute, les massifs environnants subirent une transformation profonde, à cause de la nécessité d'exploiter à courte révolution pour fournir du bois de chauffage de petites dimensions, mais l'intégralité du sol forestier fut maintenue ; il se fût plutôt augmenté, à cause des besoins sans cesse croissants auxquels il devenait difficile de satisfaire. Il en fut à peu près de même pour l'industrie des mines. Leur exploitation prit, dans les

---

(29) En 1600, bail des bois du Chapitre de St-Georges, pour 10 ans (*Arch. Mthe*, G. 498). — En 1621, bail pour 54 ans d'un bois au Chapitre de la Primatiale (*Ib.*, G. 423).

Vosges, une importance très considérable, surtout à dater du xvi⁰ siècle, et de nombreux règlements ducaux intervinrent, soit pour déterminer les rapports entre les mineurs et les propriétaires du sol, soit pour organiser les ouvriers en corps de métier et établir leurs privilèges, soit enfin pour affecter à chaque mine, forge ou fonderie, des forêts suffisantes. Toutes ces mines s'exploitaient au moyen de puits auxquels s'embranchaient des galeries souterraines ; il fallait donc d'abord du bois de fortes dimensions pour étançonner les terres et prévenir les éboulements. Il était facile de trouver ces bois à proximité, dans les grandes futaies résineuses qui couvraient la montagne ; il est probable qu'on employa de préférence à cet usage les dernières forêts de chêne qui se rencontraient encore sur les contreforts des Vosges. Mais la transformation du minerai nécessitait surtout une énorme quantité de charbon. Les procédés métallurgiques étaient beaucoup plus grossiers qu'aujourd'hui, et la chaleur perdue était sans doute considérable. Il est vrai qu'on ne s'attaquait alors qu'à des minerais de fusion relativement facile : les fers de Framont, les plombs argentifères des environs de Saint-Dié, les cuivres de Bussang. Quoiqu'il en soit, c'est surtout le charbon qui était constamment nécessaire, et c'est contre les charbonniers que sont prises la plupart des mesures protectrices de la forêt. Les beaux sapins de la Haute-Moselle et de la Haute-Meurthe étaient alors débités, faute de mieux, pour cet usage infime, et des massifs entiers de futaie se trouvaient ruinés pour ce motif. Mais ces exploitations fâcheuses n'allèrent jamais jusqu'au défrichement complet : après avoir épuisé un canton, les charbonniers poussaient plus loin, et, pendant ce temps, la forêt réparait ses pertes, se reformait à la longue (30).

L'industrie du verre entama d'une manière beaucoup plus durable les forêts de la plaine. Les verreries sont anciennes en Lorraine : on en trouve au xiv° siècle dans le Barrois ; au xv° siècle, elles devinrent très florissantes dans le pays de la Vôge, sur les plateaux qui séparent le bassin de la Saône de celui de la Moselle ; enfin au xvi° siècle furent érigées celles de la montagne, à Saint-Quirin et dans le pays de Salm. Ce sont les verreries de la Vôge qui nous sont le mieux connues ; c'est à leur sujet que fut donnée, en 1448, la *charte aux verriers*, contenant de nombreux privilèges, entre autres la noblesse, en même temps que des droits

---

(30) Voir, sur l'importance et la législation des mines : M. Lepage, *Recherches sur l'industrie en Lorraine*, aux *Mém. de l'Acad. de Stanislas*, 1851, p. 273-304. Voici la date des principaux règlements ducaux relatifs aux mines : Pour le Val-de-Galilée (Saint-Dié), et principalement les mines de la Croix, ordonnances de René II, des 4 juillet 1486 et 12 juin 1508 ; Ordonnances d'Antoine, de Pâques 1518, confirmées en 1557 et 1571 ; — pour le Thillot et Bussang, ordonnances de Charles III, des 14 mars 1575, 2 juin 1588, 2 septembre 1596.

Plusieurs documents relatifs aux mines sont intéressants pour les forêts : — En 1260, ouverture des mines de Framont (*Hist. de Senones*, p. 130) ; — Règlement du 15 février 1557, pour les bois du domaine de Saint-Dié (*Arch. Mthe*, B. 8785) ; — Règlement du 6 octobre 1564, pour la gruerie de Ramonchamp (*Ib.*, B. 8338) ; — Compte de la même gruerie, pour 1613 (*Ib.*, B. 8359) ; — Règlement du 10 mai 1619, pour les bois communaux du Val de Liepvre (*Ib.*, B. 9639).

d'usage très étendus (31). Les verriers s'installaient en pleine forêt, bien différents des mineurs, dont les établissements, forges ou fonderies, étaient construits dans le fond des vallées. La construction d'une *verrière* nécessitait toujours un défrichement considérable; tout autour de l'usine, de l'habitation du maître, se groupaient les maisons des ouvriers, avec champs et jardins, et l'ensemble formait une enclave, souvent assez vaste, à jamais perdue pour la végétation forestière. On voit dans les comptes du domaine, principalement de la recette de Darney, d'après l'accroissement du produit des impôts, quelle expansion prirent les verreries lorraines à la fin du xvie et au commencement du xviie siècle. C'est à ce moment que de nombreux cantons furent défrichés sans retour ; maintenant encore, l'emplacement des usines de cette époque est facilement reconnaissable (32).

(31 Voir, sur l'industrie du verre : Digot, *Hist. de Lorraine*, III, 194-196 ; IV, 111 ; V, 126-134. Et surtout les deux monographies suivantes : Beaupré, *Les Gentilshommes verriers dans l'ancienne Lorraine*, 2e édition, Nancy 1846 ; — Lepage, *Recherches sur l'industrie en Lorraine*, aux *Mém. de l'Acad. de Stanislas*, 1849, p. 22-78.

Autres documents concernant les verreries : Diplôme impérial de 1373 (*Com. Mthe*, v° *Pont-à-Mousson*) ; — Atour du magistrat de Metz, en 1365 (*Hist. de Metz*, IV, 213-222) ; — Comptes du domaine de Bar, en 1408 (Servais, *Ann. du Barrois*, II, 424) ; — Affranchissement des verriers de Sainte-Foy, en Barrois, en 1408 (Duf., II, 316) ; — *Charte aux verriers*, donnée en 1448 par Jean de Calabre, renouvelée en 1469 et en 1501 (*Doc. de l'Hist. vosg.*, III, 224) ; — Verreries de Saint-Quirin, au xiie siècle (*Com. Mthe*, hoc v°.)

(32) Compte de la recette d'Arches pour 1493 (*Arch. Mthe*, B. 2439) ; — Dénombrement des terres de Monthureux, etc. en 1498 (*Doc. de l'Hist. vosg.*, VII, 135-141) ; — Comptes du

Non contents des larges privilèges que leur accordaient les chartes de concession, les verriers se montraient délinquants incorrigibles, sans cesse convaincus d'étendre induement, par des essarts successifs, le périmètre de leurs acensements (33). De là une nouvelle cause de diminution du massif forestier. Les incendies en furent une autre. Cultivateurs ou industriels, les uns et les autres attaquaient ainsi la forêt, les propriétaires de bestiaux pour augmenter leurs pâturages, les verriers pour faire des cendres, les mineurs pour cuire leur charbon (34). Les vides ainsi formés ne se repeuplaient pas toujours ; souvent intervenait ensuite un contrat d'acensement qui les concédait à quelque riverain pour tirer profit du terrain inoccupé.

Quel qu'ait été cependant l'accroissement de l'industrie, quelques graves conséquences qu'aient produits les

---

domaine de Darney, pour 1535 ; total des redevances, pour 11 *verrières*, 104 francs 2 gros (*Arch. Mthe*, B. 5067) ; — Comptes du domaine de Saint-Dié, pour 1579 (*Ib.*, 8650) ; — Compte de la gruerie de Darney, pour 1600 : les impôts des verrières ont été laissés pour 2,100 francs de Lorraine ; en 1693 pour 2800 francs (*Arch. Mthe*, B. 5091) ; — Même compte pour 1626 : cens des 17 verrières, avec les nouveaux acensements, 461 francs 3 gros 8 deniers (*Ib.*, B. 5108) ; — Même compte pour 1634 : impôt du *grand verre*, 2705 francs ; impôt du *menu verre*, 105 francs (*Ib.*, B. 5113).

(33) Compte de la recette de Dompaire et Valfroicourt pour 1549 (*Arch. Mthe*, B. 5454). — Compte de la gruerie de Darney pour 1581 (*Ib.* B. 5081).

(34) Ordonnance forestière pour le comté de Dabo, août 1569 (*Arch. Mthe*, E. 67, n° 1 du Registre). — Règlement du 28 octobre 1571, donné par les commissaires ducaux pour la gruerie de la Croix (*Ib.*, B. 8785).

délits forestiers, facilités par une surveillance imparfaite, il faut chercher ailleurs la cause essentielle des essartements considérables exécutés jusqu'au xvii° siècle. Dans beaucoup de circonstances, qu'il nous reste à examiner, le déboisement est voulu ; il est le but direct d'un contrat qui intervient dans un intérêt agricole, entre le propriétaire forestier et des tiers. Les dispositions relatives aux *essarts*, *escarps*, *fouillées* et *trespois* (tous ces mots sont à peu près synonymes), sont très importantes, et doivent être étudiées dans deux cas différents : tantôt le défrichement a lieu dans la forêt d'une communauté, au profit d'habitants du village ; tantôt il nécessite une aliénation du domaine ducal.

Un certain nombre d'anciennes chartes communales mentionnent, parmi les droits des habitants sur la forêt de communauté, celui d'essarter dans les parties qui ne sont pas en réserve, à la condition d'agir ouvertement, de faire au préalable déclaration au forestier, en payant la redevance accoutumée. Le droit d'essartement était ainsi considéré comme une conséquence de la jouissance de la forêt, et son exercice n'était, à l'origine, limité que par les habitants eux-mêmes, qui, en décidant la *mise en ban* de certains cantons, pouvaient restreindre d'autant la faculté laissée aux cultivateurs. Bientôt, par application d'une disposition déjà citée de la coutume de Lorraine, les seigneurs intervinrent de plus en plus pour exercer sur les propriétés communales une surveillance qui, d'ailleurs, avait toujours été dans leurs attributions ; enfin le duc, soit comme seigneur dans les communautés relevant directement de lui, soit comme souverain dans les autres, promulgua fréquemment des règlements pour limiter les essartements des habitants dans leurs forêts. De même que nous avons vu ceux-ci payer une redevance au seigneur pour créer ou laisser croître la forêt sur le fonds commun, de même nous les voyons taxés, à une somme, généralement minime, pour obtenir le défrichement (35).

Les forêts lorraines subirent-elles de ce chef une diminution considérable ? nous ne le pensons pas. On doit remarquer en effet que les essarts portent surtout, dans la plaine, sur les *hayes* et *accrues*, et, dans la montagne, sur les *rapailles* appartenant aux communautés. Ces mots ont à peu près le même sens. Ils désignent des terrains qui ne sont pas à proprement parler la forêt, plutôt vagues, bruyères, pâturages couverts

(35) Droits de l'abbesse d'Epinal en la mairie de Thaon, XIIIᵉ siècle (*Doc. de l'Hist. Vosg.*, I, 173). — Faculté d'essarter reconnue aux habitants de Boucq, en 1495 (Duf. I, 48). — Règlement de jouissance pour le ban de Vagney, en 1569 (*Doc. de l'Hist. Vosg.* IV, 188-191). — Permission d'essarter aux habitants de Saint-Ail et Habonville, en 1581 (Duf., 646). — En 1585, aux habitants de Domgermain (*Com. Mthe, hoc vº*). — En 1586, aux habitants de Champigneulles (*Ib., hoc vº*). — En 1488, à Moyeuvre (Duf., III, 660). — En 1596, à Vitry-sur-Orne (*Ib.*, III, 663). — Ordce du 2 mai 1597, portant défense de défricher sans autorisation dans le duché de Bar (Mss. nº 189. Bibl. Nancy, tome III). — En 1598, autorisation d'essarter aux habitants de Jézainville (*Com. Mthe, hoc vº*). — En 1603, à Laxou (*Ib., hoc vº*). — En 1609, à Ville-sur-Saulx (Duf., II, 592) ; à Dagonville (*Ib.*, II, 580). — Règlement de 1619 pour les bois communaux du Val de Liepvre, défendant toutes *fouillées* et *trespois* (Arch. Mthe, B. 9639).

Voir au surplus, pour l'exercice de la surveillance des seigneurs sur les forêts des communautés, Chap. IV *infrà*.

de genêts ou d'épines. Le cultivateur les labourait à de longs intervalles, puis, quand il avait tiré, dans deux ou trois récoltes, les sucs accumulés par de longues années de repos, il laissait la végétation sauvage reprendre possession du sol. D'ailleurs, quelle qu'ait été la durée de l'occupation, le fonds ne cessait pas d'appartenir à la communauté.

Quelquefois le domaine communal ne contenait pas de terrains de cette nature ; c'était le seigneur ou le duc qui donnait ou vendait à tel ou tel village un canton de ses bois, avec permission d'essarter (36). Les essarts de ce genre peuvent avoir dans certains cas une durée plus longue que ceux dont nous avons parlé : ils allaient alors grossir les *pâquis*, c'est-à-dire les terres arables et les prés que les habitants se partageaient entre eux à de courts intervalles, ou qu'ils maintenaient dans la jouissance indivise.

La principale cause des défrichements réside dans les acensements accordés à titre privatif aux dépens des forêts de la montagne. Il faut lire les comptes du domaine d'Arches, Bruyères, Saint-Dié, Darney, pour apprécier l'extension considérable que prirent ces contrats à dater de la fin du XV° siècle. Le domaine ducal se morcèle entre mille mains ; on concède d'abord les terrains voisins des anciens villages, puis, d'une année à l'autre, les acensements remontent les vallées, englo-

---

(36) En 1508, aux habitants de Dainville (*Arch. Mthe*, B. II). — En 1513, à Hautevelle (Duf. IV, 306). — En 1532, à Dommartin-la-Chaussée (*Ib.*, VII, 392). — En 1542, à Lavignéville (*Ruines de la Meuse*, I, 284). — En 1538, charte de Pargny-sous-Mureau (*Doc. de l'Hist. Vosg.*, IV, 36-48). — Aux habitants de Contrisson, en 1578 (Duf., II. 759).

bant terres, pâturages et forêts, jusqu'à ce qu'ils se terminent aux *chaumes* qui couronnent la montagne. C'est par centaines que chaque compte du receveur ducal relate les concessions accordées, pour quelques gros ou quelques deniers, et parmi lesquelles figurent fréquemment des *retraits de bois*, c'est-à-dire des portions de forêt que le censitaire défrichait pour y établir sa *grange*, ou donner du parcours à ses troupeaux (37). Ces acensements ont été pratiqués uniquement dans la

(37) Transaction de 1466, entre l'abbaye de Senones et les habitants du Val (*Hist. de Senones*, p. 209). — Comptes du receveur d'Arches, pour 1493 (*Arch. Mthe*, B. 2439). — Comptes de la recette de Bruyère, pour 1493 (*Arch. Mthe*, B. 3666). — Comptes du domaine et gruerie de Darney, pour 1535; censives des *assars* (*Ib.*, B. 5067). — Compte premier de la gruerie de Châtel, pour 1544 (*Ib.*, B. 4328). — Acensements faits à Gérardmer, depuis 1548 jusque vers 1574, par les officiers d'Arches et de Bruyères (Notes réunies par M. Lepage, et extraits des *Arch. Mthe*, B, 44 et n[os] suivants, à l'appui de la *Notice sur Gérardmer*, qui a paru aux *Annales de la Soc. d'Emulation des Vosges*, 1877, p. 152 et suiv). — Comptes de la recette de Valfroicourt et Dompaire, pour 1549, contenant une décision des commissaires ducaux datée de Giraumé, 22e de juin 1547, relative aux essarts (*Arch. Mthe.*, B. 5454). — Compte de la recette de Darney, pour 1552 (*Ib.*, B. 5073). — Comptes de la gruerie de Châtel pour 1565, 1572, 1583 (*Ib.*, B. 4333, 4343, 4354). — Comptes du domaine de Saint-Dié, pour 1612 (*Ib.*, B. 8813). — Départ de S. A., du 2 juillet 1619, touchant les bois d'Epinal (*Ib.*, B. 6008). — Acensement perpétuel des bois de Lanfroicourt, avec autorisation d'essarter, 1623 (*Ib.*, B. 1247). — Compte de la gruerie de Darney pour 1626 (*Ib.*, B. 5108). — Contrôle de la gruerie de Bruyères, pour 1633 (*Ib.*, B. 3917).

Voir pour les défrichements dans la forêt d'Orléans, de Maulde *Condition forestière de l'Orléanais*, IV, 85-121.

montagne et dans la Vôge ; la plaine proprement dite ne les a pas connus. C'est pourquoi nous avons pu avancer, dans le chapitre qui précède, que la diminution des surfaces boisées n'avait pas suivi partout la même progression, et que les forêts de plaine n'avaient pas subi de variation considérable pendant tout le cours du moyen-âge.

Ces acensements du domaine ducal étaient certainement une excellente mesure administrative. C'était une province nouvelle que le souverain mettait ainsi en valeur et peuplait sans difficultés, sans guerres et pour le bien de tous. Il est possible cependant que des abus se soient produits, et que des courtisans, habiles à se faire payer des services imaginaires, se soient fait attribuer, sous forme d'acensements, des immeubles importants. Il est également probable que bon nombre de censitaires, même parmi ceux qui avaient loyalement reçu de l'Etat des terrains à mettre en culture, ne se firent pas faute d'outrepasser les limites de leurs lots, et de pousser la charrue plus loin que les parcelles concédées. Des abus de ce genre nécessitèrent souvent des mesures répressives ; ils expliquent, jusqu'à un certain point, la dureté apparente de la législation domaniale sur les aliénations et les acensements. A partir du xv° siècle, le domaine ducal est, à plusieurs reprises, solennellement déclaré inaliénable et imprescriptible : une clause semblable à celle de la célèbre ordonnance de Moulins, porte que toute aliénation, pour le passé ou pour l'avenir, est réputée non avenue, et peut être à tout moment rescindée (38). Or, c'est pré-

---

(38) En 1373, nomination de commissaires réformateurs pour statuer sur les insurpations du domaine dans le duché

cisément à cette époque qu'eurent lieu les innombrables
acensements de la montagne, dont nous venons de parler. Peut-on croire que le duc ne concédait ainsi ses
terres aux cultivateurs qu'avec l'arrière-pensée de les

de Bar (Servais, *Ann. du Barrois*, I. 275). — Du 29 décembre 1446, ordonnance de René II sur l'aliénation des domaines : « ... Les rois et princes ayant été constitués pour faire justice, conserver le bien de la chose publique, et, pour supporter les charges des affaires aient été ordonnés domaines et revenus qui ont été inséparablement annexés auxdits rois et princes tellement que, selon droit et raison, le prince ne les puisse aliéner, et que, s'il le fait, telles aliénations ne valent : Pour ces causes... avons révoqué et révoquons tous dons, transports, gagières et autres aliénations quelconques faites jusqu'à présent pour quelque cause que ce soit,.. et voulons que si, au temps à venir, nous ou l'un de nous, par inadvertance, importunité des requérants ou autrement, vendons, donnons ou aliénons aucunes choses du domaine de nosdits duchés tout ce soit nul et de nulle valeur... » (Mss. n° 189. Bibl. Nancy, à sa date). — Ordonnance de Charles III du 27 juin 1561, alias 21 juin 1560, révoquant les aliénations du domaine, déclaré inséparable et insaisissable. Renvoie à une autre ordonnance semblable du duc Antoine (*Ib.*). — Ord^{ce} de Henri II, du 19 juillet 1613, déclarant imprescriptible et inaliénable le domaine de S. A. au duché de Bar (*Ib.*, tome III).

Voir, à ce sujet, Noël, *Mémoire* n° 4. Cet auteur distingue entre le Barrois et la Lorraine propre ; il admet l'inaliénabilité pour le Barrois, mais déclare apocryphes tous les textes relatifs à la Lorraine. Les raisons de cette distinction ne nous semblent pas convaincantes. — Voir aussi Meaume, *Commentaire du Code forestier*, tome I, n°⁵ 327-337. Le savant jurisconsulte lorrain admet tous les textes cités ci-dessus, en faisant remarquer cependant que les princes qui posèrent le principe d'inaliénabilité ont été les premiers à le violer par des concessions nombreuses. Le principe ne fut réellement en vigueur qu'à partir de 1600, et la jurisprudence moderne reconnait la validité de toutes les aliéna-

dépouiller ensuite du fruit de leurs travaux ? Il est évident que toutes ces défenses restèrent lettre morte à l'égard des paysans qui faisaient la fortune du pays, et qu'elles ne servirent qu'à mettre un frein à quelques convoitises exagérées. Les censitaires demeurèrent, en fait, quasi-propriétaires de leurs défrichements ; mais nous verrons, dans le Livre suivant, qu'il n'en fut pas toujours de même pour les concessions accordées dans les siècles postérieurs.

C'étaient de véritables populations forestières que ces censitaires, dont les essaims, toujours renouvelés, couvraient toutes les vallées de la Vôge et de la haute Moselle. Implantés successivement dans des espaces jusqu'alors à peu près déserts, ils vivaient presque uniquement de la forêt, et présentaient, dans leur organisation, leurs coutumes, des particularités intéressantes, qui les distinguaient des autres habitants de la province. La plupart d'entre eux relevaient, avons-nous dit, du domaine ducal, et la situation politique de cette partie de la Lorraine ne fut pas sans influence sur la colonisation des régions montagneuses. Là s'étendaient les vastes possessions de l'abbaye de Remiremont, la plus riche des abbayes vosgiennes, de laquelle dépendaient quatre cents villages, et qui se proclamait indépendante de tout pouvoir local, acceptant seulement la suzeraineté de l'Empereur et l'autorité de Rome. Mais les ducs de Lorraine, tout en paraissant respecter ces prétentions, parvinrent promptement à se ménager une bonne part

---

tions antérieures. Quant à celles qui sont plus récentes, on pose en règle qu'elles n'ont dû être consenties que *jusqu'à bon plaisir*, et par ce moyen on arrive à concilier la théorie législative avec la réalité des faits.

d'autorité sur les terres de Saint-Pierre. Avec le titre de *voués* ou défenseurs du monastère, ils se firent admettre en *pariage*, c'est-à-dire avec égalité de droits, dans la plupart des fiefs de l'abbaye. Plus tard, lorsque l'impôt public fut rétabli dans les duchés sous le nom d'*aide Saint-Remy*, les commissaires ducaux s'habituèrent à *jeter l'aide* jusque sur la ville de Remiremont, malgré les réclamations de l'abbesse (38 *bis*). Enfin, le duc prétendait posséder en propre certains territoires enclavés dans les domaines de l'Eglise, principalement de grandes forêts ; semblablement, l'abbaye se déclarait ailleurs seule propriétaire, sans part d'autrui. Des transactions intervinrent sur ces sujets délicats, et il résulta de cet enchevêtrement une grande diversité dans l'organisation territoriale, en même temps qu'une situation compliquée pour l'état des personnes.

Les terres de Saint-Pierre, dans la région montagneuse et dans la Vôge, sont le plus souvent groupées en *mairies*, dont chacune comprend un ou plusieurs bans. Quelquefois, cependant, à côté de la mairie, se trouve la *foresterie*, composée de groupes d'habitants installés sans doute sur l'emplacement d'anciennes forêts, et payant des redevances ou *droitures* distinctes (39). Ces foresteries sont des commu-

---

(38 *bis*) Réclamations du chapitre de Remiremont au commissaire de l'aide générale, en 1559 (*Arch. Mthe*, B. 2466).

(39) Déclaration des droits seigneuriaux du ban d'Arches, en 1366, faisant mention des trois *foresteries* de Longchamps, Vagney et Moulins (*Doc. de l'Hist. Vosg.*, II. 202). — Comptes du receveur d'Arches, pour 1493 (*Arch. Mthe* B. 2439). — Mêmes comptes, pour 1593 (*Ib.* B. 2508).

nautés organisées de la même manière que les mairies ; seulement l'officier du seigneur, le maire, y est remplacé par un *forestier* qui ne s'occupe pas spécialement des bois, mais préside le corps des échevins pour l'administration de la justice, lève les redevances et gère les biens du seigneur. Il est aussi question, au xiv⁰ siècle, d'un *grand forestier* dans le ban d'Arches ; nous ne croyons pas qu'il ait eu quelque prééminence sur les autres, et ses fonctions devaient être restreintes à la foresterie de son ban (40). Les hommes de ces foresteries poient leurs redevances moitié au duc, moitié à Saint-Pierre : leurs terres étaient donc au nombre de celles où le domaine et l'abbaye avaient égalité de droits (40 *bis*).

Dans les parties où le duc se prétendait seul maître, les acensements durent être accordés avec plus de facilité qu'ailleurs, à cause de l'intérêt qu'avait l'administration ducale d'augmenter le nombre de ses rede-

(40) Déclaration des droits seigneuriaux du ban d'Arches, 1356 (*ubi suprà*). — Comptes du domaine d'Arches, pour 1593 (*Arch. Mthe*, B. 2508).

(40 *bis*) Y eut-il d'autres forestiers et d'autres foresteries que celles de la Vôge ? M. Clouet (*Histoire de Verdun*, II. p. 342), parle de la foresterie de Dun, en 1156 ; mais il s'agit, dans le diplôme qu'il mentionne, d'une *foresta*, espèce de droit de chasse ou d'usage forestier, de nature bien distincte (voir *suprà*, Livre I, note 31). Quant au titre de grand forestier que porta longtemps le comte de Flandre, il est douteux que ce soit l'indice de véritables fonctions forestières : ce titre de forestier dérive très probablement du mot flamand *Vorst*, président ou comte. Voir cependant une opinion contraire, développée par MM. Bertin et Vallée : *Etude sur les Forestiers et l'établissement du comté héréditaire de Flandre*, p. 61 et passim.

vables ; c'était étendre ainsi son influence au détriment du Chapitre. Dans ces circonstances, l'acensement prend un nom particulier : c'est un *arrentement*, et l'immeuble pour lequel le contrat intervient est un *hommage*. Ces termes rappellent, d'une part, que la redevance due se paie en argent, non en nature, d'autre part, que les tenanciers doivent certains services militaires dans les châteaux voisins. De même que les comptes des receveurs, au xvi° siècle, relatent les acensements, dans les recettes d'Arches et de Bruyères, on trouve de longues listes d'*arrentés*, qui s'augmentent chaque année, avec la description des hommages correspondants, dont plusieurs sont quelquefois gérés par le même individu. En résumé, arrentés vieux ou nouveaux ne sont que des censitaires, qui paient leurs redevances au duc seul. Il paraît, d'après certaines transactions de 1593 et 1633, que les officiers ducaux cherchaient à étendre les arrentements au delà des territoires appartenant au domaine, dans les bans qui se trouvaient en pariage avec le Chapitre ; ces tentatives, si elles n'eussent été promptement arrêtées, menaçaient d'enlever à l'abbaye tout ce qui lui restait de sujets (41).

(41) Compte de la recette d'Arches pour 1571 : Rôle de l'aide ordinaire; arrentés des bans de Tendon, Vagney, Longchamp, Ramonchamp (*Arch. Mthe*, B. 2473). — Transaction de 1579 entre le duc de Lorraine et l'abbaye de Remiremont, portant qu'il ne se fera plus à l'avenir d'arrentements à Arches, Bruyères, Dompaire, ès villages, bans et finages où le chapitre participe pour moitié avec le souverain (*Inventaires* de Villemin, I, 123). — Comptes du domaine d'Arches, pour 1593 : Etat des arrentés, et francs-chaisaulx (*Arch. Mthe*, B, 2508). — Compte de la recette

Inversement, dans les terres relevant uniquement de Saint-Pierre, le Chapitre consentait des acensements et comptait des tenanciers qui dépendaient de lui seul. Ce sont les *ecclesiaux* (42), que l'on trouve à Longchamp, à Vagney, et dans quelques autres bans ; si on les compare aux arrentés, ils semblent peu nombreux, ce qui prouve combien le domaine ducal avait d'influence relative.

Nous mentionnerons aussi d'autres censitaires, fréquents surtout dans la Vôge, à cause de leur nom forestier, dont la signification reste assez obscure ; ce sont les tenanciers de *venairies*, que l'on distingue en hautes ou basses, suivant l'importance de la redevance (43). Ils paient à la fois en argent et en nature, au duc ou à des seigneurs autres que l'abbaye de Remiremont. Probablement, ils s'établirent à l'origine sur des terrains boisés, et la qualification de *venairies* provient peut-être de droits de chasse qui leur furent attribués ? en

de Bruyères, pour 1600 : Etat des arrentés : en tout 111 hommages ou arrentements taxés à 6 francs au maximum, mais parfois à quelques gros (*Ib.*, B. 3750). — En 1333, le chapitre de Remiremont consent à la translation d'un arrentement d'un lieu à un autre, moyennant 3 gros de cens (*Inventaires* de Villemin, V, 136).

(42) Ecclesiaux à Longchamp, xve siècle (*Inventaires* de Villemin, v^{is} *Longchamp* et *Ecclesiaux*). — Ecclesiaux à Vagney, en 1571 (Compte de la recette d'Arches, *Arch. Mthe* B. 2473).

(43) En 1493, à Outre-l'eau, près Remiremont, droitures appelées sommaille et venairie (Comptes du receveur d'Arches, *Arch. Mthe*, B. 2439). — En 1549, venairies à Uxegney, hautes et basses venairies à Escles, Harol (Recette de Dompaire et Valfroicourt, *Arch. Mthe*, B. 5454). — De même en 1617 (*Eod. loc.*, B. 5550).

l'absence de texte formel, il est impossible de décider à cet égard.

Enfin, dans les mêmes contrées, il est fréquemment question d'hommes *restaurables*, le plus souvent forestiers ou pêcheurs, qui ne sont autres que les *hommes de fer*, appelés aussi *hommes vivants et mourants*, dans les villages de la plaine. Ces termes bizarres méritent explication. Dans les nombreuses seigneuries qui n'appartenaient pas à un seul maître, la part de chaque propriétaire pouvait être fort différente, l'un possédant la presque totalité, les autres n'ayant que quelques sujets. Ces sujets étaient tantôt groupés par hameaux, tantôt disséminés sur l'ensemble du ban ; dans les deux cas, leur nombre peut varier : il *monte et avalle*, comme disent les chartes. Mais le seigneur avait un moyen de rendre ce nombre fixe, par une convention avec le principal propriétaire du ban : il se faisait garantir une certaine quantité de tenanciers, et stipulait qu'à la mort de l'un d'eux on lui en désignerait un autre parmi les habitants du lieu, valant autant que l'ancien, c'est-à-dire pouvant fournir le même chiffre de redevances et de services. Le seigneur perdait ainsi l'attache réelle qui faisait dépendre de lui d'une manière immuable les biens de ses tenanciers ; il y gagnait une sécurité absolue pour la perception des droits utiles. Ces hommes, ainsi substitués l'un à l'autre, ce sont les *restaurables* ou *restorés* (44), dont

---

(44) Forestiers *restorables* du ban de Bains, au xive siècle. Ce ban est indivis entre Saint-Pierre de Remiremont et des seigneurs voués (*Doc. de l'Hist. vosg.*, I. 177-181). — Forestiers et pêcheurs *restorables* au Val de Champs en 1295. Terre indivise entre le duc et Saint-Pierre (*Ib.*, I, 82-90).

la situation est d'ailleurs semblable à celle des arrentés, et, comme on les rencontre à peu près dans les mêmes lieux, ils complètent ainsi cet ensemble de nos populations forestières.

Arrentés ou ecclésiaux, forestiers ou restaurables, quelle était au moyen-âge la condition de ces personnes, comparée à celle des classes rurales de la Lorraine? leur situation était-elle plus favorable ou pire? nous ne pouvons donner à ce sujet aucune règle générale. Le droit commun, à cette époque, c'est la mainmorte, suivant laquelle l'*homme de posté*, « vivant comme s'il était libre, meurt comme s'il était esclave; » c'est-à-dire qu'en principe, sa succession retourne au seigneur. A la mainmorte proprement dite se joignent ses deux attributs ordinaires : droit de *forfuyance* ou de *poursuite* et droit de *formariage*, c'est-à-dire défense pour le mainmortable d'émigrer ou de se marier hors des limites de la seigneurie, sans la permission de son maître. Cet état, très dur dans certaines provinces, fut promptement adouci en Lorraine, et les chartes d'affranchissement des xiie et xiiie siècles furent presque toujours l'occasion de stipulations libérales en cette matière. Les droits de poursuite et de formariage ne consistèrent plus que dans le paiement d'une somme d'argent, tarifée d'avance ; l'incapacité de succéder, de bonne heure réduite au cas où le sujet était décédé

— De même dans la mairie de Bruyères, en 1338 (*Ib.*, I, 182-183). — Au ban d'Arches, en 1366 (*Ib.*, II, 202-206). — *Restorés* du ban d'Uxegney, en 1474 (*Ib.*, VII, 64-65). — Pêcheurs *restorables* du ban de Tendon, en 1493 (*Arch, Mthe*, B. 2439). — *Restorés* au ban de Girancourt en 1468 (*Doc. de l'Hist. vosg.*, VII, 135-141)

« sans hoirs procréés de son corps, » c'est-à-dire ne s'appliquant qu'aux successions collatérales, n'atteignit plus que les meubles, partie la moins importante du patrimoine, surtout chez les habitants de la campagne. On ne saurait établir de différence à cet égard entre les cantons forestiers de la montagne et les seigneuries agricoles de la plaine. Sans doute, parmi les arrentés, les ecclésiaux et les restaurables, nous trouvons fréquemment des mainmortes, mais il en était de même pour leurs voisins, les anciens habitants du même ban. Ce qui prouve bien que la seule qualité d'*arrenté*, par exemple, n'entraînait pas nécessairement l'état de mainmortable, c'est qu'on trouve parmi les détenteurs d'*hommages* des personnes nobles, nécessairement franches. Il est possible cependant que la proportion des non-francs se soit conservée plus considérable dans la montagne que dans la plaine, et cette particularité peut être la conséquence de la multiplicité des domaines ecclésiastiques : dans toutes les provinces, ce fut sur les terres de l'Eglise que la mainmorte se maintint le plus longtemps, sans doute parce qu'elle y était exercée avec moins de rigueur. Cependant, quand, au xviie siècle, les seigneurs transformèrent en redevance fixe ce qui restait de l'ancienne servitude, nous voyons de ces *abolissements* aussi bien dans la montagne que dans la plaine ; le nom du droit de mainmorte persiste chez les anciens arrentés, mais il n'indique plus que la prestation d'un peu de grains ou de quelques deniers (45).

(45) Au xve siècle, les ecclesiaux de Longchamps sont mainmortables (*Inventaires* de Villemin, *hoc v°*). — Comptes du receveur d'Arches, pour 1493 : Mortemain d'un *res-*

CHAPITRE 2. — *Droits d'usages dans les forêts.*

Nous avons vu que les forêts se trouvaient réparties au moyen-âge entre deux classes de propriétaires : les seigneurs, qui conservèrent jusqu'à la fin les massifs les plus importants, et les communautés, dont le domaine s'accrut successivement, soit des donations accordées à l'époque des chartes d'affranchissement, soit des acensements consentis à un âge postérieur. Quant aux particuliers, aux tenanciers considérés isolément, ils ne détienn   pas de forêts dignes de ce nom : sans doute leurs tenures se sont très souvent

taxé de Pouxeux, nuement au duc, adjugée au plus offrant, pour 27 florins 2 gros (*Arch. Mthe*, B. 2439). — Contrôle de la recette d'Arches, pour 1559 : Recette des mortemains de l'année, savoir six pour le duc seul, et dix indivises entre le duc et le chapitre de Remiremont (*Ib.*, B. 2465). — Compte de la recette de Bruyères, pour 1576 : mortemains d'arrentés de la mairie, au duc seul (*Ib.*, B. 305). — En 1576, cessation de la mainmorte pour les habitants du ban d'Uxegney (*Doc. de l'Hist. Vosg.*, IV, 203-204). — Comptes du domaine d'Arches, pour 1593. Les restaurables du ban d'Arches, les arrentés des bans de Vagney, Lonchamp, Moulin et Ramonchamp, les habitants de La Bresse, sont mainmortables. Dans l'état des arrentés de Moulin, « Claude et Chrestienne de Choiseul, comme héritières de feue Mme Marguerite de Choiseul, pour leur *hommage* au finage d'Olichamp, 18 gros. » (*Arc. Mthe*, B. 2508). — Compte de la recette de Bruyères, pour 1600 : Mortemain d'une arrentée de Rexurieux, au duc seul (*Ib.*, B. 3750). — Contrôle de la recette de Dompaire et Valfroicourt pour 1617 : Redevance de 3 gros que doit chaque conduit du ban d'Uxegney pour *l'abolissement* de la mainmorte, moitié au duc et à Saint-Pierre (*Iv.*, B. 5550).

formées par acensement aux dépens des forêts, peut-être même peuvent-ils posséder quelques bouquets de bois ; en général, les acensements ont eu pour but un défrichement ultérieur, et le censitaire s'est empressé de faire passer la charrue sur les terrains boisés de sa concession. Mais, en réalité, le seigneur n'absorbait qu'une faible partie des produits de la forêt restée dans son domaine ; le reste était utilisé par ses sujets, non à titre d'acensement, mais à titre de droit d'usage.

Il faut distinguer soigneusement l'acensement de l'usage. Dans le bail à cens, le seigneur se dépouille de tout le domaine utile, pour garder seulement les droits seigneuriaux et la redevance ; le censitaire est véritablement le maître de l'immeuble, qu'il possède et dont il peut disposer en observant les clauses de son contrat. L'usager, au contraire, est loin d'avoir la quasi-propriété ; il paie sans doute aussi une redevance, mais il ne possède pas le fonds, il n'a qu'une part des produits. Cette différence de situation a, de nos jours, une traduction frappante : les descendants des anciens censitaires sont devenus les propriétaires de leurs acensements, tandis que les usagers sont restés usagers dans les bois de leurs anciens seigneurs. L'étude des droits d'usage est donc le complément obligé de celle des propriétés pleines ; ces droits sont si nombreux, si importants, qu'ils constituent une bonne part de l'histoire forestière du pays.

Nous connaissons déjà l'origine de ces usages. Nous avons vu que, dans la *villa* gallo-romaine, les tenanciers, outre la quasi-propriété de leurs tenures, avaient des droits de jouissance sur les bois, les eaux, les pâturages, et que ces trois natures d'immeubles se trouvaient réunies dans la terre salique ou manse dominical. Dans toutes les anciennes *villæ*, cette situation se retrouve, et les relations du maître avec ses sujets sont réglées d'un domaine à l'autre par la coutume qui formait la loi de la terre. Il en résulte que, dans l'immense majorité des cas, les chartes de franchise des xii° et xiii° siècles ne firent que reconnaître les droits d'usage préexistants, mais ne les créèrent point. Elles eurent seulement pour résultat de les affirmer en les décrivant d'une manière plus certaine, et de désigner d'un nom nouveau les bénéficiaires, qui ne furent plus les tenanciers des manses *ut singuli*, mais l'universalité formée par l'ensemble des tenanciers du seigneur. Beaucoup de chartes de franchise se réfèrent ainsi à l'état existant (46) et ne laissent pas de doute sur la situation dans laquelle se trouvaient auparavant les usagers.

D'autres chartes, et en plus grand nombre, semblent en désaccord avec la théorie que nous avons émise ; on pourrait croire, à les lire, que la constitution de nouveaux droits d'usage est un fait successif, qui se renouvelle d'âge en âge, et même qui serait beaucoup plus fréquent à partir du xv° siècle qu'auparavant (47). Mais c'est une illusion à laquelle il ne

(46) Loi de Beaumont, en 1182 ; art. 8 (Digot, *Hist. Lorraine*, II, p. 595). — Charte de Thionville, en (Godron, *Mém. de la Soc. d'Arch. lor.*, 1875, p. — Charte de Châtel, en 1317 (*Doc. de l'Hist. vosg.*, I,). — Charte de Coussey, en 1327 (*Ib.* V. 30-35). — Charte de Fléville-en-Voivre, en 1464 (Dufourny, III, 544).

(47) Usage des habitants de Sivry-le-Petit, en 1273 (Duf., III, 532) ; — des hommes de Loro et de Montzey, en 1306

faut pas s'arrêter : le phénomène a suivi précisément une marche inverse. Nous ne voulons pas dire que jamais il n'y ait eu de constitution d'usage depuis la formation des manses et la période gallo-germaine : l'histoire des faits sociaux ne présente pas d'arrêts aussi brusques. Il est certain que plusieurs chartes, même postérieures au xii° siècle, ont pu créer des droits d'usage pour des communautés qui en étaient dépourvues, ou ajouter quelques cantons de bois à ceux qui se trouvaient précédemment grevés. Plus tard, la création de villes neuves entraînait nécessairement l'établissement d'usages. Mais ce sont là autant d'exceptions. Surtout en ce qui concerne les actes, si fréquents au xvi° siècle, dans lesquels les communautés disent obtenir des droits nouveaux sur les forêts, on peut être sûr que le texte est menteur : au contraire, les seigneurs cherchaient alors par tous les moyens à restreindre les jouissances, ainsi que nous le verrons plus loin.

D'autres titres sont plus véridiques, et, comme les

(*Com. Mthe*, v° Loro-Montzey) ; — des habitants de Hadigny, en 1412 (Duf. IV, 61) ; — de Froville, en 1431 (Duf. III, 909) ; — de Rouvray, en 1492 (Dumont, *Ruines de la Meuse*, I, 176) ; — de Houdelaincourt, en 1503 (Duf. VII, 26) ; — d'Uruffe, en 1534 (*Ib.*, VII, 72) ; — de Rorthey, en 1556 (*Doc. de l'Hist. vosg.*, VII, 223) ; — d'Amanty, en 1562 (Duf. VII, 28) ; — de Moyempal, en 1562 (*Ib.*, I, 393) ; — de Gorhey, en 1563 (*Doc. vosg.*, VIII, 142) ; — de Vézelise, en 1564 (*Com. Mthe, hoc* v°) ; — d'Abainville, en 1571 (Duf. VII, 28) ; — de Rombas, en 1572 (*Ib.*, III, 607) ; — de Rosselange, à la même date (*Ib.*, III, 608) ; — de Vitry-sur-Orne, même date (*Eod. loc.*) ; — de Ménillot, en 1580 (Duf. VI, 748) ; — de Liffol-le-Grand, en 1586 (*Ib.*, VII, 663).

chartes de franchise dont nous parlions ci-dessus, reconnaissent franchement l'antériorité du droit, en même temps qu'ils règlent les conditions d'exercice ou le paiement des redevances (18). Il résulte de ce qui précède que, le plus souvent, les usages forestiers, formés dans le domaine gallo-frank, n'ont pas eu de titres constitutifs, et que les actes qui nous paraissent avoir ce caractère ne sont pour la plupart que des titres récognitifs. Peu importe d'ailleurs pour leur valeur intrinsèque, en dehors de la question historique, qu'il était essentiel de préciser.

En dehors de ces titres, si importants à consulter pour l'étude des usages, on peut se demander si, à partir du XII° siècle et de la première constatation écrite du droit des communautés, la convention a été le seul mode de création des droits d'usages forestiers. On sait quelle était, au moyen-âge, la valeur considérable attachée aux faits de possession, même relati-

(18) Reconnaissances et confirmations d'usages : aux hommes de Corniéville, en 1222 (Com. M/he, v° Boucq) ; — aux habitants de Montplone, en 1445 (Duf. I. 883) ; — aux hommes d'Isches, de la seigneurie de Choiseul (Ib., VII, 471) ; — aux habitants de Pont-sur-Meuse, en 1457 (Ib., I, 703) ; — de VaUrotcourt et de Frénois, en 1533 (Doc. vosg., VIII. 105) ; — aux gens d'Adompt et d'Ableuvenettes, de la seigneurie du Fey, en 1548 (Arch. de M/he, B 5454) ; — aux habitants du ban d'Uxegney, en 1562 (Ib., B. 5706) ; — de Dommartin-les-Vallois, en 1566 (Duf. V, 96) ; — des granges arrentées et acensées du ban de Moulin, en 1568 (Arch. M/he, B. 2675. Registre qui contient un grand nombre de reconnaissances pour la prévôté d'Arches) ; — pour le comté de Dabo, règlement forestier du 27 juin 1613 (M. Alexandre, *Etude sur l'ancien comté de Dabo*, aux Preuves).

vement à des droits qui, de nos jours, ne s'acquerraient que par titre. C'est aux coutumes locales qu'il faut recourir, si l'on veut connaître l'influence de la possession en matière d'usages ; les mêmes sources nous seront également utiles pour compléter les énonciations des titres, dans la suite de cette matière. Or, dans toutes les coutumes du pays, nous voyons que la possession est admise comme origine du droit, concurremment avec le titre, bien qu'avec des conditions diverses : rarement, comme à Thionville, la simple possession nécessaire pour l'acquisition des immeubles suffit ; il faut, soit une possession immémoriale, telle qu'il n'y ait pas mémoire du contraire (Gorze, Metz), ou le paiement d'une redevance jointe aux faits possessoires (Verdun, Saint-Mihiel), ou cette circonstance que la jouissance a été continuée depuis une contradiction formelle émanée du propriétaire (Lorraine, Epinal) (48 *bis*).

Nous n'avons parlé jusqu'ici que des droits d'usages constitués au profit des habitants des communautés de campagne, parce que ce sont les plus nombreux et les plus importants ; mais il existait une autre classe d'usages, dont les bénéficiaires étaient le plus souvent

---

(48 *bis*) *Coutume de Lorraine* (1594), titre XIV, des Servitudes, article 23. — *Coutume d'Epinal* (1605), titre V, des Servitudes, art. 25. — *Coutume de Thionville* 1633, titre XVIII, des bois, forêts, pâturages et autres droits de communautés, art. 19. — *Cout. de Verdun* (Ste-Croix), tit. XI, des pâquis, pâturages et usages, art. 4. — *Cout. de St-Mihiel* (1598), tit. XIII, des pâturages, bois et usages, art. 9. — *Cout. de Gorze* (1624), tit. XVI, des pâturages, rivières et usages en iceux, art. 38. — *Cout. de Metz-ville* (1611) tit. XIII, des Servitudes, art. 2. — *Cout. de Metz-évêché* (1601), tit. XIV, des pâturages, bois, rivières et usages, art. 9.

des communautés ecclésiastiques, des couvents (49), parfois aussi de simples domaines agricoles, des censes ou des maisons franche. (50) ; ailleurs enfin, les acensements consentis pour l'établissement des industries forestières, particulièrement des verreries, étaient accompagnés de concessions usagères (51). Ces droits sont relativement bien plus récents que ceux des communautés agricoles, ils ont pu se former dans tout le cours du moyen-âge, et même jusqu'au xvii° siècle ; les chartes qui les mentionnent ont réellement le caractère de titres constitutifs. De plus, à cause de leur date, ces usages tombent plus fréquemment sous le coup des ordonnances qui protégeaient l'inaliénabilité du domaine ducal. Nous remarquerons également une source d'usages assez rares, qui ont pu se former à toutes les époques de notre période, mais surtout quand les seigneurs s'inquiétèrent de débarrasser leurs domaines des droits antérieurement créés : ils prirent souvent le parti de donner ou

(49) Aux moines de N.-D. de Nancy, en 1210 (*Com. Mthe*, v° *Maxéville*). — A l'abbaye de Rangéval, en 1227 (Duf. I, 54). — Au prieuré de Bar, en 1232 (*Ib.*, II, 782). — A l'abbaye de Clairlieu, en 1244 (*Com. Mthe*, v° *Bosserville*). — A l'hôpital des lépreux de Sommières, en 1275 (Duf. VI, 610). A la Maison-Dieu de Bar, en 1480 (*Ib.* X, 468).

(50) En 1317, affouage pour la maison de Domangin, clerc (*Com. Mthe*, v° *Blénod-les-Pont-à-Mousson*). — En 1596, usage pour la cense-fief de Fontaine (*Ruines de la Meuse*, I, 165). — En 1606, affouage de la tuilerie de Boucq (Duf. VII, 673).

(51) En 1493, usage « pour faire cendres et besogner » dans la verrière qui doit être créée au ban de Tendon (*Arch. Mthe*, B. 2439). — De même, en 1501, pour la verrière du Fay (*Doc. vosg.*, III, 224).

d'acenser certaines forêts, en se réservant seulement l'usage pour leurs manoirs (52) ; les situations pouvaient ainsi se trouver changées, le seigneur devenant usager et les habitants propriétaires de la portion de bois qui leur était livrée.

C'est d'ailleurs maintenant une étude très délicate que d'apprécier la signification vraie d'un titre d'usage, et le caractère juridique de la concession qu'il renferme. Les mêmes termes ont souvent une valeur différente, et des stipulations identiques ne produisent pas toujours les mêmes effets. Il en est ainsi, notamment, de la clause de *bon plaisir* qui termine beaucoup de chartes, surtout du xvi° siècle (53) ; cette clause suffit-elle pour que l'usager n'ait qu'un droit précaire, révocable *ad nutum*, ou bien doit-elle être considérée comme de pur style, et partant sans effets? Sans doute, s'il s'agissait véritablement de titres constitutifs, le seigneur étant maître de subordonner sa concession comme il l'entend, a pu ne concéder qu'un droit précaire ; et même forcément, dans le domaine ducal, l'usage aura ce caractère, à cause de la règle d'inaliénabilité. Mais nous savons qu'à cette époque il n'y a guère que des titres récognitifs. Il ne faut pas s'abuser sur les termes de ces actes ;

---

(52) **Charte** de Sampigny, en 1320 (*Ruines de la Meuse*, II-19). — Accord entre le prieur de Flavigny et les habitants, touchant les bois, en 1343 (*Arch. Mthe*, II. 124). — En 1503, acensement du ban de Duraut à la communauté de Senaide (*Doc. vosg.*, VII, 176).

(53) En 1563, usage des habitants de Deuxnouds (*Arch. Mthe*, B. 6404) ; — en 1562, des habitants de Gorhey, (*Doc. Vosg.*, VIII, 142) ; — en 1569, de l'hôpital d'Arches (*Arch. Mthe*, B. 2468)

les usagers y sont généralement représentés comme des suppliants, qui n'ont aucun droit et ne demandent que la continuation d'une tolérance : en réalité, il en était tout autrement, et dès lors la reconnaissance ne pouvait, sans une flagrante injustice, produire une diminution du droit antérieur.

Quand ce sont les habitants d'une communauté qui, suivant le cas le plus fréquent, participent aux produits d'une forêt, il peut y avoir doute sur le point de savoir si la communauté est propriétaire ou seulement usagère. Dans les deux cas, elle est soumise à la surveillance des officiers forestiers du duc ou des seigneurs, qui viennent asseoir les coupes, distribuer les produits, de sorte que les habitants d'une communauté propriétaire sont souvent appelés usagers dans leurs propres bois (54). Pour faire la différence, il faudra surtout s'attacher à la nature des produits délivrés et au paiement des redevances : si les habitants ont part à tous les produits de la forêt, et les absorbent jusqu'à la limite de la possibilité; si, d'ailleurs, il ne paient au sujet de ces produits aucune redevance, il est fort probable qu'ils ne sont pas usagers, mais propriétaires.

Nous avons déjà fait remarquer la différence considérable qui existe entre l'acensement et l'usage. Cependant, il n'est pas rare de trouver réunis dans le même contrat les deux expressions d'usagers et de censitaires,

---

54) Règlement de 1596 pour la gruerie de Salm : « Pour obvier aux grandes déprédations qui se font ès bois *communaux* de Baudonviller, Saint-Paul, Pexonne, Bruménil et autres villages voisins, par indiscrétion et mauvais ménage de ceux qui y ont leurs *usages* pour la cloison de leurs héritages... » (*Arch. Mthe, B, 9097*).

ou de qualifier acensement un droit incomplet, qui ressemble beaucoup plus à l'usage (55). Quelle règle suivre pour sortir d'incertitude? Le paiement d'une redevance ne doit pas être pris en considération, car si le censitaire en doit toujours une, l'usager est aussi très fréquemment astreint à une prestation semblable. L'interdiction de vendre indique mieux un usage, quoique le baix à cens puisse aussi contenir une clause pareille. C'est principalement le fait de la délivrance qu'il faut considérer ; comme nous le verrons, il est caractéristique de l'usage, tandis que le censitaire, étant en possession, se sert lui-même sans l'intervention du tréfoncier.

Enfin, à l'inverse de ci-dessus, une donation à titre d'usage peut quelquefois équivaloir à la translation d'une propriété pleine (56). On s'en aperçoit principalement lorsque le prétendu usager absorbe la totalité des

---

(55) Charte de Ferry du Châtelet pour ses hommes de Ruppes, en 1262 (*Arch. Mthe*, Lay. *Ruppes*, I, n° 20). — En 1538, confirmation du même acensement (*Ib.*). — Acensement aux habitants de Hadigny, en 1570 Duf. IV, 22). — Aux habitants de Tranqueville, en 1561 (*Arch. Mthe*, G, 1333). — Amodiation perpétuelle aux habitants de Bulligny, en 1571 (*Eod. loc.*). — Aux habitants de Trondes, en 1614 (*Eod. loc.*).

(56) Charte de 1486 pour les habitants de la Mothe : « Et avec ce, leur octroyons, pour eux et leurs successeurs, leur *plein usage* en notre bois dit le Grand-Faylel, pour par iceux couper tous bois et le mener à la Mothe et non ailleurs pour leurs nécessités, et en faire tant ainsi que de leurs autres bois d'usage... » (*Doc. vosg.*, VII, 99-101). Cette donation est bien large, mais encore peut-on se demander si ces termes ne comportent pas une limitation aux besoins, et par suite un usage véritable.

produits, ne paie pas de redevance, et surtout se sert lui-même, sans avoir besoin de demander la délivrance. On voit par ces exemples combien est délicate l'interprétation des chartes usagères et on s'explique les nombreux procès soulevés pour ce motif dans les temps modernes.

Nous allons examiner maintenant suivant quelles règles s'exerçaient ces droits et quelles étaient les obligations des parties, usagers et propriétaires. Nous nous appuierons d'abord sur les documents locaux, concernant pour la plupart les forêts du domaine ducal ; nous étudierons ensuite concurremment les dispositions des coutumes du pays, dont la plupart sont très explicites sur la matière des usages. Ces coutumes, au moins dans leur texte définitif, furent presque toutes rédigées à la fin du xvi° siècle ou au commencement du xvii° ; elles sont l'expression la plus complète du droit lorrain, et résument fidèlement les principes auparavant disséminés dans les chartes locales.

La principale obligation de l'usager, absolument caractéristique de son droit, c'est ce que nous appelons, dans le langage moderne, la délivrance, et ce que les textes anciens expriment par différents termes, tels que l'assignal du gruyer ou l'assignal du seigneur (57). En

---

(57) En 1284, marque par les forestiers aux usagers de Senones (*Hist. de Senones*, 153-155). — A Bains, au xiv° siècle, amende contre les hommes du ban qui coupent au bois banal sans congé du forestier (*Doc. vosg.*, I, 177-181). — Obligation de demander le congé du seigneur, à Bourlémont, en 1357 (*Ib.*, IV, 106-111). — Assignal pour les usages de la gruerie de Saint-Dié, en 1557 (*Arch. Mthe*, B. 8785). — Voir au surplus, pour l'assignal, *Coutume de Lorraine*, tit. xv, art. 17 (usagers en général).

un mot, l'usager ne peut se servir lui-même ; il doit demander et obtenir les produits forestiers dont il a besoin. Cette obligation est très ancienne, tellement qu'on n'en peut marquer l'origine ; elle s'applique à toutes les espèces d'usages, dans toutes les parties de la province ; seulement, elle se réalise par des moyens différents.

L'assignal est spécialement la délivrance des gros bois, et surtout du bois de maronage ou de charpente. Il consiste dans la marque de l'arbre par le forestier ou par l'officier du seigneur (58). On ne voit pas qu'il ait jamais été remplacé par des équivalents ; toutefois, en cas de refus du forestier de procéder à la marque sans cause raisonnable, la coutume de Lorraine autorisait l'usager à passer outre et à se servir lui-même. Dans les forêts de la montagne, peuplées d'essences résineuses, il semble bien que l'assignal n'était requis que dans les cantons couverts d'arbres de futaie, dans les *banbois* (59) ; ce terme, auquel sont attachées des signi-

---

(58) Règlement pour les usages d'Archettes, en 1575 : assignal pour tous les arbres « tant bois tombés par terre et arrachés, que chênes secs et couronnés, pour leur chauffage, bâtiments et couvertures, mêmement des faougs vifs pour faire les chaussures de leurs chars et charrues... » Le mortbois sans assignal (*Doc. vosg.*, IV, 217).

Modes coutumiers de délivrance pour le bois de maronage. voir *Coutume de Lorraine*, tit. xv, art. 22 ; — *Gorse*, tit. xvi, art. 45.

(59) Règlement de 1569 pour les usagers de Vagney : permis de faire *fouillées* dans les rapailles, sans entrer aux banbois, sinon par assignal (*Doc. vosg.*, IV, 188-191). — Ordonnance de 1571 pour les usagers de Longchamp : on

fications différentes, est opposé aux *rapailles*, lisières incomplètement boisées, dans lesquelles la jouissance des habitants était beaucoup plus complète. Ils pouvaient, notamment, ainsi que nous l'avons vu déjà, essarter et labourer les rapailles, en payant un cens pour le terrain approprié; tandis que les banbois, réservés exclusivement à la production forestière, étaient gardés plus sévèrement.

L'obligation de l'assignal ne semble pas aussi strictement maintenue pour les usages de peu d'importance, ceux au bois mort et au mort-bois, que certaines chartes autorisent l'usager à prendre lui-même (60). Toutefois, cette dispense de l'assignal ne veut pas dire qu'aucune règlementation n'existe : l'usager peut être surveillé, nous le verrons, d'une autre manière ; seulement la délivrance n'a plus lieu au moyen de la marque des arbres.

On remarque, en effet, une grande variété dans les formes de la délivrance, suivant les chartes et les coutumes. D'ordinaire, la quantité de bois à délivrer est indéterminée, car elle varie nécessairement d'après les besoins de l'usager. Il peut se faire cependant que le nombre d'arbres de futaie ou la quantité d'arpents de

---

oppose aux rapailles et répandises les bois de haute futaie (*Arch. Mthe*, B. 8338). — Voir aussi le règlement de 1619 pour les bois communaux (bois d'usage) du val de Liepvre (*Ib.*, B. 9639).

(60) Règlement de 1580 pour la gruerie du ban de Ramonchamp (*Arch. Mthe*, B. 8338). — Règlement de 1619 pour le val de Liepvre (*Ib.*, B. 9639). — Usages des habitants d'Archettes en 1623. (*Doc. vosg.*, IV, 217). — Charte de fondation de Saint-Louis, en 1629 (*Com. Mthe, hoc v°*).

taillis soient déterminés une fois pour toutes; le cas est rare pour les futaies, et ne se rencontre guère que dans le pays de Dabo (61); il est plus fréquent pour le taillis (62). Alors, la délivrance consiste dans l'arpentage de la coupe, que les usagers exploitent suivant l'ordre de gruerie, c'est-à-dire en laissant le nombre de baliveaux prescrit par les ordonnances. Pour le bois mort et pour le mort-bois, on se contente souvent d'indiquer certains jours de la semaine, pendant lesquels la forêt est ouverte (63); ailleurs, on détermine certains cantons que l'usager ne pourra dépasser, de manière à établir un roulement dans la jouissance, qui s'exerce successivement sur toutes les parties de la

(61) Règlement du 27 juin 1613, pour le comté de Dabo, art. 9 : le bois *bourgeois* fixé annuellement à 8 arbres sapins par ménage et 4 seulement aux veuves (*Etude* de M. Alexandre *sur le comté de Dabo*. Appendice, II, p. 62-68). — Voir de même l'ordonnance du 1er mai 1614 pour Falkembourg et Dabo, art. 1 (*Arch. Mthe*, E. 67, n° 2 du registre).

(62) Usage des habitants de Rehainviller, en 1313 : on leur assigne une coupe telle que chaque feu ait quatre charrées de *faxins* (*Com. Mthe, hoc v°*). — Règlement de 1625 pour les usagers dits *Bitchers* de la prévôté d'Amange : 6 omées de coupe par laboureur, et 4 par manouvrier (*Arch. Mthe*, Lay, Dieuze, 2, n° 11).
Voir au surplus, pour la délivrance des bois taillis : *Coutume de Lorraine*, tit. xv, art. 21 ; — *Gorze*, tit. xvi, art. 51 et 53.

(63) A Parroy, en 1199, un jour de la semaine pour le vieux bois (*Com. Mthe, hoc v°*, à la Table). — A Châtenois, en 1472, pour le bois mort, trois jours (Duf. VII, 128). — En 1630, usage au bois gisant dans la forêt de Neufay, les jeudi, vendredi et samedi (*Arch. Mthe*, B. 4669).

forêt (64). Enfin, d'anciennes chartes semblent donner toute liberté aux habitants, et leur permettent de couper tant que le garde ne s'y oppose pas (65); mais une faculté aussi large a dû promptement être restreinte, car on n'en voit plus de traces dans les siècles postérieurs.

La délivrance, ainsi manifestée par la demande de l'usager et la désignation du propriétaire, se faisait sans aucune formalité, et sans qu'il restât de trace écrite de la jouissance du droit, même dans les bois du domaine ducal. Les officiers des grueries tenaient sans doute, ainsi que nous le verrons, des registres annuels relatant tous les faits de leur gestion ; mais ces registres de comptes, qui entrent dans des détails fort minutieux pour les recettes et les dépenses, ne mentionnent qu'accessoirement et en bloc les délivrances usagères. Ce fut seulement à l'époque où l'administration française s'empara des forêts lorraines, dans le cours du xviiᵉ siècle, que l'acte écrit de délivrance fut exigé (65 *bis*). C'était une précaution fort sage, car ces

(64) Charte de 1261 pour les habitants de Atton (*Com. Mthe, hoc v°*).

Voir aussi : *Coutume de Lorraine*, tit. xv, art. 20 ; — *Gorze*, tit. xvi, art. 52 ; — Thionville, tit. xviii, art. 13.

(65) A Lunéville, en 1265 : « les habitants peuvent aller au bois de Blenchien pour emporter à leur col ; si le garde du bois peut ôter la serpe de celui qui coupe le bois, il l'a pour lui, et il n'y a pas d'amende ; s'il se peut sauver du garde, il en est quitte, et si le garde a un horion, c'est pour lui. » (*Droits et usages de Lunéville*, par A. Joly, aux *Mém. de la Soc. d'Arch. lor.*, 1868, p. 127-151).

(65 *bis*) Arrêt du Parlement de Paris, du 3 août 1630, déboutant les habitants de Lagney de leur prétention à la propriété des Grands Bois dudit Lagney, dont ils ne sont

actes devaient constituer dans l'avenir des éléments de preuve irréfutables pour l'étendue et le mode de jouissance des usages dans les bois du prince et des communautés ecclésiastiques.

Une autre règle, presque aussi générale que la délivrance, pour les usages lorrains, consiste dans la prohibition de vendre. Cette défense peut avoir deux objets distincts : l'aliénation du droit lui-même, et l'aliénation des produits délivrés. On ne peut citer que la coutume de Gorze qui ait pris soin de déclarer le droit d'usage incessible ; partout ailleurs, cette incessibilité est invinciblement présumée, comme résultant de la nature du droit. L'usage est en effet attaché à la tenure, et l'usager n'a part aux délivrances que parce qu'il est l'homme du seigneur et qu'il habite sur son domaine. Si donc, pour quelque motif, le lien qui unit le tenancier au propriétaire vient à se rompre, le droit à l'usage disparaît nécessairement. Aussi quand, au moment de la Renaissance, les légistes entreprirent de soumettre aux règles du droit romain les relations féodales nées du droit germanique, ils assimilèrent tout naturellement les usages à des servitudes réelles, dont le caractère essentiel est aussi l'union indissoluble du droit à l'immeuble dominant. Cette assimilation est très apparente dans les coutumes, rédigées pour la plupart au xvie siècle : tantôt l'usage est expressément

---

qu'usagers. La délivrance se fera par les officiers du Chapitre de Toul, propriétaire : « de laquelle délivrance il y aura acte inséré dans les registres de la prévoté de Villey, sans que pour ladite assistance et enregistrement on puisse exiger aucun salaire ni émolument desdits habitants. » (*Arch. M^{the}*, G. 1333).

rangé dans les servitudes, tantôt on traite de la jouissance des forêts, des eaux et des pâturages dans le même titre, ou dans le titre qui suit immédiatement les servitudes discontinues.

La prohibition de vendre les produits délivrés est fondée sur un autre principe : l'usage est créé pour les besoins du tenancier, et non pour lui permettre de réaliser un bénéfice ; s'il vend les produits qui lui sont attribués, il avoue ainsi que la délivrance était inutile. Aussi cette défense est-elle habituelle dans les chartes et les coutumes (66). Toutefois, il y a des exceptions. Ce qui importe principalement au seigneur, c'est que tous les produits soient consommés dans la seigneurie : c'est donc surtout la vente à des étrangers, à des *forains*, qui se trouve prohibée, parce que ces forains ne paient aucune redevance au propriétaire. Quelquefois, mais exceptionnellement, des chartes autorisent les

---

(66) Acensement (usage) des hommes de Ruppes, en 1262 (*Arch. Mthe*, Lay. *Ruppes*, I, n° 20). — Usage des habitants de Loro et de Montzey, en 1300 (*Com. Mthe*, v° *Loro-Montzey*). — Du Val de Senones, en 1328 (*Hist. de Senones*, p. 171-173). — Des habitants de Véel, en 1448 (Duf., II, 84). — De ceux de Rouvrois, en 1492 (*Ruines de la Meuse*, I, 176). — De Valfroicourt et Frénois, en 1583 (*Doc. Vosg.*, VIII, 105). — De Rorthey, en 1556 (*Ib.*, VII, 223-230). — De Remiremont, en 1571 (*Arch. Mthe*, B. 2669). — De Sainte-Hélène, en 1577 (*Doc. Vosg.*, II, 227-231). — De Dieuze, en 1625 (*Arch. Mthe*, Lay. *Dieuze*, II, n° 11). — De Villey Saint-Etienne, en 1582 (*Ib.*, G. 1333).

Dans les usages de la forêt d'Orléans, la vente des produits usagers est interdite dès le XII° siècle (de Maulde, *Condition forestière de l'Orléanais*, Chap. 1er, p. 123-162).

Voir aussi : *Coutume de Lorraine*, tit. VI, art. 23. — *Gorze*, tit. XVI, art. 54-59 et 60.

usagers à vendre hors du ban les produits de la forêt ; seulement, il s'agit alors d'artisans, charrons, par exemple, qui peuvent écouler ainsi les objets de leur fabrication ; ou bien le propriétaire exige une taxe spéciale, en surcroît de celle que paient d'ordinaire les habitants pour leur usage. La vente sans conditions a toujours été fort rare (67).

A l'origine, les droits d'usage des habitants tenanciers des manses n'étaient jamais gratuits ; ils constituaient en effet une partie de la tenure, et avaient leur équivalent dans les prestations et les services dus au maître de la terre. Les redevances usagères étaient-elles distinguées de celles qui formaient le loyer des terres amansées ? on trouve dans le Polyptyque d'Irminon des taxes désignées sous le nom d'*herbaticum*, *pastio*, *lignaritia*, qui semblent bien correspondre aux droits de pâturage, panage et affouage ou maronage ; mais ces termes ne se retrouvent point dans les chartes lorraines, qui mentionnent les redevances et les corvées sans distinctions. Toutefois, les documents du xiv° et du xv° siècles parlent expressément des redevances usagères ; peut-être même en trouverait-on auparavant. Elles sont très modiques : quelques gros ou

(67) Charte de Rambervillers, au xiv° siècle (*Doc. Vosg.*, I, 184-182). — Charte de la mairie de Bruyères, en 1338 (*Ib.*, I, 182). — En 1420, accord entre le commandeur de Lunéville et les habitants de Laneuville-aux-Bois (*Com. Mthe*, v° *Laneuveville-aux-Bois*). — Compte de la gruerie du ban de Ramonchamp, en 1613 ; taxes de *gruyage*, pour les usagers qui ont vendu : 2 francs le cent de planches, 3 gros le char d'exendres, etc (*Arch. Mthe*, B. 8339). — Règlement de 1619 pour les usagers du Val de Liepvre (*Ib.*, B. 9639).

quelques deniers pour le forestier qui a effectué la délivrance, rien pour le propriétaire (68). Il semble permis d'établir une corrélation entre ces petites redevances en argent et la délivrance elle-même ; c'est seulement, sans doute, quand l'assignal dut être régulièrement demandé, que les officiers du seigneur exigèrent une rémunération de ce genre.

Dès le xvi° siècle, on remarque une augmentation sensible : ce sont souvent de véritables cens qui sont exigés des habitants, et qui profitent, non plus seulement au forestier, mais au propriétaire lui-même. Ces aggravations se remarquent principalement dans certains actes récognitifs, où le seigneur fait ainsi payer aux usagers la reconnaissance de leurs droits antérieurs. En général, cette période du xvi° siècle est très dure pour les usagers : non seulement on les réglemente dans l'intérêt de la forêt, mais encore on cherche par tous les moyens à les restreindre, contrairement à leur possession ancienne. L'augmentation des redevances en argent est une conséquence de ce phénomène général. C'est, de plus, le moment où la découverte

---

(68) Charte du ban de Bains, au xiv° siècle (*Doc Vosg.*, I. 177). — Droits seigneuriaux du ban d'Arches, en 1366 (*Ib.*, II. 202). — Usagers de Laneuveville-aux-Bois, en 1420 (*Com. Mthe., hoc v°*). — De Remiremont en 1427 (*Doc. Vosg.*, II. 174). — De Saint-Quirin, en 1471 (*Com. Mthe, hoc v°*). — D'Amanty, en 1562 (Duf. VII, 28). — Du ban d'Uzegney, même date (*Doc. Vosg.*, IV, 202). — De Dommartin-les-Vallois, en 1566 (Duf., V, 96). — De Vagney, en 1569 (*Doc. Vosg.*, IV, 188). — D'Abainville, en 1571 (Duf., VII, 28). — De Beuvange, en 1572 (*Ib.*, III, 608). — Vidimus de la Charte de Sainte-Hélène, en 1577 (*Doc. Vosg.*, II, 227). — Usagers de Corcieux, en 1578 (Duf., III, 720).

du Nouveau-Monde fit baisser dans d'énormes proportions la valeur du signe monétaire, de sorte que le gros du xvi⁰ siècle ne valait plus qu'un ou deux deniers du xiii⁰ ; les seigneurs invoquèrent probablement ce prétexte pour faire hausser les anciens droits ; mais ils dépassèrent souvent la mesure, autant qu'on peut le vérifier actuellement.

Les redevances en nature correspondent mieux aux *lignaritia* du Polyptyque. Elles se rencontrent dans les plus anciennes chartes, tantôt seules, tantôt concurremment avec les redevances en argent. Elles sont, dès l'origine, les plus importantes et se paient directement au seigneur. Les usagers versent ainsi d'ordinaire quelques mesures d'avoine auxquelles on joint parfois une ou deux poules (69). Le relèvement que nous avons signalé au xvi⁰ siècle pour les redevances en argent est ici insensible ; cependant, l'assiette de la taxe est quelquefois changée : au lieu d'être levée par feu, conduit ou ménage, on l'établit au prorata du nombre des animaux de culture ; elle se rapproche ainsi davantage des cens payés pour la possession de la terre.

Il y a enfin des exemples d'usages exercés sans

---

(69) Charte de Parroy, en 1199 (*Com. Mthe*, v⁰ *Parroy*, à la Table). — Charte de Thaon, au xiii⁰ siècle (*Doc. Vosg.*, I, 173). — Charte de Ruppes, février 1262 (*Arch. Mthe*, Lay. *Ruppes*, I, n⁰ 20). — Usagers de Givry-le-Petit, en 1273 (Duf. III, 532). — De Bidestroff, en 1310 (*Com. Mthe, hoc v⁰*). — De Bourlémont, en 1357 (*Doc. Vosg.*, IV, 106). — De Rouvrois, en 1492 (*Ruines de la Meuse*, I, 176). — D'Adompt et Ableuvenettes, en 1548 (*Arch. Mthe*, B. 5454). — De Cheniménil, en 1559 (*Ib.*, B. 2465). — De Gorhey, en 1563 (Duf. v. 280). — De Frémonville, au xvi⁰ siècle (*Com. Mthe., hoc, v⁰*).

aucune redevance (70). Il est possible que l'extinction ait été produite par la prescription, surtout quand il s'agit d'usages anciens. Pour les droits récents, la donation sans charges peut réellement exister ; il en est de même pour certains droits exceptionnels, tels que ceux du pays de Dabo, dont nous aurons encore à parler. Ces exemples ont toujours été rares ; les propriétaires devaient veiller avec soin pour empêcher toute déchéance, car la preuve du paiement de la taxe pouvait être pour eux un argument puissant, en cas d'usurpation du fonds ; d'un autre côté, nous avons vu que les usagers eux-mêmes pouvaient invoquer à leur profit le paiement d'une taxe usagère, qui, joint au fait de la possession, équivalait pour eux à un titre complet.

A côté des redevances minimes que doivent les usagers, on en rencontre fréquemment, dans les comptes de gruerie, de beaucoup plus considérables, qui semblent, au premier abord, se rapporter à des droits identiques. Ce sont aussi des habitants de communautés riveraines des grandes forêts, qui doivent de l'argent ou de l'avoine pour avoir pris du bois de chauffage ou du bois de construction, mais ces habitants ne sont pas usagers. On dit qu'ils sont *amoisonnés* ou

---

(70) Compte de la gruerie de Bruyères pour 1565 : usagers de Bruyères ès bois de Champ ; usagers du ban d'Anould dans les bois entre Corcieux et Granges (*Arch. Mthe*, B. 3852). — En 1608, capitulation accordée par l'Electeur palatin aux nouveaux bourgeois de la neuve ville de Lixheim (*Com. Mthe*, hoc v°). — Règlement du 27 Juin 1613, pour le comté de Dabo, art. 11 (*Etude sur Dabo*, M. Alexandre, App. II, p. 62-68).

afforlés (71) ; ce sont de simples acheteurs, qui n'ont aucun droit réel ni personnel sur la forêt, sinon celui qu'ils tirent de leur concession temporaire. Une fois les bois enlevés et le paiement effectué, tout est fini, et le propriétaire n'est nullement obligé de vendre de nouveau aux mêmes personnes. En fait, nous verrons qu'à une certaine époque, les amoisonnements étaient l'unique moyen de tirer parti de la forêt, pour les produits qui ne consommaient pas les usagers ; de plus, ces amoisonnés sont presque toujours les mêmes personnes : des charbonniers, charpentiers ou charrons du voisinage, de sorte qu'on pourrait croire à l'existence d'une servitude réelle ou d'un quasi-usufruit. Mais il n'en est rien, et il suffit, pour s'en convaincre, de remarquer l'importance relative des sommes payées au propriétaire.

Devons-nous aussi distinguer, comme formant une catégorie d'usagers d'un genre spécial, les bourgeois de l'ancien comté de Dabo, dont l'histoire juridique est très curieuse, à cause des nombreuses difficultés administratives et judiciaires qui ont été soulevées à leur endroit dans le siècle actuel ? On a dit que, dans cette contrée, les droits des habitants sur les forêts étaient concédés, non pas à des communautés, mais à des familles, et qu'ainsi le caractère essentiel des usages

---

(71) Compte de la recette de Dompaire et Valfroicourt pour 1549 ; recette de *rouyers admoisonnés* des bans d'Esclés et de Harol (*Arch. Mthe*, B. 5454). — En 1575, droits payés par les *afforlés* de Chatay dans le bois de Belfey (*Hist. de Senones*, p. 281). — Compte de la recette de Darney pour 1634 : *amoisonnés* de Grignoncourt, Bousseraucourt et Ameuvelle, en la forêt du ban d'Attigny (*Arch. Mthe*, B. 5113).

forestiers, celui de servitude réelle, faisait défaut. Nous croyons qu'il n'est pas exact d'établir une distinction aussi catégorique : dans les communautés de Dabo et d'Engenthal, l'attribution de huit sapins vifs par ménage n'est point faite sans doute à toute la population, mais seulement aux ménages de bourgeois ; de plus, la bourgeoisie s'acquiert et se transmet suivant certaines règles établies par la coutume locale : ainsi, la dévolution par les femmes est admise, et la fille d'un bourgeois transmet à son enfant naturel le privilège de son origine. Mais, pour que ces familles ainsi déterminées aient part aux délivrances, une première condition doit toujours être remplie : il faut que le bourgeois demeure dans la seigneurie, qu'il n'ait pas cessé de faire partie des communautés usagères de Dabo et d'Engenthal. C'est toujours l'incolat qui forme essentiellement le lien juridique, comme dans tous les usages, et la coutume se borne à exiger une condition de plus, la filiation bourgeoise. Il ne faut donc pas parler d'usufruit perpétuel et nier le caractère de servitude ; la différence avec les droits ordinaires se réduit, on le voit, à assez peu de chose. Mais il faut y joindre une faculté précieuse pour l'usager : la permission de vendre les bois de feu et les bois de service, qui, jointe à la modicité des redevances, donnait aux bourgeois le moyen de réaliser des bénéfices, et de vivre largement sur leur territoire sauvage (72).

(72) Ordonnance d'Août 1569, pour le Comté de Dabo (*Arch. Mthe*, E. 67, n° 1 du registre). — Règlement du 27 juin 1613, art. 9 et art. 18 (*Etude sur Dabo*, Appendice, p. 62-68). — Ordonnance du 1ᵉʳ mai 1614, art. 1ᵉʳ et art. 12 (*Arch. Mthe*, E. 67, n° 2 du registre). — V ir au surplus l'*Etude* précitée de M. Alexandre, p. 29-46.

Des droits aussi étendus que ceux de Dabo sont exceptionnels en Lorraine. Les autres, plus ou moins importants, subirent tous, au xvi° siècle, une limitation remarquable, qui fut l'effet de l'invasion du droit romain, si complète à cette époque. Les droits d'usage, nous l'avons vu, sont d'origine germaine ; ils se formèrent donc sous l'influence d'idées et de principes étrangers à ceux de la société romaine. Mais les juristes de la Renaissance, dans leur beau zèle pour les études alors nouvelles du droit écrit, imaginèrent de donner un nom latin à tous les contrats de l'époque féodale, et de les faire rentrer dans le cadre étroit du Digeste, assimilation souvent forcée, contraire au génie du moyen-âge et à l'intention des anciens contractants. C'est ainsi que, voyant dans l'usage une relation entre deux immeubles, ils lui appliquèrent les principales règles des servitudes prédiales ; observant, de plus, que l'usager, semblable à un usufruitier de la forêt, en absorbe une part de produits souvent considérable, ils cherchèrent dans l'usufruit les moyens de limiter cette jouissance. Une des conséquences les plus importantes de cette assimilation fut l'obligation d'user en bon père de famille. On ne la rencontre pas dans les textes anciens, mais seulement dans les réglements modernes, d'où elle a passé dans les coutumes, rédigées à la même époque (73).

(73) Confirmation des droits d'usage du ban d'Uxegney, en 1562 (*Doc. vosg.*, IV, 201). — Ordonnance de Charles III, du 7 janvier 1563 (Mss. n° 189, Bibl. Nancy, Tome 1, à sa date). — Mandement des commissaires ducaux pour la gruerie d'Arches, en 1568 (*Arch. Mthe*, B. 2468). — Règlement de 1569, pour le ban de Vagney (*Doc. vosg.*, IV, 188).

Cette obligation se traduit par quelques règles de bon sens, éminemment protectrices de la propriété forestière, mais auxquelles les usagers ne se croyaient pas tenus auparavant. Ainsi, l'habitant ne peut laisser sur le sol les produits secondaires d'un arbre abattu, mais il doit les consommer avant de s'attaquer à une autre pièce ; il choisira d'abord son bois de construction parmi les arbres dépérissants ou malades ; pour son chauffage, il commencera par se servir avec les essences inférieures de la forêt, et seulement à défaut de celles-ci, on lui délivrera des bois de valeur. Le but essentiel que le propriétaire veut atteindre, c'est d'éviter la ruine de la forêt, qui arriverait nécessairement si les délivrances usagères dépassaient la production ligneuse annuelle ; la limite supérieure qui ne doit pas être franchie, c'est donc la *possibilité*, terme nouveau que nous ne voyons pas encore apparaître, mais qui traduira bientôt la préoccupation du propriétaire, et qui se trouve en germe dans l'obligation de jouir en bon père de famille.

La délivrance, la limitation aux besoins, le paiement des redevances et la jouissance en bon père de famille étaient ainsi autant d'entraves opposées à l'usager, autant de précautions prises contre lui, dans l'intérêt de la forêt. S'il méconnaissait ces obligations, il encourait une peine, d'abord tarifée à part dans les chartes les

— Règlement du 28 octobre 1571, pour la gruerie de la Croix (*Arch. Mthe*, B. 8785). — Déclaration des droits seigneuriaux à Chaumousey, en 1607 (*Doc. vosg.*, IV, 198).
Voir de plus : *Coutume de Lorraine*, tit. xv, art. 17 ; — *Thionville*, XVIII, 7 et 12 ; — *Gorze*, XVI, 44, 45, 51 et 61 ; — *Metz-ville*, XII, 3 ; — *Metz-évêché*, XIV, 12.

plus anciennes, bientôt confondue avec les amendes de gruerie (74). C'est-à-dire que, s'il néglige d'observer les conditions auxquelles est subordonné l'exercice de son droit, on le traite comme un délinquant ordinaire en faisant entièrement abstraction de son titre et de sa qualité. Nous étudierons plus loin la procédure des actions forestières ; nous verrons quels officiers étaient chargés de la constatation des délits, et par qui les peines étaient prononcées. Mais, sans anticiper sur ce sujet, nous pouvons remarquer la disposition extraordinaire de plusieurs chartes, qui autorisent les usagers à nommer eux-mêmes les gardes chargés de surveiller leur jouissance (75) : permission qui nous paraîtrait fort dangereuse, et qui pourtant semble habituelle, dans les forêts du domaine aussi bien que dans celles des seigneurs.

Toute infraction aux règles de police de l'usage se trouvait ainsi punie de la peine ordinaire des délits de gruerie, une amende plus ou moins élevée. Il y avait cependant des cas graves où cette répression était jugée insuffisante : un abus considérable, une méconnaissance avérée des droits du propriétaire, pouvaient entraîner la suppression irrévocable de l'usage (76).

74) **Charte du ban de Bains**, au xive siècle, amende de 5 sols pour les usagers qui vont au bois sans congé (*Doc. vosg.*, I, 177).
Coutume de Lorraine, xv, 24 ; — *Thionville*, xviii, 14 ; *Gorze*, xvi, 62.

(75) Accord de 1420, pour les usagers de Laneuveville-aux-bois (*Com. Mthe, hoc v°*). — Arrêt du 6 mai 1572, pour les usagers de Ramonchamp (*Arch. Mthe*, B. 8338).

(76) En 1582, les habitants de Villey-Saint-Etienne, qui ne sont qu'usagers-*affouageurs* dans les bois de l'Eglise de Toul, et ne peuvent vendre sans permission, ont cependant vendu une

Nous en avons notamment des exemples en cas de refus de payer les redevances : l'usage forestier est très justement représenté comme un contrat *do ut des*, entraînant des obligations réciproques ; si l'un des contractants néglige de remplir les siennes, l'autre peut faire prononcer la résolution de la convention. Sans doute, une sanction aussi rigoureuse a toujours été rare : c'était le *summum jus*, menace le plus souvent comminatoire, qui servait à transformer l'amende ordinaire de gruerie en une pénalité plus forte, si le seigneur le jugeait à propos.

En dehors de tout abus et de toute idée de pénalité, le propriétaire pouvait aussi, quand il le croyait convenable, dégrever entièrement ou partiellement sa forêt de l'usage, par l'opération connue sous le nom de *cantonnement*. Seulement il faut observer que ce mot correspond, en Lorraine comme en France, à deux actes bien distincts. Il arrivait souvent que le seigneur, tout en maintenant l'usage, voulait en restreindre l'exercice sur certains cantons de sa forêt, pour être absolument libre sur le reste ; il suffisait alors de déterminer une étendue boisée suffisante pour que sa possibilité pût fournir aux besoins des ayants-droit. Ceux-ci ne devenaient pas propriétaires des cantons assignés ; leur usage était conservé sans subir aucune

---

coupe d'environ 100 arpens ; pour cela, le procureur général requiert la privation du droit d'usage ; les chanoines, par grâce, se contentent de confisquer la coupe (*Arch. Mlle*, G. 1333). — Règlement de Dabo, du 27 juin 1613 (*Étude* précitée, Appendice, p. 62). — Règlement de 1625 pour les usagers de la gruerie de Dieuze (*Arch. Mlle*, Lay. *Dieuze*, II, n° 11).

diminution, et ils eussent été mal venus de se plaindre d'une mesure qui avantageait le propriétaire en respectant leur jouissance. Cette opération a reçu en France les noms d'*apportionnement* ou d'*aménagement-règlement*. On en trouve des exemples en Lorraine dès le xiii° siècle jusqu'au xvii°; c'est surtout sous le règne de Charles III qu'elle semble avoir été employée (77). Les cantons ainsi réservés par le propriétaire prennent quelquefois le nom de bois bannaux ou de banbois; mais alors ces termes ont une valeur différente de celle que nous avons étudiée en parlant de

(77) Charte de 1261 pour les habitants de Atton (*Com. Mthe, hoc v°*). — Franchises de Châtel, en 1317 (*Doc. vosg.*, I, 213). — Charte de Fontenoy, en 1395 (*Ib.*, II, 241). — Coutumes de Remiremont, en 1427 (*Ib.*, II, 174). — Usages de Saint-Quirin, en 1471 (*Com. Mthe, hoc v°*). — Ordonnance du 28 juillet 1560, pour les bois de la gruerie de Châtel (Mss. n° 189. Bibl. Nancy, Tome I, à sa date). — Usagers de Dommartin-aux-Fours, Pagney, Trondes, etc. en 1560 (*Arch. Mthe*, G. 1333). — Ordonnance de Dabo, d'août 1569 (*Ib.*, E. 67 n° 1). — Règlement de 1569 pour les usagers du ban de Vagney (*Doc. vosg.*, IV, 188). — Usagers de Morley, en 1579 (*Duf.*, VIII, 437). — Règlement ducal ou *départ* du 2 juillet 1619, au sujet des bois d'Epinal (*in fine*). Certaines dispositions de ce règlement semblent attribuer la pleine propriété des bois aux bourgeois d'Epinal; les suivantes se réfèrent cependant à de vrais apportionements usagers : « A l'égard des deux rapports faits, l'un contre les habitants d'Archettes, l'autre contre les habitants de Mossoux... comme il importe extrêmement, pour bien ménager lesdits bois, que les usagers soient réglés en leurs usages, et même qu'il y ait quelques contrées particulières assignées à chacune des communautés usagères, lesquelles elles prennent leurs usages, pour ainsi porter icelles communautés à la garde, conservation et mélioration desdites contrées... Voulons et entendons, etc. » (*Arch. Mthe*, B. 6008).

la délivrance. Le banbois, avons-nous dit, c'est la forêt véritable, la haute forêt résineuse, dans laquelle l'usager est tenu à l'assignal d'une manière étroite. En cas d'apportionnement, le banbois est la partie réservée, où l'usager ne peut plus entrer.

Le véritable cantonnement a pour effet l'extinction complète du droit d'usage. Le seigneur veut débarrasser sa forêt entièrement, et non dans certaines parties seulement. Il rachète à l'usager son droit, et lui en paie la valeur, en lui attribuant une partie de la forêt en toute propriété. Un certain nombre de bois de communautés se sont ainsi formés durant tout le moyen-âge et les temps modernes (78). Ce serait une

(78) En 1315, le seigneur d'Haussonville, pour se rédimer et décharger ses bois des droits d'usage et vaine pâture, abandonne la propriété de 425 jours de bois, au canton des Corbeaux, à l'abbaye de Moyenmoutiers, moyennant quoi celle-ci cesse d'avoir aucun droit sur les bois de Haussonville (*Com. Mthe*, v° *Haussonville*). C'est l'emploi le plus ancien de cantonnement proprement dit que nous connaissions. — Voir ensuite : Accord de 1534, pour les usagers de Lunéville, Ménil et Viller (*Com. Mthe*, v° *Ménil-les-Lunéville*). — En 1559, partage (cantonnement) pour les usagers de Sorcy (*Ruines de la Meuse*, IV, 329). — Règlement de gruerie du 6 janvier 1563 : « Ceux qui ont droit d'usage s'y comporteront comme bons pères de famille... si donc que lesdits usagers et affouagers n'aiment mieux, par forme de règlement, se laisser traiter en acceptant une portion de la forêt pour être à eux en propre à la fin de leur usage... » (Mss. n° 189, *Bibl. Nancy*, tome I, à sa date). — Cantonnement en viager du prieur de Relanges au bois le Comte, en 1619 (*Duf.*, I, 9). — Transaction (cantonnement) de 1627 des usages de Dammarie (Notice sur *Moutiers-sur-Saulx*, aux *Mém. de la Soc. d'Arch. lor.*, 1880, p. 83).

D'après quelques-uns de ces documents, il semblerait que

erreur de croire que le cantounement est intervenu postérieurement à l'apportionnement, et correspond à un âge entièrement différent ; sans doute une forêt, d'abord apportionnée, a pu ensuite être cantonnée, mais cette marche successive ne s'imposait nullement. Nous avons des exemples de cantonnements véritables dès le commencement du xiv⁰ siècle, et nous en trouvons de même sans interruption jusqu'au milieu du xvii⁰ ; les deux procédés ont donc été employés concurremment, contrairement à l'opinion généralement admise.

Il ne nous reste plus qu'à passer en revue les différentes espèces d'usages habituellement concédés en Lorraine. Quelques chartes sont extrêmement larges, et accordent à l'usager tout ce qu'il est possible de tirer de la forêt : elles procèdent alors par énumération de produits, et cette liste n'est nullement limitative. Il en est de même quand la concession porte simplement que les habitants peuvent prendre du bois pour leurs usages (79). Mais le plus souvent le titre a soin de limiter pour quels besoins spéciaux l'usage est

le cantonnement ne fût pas un droit pour le seigneur, mais que l'acceptation de l'usager à l'opération fût nécessaire. Nous ne pensons pas que ce caractère ait duré longtemps, si tant est qu'il ait jamais été général.

(79) En 1262, usagers de Ruppes (*Arch. Mthe,* Lay. *Ruppes,* I, n° 20). — En 1227, usage des moines de Rangéval (Duf., I, 54). — En 1275, usage de l'hôpital de Sommières (*Ib*, VI, 610). — Usagers de Châtel, en 1317 (*Doc. vosg.,* I, 213). — Usage de l'hôpital de Plombières, en 1400 (*Ib.,* I, 194). — Usagers de Vagney, en 1569 (*Ib.,* IV, 188). — De Corcieux, en 1578 (*Duf.,* III, 720).

Rareté, dans la forêt d'Orléans, des usages *pro omnibus necessitatibus* : de Maulde, *op. cit.,* chap. I⁰⁰, p. 123-162.

accordé ; il en résulte des droits très variés qui se présentent tantôt seuls, tantôt groupés au profit des mêmes bénéficiaires.

Le plus fréquent des usages au bois a pour but le chauffage : c'est ce que l'on appelle l'affouage ou fouage, c'est-à-dire les produits de la forêt nécessaires pour l'entretien du foyer, *ad focum*. On n'indique pas d'ordinaire de quelle manière ce bois de feu doit être délivré ; quelquefois cependant il est question de coupes usagères, affectées à cet emploi spécial (80). L'affouage lui-même se subdivise en plusieurs genres distincts : si le titre ne spécifie rien, on doit servir l'usager avec tous les bois de la forêt propres au chauffage, avec les essences supérieures aussi bien qu'avec celles qui n'ont pas de valeur, à la condition de respecter les arbres de futaie, et sauf l'application des règles de jouissance en bon père de famille, qui commandent de délivrer en premier lieu les essences inférieures. Mais fréquemment l'usage au bois de feu n'a pas cette étendue, et la jouissance est plus strictement limitée. D'abord, l'usager peut n'avoir droit

---

(80) Textes très nombreux relatifs à l'affouage ; les suivants l'accordent seul, sans les autres usages : En 1310, à Bidestroff (*Com. Mthe, hoc v°*). — En 1471, à Froville (Duf., III, 9 9). — Au XVIᵉ siècle, à Frémonville (*Com. Mthe, hoc v°*). — En 1 5, à Uruffe (Duf., *hoc v°*). — En 1562, à Amanty (Duf., VII, 28). — Même date, à Ménillot (*Com. Mthe, hoc v°*). — Même date, à Moyempal (Duf., I, 383). — En 1564, à Vézelise (*Com. Mthe, hoc v°*). — En 1571, à Abainville (Duf., VII, 25). — En 1572, à Rombas (Duf., III, 607). — En 1606, à Boucq (*Com. Mthe, hoc v°*). — En 1606, à Chaumousey (*Doc. vosg.*, IV, 193). — En 1626, à Blondefontaine (Duf., IV, 165).

qu'au bois mort, c'est-à-dire au bois sec, privé de vie ; encore ne lui est-il permis, dans certaines chartes, que de toucher au bois couché par terre, *gisant*, sans pouvoir s'attaquer à celui qui reste debout (81). Le droit de l'usager peut s'appliquer ensuite au *mort-bois* (souvent écrit *morbois*), qu'il ne faut pas confondre avec le bois mort : c'est du bois vif, limité aux essences inférieures de la forêt. Le titre prend soin quelquefois d'indiquer quelles sont ces essences ; sinon, il faut recourir à la coutume locale. L'importance du droit est ainsi extrêmement variable ; la coutume de Gorze, par exemple, reproduit à peu près les termes de la *Charte aux Normands*, invoquée dans les provinces de l'ancienne France, et qui ne donne à l'usager que des produits d'une valeur très minime ; celle de Lorraine traduit mort-bois par bois blanc, enfin, celle de Metz n'excepte de l'usage que le chêne et le hêtre, les deux essences les plus précieuses (82). Les usages au bois mort et au mort-bois

(81) Charte de Parroy, en 1199 (*Com. Mthe, hoc v°*, à la Table). — Usagers de Saint-Quirin, en 1471 (*Com. Mthe, hoc v°*). — D'Angwiller, en 1524 (*Ib., hoc v°*). — De Gorbey, en 1563 (Duf., V, 290). — De Liffol-le-Grand, en 1586 (*Ib.*, VII, 663). — De Châtenoy, en 1630 (*Arch. Mthe*, B. 4669).

(82) Usagers de Atton, en 1261 (*Com. Mthe, hoc v°*). — De Remoncourt, en 1295 (*Doc. vosg.*, I, 82). — De Bains, xiv° siècle (*Ib.*, I, 177). — De Rambervillers, même époque (*Ib.*, I, 184). — De Châtillon-sur-Saône, en 1390 (Duf., IV, 142). — De Saint-Quirin, en 1471 (*Com. Mthe, hoc v°*). — La Maison-Dieu de Bar, en 1480 (Duf., I, 41). — Les habitants d'Angwiller, en 1524 (*Com. Mthe, hoc v°*). — Le prieuré de Relanges, en 1535 (*Arch. Mthe*, B. 5067). — Les usagers de Cheniménil, en 1559 (*Ib.*, B. 2465). — Les habitants encla-

se trouvent assez souvent réunis ; il faut enfin remarquer que le mort-bois sert quelquefois à des besoins autres que le chauffage.

On peut faire rentrer dans la même catégorie l'usage au bois de charbon, nécessaire pour les petits métiers de la campagne, ceux des maréchaux et des charrons par exemple (83) ; — puis le droit de faire de l'écorce, accordé aux tanneurs dans quelques villes, et s'appliquant au chêne, dans la plaine, au sapin dans la montagne (84).

Viennent ensuite les usages au bois de construction, de beaucoup les plus importants quant à la valeur des produits délivrés. On appelle bois de *maronage* ou bois *merrain* les charpentes nécessaires à la construction des édifices. Les délivrances de cette nature sont très fréquentes, et souvent jointes à l'affouage. Elles sont le plus souvent illimitées, et s'appliquent tant à la construction des maisons qu'à leurs réparations. La seule distinction usuelle a rapport au paiement des redevances : on donne gratuitement le bois pour réparations, ou encore un certain nombre de pièces de char-

---

vés dans la forêt de Champ, en 1565 (*Ib.*, B. 3825). — Usagers d'Archettes, en 1623 (*Doc. vosg.*, IV, 317). — Les habitants de la nouvelle ville de Saint-Louis, en 1629 (*Com. Mthe, hoc v°*).

Coutume de Lorraine, tit. xv, art. 19 ; — *Gorze*, xvi, 55, 56 et 57 ; — *Metz-évêché*, xiv, 13.

(83) En 1227, l'église de Droiteval reçoit l'usage au bois de charbon, *jus furnorum carbonariorum* (*Doc. vosg.*, IV, 5). — Coutumes de Remiremont, en 1427 (*Ib.*, II, 174).

(84) Charte de Rambervillers, xiv° siècle (*Doc. vosg.*, I, 184). — Coutumes de Remiremont, en 1427 (*Ib.*, II, 174).

pente ; au delà seulement le seigneur perçoit une petite somme d'argent, toujours bien inférieure à la valeur du bois (85).

Tels sont les usages les plus fréquents. Il en est d'autres qu'on ne rencontre qu'accidentellement et qui s'appliquent soit à des produits spéciaux, soit à des besoins déterminés de l'usager. Ainsi, les rémanents d'exploitation des coupes peuvent faire l'objet d'une concession. De même, les châblis peuvent être expressément attribués à l'usager. Ces châblis ou *ventoirs* sont les arbres arrachés par le vent ; leur importance est souvent très considérable, surtout dans les pays de montagne ; c'est pourquoi, en l'absence d'une clause expresse du titre, ils n'appartiennent qu'au propriétaire de la forêt (86). Enfin, le bois de délit, qui a été repris

---

(85) Charte de Parroy, en 1199 (*Com. Mthe*, hoc v°, à la Table). — Concession d'usage à l'abbaye de Clairlieu, en 1244 (*Com. Mthe*, v° *Besserville*.) — Usagers de Remoncourt, en 1295 (*Doc. vosg.*, I, 82). — Charte d'Epinal, xiii° siècle (*Ib.*, II, 231). — Charte de Thaon, même époque (*Ib.*, I, 173). — Charte de la Mairie de Bruyères, en 1338 (*Ib.*, I, 182). — Charte du ban de Bains, xiv° siècle (*Ib.*, I, 177). — Charte de Bourlémont, en 1357 (*Ib.*, IV, 106). — Charte de Fontenoy, en 1395 (*Ib.*, II, 241). — Charte de 1420 pour Laneuveville-aux-Bois (*Com. Mthe*, hoc v°). — Usagers de Saint-Quirin, en 1471 (*Ib.*, hoc v°). — De Châtenoy, en 1472 (Duf., VII, 128). — Concession pour la verrerie du Fay, en 1501 (*Doc. vosg.*, III, 234). — Usagers de Domèvre, en 1546 (*Com. Mthe*, v° *Domèvre-sur-Vezouse*). — De Gorhey, en 1562 (Duf., V, 260). — Du ban de Ste-Hélène, en 1577 (*Doc. vosg.*, II, 227). — Charte de Lixheim, en 1608 (*Com. Mthe*, hoc v°). — Règlement de 1603, pour le comté de Dabo (*Etude sur Dabo*, Appendice, II, 42).

(86) En 1207, le droit de prendre le bois qui reste après la coupe, ou *remasis*, est donné aux religieux de Saint-

sur les délinquants forestiers, peut être aussi donné aux usagers (87). La construction des instruments d'agriculture, tels que les chariots et les charrues (88), la fabrication des échalas ou paisseaux, dont il est fait une grande consommation dans les pays vignobles (89), et, dans la montagne, celle des bardeaux, qui remplacent les tuiles pour la couverture des maisons (90), sont autant de motifs de délivrances pour les habitants de la campagne. Les clôtures, destinées à protéger les terres ensemencées contre le bétail ou les animaux sauvages, consommaient aussi beaucoup de mort-bois. C'est ainsi que la forêt était pour les paysans au moyen-âge une mine inépuisable, d'où ils tiraient presque sans frais tout ce qui est nécessaire pour la vie agricole.

Antoine de Pont-à-Mousson (*Com. Mthe*, v° *Pont-à-Mousson*). — Pour les châblis : Usagers de Saint-Quirin, en 1471 (*Com. Mthe, hoc v°*). — D'Archettes, en 1575 (*Doc. vosg.*, IV, 217).

Coutume de Thionville, tit. XVIII, art. 16.

(87) En 1412, donation aux habitants de Hadigny de l'usage au mort bois et au vif de *demenge* (dommage, délit), par tous les bois d'Onzaine (Duf., IV, 61).

(88) Charte du XIII° siècle, pour l'église de Toul (*Hist. de Toul*, Pr. cx). — Charte d'Epinal, XIII° siècle (*Doc. vosg.*, II, 231). — Charte de Thaon, même époque (*Ib.*, I, 173). — Usagers de Remoncourt, en 1295 (*Ib.*, I, 82). — Charte de Rambervillers, XIV° siècle (*Ib.*, I, 184).

(89) En 1317, droit aux *paisseaux*, concédé à Domangin, clerc (*Com. Mthe*, v° *Blénod-lès-Pont-à-Mousson*). — Usagers de Saint-Quirin, en 1471 (*Ib., hoc v°*). — Règlement de 1571 pour les usagers dans la gruerie de la Croix (*Arch. Mthe*, B. 8785). —Usagers de Bouvange (Duf., III, 608).

(90) Usagers du ban d'Arches, en 1366 (*Doc. vosg.*, II, 202). — De Saint-Quirin, en 1471 (*Com. Mthe, hoc v°*).

La forêt ne leur était pas moins indispensable pour l'élevage du bétail. Les usages au pâturage, entendus dans leur sens le plus large, sont aussi anciens que les usages au bois, et leur origine est identique. Primitivement, les tenanciers des mauses envoyaient leurs bestiaux dans la forêt du seigneur, du même droit qu'ils en tiraient les bois de chauffage et de construction. Tout ce que nous avons dit sur la signification et la valeur des titres postérieurs, qui semblent créer des droits nouveaux, et qui réellement ne font que reconnaître le plus souvent une situation préexistante, s'applique aussi bien au pâturage qu'à l'usage au bois.

Toutefois, il faut distinguer en cette matière entre la vaine pâture et la glandée ou paisson. La vaine pâture est le pâturage sur les terres dépouillées de leurs fruits : terres arables après la moisson, prés après la fauchaison, bois taillis après la coupe. Elle est de droit commun, s'exerce en vertu de la coutume sur toutes les terres du ban, et même, au moins dans les villages de la plaine, d'un ban à l'autre ; elle prend alors le nom de parcours (91). Toute différente est la grasse pâture, qui permet de consommer une partie de la récolte elle-même ; elle est toujours exceptionnelle et doit se fonder sur un titre exprès. Dans une prairie, elle permet d'envoyer le bétail avant la fenaison ; dans les forêts, elle consiste dans le droit de faire consommer par les porcs le gland et la faine, à l'époque de leur dissémination (91 *bis*).

(91) *Coutume de Lorraine*, tit. xv, art. 1 et 3 ; — *Bar*, v, 207 ; — *Gorze*, xvi, 12 ; — *Metz-ville*, xii, 10.

(91 *bis*) *Coutume de Gorze*, tit. xvi, art. 37 et 38 ; — *Metz-ville*, xii, 10 ; — *Metz-évêché*, xiv, 8.

En ce qui concerne la vaine pâture dans les forêts, les dispositions très larges des coutumes qui la permettent, semblent, à première vue, rendre inutiles toutes stipulations de titres particuliers. La vaine pâture sur les terres n'est, en effet, que très rarement mentionnée dans les chartes : au contraire, il est fréquemment question de la vaine pâture dans les bois (92). Est-ce une superfétation ? Très souvent sans doute, les chartes n'ajoutent rien au droit de l'habitant, et ne font que rappeler ou devancer le texte de la coutume, qui n'est aussi que la traduction de la loi des anciens domaines. Quelquefois, cependant, la charte donne des droits plus étendus : il arrivait souvent que les grandes forêts avaient leur

(92) Vain pâturage pour l'abbaye de Clairlieu, en 1217 (*Com. Mthe*, v° *Ludres*). — Pour les religieux de Saint-Antoine, même date (*Ib.*, v° *Pont-à-Mousson*). — Pour ceux de Droiteval, en 1254 (*Doc. vosg.*, IV, 17). — Pour les habitants de Sommeille, en 1260 (Duf., I, 103). — Pour ceux de Ruppes, en 1262 (*Arch. Mthe* v° *Ruppes*, I, n° 20) — Pour ceux de Vaudrecourt, en 1491 (*Duf.*, VII, 626). — De Royaumeix, en 1507 (*Com. Mthe, hoc v°*). — Compte de la gruerie de Blâmont, pour 1551 : recettes pour vain pâturage à Barbas, à Verdenal, à Saint-Martin, etc. (*Arch. Mthe*, B. 3402). — Contrôle de la recette d'Arches, pour 1559 : mêmes recettes à Granges (*Ib.*, B. 2465). — En 1563, concession de vain pâturage en forêt aux habitants de Deuxnouds (*Ib.*, B. 6404). — Aux habitants de Corniéville, en 1578 (Duf. VI, 748). — A ceux de Boucq, même date (*Eod. loc.*). — A ceux de Contrisson, en 1581 (Duf. I, 838). — Vain pâturage pour les habitants de Chaumoussey, en 1607 *Doc. vosg.*, IV, 198). — Du comté de Dabo, en 1613 (*Etude sur Dabo*, art. 5 du règlement du 27 juin, Appendice, II, 62-68). — De Laxou, en 1615 (*Com. Mthe, hoc v°*). — De Senon, en 1617 (Duf., V, 633). — De Sorcy, en 1622 (Duf. VI, 759). — De Darney, en 1634 (*Arch. Mthe*, B. 5113).

ban à part, c'est-à-dire n'étaient pas rattachées au territoire d'une communauté déterminée ; il fallait alors un titre exprès pour que les habitants des finages voisins pussent y exercer la dépaissance ou le parcours. Ailleurs, la vaine pâture n'est autorisée qu'accessoirement à la glandée, ou pâture vive et grasse, qui fait alors l'objet principal de la concession. A l'inverse, le titre a pu restreindre le droit originaire, le soumettre à des règles que ne connaissaient pas les anciens tenanciers des manses, notamment imposer ou augmenter les redevances, que nous voyons taxées, au xvi° siècle, à un certain nombre de deniers par feu ou par tête de bétail. Tous ces motifs nous expliquent la fréquence des documents relatifs à la vaine pâture en forêt.

En dehors de toute limitation spéciale, les bestiaux des communautés peuvent donc être envoyés dans les forêts de leurs bans respectifs, tant que la glandée n'est pas ouverte. Là où ne se trouvent ni chênes ni hêtres, le pâturage dure constamment. Cependant, quand des exploitations ont été faites, le sol de la coupe ne peut être pâturé, jusqu'au moment où le jeune bois est assez grand pour se défendre contre la dent du bétail. Cette règle protectrice de la *défensabilité* est imposée à la fois dans les chartes (93) et dans les cou-

---

(93) Ordonnance du duc Antoine, du 27 novembre 1541 (Mss. n° 189, Bibl. Nancy, tome 1, à sa date). — Règlement de 1548 pour la gruerie de Neufchâteau (*Arch. Mthe*, B. 4642). — Charte de Rorthey, en 1556 (*Doc. vosg.*, VII, 223). — Règlement de 1557 pour la gruerie de Saint-Dié (*Arch. Mthe*, B. 8785). — Règlement de 1625 pour la gruerie de Dieuze (*Ib.*, Lay. *Dieuze*, II, n° 11).

tumes (93 *bis*). Est-elle bien ancienne ? nous ne la voyons apparaître que dans des règlements du xvi⁰ siècle, et, sans prétendre qu'elle n'ait pu être appliquée antérieurement, il est à croire qu'elle ne s'est introduite qu'assez tard, lorsque les forêts ont été parcourues par des exploitations régulières. C'est le représentant du propriétaire, l'officier du seigneur, qui déclare quelles parties de la forêt sont défensables, c'est-à-dire peuvent être sans danger ouvertes au bétail ; les résultats de cette constatation diffèrent nécessairement, suivant l'état de la forêt, la fertilité du sol et la vigueur de la végétation ; ils diffèrent aussi suivant l'espèce du bétail introduit, la dent des chevaux étant réputée, par exemple, moins meurtrière que celle des bœufs et vaches ou *bêtes rouges :* tandis que les premiers sont introduits trois ans après la coupe, les autres ne pâtureront qu'après cinq ans, ou après la cinquième *feuille*. Il est assez commun que la coutume ou le titre déterminent ainsi une fois pour toutes l'âge correspondant à la défensabilité du sousbois : l'âge le plus élevé est neuf ans, le plus court trois seulement. Mais ces déterminations légales ne sont que subsidiaires, et peuvent être modifiées par une reconnaissance de l'état des lieux, faite par le juge, sur l'avis de plusieurs experts.

La restriction du canton défensable est la seule apportée à l'exercice de la vaine pâture en forêt. Nulle

---

(93 *bis*) *Coutume de Lorraine*, tit. xv, art. 7 ; — *Bassigny*, xii, 127 ; — *Thionville*, xviii, 9 ; — *Verdun*, xi, 3 ; — *Bar*, xv, 205 ; — *Saint-Mihiel*, xiii, 10 ; — *Gorze*, xvi, 47 ; — *Metz-ville*, xii, 22 ; — *Metz-évêché*, xiv, 7.

part le nombre des bestiaux n'est limité : on ne trouve pas non plus indiquée la distinction que nous verrons pour le panage, entre les animaux nés chez l'habitant, et ceux achetés par lui dans un but de commerce ; enfin, on ne parle pas de la réunion d'un troupeau commun sous la garde des pâtres de la communauté. Toutes ces précautions sont venues plus tard. Il n'y a donc de délits possibles que pour pâturage en canton réservé, ou pendant le temps de glandée. On distingue alors si le pâturage a lieu par échappée ou de garde faite ; au second cas, la circonstance est aggravante ; de même si le délit se commet de jour ou de nuit (93 *ter*).

La vive pâture en forêt, appelée indifféremment glandée, panage, paisson ou *grainer*, a toujours été beaucoup plus restreinte que le pâturage proprement dit. Elle s'applique exclusivement à l'introduction des porcs, dont l'élevage a été de tout temps, en Lorraine, un élément essentiel de la fortune rurale. Quand nous étudierons la mise en valeur des propriétés boisées, nous verrons que les locations de la glandée, les *paissonnages*, étaient le revenu le plus clair de l'immeuble, et que la vente des bois ne venait qu'en seconde ligne. Il est donc naturel que les habitants aient été promptement surveillés pour le panage, tandis qu'on les laissait user du pâturage aussi largement que possible. Les restrictions et les limitations apparaissent de très bonne heure, si tant est que les porcs aient jamais pu être librement introduits. Tandis que la vaine pâture est de droit commun, et s'exerce en vertu de la cou-

(93 *ter*) *Coutume de Lorraine*, tit. xv, art. 26 ; — *Bassigny*, xii, 127 ; — *Épinal*, viii, 7 ; — *Gorze*, xvi, 47 et 48.

tume, sauf privation expresse résultant d'un titre, il faut, au contraire, une concession particulière pour prendre part à la glandée, ce qui explique la quantité considérable de documents qui s'y rapportent (94).

La principale limitation est celle du nombre ; la liberté n'est presque jamais entière sous ce rapport. Chaque ménage peut envoyer six, sept ou huit animaux, rarement davantage. De plus, la coutume, venant renchérir sur cette rigueur, prononce l'exclusion des bestiaux de commerce : on ne peut introduire que ceux qui ont été nourris à la maison, ou tous ceux qui étaient à l'étable à une époque déterminée, la Saint-Laurent par exemple. Le but de ces dispositions est

---

(94) **Charte de Thaon**, au xiiie siècle (*Doc. vosg.*, I, 173). — Donation de 1254 aux religieux de Droiteval (*Ib.*, IV, 17). — Aux habitants de Ruppes, en 1562 (*Arch. Mthe*, Lay. *Ruppes*, I, n° 20). — Droit de cueillir les glands accordé, en 1284, aux habitants du Val de Senones (*Hist. de Senones*, 153-155). — Charte de Rambervillers, xive siècle (*Doc. vosg.*, I, 184-189). — Charte de 1338, pour la mairie de Bruyères (*Ib.*, I, 182). — Droits seigneuriaux du ban d'Arches, en 1366 (*Ib.*, II, 202). — Transaction de 1466 pour les bois du Val de Senones (*Hist. de Senones*, 209). — Acte de fondation de la verrerie du Fay, en 1501 (*Doc. vosg.*, III, 224). — Paissonnages des habitants de Domèvre-sur-Vezouze, en 1546 (*Com. Mthe, hoc v°*). — Des habitants de Velaine-en-Haye, en 1575 (*Ib., hoc v°*). — De Sexey-aux-Bois, en 1596 (*Ib., hoc v°*). — De Baccarat, en 1605 (*Ib.. hoc v°*). — Règlement de 1625 pour la gruerie de Dieuze (*Arch. Mthe*, Lay. *Dieuze*, II, n° 11). — Compte de la recette de Darney pour 1624 (*Arch. Mthe*, B. 5113).

Coutume de Lorraine, tit. xv, art. 27.

Comparer, pour les droits de panage et de glandée dans la forêt d'Orléans : de Maulde, *Condition forestière de l'Orléanais*, chap. 1er, p. 123-162.

facile à saisir : le seigneur veut se réserver une part des produits, afin de nourrir lui aussi un troupeau en forêt ou de louer chaque année les glandées qui ne sont pas absorbées par les porcs des usagers.

Cette vive ou grasse pâture ne s'exerce que pendant un temps limité. Les très nombreuses dispositions coutumières qui traitent de la glandée prennent soin de déterminer le point de départ et le point d'arrivée (**94** *bis*) ; ces époques correspondent habituellement au mois de septembre et à la fin d'avril. Il y a toutefois de grandes divergences, suivant les pays : les uns commencent au 8 septembre, les autres au 1ᵉʳ octobre ; à Metz, la forêt se ferme au 1ᵉʳ février, à Verdun et à Saint-Mihiel au 15 mai seulement. Cet intervalle est divisé en deux périodes inégales : la première s'appelle proprement paisson ou grainer, elle se termine d'ordinaire vers la fin de novembre ; la seconde, qui succède sans interruption est le *recours*, appelé dans d'autres provinces *arrière-panage*. On ne voit pas quelle pouvait être, à l'égard des usagers, l'utilité de cette division, car toujours le bétail restait en forêt, à la fois pendant le temps de recours et pendant le temps de panage proprement dit. Enfin, le terme de *glandée* est presque toujours employé comme synonyme de pais-

---

(94 *bis*) *Coutume de Lorraine*, tit. xv, art. 6 et 9 ; — *Bassigny*, xii, 128 ; — *Epinal*, viii, 6 et 7 ; — *Thionville*, xviii, 18 ; — *Verdun*, xi, 6 et 7 ; — *Bar*, xv, 207 ; — *Saint-Mihiel*, xiii, 16 et 17 ; — *Gorze*, xvi, 37, 39 et 43 ; — *Metz-ville*, xii, 10 ; — *Metz-évêché*, xiv, 9.

En Normandie, le temps de défense varie suivant les forêts. Il y aussi deux époques de panage : l'une appelée la *première quarantaine*, l'autre *l'arrière panage*. Voir Léop. Delisle, p. 370, note 190.

son ou introduction des porcs ; il ne paraît pas que les usagers aient eu fréquemment le droit de ramasser en forêt le gland ou la faîne pour les faire consommer à l'étable (94 ter).

L'année se trouvait ainsi partagée en deux saisons pour la pâture en forêt : l'hiver pour les porcs, l'été pour le grand bétail. On prend soin, dans les règlements forestiers, de spécifier que les porcs ne pourront être mêlés pendant la période d'été aux chevaux et aux vaches, précaution fort sage pour protéger les jeunes semis. La défense inverse n'a pas autant d'importance pour la forêt ; d'ailleurs, en hiver, les grands troupeaux restent à l'étable ou peuvent plus facilement pâturer dans la plaine.

Le panage des usagers, bien que ne donnant pas au propriétaire de la forêt des profits comparables à ceux de la location, était cependant l'occasion de droits relativement considérables, perçus en argent et par tête de bétail. Les redevances usagères, que nous avons vues assez faibles et payables soit en bloc, soit par feu, pour le vain pâturage, sont ici plus qu'un signe de reconnaissance de la servitude (95). Il est probable qu'à cause de la limitation du nombre et pour rendre facile l'assiette de la redevance, les porcs furent de bonne heure marqués ou désignés d'une manière ostensible,

(94 ter) Voir cependant : Usagers de Senones, en 1284 (*Hist. de Senones*, 153-155).

(95) Droits de la ville d'Epinal et du ban, au xiiie siècle (*Doc. vosg.*, II, 231). — Charte de Rambervillers, xive siècle (*Ib.*, I, 184). — Registre des domaines du comté de Salm, xviie siècle (*Com. Mthe, v° Badonvillers*). — Voir aussi les notes précédentes.

préalablement à l'ouverture du panage, tandis que, pour le grand bétail, l'utilité de la marque était moins évidente. Toutefois, cette obligation n'est relatée nulle part. Enfin, la paisson pouvait être gratuite, mais nous n'en avons que des exemples assez rares (96), dans des concessions faites à titre d'aumône pour des maisons religieuses.

Les moutons n'ont jamais été bien nombreux en Lorraine, au point de devenir dangereux pour les forêts ; aussi en est-il rarement question dans les titres qui ont rapport au pâturage. Il se peut que, dans les concessions fort larges faites au profit de « toutes bêtes, grosses et menues », les moutons aient été compris dans ces dernières, et que la forêt leur ait été ouverte comme au grand bétail. Nous avons cependant des exemples de leur exclusion. Des précautions plus sévères semblent avoir été prises contre les chèvres, surtout possédées par des ménages pauvres, mais l'ennemi le plus redoutable de la végétation ligneuse : elles doivent être séparées des autres animaux, et on leur donne un canton de grands bois où elles ne puissent nuire (97).

---

(96) En 1217, pâturage pour l'abbaye de Clairlieu (*Com. Mthe*, v° *Ludres*). — En 1254, pâturage et paissonnage pour le prieuré de Droiteval (*Doc. vosg.*, IV, 17.). — Voir de plus les exemples cités plus haut, *passim*.

(97) Règlement de 1580 pour la gruerie du ban de Ramonchamp (*Arch. Mthe*, B. 8338). — Règlement de 1613 pour le comté de Dabo, art. 7 (*Etude sur Dabo*, Appendice, II, 62-68). — Règlement de 1619 pour les bois du Val de Lièpvre (*Arch. Mthe*, B. 9639). — Déclaration du 17 décembre 1628

On voit, par l'exposé qui précède, quelle était l'importance des usages forestiers au moyen-âge. Il n'était pas alors de forêt en Lorraine qui ne fût ainsi grevée plus ou moins lourdement ; mais cette situation était facilement acceptée par les propriétaires, car elle n'entravait que très peu la gestion des bois, telle qu'on la comprenait alors. C'est surtout dans l'âge suivant que les exploitations furent soumises à des règles plus compliquées et que les produits ligneux prirent une certaine valeur ; jusqu'à cette époque et principalement jusqu'au XVI° siècle, les relations des usagers avec les seigneurs furent sinon cordiales, du moins maintenues sans luttes et sans efforts. Ces usages donnaient aux populations agricoles des produits abondants et presque gratuits : l'existence du paysan se trouvait assurée, à la fois par les délivrances usagères et par une large participation aux fruits des biens communaux. Il ne faut pas croire, en effet, comme quelques auteurs l'ont prétendu, que les propriétés communales ne sont que d'anciens usages consolidés ; nulle part on ne rencontre des traces de cette prétendue consolidation. Au contraire, aussitôt que les communautés sont constituées en qualité d'êtres moraux, on les voit en même temps participer à des usages et posséder à titre de propriétaires. Les habitants des campagnes puisaient ainsi à deux sources différentes, et, avec un peu de travail, étaient certains de ne pas manquer des choses indis-

---

sur l'administration des bois et le vain pâturage (F. de Neufchâteau, *Ordonnances*, II, 17).

Restrictions semblables, pour les moutons, dans la forêt d'Orléans : voir de Maulde, *Condition forestière de l'Orléanais*, p. 123-162.

pensables à la vie ; quoiqu'ils fissent, leur imprévoyance même ne les conduisait jamais à la misère. Là est sans doute le secret de l'aisance relative des campagnes au moyen-âge : elles sont bien foulées par la guerre, les épidémies, les exactions ; elles conservent néanmoins une vitalité, un ressort qui surprennent, et que l'on est tenté d'envier pour nos populations modernes, incomparablement plus riches, plus policées, mais qui désertent les champs et qui dédaignent, comme trop lourds, les travaux de leurs ancêtres (97 *bis*).

—

CHAPITRE 3. — *Organisation administrative. — Répression des délits.*

Quand nous avons étudié les populations de la montagne vosgienne, nous avons parlé des foresteries et des forestiers qui s'y trouvaient au moyen-âge. Ces foresteries des Vosges étaient des seigneuries ordinaires, et les forestiers ressemblaient beaucoup aux maires ou aux censitaires des époques suivantes ; de plus, elles étaient spéciales à certains cantons et n'existaient point dans le reste de la Lorraine : ce n'est donc pas là qu'il faut chercher les origines d'une organisation administrative ayant pour but la gestion des forêts,

(97 *bis*) Les conséquences économiques des droits d'usages forestiers et de leur extinction sont développées très clairement par M. Pariset, dans une monographie publiée par la Société internationale des études pratiques d'Economie sociale, tome V, 2ᵉ partie, 5ᵉ fascicule : *Une famille de bûcheron usager de l'ancien comté de Dabo* (Paris, 1884, in-8° de 71 pages). Voir surtout les n°ˢ 18 et 19 de cette étude.

Mais dans toutes les justices rurales, telles qu'il s'en trouvait pour chaque domaine, à côté du maire et des échevins, du doyen et du banvard, on trouve le forestier, qui cumule quelquefois les fonctions du maire. Ce forestier des anciennes justices est choisi tantôt par les habitants, tantôt par le seigneur, ou encore au moyen de combinaisons diverses ; quel que soit son mode de création, il a autorité sur l'ensemble des propriétés du ban, et ses attributions ne consistent que dans la constatation des délits ; très souvent, il y a concurrence entre lui et le banvard ou messier ; enfin, quand parfois il cumule la charge du maire, il gère le bien du seigneur, fait travailler ses corvéables et perçoit ses redevances. D'ordinaire, il est à la fois l'homme du seigneur et de la communauté, surveillant les forêts de l'un et de l'autre, et n'ayant, sur cette partie du domaine rural, que les fonctions attribuées de nos jours à un officier de police judiciaire (98).

Les forestiers des justices rurales peuvent être considérés comme les premiers représentants d'une administration forestière dans notre pays. On les voit se perpétuer avec le même caractère jusqu'au XVIIe siècle

---

(98) La justice à Thaon, au XIIIe siècle (*Doc. Vosg.*, I, 173). — A Fontenoy, en 1295 (*Hist. de Senones*, p. 163). — A Saint-Avold, en 1302 (Dufourny, VII, 308). — A Moivrons, XIVe siècle (*Com. Mth.*, hoc v^o).—Au val de Senones, en 1328 (*Hist. de Senones*, p. 173). — A Bains, XIVe siècle (*Doc. Vosg.* I, 177). — Au ban de Vagney, en 1345 (*Ib.*, II, 221). — Au ban d'Arches, en 1366 (*Ib.*, II, 203).— A Bayonville, en 1432 (*Com. Mth.*, hoc. v^o). — Au ban de Sainte-Hélène, en 1577 (*Doc. Vosg.*, II, 227). — A Foug, en 1601 (*Com. Mth.*, hoc. v^o). — A Aboncourt-sur-Seille, en 1605 (*Ib.*, hoc. v^o). — A Dommartin-sous-Amance, au XVIIe siècle (*Ib.*, hoc v.^o)

et nous les retrouverons encore dans la période suivante. Beaucoup de seigneuries, même importantes par leur superficie boisée, n'ont jamais eu d'organisation forestière plus compliquée. Et cependant, ces membres des anciennes justices ne répondaient pas à tous les besoins d'une administration complète : simples gardes, ils ne s'occupaient que de la répression des délits et la gestion proprement dite leur était étrangère. Enfin, comme leur compétence était bornée à l'étendue du ban ou finage, les massifs considérables qui constituaient souvent des bans à part, sans relation nécessaire avec les communautés voisines, échappaient à leur action. Aussi, à côté de la justice rurale, les grands propriétaires laïques et ecclésiastiques, les maisons religieuses de la montagne, les Linange à Dabo, les Salm à Badonvillers, instituèrent de bonne heure, non seulement des gardes spéciaux pour leurs forêts, mais encore toute une hiérarchie d'officiers supérieurs chargés de la gestion forestière (99).

Le duc de Lorraine, comme le plus grand propriétaire du pays, leur avait sans doute donné l'exemple ; il est probable que les forêts ducales furent les premières dotées d'une véritable administration. C'est donc là qu'il nous faut l'étudier tout d'abord. Les origines en sont fort obscures ; comme il est fait mention d'ordonnances forestières dès le commencement du xiie siècle, on peut conjecturer que, dès cette époque, les ducs avaient songé à organiser cette partie impor-

(99) En 1546, officier forestier du chapitre de Saint-Dié (*Arch. Mth.*, G. 123). — Ordonnance de 1569, pour les forêts de Dabo (*Ib.*, E. 67, n° 1). — Règlement forestier du comté de Salm, en 1595 (*Ib.*, B. 9097.)

tante de leur domaine. On ne peut cependant rien préciser à cet égard, parce que les textes anciens ne nous sont pas parvenus. Il se passa longtemps sans doute avant que les fonctions forestières fussent séparées des offices qui se partageaient l'administration des Duchés ; même dans les siècles les plus florissants de notre période, on ne doit pas s'attendre à une symétrie d'attributions qui ne se rencontrait alors nulle part. Au-dessous des bailliages, véritables provinces qui divisaient la Lorraine, à l'instar de nos départements, l'unité administrative était la prévôté, que l'on peut comparer comme étendue à nos cantons actuels. Le prévôt est essentiellement le chef de la justice locale ; à côté de lui, le capitaine est le chef militaire et le receveur s'occupe de la partie financière. Mais ces trois offices sont rarement distincts dans le même lieu : parfois le capitaine et le prévôt ne font qu'un ; ailleurs le capitaine ou le prévôt cumule les fonctions du receveur. La gestion des forêts, considérée comme dépendant des finances, peut donc appartenir à un prévôt ou à un capitaine, plus fréquemment à un receveur (100).

(100) Le règlement ducal de 1548, pour la forêt de Fraisse, est adressé à « notre très cher et féal conseiller et capitaine de Châtel-sur-Moselle, le seigneur de Barbay, » qui a sous ses ordres les gruyer, contrôleur et mesureur (*Arch. Mth.*, B. 4330). — A Saint-Avold, à la fin du xvie siècle, le bailli crée tous les ans et assermente un *casmeyer* et des forestiers pour veiller sur les bois de Mgr (Mss. n° 207, Bibl. Nancy, p. 335-342).

Voir sur l'organisation militaire, administrative et financière en Lorraine, H. Lepage : *Les offices des duchés de Lorraine et de Bar*, dans les *Mémoires de la Soc. d'Arch. Lor.*, 1869, p. 17-440.

Toutefois, dès le xiv° siècle, on voit apparaître un officier spécial, le gruyer, dont l'origine est sans doute antérieure, et qui, à partir de cette époque, s'occupa exclusivement des forêts (101). Il n'y eut jamais cependant autant de grueries que de prévôtés, et, dans les contrées où les bois avaient moins d'importance, le receveur conserva l'intégralité de la gestion du domaine ; il prenait alors le double titre de receveur-gruyer et avait sous ordres les officiers ordinaires des grueries. Il convient de nous arrêter ici pour compléter l'étude de la gruerie, unité administrative, savoir de quels fonctionnaires elle était composée et comment elle se rattachait à l'administration générale du pays.

Dans chaque gruerie on trouve, à côté du gruyer, un contrôleur et un arpenteur. Le gruyer est le chef du service. Comme son nom l'indique, il porte l'habit vert

(101) Dans l'ordonnance de Raoul, du 16 novembre 1340, il est fait défense aux gouverneurs des salines d'abattre des bois sans les officiers de gruerie (*Dict.* de Rogéville, v° *Forêt*). — Gruerie à Darney, en 1501 (*Arch. Mth.*, B. 5063). — A Châtenoy, en 1509 (*Ib.*, B. 4684). — Foresterie à Blâmont, en 1514 (*Ib.*, B. 3240). — Gruerie à Châtel, en 1544 (*Ib.* B. 4328). — En 1548, grueries à Neufchâteau (*Ib.*, B. 4642), à Lunéville (*Ib.*, B. 6823), à Amance (*Ib.*, B. 2603).— En 1551, gruerie à Blâmont (*Ib.*, B. 3402), etc.

Dans les procès-verbaux d'assises du grand gruyer tenues en 1554 à Neufchâteau, en 1554 et 1564 à Dompaire, les officiers ordinaires portent le nom de *lieutenants du grand gruyer* : ainsi ceux de Neufchâteau, Nancy, Dompaire, Darney, Bruyères, Arches, etc. Ces lieutenants n'étaient autres que les gruyers locaux ; les deux qualifications étaient alors synonymes (*Arch. Mth.*, Lay. *Grand gruyer*, n°ˢ 10, 11 et 13).

(*gruyer*, de l'allemand *grün*, vert), la livrée de la forêt ; il est à la fois administrateur et comptable, enfin il remplit d'importantes fonctions judiciaires, que nous examinerons plus loin. Il a l'initiative et l'exécution de tous les actes qui intéressent la forêt, sous l'autorisation de ses supérieurs ; les principaux de ces actes se trouvent fréquemment énumérés dans les ordonnances : martelage des coupes, ventes et délivrances, surveillance des gardes et visites régulières. A titre de comptable, il reçoit les deniers provenant des revenus du domaine et paie les dépenses autorisées ; chaque année son compte de gestion énumère les différentes opérations auxquelles il a pris part, expose la situation de chaque forêt, les délits, le résultat des ventes, donne enfin la balance des sommes perçues et versées. Ces comptes, dont une série importante se trouve au Trésor des Chartes de Lorraine et embrasse à peu près, tout un siècle (1545 à 1633), sont pour nous le document le plus sûr et le plus intéressant de l'histoire des forêts lorraines.

Le gruyer n'agit jamais seul : à côté de lui, dès le commencement du xvie siècle, nous voyons un autre officier, le contrôleur, dont le titre indique bien les fonctions. Le contrôleur n'administre pas, n'effectue ni recette ni dépense ; mais il participe nécessairement à tous les actes d'administration, et la comptabilité n'est régulière que s'il l'a certifiée. C'est ainsi qu'il assiste aux balivages, avec son marteau spécial ; au gruyer appartient le choix des arbres, la direction de l'opération, la marque principale, faite à la racine : le contrôleur se borne à frapper de son marteau le corps de chaque pièce ainsi désignée. Il accompagne de même le gruyer aux deux visitations annuelles, et doit se trouver aux ventes. Enfin, parallèlement au compte annuel du gruyer, il dresse aussi son compte de contrôle, reprenant les mêmes articles, et attestant de quelle manière les faits se sont réellement passés. Dans l'ordre hiérarchique, le contrôleur a le grade le moins élevé : ses gages sont de moitié moindres, et d'habitude on choisit parmi les anciens contrôleurs pour remplir par avancement la charge de la gruerie ; mais dans le service, le contrôleur n'est nullement un subordonné : il agit à côté du gruyer et ne dépend que de leur supérieur commun.

Enfin, l'arpenteur juré, dont le titre indique la fonction spéciale, vient compléter cette organisation originale (102).

(102) Ordonnance de Jean II, du 20 avril 1446 (*Dict^{re}* de Rogéville, v° *Forêt.*) — Règlement de 1548 pour la forêt de Fraisse (*Arch. Mthe.*, B. 4330). — Règlement de la même année pour la gruerie de Neufchâteau (*Ib.*, B. 4642). — Règlement du 9 novembre 1548 pour la gruerie de Lunéville (*Ib.*, B. 6823). — Mandement du même jour pour la gruerie d'Amance (*Ib.*, B. 2063). — Compte de 1549, pour Dompaire et Valfroicourt (*Ib.*, B. 5454). — Mandement de février 1557 pour la prévôté de Bruyères (*Ib.*, B. 3850). — Règlement du 15 février 1557, pour les bois de Saint-Dié, Spitzemberg et Lubine (*Ib.*, B. 8785). — Mandement du 6 octobre 1564 pour les bois affectés aux mines de Bussang (*Ib.*, B. 8338). — Compte de la recette de Bruyères, en 1606 (*Ib.*, B. 3890). — Règlement d'août 1625 pour la gruerie de Dieuze (*Arch. Mth.*, Lay. *Dieuze*, II, n° 4). — En 1634, visitation des grueries de Mirecourt et Remoncourt (*Arch. Mth.*, B. 7200). — Voir aussi la note 104 *bis*.

Dans le Barrois, au xvie siècle, la gruerie se compose du gruyer, d'un arpenteur, d'un clerc juré, et d'un certain

Il n'y eut jamais de règle fixe pour le recrutement des officiers forestiers. Si les gruyers sont souvent d'anciens contrôleurs, ou des receveurs du domaine, les contrôleurs eux-mêmes sont choisis parmi les habitants du lieu, des tabellions par exemple ; les traditions administratives pouvaient ainsi se transmettre, et la forêt gagnait certainement à cette stabilité des agents chargés de sa gestion.

Les gruyers ordinaires avaient un chef, le grand gruyer, dont la charge importante était confiée à un membre de la noblesse, tenant presque toujours à la Cour ducale par d'autres fonctions honorifiques. Dès 1464, on trouve un grand gruyer pour la Lorraine et dès 1550 pour le Barrois. D'après les ordonnances de leur création, ils remplissent essentiellement des charges judiciaires, et reçoivent le serment des officiers et gardes ; toutefois, d'après un mémoire de 1606, ils font aussi des visitations, par eux ou leurs lieutenants, et vérifient ainsi la gestion des gruyers particuliers. On leur donne spécialement pour mission de veiller à la conservation du sol domanial, à l'encontre des censitaires et autres riverains dont ils doivent réprimer les anticipations ; à cet effet, l'arpenteur général les accompagne pour faciliter l'application sur le terrain des titres de concession. Quant à la gestion forestière proprement dite, on ne voit pas que le grand gruyer y

---

nombre de sergents et forestiers (Servais, *Ann. du Barrois*, I, 251).

Dans la forêt d'Orléans, c'est le maître particulier et son lieutenant qui remplissent les fonctions analogues à celles de nos gruyer et contrôleur (de Maulde, *Condition forestière de l'Orléanais*, p. 303-347.)

participe directement ; les gruyers particuliers doivent avoir, dit l'ordonnance, l'autorisation du gruyer général pour toute vente et délivrance, mais celui-ci reste étranger à l'exécution (103).

Il ne faut pas confondre avec le grand gruyer les commissaires extrordinaires de la Chambre des comptes, dont les attributions forestières sont toutes différentes. Ils n'ont que des missions temporaires, dans un but nettement déterminé. Quand il s'agit d'établir un règlement pour une forêt ou pour une gruerie, décider une coupe extraordinaire importante, la Chambre délègue un ou plusieurs commissaires pour aller sur les lieux et produire un rapport sur la question. Ces commissaires sont souvent des membres de la Chambre elle-même, ou le grand gruyer en exercice avec un gruyer particulier, — notamment celui de Nancy ; — parfois, ils sont choisis parmi des fonctionnaires qui paraissent au premier abord étrangers à la pratique forestière, — un receveur du domaine, un maître de la

---

(103) En 1395, le duc établit un gruyer général pour tout le bailliage de Saint-Mihiel (Servais, *Ann. Bar.* II, 205).— Ordonnance de Jean II, du 20 avril 1464, créant l'office de grand gruyer pour toute la Lorraine (se trouve reproduite *in extenso* dans l'ouvrage de M. Lepage : *Les offices des duchés de Lorraine et Bar*, p. 241-254. Rogéville, *Dict.re des ordonnances*, donne à celle-ci, mais à tort, la date de 1446). — Ordonnance du 1er avril 1550, créant un grand gruyer pour le Barrois (H. Lepage, *op. cit.*)

M. Lepage (*eod. loc.*) donne une liste des grands gruyers de Lorraine depuis 1481. Les règlements forestiers, si nombreux et si remarquables, faits pendant la tutelle de Christine de Danemark et le règne de Charles III, sont adressés aux seigneurs d'Autrey et de Dommartin, qui occupèrent la charge de 1551 à 1578.

monnaie, — mais que leurs connaissances spéciales avaient sans doute désignés. Ces commissaires procédaient à leur enquête, assistés des officiers locaux, préparaient un projet de règlement ou de décision, qui passait en délibération devant la Chambre, pour être ensuite revêtu de la sanction ducale. Les règlements ainsi élaborés formaient dès lors la loi de la forêt, que le gruyer était chargé d'appliquer, et qu'il transcrivait en tête de ses comptes annuels (104). Si donc il était permis de chercher une ressemblance entre cette organisation administrative ancienne et les fonctions actuelles, nous dirions que le gruyer tient la place de notre inspecteur des forêts, le grand gruyer est le conservateur ou l'inspecteur général, les commissaires extraordinaires s'occupent des questions dont l'étude est maintenant confiée aux commissions d'aménagement, bien qu'avec une autorité plus grande, qu'ils tiraient de leur situation personnelle.

En résumé, toute cette hiérarchie du xvi° siècle aboutit à la Chambre des comptes, un des grands corps de l'Etat, dont les attributions sont infiniment plus

(104) Ordonnance du 20 avril 1464 (*Dict^re* de Rogéville, v° *Forêts*). — Règlement de 1548, pour la gruerie de Neufchâteau (*Arch. Mth.*, B. 4642). — Règlement de la même année pour Lunéville (*Ib.*, B. 6823) ; pour Amance (*Ib.*, B. 2063). — Pour Saint-Dié, en 1561 (*Ib.*, B. 8785). — Pour Bussang, en 1564 (*Ib.*, B. 8338). — Pour Arches, en 1568 (*Ib.*, B. 2468), et en 1571 (*Ib.*, B. 2669). — Pour la gruerie de la Croix, en 1571 (*Ib.*, B. 8785). — Pour la baronnie de Viviers, en 1606 (*Ib.*, B. 10341). — Pour la gruerie de Dieuze, en 1625 (*Ib.*, Lay. *Dieuze*, II, n° 4).

Voir, pour les *réformations* de la forêt d'Orléans, de Maulde, *op. cit.*, p. 347-404.

variées et les pouvoirs plus étendus que ceux de notre Cour des comptes moderne. Cette Chambre des comptes a la haute gestion du domaine ducal, très important en Lorraine, et d'où se tirent les revenus les plus considérables du souverain ; elle administre, elle juge, elle légifère, ses membres constituent un petit Parlement ; ils ont la haute main sur tous les officiers et notamment sur ceux des forêts. La Chambre est aussi ancienne que le pouvoir ducal lui-même, et l'on peut voir dans l'ordonnance fondamentale de 1531, comment elle exerce l'administration et le contrôle (104 *bis*).

Dans le personnel des grueries, nous n'avons pas parlé des gardes, exclusivement chargés de la surveillance, et que nous retrouverons en traitant de la répression des délits. Ils sont, nous l'avons vu, choisis et institués par le grand gruyer qui reçoit leur serment ; on leur assigne en même temps les cantons de forêt qui leur sont exclusivement confiés et dont ils sont responsables (105). Leur compétence ainsi restreinte se distingue donc nettement de celle des forestiers des domaines ruraux, qui s'étendait à toutes les terres du finage, quel qu'en fût le possesseur.

(104 *bis*) Ordonnance du 9 juin 1531 (*Arch. Mth.*, Lay. *Ordonnances*, I, n° 34. Reproduite par M. Lepage, *Offices*, p. 228).

(105) Ordonnance de Jean II, du 20 avril 1464 (*Dict^{re}* de Rogéville, v° *Forêts*). — Règlement de 1548 pour la gruerie de Neufchâteau (*Arch. Mth.*, B. 4642). — Compte de la recotte de Darney pour 1552 (*Ib.*, B. 5073). — Mandement de février 1557, pour la gruerie de Bruyères (*Ib.*, B. 3850). — Règlement de 1557 pour Saint-Dié (*Ib.*, B. 8785). — Déclaration de 1565, pour Bruyères (*Ib.*, B. 3352). — Règlement de 1564, pour les mines de Bussang (*Ib.*, B. 8338).

Originairement, les gardes semblent payés exclusivement en nature, ainsi par les usagers qui leur abandonnent une partie de leur bois d'usage, par les chasseurs qui partagent avec eux les bêtes sauvages qu'ils ont capturées. Dès le xiv° siècle, les gardes sont payés en argent, par le domaine, ainsi que les officiers de la gruerie, et l'importance du *gage* varie avec le degré hiérarchique de la fonction (106). Au xvi° siècle, un garde reçoit par exemple 10 francs, un gruyer 40, un contrôleur 20, le grand gruyer 350; les arpenteurs sont payés à la tâche. Mais ces traitements ne constituent qu'une partie des émoluments de chaque charge : le grand gruyer reçoit aussi le remboursement de ses frais de tournées; les autres officiers, ainsi que les gardes, ont des allocations spéciales pour la préparation des ventes, la marque des bois à délivrer aux usagers; enfin, ils se partagent, dans une proportion que nous examinerons plus loin, les amendes forestières prononcées au sujet des délits qu'ils ont constatés ou poursuivis. Les paiements en nature se perpétuèrent jusqu'au bout de cette

---

(106) Charte de Bains, au xiv° siècle (*Doc. Vosg.*, I, 177). — Ordonnance de Raoul, du 16 novembre 1340 (*Dict*° de Rogéville, v° *Forêts*). — Traitements des forestiers du duché de Bar, en 1353 (Servais, *Ann. Bar.*, I, 251). — Ordonnance de Jean II, de 1464 (*Dict*° de Rogéville, v° *Forêts*). — Compte de 1569 pour la gruerie d'Apremont (*Arch. Mth.*, B. 2407). — Compte de la gruerie de Lunéville en 1584 (*Ib.*, B. 6836). — Contrôle de la gruerie de Mirecourt, en 1595 (*Ib.*, B. 7057). — Compte de la gruerie de Darney, en 1603 (*Ib.*, B. 5091). — Visite des bois de la baronnie de Viviers, en 1606 (*Ib.*, B. 10341). — Compte de la gruerie de Bruyères, en 1607 (*Ib.*, B. 3890). — Compte de la gruerie du ban de Ramonchamp, en 1613 (*Ib.*, B. 8359). — Règlement pour la gruerie de Dieuze, en 1626 (*Ib.*, B. 716).

période, en ce qui concerne les délivrances de bois de chauffage ; chaque officier de la gruerie avait son affouage en forêt, et cette coutume fort ancienne s'appliquait aussi d'ailleurs à beaucoup de fonctionnaires ne faisant pas partie de la hiérarchie forestière. Il parait que ces délivrances devinrent l'occasion de nombreux abus, car les règlements prennent soin de limiter rigoureusement le nombre de cordes de bois ou le nombre d'arpents de taillis que chaque officier ne pouvait augmenter, et qu'il prenait en déduction du produit des ventes ordinaires (107). Une dernière source de profit consistait dans les allocations de francs-vins que les forestiers prélevaient après la vente sur les marchands, en sus du prix d'adjudication ; cette coutume est à bon droit dénoncée comme abusive, et défendue sévèrement par les ordonnances (108).

Les officiers des grueries, chargés d'intérêts importants, comptables en même temps qu'administrateurs, ont souvent donné lieu à des accusations graves d'abus et de malversations. L'autorité de la Chambre des comptes restait parfois impuissante, non pour punir,

(107) Voir, pour l'attribution des amendes forestières, la note 134, ci-après.
Pour les chauffages : Règlement de 1548 pour la forêt de Fraisse (*Arch. Mth.*, B. 4642). — Même date, pour Lunéville (*Ib.*, B. 6823). — Pour la forêt de Neufay (*Ib.*, B. 4642). — Pour la gruerie d'Amance (*Ib.*, B. 2063). — A Saint-Dié, en 1561 (*Ib.*, B. 8785). — Compte de la gruerie d'Apremont, en 1609 (*Ib.*, B. 2420). — Règlement de 1625, pour la gruerie de Dieuze (*Ib.*, Lay. *Dieuze*, II, n° 11).

(108) Règlement de 1548, pour la forêt de Fraisse (*Arch. Mth.*, B. 4330). — Règlement de 1561, pour Saint-Dié (*Ib.*, B. 8785).

mais pour découvrir et constater le mal. Sans doute, tous les ans, le gruyer devait aller en personne à Nancy pour y discuter les éléments de son compte (109); mais une entente frauduleuse entre lui et son contrôleur pouvait rendre impossible toute vérification. La ressource était dans les plaintes qu'adressaient les particuliers lésés, et surtout dans les visitations intermittentes du grand gruyer et des commissaires extraordinaires. Plusieurs ordonnances traitent fort rudement les forestiers (110): on les accuse de *tricher* sur les délinquants, c'est-à-dire de fermer les yeux sur les délits en se faisant payer leur complaisance, de négliger la surveillance du personnel inférieur, des gardes et surtout des chevaucheurs, institués principalement dans les bois affectés aux salines, et dont la rapacité se trouve fréquemment signalée. Faut-il généraliser ces accusations et conclure de là au vice invétéré de l'administration du xv° et du xvi° siècles ? Nous ne le pensons pas ; la lecture des comptes de gruyers nous fait connaître au contraire une majorité d'officiers dévoués et soigneux des intérêts du domaine ; presque tous fournissent une longue carrière qui ne prend fin qu'à

---

(109) Le gruyer doit apporter lui-même son compte à la Chambre, vers le commencement de janvier (*Arch. Mth.*, B. 2063, 6823, etc.; Règlement pour Dieuze de 1625, Lay. *Dieuze*, II, n° 11).

(110) Ordonnance de René II, en 1506 (Mss. n° 189. Bibl. Nancy, tome I, à la date). — Ordonnance du duc Antoine, de décembre 1529 (*eod. loc.*). — Règlement de 1548, pour la gruerie de Lunéville (*Arch. Mth.*, B. 6823). — Règlement pour Amance, même date (*Ib.*, B. 2063). — Règlement pour Saint-Dié, de 1561 (*Ib.*, B. 8785).— Compte de 1562 pour la gruerie de Dompaire (*Ib.*, B. 5608).

leur mort, de sorte que les abus dont les ordonnances font mention ont dû n'être heureusement que fort exceptionnels.

Cette administration ducale s'occupait essentiellement des forêts du domaine. Mais le duc, grand propriétaire, était en même temps souverain ; il avait dans sa mouvance des seigneuries laïques ou ecclésiastiques, sur lesquelles il exerçait les droits d'un seigneur féodal ; enfin, lorsque l'intérêt général du pays domina les relations étroites de seigneur à vassal, l'administration du domaine tendit à devenir une administration publique, dans le sens moderne que nous attachons à ce mot. Nous devons examiner quelle extension d'attributions résulta de cette transformation pour les grueries ; l'étude, à vrai dire, ne sera complète que dans la période suivante ; elle n'en doit pas moins être commencée pour l'époque antérieure au xviie siècle. Nous rechercherons donc en quoi consistait l'intervention des officiers ducaux dans les bois des seigneurs et dans ceux des communautés.

Si l'on consulte les plus anciennes ordonnances forestières du xive et du xve siècle, il semble au premier abord qu'elles consacrent d'une manière absolue la compétence des gruyers ducaux pour surveiller et même régler la jouissance des seigneurs dans leurs forêts. Ce n'est cependant qu'une apparence, car d'autres textes plus récents et plus explicites, datant du règne de Charles III, reconnaissent au contraire le droit des seigneurs de donner ordre et règlement à leurs bois (111). Ces reconnaissances, accordées sur la

---

(111) Règlement du duc Raoul pour les bois, du 16 novembre 1340 (Mss. n° 189, Bibl. Nancy, tome I). — Ordon-

demande des États généraux, ont dû être motivées par des empiètements des officiers du domaine. Nous croyons qu'il est facile de concilier ces documents d'apparence contradictoires : ceux des règnes de Raoul et de René doivent s'appliquer exclusivement aux seigneuries dépendant des hautes justices du domaine, sur lesquelles le duc avait un pouvoir complet, dérivant de la plénitude du droit féodal. Il est à présumer que les gruyers voulurent plus tard étendre leur autorité sur les hautes justices dont le duc n'était que suzerain, ce qui motiva sans doute les réclamations auxquelles il est fait droit, notamment en 1577 et 1578. Les hauts justiciers pouvaient donc librement administrer leurs forêts, et c'est seulement dans la période suivante que des restrictions furent apportées à cette liberté, lorsque la conservation des forêts fut considérée comme une nécessité d'ordre supérieur, motivant l'intervention des pouvoirs publics. La libre administration des seigneurs se manifestait notamment par le choix de leurs gardes, qui prêtaient serment entre les mains du propriétaire, sans l'intervention du gruyer ducal (112).

nance de René II, du 4 mars 1506, sur la garde et police des bois, tant des communautés qu'autres (Même Ms.). — Règlement d'Antoine, du 16 décembre 1519 (*Ib.*). — Du 15 décembre 1577, réponse du duc aux articles de griefs présentés par MM. de la noblesse au bailliage de Nancy (*Ib.*). — Ordonnance de Charles III, du 7 août 1578, art. 14, donnée par le duc sur la représentation des États (*Ib.*, tome II).

(112) Règlement ducal fait aux États généraux de 1592 (*Dict.* de Rogéville, v° *Forêt*). — En 1557, nomination d'un forestier par le chapitre de Saint-George (*Arch. Mth.*, G. 498). — Le 21 juillet 1572, bail des bois de Landecourt par les religieux de Beaupré (*Ib.*, H. 869).

En ce qui concerne les forêts des communautés, que nous appelons maintenant forêts communales ou sectionales, la coutume de Lorraine consacre expressément le pouvoir du seigneur haut justicier, non seulement de s'opposer aux aliénations ou défrichements, mais encore de donner des règlements de jouissance, pour assurer l'administration et sauvegarder l'avenir. Le seigneur avait ainsi le droit d'exercer une surveillance constante sur les forêts des communautés comprises dans sa haute justice ; en cas de mésus ou d'inobservation du règlement seigneurial, les sanctions sont fort sévères, et peuvent aller jusqu'à la confiscation (113).

Ce texte formel, dont on retrouve fréquemment des applications, nous permet d'interpréter comme nous l'avons fait ci-dessus les ordonnances anciennes qui semblent aussi donner aux gruyers du domaine ducal le droit d'intervenir dans les forêts des communautés (114). Ces ordonnances n'étaient valables que dans les

---

(113) *Coutume de Lorraine*, tit. XV, art. 8.
En 1568, Nicolas de Lorraine, seigneur des Cœurs, revendique le droit de règlementer l'exploitation des bois communaux, en sa qualité de haut justicier (*Ruines de la Meuse*, II, 363). — Le 5 mai 1606, soumission des habitants de Vannecourt, au sujet des dégradations qu'ils ont commises dans leur bois communaux (*Arch. Mth.*, G. 421).

(114) Ordonnance de Jean Ier, du 27 janvier 139 (*Dict{re} de Rogéville, v° Forêts*). — Ordonnance de René, du 4 mars 1505 (*Ib.*). — Règlement de Charles III, en 1581, pour les bois communaux de Condé (*Com. Mth., hoc v°*). — Décret et règlement du duc Henri, le 2 juillet 1619, touchant les bois d'Épinal (*Arch. Mth.*, B. 6008). — Déclaration de Charles V, du 17 décembre 1628 (*Ordonnances de F. de Neufchâteau*).

hautes justices du domaine, et alors le duc agissait non comme souverain, mais comme seigneur haut justicier, en vertu du principe contenu dans la coutume. Même avec cette restriction, il ne faudrait pas croire que les gruyers eussent jamais exercé dans les bois communaux un droit d'administration aussi complet que celui qui résulte du régime forestier moderne : c'étaient réellement les représentants de la communauté, maire et gens de la justice locale, qui administraient la forêt, opéraient les délivrances, martelaient les coupes avec leurs marteaux particuliers ; les gruyers se bornaient à surveiller l'application du règlement spécial à chaque communauté ou l'obéissance aux règlements généraux. Ces derniers, lorsqu'ils émanaient du duc seul, ne pouvaient valoir que dans l'étendue de ses hautes justices ; lorsqu'ils avaient *été accordés* avec les Etats généraux, ils s'ajoutaient à la loi, étaient partout obligatoires, et chaque seigneur sur son domaine devait les faire respecter. Telle était la situation des communautés lorraines jusqu'au milieu du xviie siècle, et ces principes permettent d'apprécier le sens des textes relatifs aux forêts communales.

Les communautés n'eurent longtemps d'autres gardes que les forestiers qui faisaient partie de la justice de la seigneurie, et qui, nous l'avons vu, avaient compétence sur toutes les terres ouvertes du ban, quel qu'en fût le propriétaire. La nomination de ces gardes avait lieu suivant la coutume locale, et ils prêtaient serment entre les mains de l'officier du seigneur. Plus tard cependant, à dater du xvie siècle, il semble bien que les communautés élisent des forestiers dont la compétence est plus restreinte, et qui s'occupent exclusivement de la constatation des délits dans les bois communaux. Ceux-ci d'ailleurs, aussi bien que les premiers, recevaient leur investiture du haut justicier ou de son représentant (115).

Le seigneur intervenait de même dans toutes les circonstances graves pour l'administration de la forêt communale. Une de ces circonstances graves, fréquemment relatée dans les titres, est *l'embanissement*. L'appellation de *bois banni* dans la plaine, de *banbois* dans la montagne se retrouve dans presque toutes les forêts; le *deffois* est aussi le synonyme du bois banni. A l'inverse le *bois bâti* est opposé au deffois, de la même manière que la rapaille l'est au banbois. Nous avons déjà vu plusieurs significations de ce mot de banbois, qui peut désigner soit la forêt de haute futaie, soit le canton où les usagers sont assujettis d'une manière étroite à l'assignal du gruyer; une autre signification très voisine des précédentes, mais distincte cependant, résulte de l'embanissement pratiqué par la commune ou le particulier propriétaire. Nous savons que, d'après la coutume, toutes les terres non closes étaient en principe abandonnées à la jouissance commune, après l'en-

---

(115) Charte de Lunéville, XIIIᵉ siècle (*Mém. de la Soc. d'Arch. Lor.*, 1868, p. 127-151). — Charte d'Allain-aux-Bœufs, en 1305 (*Com. Mth., hoc vo*). — Charte pour Colombey, même date (*Ib., hoc vo*). — Pour Bayonville, en 1305 (*Ib., hoc vo*). — Règlement de 1571 pour la gruerie d'Arches (*Arch. Mth.*, B. 2669). — Octroi ducal de 1573 pour les habitants de Raon, prévôté d'Arches (*Ib.*, B. 2675). — Charte de 1581 pour les bois communaux de Condé (*Com. Mth., hoc vo*). — Départ de 1619, pour les bois d'Epinal (*Arch. Mth.*, B. 6008). — Déclaration du 17 décembre 1628 (*Ordonnances de Fr. de Neufchâteau*, t. II, p. 17).

lèvement de la récolte. Pour les bois, cette jouissance se manifestait par le parcours du troupeau communal après l'époque de paisson et de recours ; si de plus la forêt appartenait à une communauté, les habitants y puisaient largement et sans règle, coupant les bois à tout âge, et même poussant la charrue partout où la culture était possible, sauf à laisser ensuite se repeupler le terrain temporairement occupé. L'embanissement était le moyen autorisé par la coutume pour soustraire à la jouissance de tous certaines parties du finage. Lorsqu'il était prononcé au profit d'un particulier, le terrain se trouvait fermé au troupeau communal ; s'il s'agissait d'une forêt appartenant à une communauté, les habitants ne pouvaient plus en jouir directement, mais étaient soumis à un règlement qu'ils s'imposaient eux-mêmes ou qui leur était prescrit par le seigneur comme condition de son consentement. On comprend que les forêts faisant partie de ces *embannies* étaient dans un état plus prospère que les autres : c'est pourquoi bois banni ou banbois devint le synonyme de haut bois ou bois de haute futaie. Un grand nombre des acensements que nous avons relatés dans le chapitre Ier, au profit de communautés ou de particuliers, étaient accompagnés d'un embanissement accordé par le seigneur, toutes les fois que l'acquisition n'était pas faite en vue d'un défrichement immédiat. A ces embanissements est toujours jointe la stipulation au seigneur d'une redevance, à laquelle on donne fréquemment le nom de cens : s'il y a transfert de propriété, cette redevance comprend en effet le prix de l'acensement obtenu ; mais, ce qui est plus remarquable, c'est qu'elle existe même quand l'embanissement est octroyé à un propriétaire déjà en possession. C'est qu'effectivement le seigneur se faisait payer l'autorisation ainsi accordée, ce qui peut sembler un abus de la puissance féodale, bien que cette prestation fût jusqu'à un certain point justifiée, par ce fait que le haut justicier, considéré comme le premier habitant du ban, se trouvait véritablement restreint dans l'exercice d'un droit qui auparavant appartenait à tous (116).

Une fois l'embanissement prononcé, la mesure ne pouvait être rapportée qu'en vertu d'une nouvelle autorisation du seigneur, accordée conformément au même principe; le défrichement, l'aliénation, le par-

---

(116) Charte de 1259, de Thiébaut, comte de Bar, aux bourgeois de Laheicourt : « L'abbesse et le couvent de Sainte-Hoïlde auront leurs nécessités en bois *batis* de la ville, mais ne pourront aller au *defois* de la ville, cela non où le commun de la ville ira. » (*Cartulaire de Sainte-Hoïlde*, p. 3-4). — En 1322, l'évêque de Verdun échange avec les habitants de Sampigny son bois du *deffois*, contre le bois de Boley qui leur appartenait (*Ruines de la Meuse*, V. 23).

Voir, pour les bois *bannis* et l'embanissement : Charte de 1337, pour Liverdun (*Com. Mth.*, *hoc v°*). — Charte du ban de Derbamont, en 1481 (*Doc. Vosg.*, VII, 81-88). — Compte de la gruerie de Bruyères, pour 1565 (*Arch. Mth.*, B. 3852). — Octroi ducal de 1573, pour les banbois de la haute et basse Raon (*Ib.*, B. 2675). — De même pour les habitants du Houx, ban de Tendon (*Eod. loc.*). — Compte de la gruerie de Bruyères, en 1579 (*Ib.*, B. 2963). — Compte de la gruerie d'Arches, en 1583; état des banbois situés en l'office (*Ib.*, B. 2683). — Autres banbois de la gruerie de Bruyères, inscrits au compte de 1596, au titre des « nouveaux acensements faits dans l'année du compte. » (*Ib.*, B. 3878). — En 1620, état abrégé des banbois de l'office d'Arches, acensés en 1597 (*Ib.*, B. 2557).

Sur les *embannies* des communautés, voir *Coutume de Lorraine*, tit. XV, art. 29.

tage, actes intéressant d'une manière directe l'avenir de la propriété boisée, exigeaient la même intervention (117). Enfin, d'autres opérations de la gestion journalière nécessitaient aussi la participation ou du moins la surveillance de l'officier du haut justicier : la délivrance aux habitants d'arbres de haute futaie, considérée comme exploitation extraordinaire, n'était faite que sur une permission expresse ; l'exécution des ordonnances ou règlements locaux concernant le balivage était aussi confiée à la même autorité (118).

Les communautés lorraines étaient, en résumé, entièrement libres pour la jouissance des forêts non embannies ; quant aux autres, elles étaient régies par les représentants du corps communal sous la surveil-

(117) Charte de 1298, pour la Neuveville et Doulnoux (Dufourny, I, 86). — Charte de 1390, pour Sampigny (*Ruines de la Meuse*, V, 11-19). — Ordonnance de René, du 4 mars 1506 (*Dict^{re} de Rogéville, v° Forêt*). — Ordonnance de Charles III, du 6 août 1569 (Mss. n° 189, Bibl. Nancy, tome I). — Charte de 1581, pour les bois communaux de Condé (*Com. Mth., hoc v°*). — Ordonnance pour le duché de Bar, du 2 mai 1597 (Mss. n° 189. Bibl. Nancy, tome III). — Arrêt de 1609, contre les habitants de Hauteville (Duf. IV, 296). — Compte de la gruerie du ban de Ramonchamp, pour 1613 (*Arch. Mth.*, B. 8359). — Règlement du 17 décembre 1628, pour les bois des communautés (*Dict^{re} de Rogéville, v° Forêt*).

Voir aussi la note 113, ci-dessus.

(118) Ordonnances de 1506, pour le balivage dans les bois des communautés (Mss. n° 189, tome I). — Règlement de 1519, même objet (*Eod. loc.*). — Charte de Pargney-sous-Mureau, en 1583 (*Doc. Vosg.*, IV, 36). — Usages de Saint-Avold, au xvi° siècle (Mss. n° 207. Bibl. Nancy). — Départ de 1619 pour les bois communaux d'Epinal (*Arch. Mth.*, B. 6008).

lance du seigneur. Il ne faut donc pas parler de tutelle administrative, au moins pour cette période. On peut se demander quel fut le résultat de cette liberté, qu'avec nos idées modernes nous serions disposés à trouver excessive ; il est probable que beaucoup de ces forêts étaient dans un triste état : les officiers seigneuriaux, disposés à tout estimer au profit du fisc de leurs maîtres, consentaient souvent à consacrer des irrégularités de la gestion, moyennant le paiement d'une somme déterminée, et les transactions de ce genre étaient directement contraires à la mission d'intérêt public que leur confiait la coutume. Toutefois, nous devons faire observer le nombre considérable des mises en ban communales : elles étaient toutes prononcées, dans la pratique, sur la demande expresse des communautés elles-mêmes, qui faisaient preuve ainsi d'un esprit d'économie et de prévoyance assez rare maintenant chez les municipalités de campagne.

Après les considérations qui précèdent, nous n'avons que quelques mots à dire des forêts d'ecclésiastiques. Elles étaient en principe soumises aux mêmes règles que les bois des communautés d'habitants (119). Seulement, les grandes maisons religieuses, et notamment les grandes abbayes des Vosges, avaient très fréquemment la haute justice des seigneuries sur lesquelles étaient situées leurs forêts : dans ces circonstances, leurs officiers administraient avec la double qualité de représentants du propriétaire et de délégués du haut jus-

---

(119) La plupart des ordonnances qui précèdent sont applicables aussi bien aux forêts des communautés ecclésiastiques qu'à celles des laïques. Ainsi les ordonnances d'Antoine (1519) et de Charles III (1597) défendant l'aliénation.

ticier, c'est-à-dire qu'ils n'avaient à supporter aucun contrôle supérieur.

La seule particularité originale que présentent ces bois des communautés religieuses consiste dans l'habitude, fréquente au moins pour les forêts de plaine, de les donner à bail, soit à des seigneurs, soit à de simples particuliers, de la même manière qu'une terre arable, un pré, une métairie (120). Plusieurs de ces *laix* ou amodiations, par leur longue durée, se rapprochent beaucoup de l'acensement ; d'autres au contraire sont consentis pour des termes très courts : 10, 18, 24 ans. Cette coutume s'appliquait sans doute aux cantons éloignés de l'abbaye, et que les religieux ne pouvaient administrer d'une manière constante ; ailleurs elle a pu être motivée par la difficulté des ventes de coupes, à une époque où le commerce des bois était encore dans l'enfance. Les contrats de ce genre sont intéressants,

---

(120) En 1469, mention du bail du bois de la Voivre, que l'abbé de Saint-Martin de Metz a fait aux habitants de Lucy (*Com. Mth.*, v° *Lucy*). — Du 26 mai 1567, bail des bois que l'abbaye de Beaupré possède aux bans de Vic et de Boncourt, au profit du duc pour ses salines, pendant 24 ans (*Arch. Mth.*, H. 351). — Du 15 juillet 1572, les mêmes religieux de Beaupré laissent pour 61 ans aux habitants de Landecourt le Grand et le Petit-Bois, sis sur leur ban (*Ib.* H. 289). — Du 3 août 1581, les chanoines du chapitre de St-George laissant au duc, pour ses salines de Rosières, pendant 18 ans, leurs bois sur le finage de Moncel-les-Lunéville (*Ib.*, G. 498). — Du 18 juillet 1600, le chapitre de Saint-George laisse pour 10 ans le bois dit des Chanoines, ban de Lunéville, à deux archers de S. A., et à Thiéry Morize, forestier à Moncey (*Eod. loc.*). — En 1621, le même chapitre laisse pour 54 années le bois de Fraize à Nicolas Pinguel, mayeur de Salonne (*Arch. Mth.*, G. 423).

en ce que le bailleur entre généralement dans des détails circonstanciés sur les règles imposées à la jouissance, ce qui nous permet d'apprécier en quoi pouvait consister, aux xv° et xvi° siècles, la gestion des bois des particuliers.

L'administration forestière, dont nous venons d'étudier l'organisation, avait un double caractère : ses officiers géraient la forêt en surveillant les exploitations et recueillant les produits ; ils constituaient aussi des tribunaux chargés de la répression des délits. Ce second genre d'attributions est surtout apparent pour les forêts du domaine ducal, à cause de la hiérarchie bien complète des représentants du domaine et des textes nombreux qui mentionnent leur compétence. On a moins de détails sur les juridictions forestières dans les bois des seigneurs, parce qu'elles se confondaient habituellement avec les justices rurales. Il nous faudrait donc exposer ici l'origine, la composition et le fonctionnement de ces justices, ce qui sortirait du cadre de notre étude. Nous nous bornerons à rappeler que les justices seigneuriales, qui présentaient une diversité très grande d'un village à l'autre, dérivaient des anciens plaids des tribus germaines, et que leur principe essentiel était le jugement des paysans par leurs pairs. Chacune de ces cours rurales était composée du maire, représentant du seigneur, qui convoquait le tribunal sans prendre part aux jugements ; des échevins, seuls et véritables juges, élus, le plus souvent, avec la participation plus ou moins directe des habitants ; du doyen, qui remplissait les fonctions d'huissier, enfin des agents de constatation, tels que messiers, banvards et forestiers. La justice tenait d'abord une session annuelle, ou plaid annal, dans lequel on s'occupait aussi d'affaires d'administration en dehors des procès proprement dits, puis d'autres sessions moins solennelles à intervalles rapprochés suivant les besoins des plaideurs. On distinguait, d'après l'importance des condamnations, la haute justice, la moyenne et la basse, ou justice foncière. Cette dernière connaissait des délits forestiers, rangés au nombre des mésus champêtres quel que fût le chiffre des amendes. Tels étaient les tribunaux compétents dans tous les procès concernant les forêts seigneuriales, sauf les cas où un grand propriétaire, à l'instar du duc, organisait sur son domaine une juridiction spéciale, ce qui fut toujours rare.

Pour les forêts ducales, ce sont les officiers des grueries qui sont seuls compétents en matière de délits forestiers ; ils ont judicature et poursuite, suivant les termes alors employés, c'est-à-dire qu'ils constituent une juridiction spéciale, entièrement distincte des autres justices du prince, et connaissant également des affaires contentieuses relatives aux forêts des communautés qui relèvent des hautes justices du domaine (121). Mais ces tribunaux forestiers fonctionnaient de la même manière que les plaids dont

(121) Ordonnance du 4 mars 1506 (*Dict^{re}* de Rogéville, v° *Forêt*). — Ordonnance du 9 juin 1531, concernant la Chambre des Comptes (*Arch. Mth.*, Lay. *Ordonnances*, I, n° 34). — Règlement de 1571, pour la gruerie de la Croix (*Ib.*, B. 8785). — Compte du domaine de Vaudémont, pour 1583 (*Com. Mth., hoc* v°). — Règlement de 1625, pour la gruerie de Dieuze (*Arch. Mth.*, Lay. *Dieuze*, II, n° 11).

Voir, pour les juridictions forestières dans la forêt d'Orléans, de Maulde, *op. cit.*, p. 303-347.

nous avons parlé ci-dessus, au sujet des justices rurales. Nous avons surtout des détails sur la tenue des assises du grand gruyer, qui devait se transporter à intervalles réguliers aux chefs-lieux des principales grueries (121 *bis*). Ces assises ont un double caractère : on y juge des délinquants, on y tranche des questions de propriété ou d'usages ; ce sont à la fois des tribunaux civils et criminels. En ce qui concerne notamment les attributions répressives, le grand gruyer, à l'exemple du maire rural, ne prononce pas la peine ; il ne fait que présider l'assise et veiller à l'exécution de la sentence (121 *ter*).

Ainsi, lors de la tenue des assises de la grande gruerie de Vôges, à Dompaire, en 1564, messire Louis des Armoises, seigneur d'Autrey, grand gruyer de Lorraine, est assisté de noble Roland Garin, procureur ducal pour le bailliage de Vôges, — de Claudin Saulnier, lieutenant du grand gruyer au lieu de Dompaire, — de Didier Friant, prévôt du lieu, de Ferry Druet, tabellion, remplissant le rôle de greffier, — enfin des

---

(121 *bis*) Ordonnance du 20 avril 1464, portant établissement d'un grand gruyer (*Dict*[re] de Rogéville, v° *Forêt*). — Voir aussi, pour la tenue des assises, un mémoire de 1606, adressé à la Chambre des Comptes (*Arch. Mth.*, Lay. *Grand Gruyer*, n° 20).

(121 *ter*) Les détails qui suivent, sur les assises de gruerie, sont extraits de procès-verbaux qui se trouvent dans la même layette *Grand Gruyer* des *Archives de la Meurthe*, n°[s] 9, 10, 11 et 13.

On remarquera l'analogie étroite qui existe entre ces assises et les plaids de l'époque franke, dont nous avons parlé dans notre première partie : il n'y a pour ainsi dire rien de changé en cette matière, du x° au xvi° siècle.

autres officiers des grueries du bailliage. Le grand gruyer constitue son tribunal : il fait choix de Didier Maréchal, forestier du ban de Harol, comme sergent, pour faire les exploits et publications qui relèvent de cette charge ; — il nomme trois échevins, qui seront les juges et qui sont pris dans chacun des trois bans de la Vôge, Escles, Harol et Uxegney. Tous prêtent serment avant d'entrer en charge, les échevins « de bonnement, justement et loyalement garder le droit de notre souverain seigneur et des pauvres gens, et de ainsi en juger des causes qui viendront pardevant eux durant lesdites assises, sans support, faveur, ni dissimulation. » Le sergent renouvelle les publications qui ont déjà été faites, et les assises sont déclarées ouvertes.

Comparaissent successivement les forestiers du domaine ; le grand gruyer demande à chacun d'eux s'il a quelque chose à rapporter au sujet de faits qui se sont produits depuis les dernières assises : la plupart se bornent à répondre qu'ils ont déjà fait leur devoir auprès du gruyer ; on ne relève donc que les délits tout à fait récents, ou les affaires d'une certaine gravité, qui n'ont pas été vidées auparavant, à cause de quelque incident de procédure. Dans l'un et l'autre cas, le procureur requiert, les échevins disent le droit, et le grand gruyer prononce le jugement.

Il résulte de cette organisation, que le grand gruyer ne connaît qu'exceptionnellement les délits forestiers. Ses assises ne se reproduisaient qu'à d'assez longs intervalles, car les prescriptions de l'ordonnance de 1464, qui veut que l'on tienne une séance par mois à Dompaire, n'étaient plus observées au XVIe siècle, au moins dans le bailliage de Vôges : en 1564, les assises de Dompaire remontaient à trois ans. Il devait en être de même pour celles de Nancy et de Bar. La juridiction habituelle était donc celle des simples gruyers, appelés aussi lieutenants du grand gruyer de Lorraine. Nous n'avons pas de procès-verbaux de leurs assises, qui se tenaient sans doute de la même manière que celles du grand gruyer, avec le concours d'échevins. Il semble de plus que ces gruyers statuaient de deux manières différentes : tantôt dans leurs assises, aussi nommées *plaids de serche*, réunions solennelles, assez peu fréquentes, — tantôt seuls avec le délinquant, lorsque celui-ci se soumettait et ne demandait pas un débat contradictoire. C'est ainsi que nous trouvons, dans chaque compte annuel, mention des amendes qui ont été taxées ou *échaquées* ; le chiffre proposé par le gruyer et accepté par le délinquant, ne devenait définitif qu'après approbation de la Chambre des comptes. Il serait donc inexact de représenter les assises de la grande gruerie comme un tribunal d'appel pour les sentences des grueries ordinaires : ces juridictions fonctionnent plutôt parallèlement, et de même la Chambre des comptes ne doit pas être envisagée comme une sorte de cour de cassation : une pareille symétrie d'attributions n'était pas dans le génie de l'époque, et il faut se garder de ressemblances trompeuses avec les institutions modernes.

Sous la dénomination générale d'affaires de gruerie, on comprenait beaucoup de procès n'ayant qu'un rapport fort éloigné avec les délits forestiers proprement dits. Toutes les atteintes à la propriété forestière, et même tous les délits communs com... s en forêt, relevaient de la juridiction spéciale. C'est ainsi que, dans les assises tenues à Darney en 1534, on voit les commissaires remplaçant le grand gruyer infliger des amendes, non seulement pour mésus de bois, mais aussi pour une sauvegarde indûment prétendue, et pour des coups d'épée donnés à une fille, parce que ces diverses infractions avaient été constatées par les forestiers.

Nous ne reviendrons pas sur les attributions civiles des assises gruriales. La vérification des droits d'usage et des acensements s'y faisait avec beaucoup de soin ; on y traitait aussi de toutes les questions concernant les limites. C'est ainsi que, dans l'assise de 1534, au sujet d'une exception de propriété soulevée par le délinquant, les commissaires remplaçant le grand gruyer à Darney se livrent à une enquête sur les limites du bois de Genevoivre, et font planter trois bornes pour séparer la forêt domaniale de celle des chanoines de Darney. La plupart des forêts étaient ainsi abornées au moyen de pierres bornes ; ailleurs, on arrivait au même résultat en maintenant sur les rives des *bordures* de haute futaie, que l'on réservait lors des exploitations (122).

Aux gardes incombait le soin de constater les anticipations, aussi bien que les mésus ou dégâts plus fréquents consistant dans la coupe des bois ou le pâtu-

---

(122) Pour l'abornement de la forêt de Genevoivre, voir *Arch. Mth.*, Lay. *Grand Gruyer*, n° 9.
Voir de plus : Règlement de 1548, pour la forêt de Fraisse (*Arch. Mth.*, B. 4330). — Ventes de 1583 dans la même forêt avec réserve des *bordures* (*Ib.* B. 4354). — Compte de 1596, pour la gruerie de Bruyères (*Ib.* B. 3878).

rage. Une disposition de l'ordonnance de 1390, répétée dans tous les textes postérieurs et copiée dans beaucoup de chartes locales, organise la responsabilité des gardes pour tout délit non constaté. Peut-être, à l'origine, cette responsabilité était purement civile, c'est-à-dire qu'on ne réclamait au garde que l'évaluation du dommage causé à la forêt ; mais bientôt on y joignit l'amende, c'est-à-dire la peine même qui aurait été infligée au délinquant (123).

Un grand nombre de documents mentionnent les formes de constatation des délits forestiers. Les plus anciens obligent le garde à venir faire *rapport* au gruyer ou à l'officier du seigneur. Ce rapport, fait oralement, et mis en écrit par le gruyer ou l'officier, sera la preuve essentielle de la constatation opérée. Pour que la mémoire du forestier soit encore fidèle, on fixe des délais assez étroits, au-delà desquels la déposition ne peut plus être reçue. En général, le rapport doit être fait dans les vingt-quatre heures de la reprise ; ce n'est que postérieurement qu'on admit un terme plus long. Les gardes ne rédigèrent jamais eux-mêmes leurs procès-verbaux : l'obligation de tenir registre, imposée par une ordonnance de 1568, ne doit s'entendre que

---

(123) Ordonnance du duc Raoul, du 16 novembre 1340 (*Dict^{re}* de Rogéville, v° *Forêt*). — Charte pour Bayonville, renouvelée en 1432 (*Com. Mth., hoc v°*). — Règlement de 1548, pour la gruerie de Lunéville (*Arch. Mth.*, B. 6823). — Règlement de la même année pour la gruerie d'Amance (*Ib.*, B. 2063). — Charte de 1581, pour les bois communaux de Condé (*Com. Mth., hoc v°*). — Procès-verbal de visite des bois de la baronnie de Viviers, en 1606 (*Arch. Mth.*, B. 10341).

d'une mention sommaire, qui ne suppléait pas le rapport. Plusieurs chartes spécifient avec détails les limites de la compétence du garde et dans quelles circonstances la constatation doit être opérée : très anciennement, il fallait prendre le délinquant sur le fait, et quand le flagrant délit n'existait pas, le rapport était impossible ; ensuite, on se contenta d'ajouter dans ce cas des garanties supplémentaires, applicables également lorsque le délai de vingt-quatre heures était dépassé, ainsi l'obligation de s'adjoindre des recors pour fortifier de leur présence la preuve effectuée. Enfin, outre les forestiers et les officiers de gruerie, tout propriétaire conservait, d'après la coutume de Lorraine, le droit de « faire reprise sur le sien, » c'est-à-dire que sa déposition, soutenue par un serment solennel, valait devant la justice comme un véritable rapport ; il en était de même des habitants, qui pouvaient user de ce droit dans les bois appartenant à leur communauté(124).

(124) Charte de Rambervillers, xiv° siècle (*Doc. Vosg.*, I, 184-189). — Ordonnance du 16 novembre 1340 (*Dict°* de Rogéville, v° *Forêt*). — Ordonnance du 27 janvier 1390 (*Ib.*) — Charte du ban de Derbamont, renouvelée en 1481 (*Doc. Vosg.*, VII, 81-88. — Ordonnance du 4 mai 1506 (Mss. n° 189. Bibl. Nancy, tome I). — Plaids annaux du Val de Senones, en 1517 (*Hist. de Senones*, p. 231). — Règlement ducal du 16 décembre 1519 (Mss. précité, n° 139). — Compte du domaine de Saint-Dié pour 1561 (*Arch. Mth.*, B. 8785). — Ordonnance du 7 janvier 1563 (Mss. précité, n° 189). — Ordonnance du 27 juin 1588 (*Eod. loc.*). — Du 15 juillet 1572, bail des bois de Landécourt aux habitants (*Arch. Mth.*, H. 389). — Vidimus de la charte du ban de Sainte-Hélène, en 1577 (*Doc. Vosg.*, II, 227-231). — Charte de 1581 pour les bois communaux de Condé (*Com. Mth.*, *hoc v°*). — Droits des six forestiers de Thiaucourt, en 1582 (*Ib.*, *hoc v°*). — Ordon-

La reprise en forêt est presque toujours accompagnée de la saisie d'un gage sur le délinquant. Les plus anciennes chartes imposent au forestier l'obligation de *gager*, c'est-à-dire de prendre un objet quelconque appartenant au délinquant, et c'est sans doute de là qu'il faut déduire la nécessité de ne constater qu'en cas de flagrant délit. Ce gage pouvait consister soit dans une serpe, une hache, la voiture ou l'attelage, mais aussi dans un vêtement, car la nature de l'objet n'est nulle part spécifiée. Il semble que, dans les premiers siècles, l'exhibition du gage devant la justice était absolument nécessaire, tellement que sans cela le procès-verbal était nul. La coutume et les règlements postérieurs au xvi° siècle ne sont pas aussi rigoureux, et dès cette époque le gage n'était plus qu'un élément de la preuve dont le juge pouvait se passer. A côté de la saisie, nous mentionnerons aussi, comme procédés accessoires de la constatation, l'arrestation du délinquant, surtout applicable aux *forains*, et les perquisitions ou visites domiciliaires, que nous trouvons autorisées au profit des officiers de gruerie dans un texte du xvii° siècle (125).

nance du 14 juillet 1611 (*Ordonnances* de François de Neufchâteau, I, 116). — Règlement pour la gruerie de Dieuze, du 7 août 1625 (*Arch. Mth.*, lay. *Dieuze*, II, n° 11). — Compte de la gruerie de Dieuze, pour 1627 (*Eod. loc.*).

Voir aussi : *Coutume de Lorraine*, tit. XV, art. 11.

(125) Pour l'arrestation et la saisie, voir la note précédente, *passim*, et de plus :

Accord de 1343 touchant les bois de Flavigny (*Arch. Mth.*, H. 124). — Charte du ban de Bains, xiv° siècle (*Doc. Vosg.*, I, 177). — Charte de Rambervillers, même époque (*Ib.*, I, 184-189). — Charte de Sainte-Hélène, en 1577 (*Ib.*, II, 227). — Règlement de 1619 pour les bois du Val de Liepvre (*Arch. Mth.*, B. 9039).

Les rapports ainsi dressés font en général preuve complète, pourvu qu'il y ait flagrant délit et que la condamnation ne s'élève pas au-dessus d'une somme qui a varié, suivant les ordonnances : tantôt 20 livres, tantôt 5 francs seulement. Dans ces circonstances, le prévenu n'était pas recevable à opposer la preuve contraire. A l'inverse, cette preuve était admissible quand l'un des deux éléments requis faisait défaut. Il est vrai que cette distinction ne semble pas avoir été maintenue jusqu'à la fin de la période : au xvii° siècle, la preuve contraire est permise, sans conditions (126).

Cette preuve contraire consistait essentiellement dans le rapatronage, alors appelé *attronchement*, opération par laquelle on vérifiait sur place les allégations du garde, en rapprochant de la souche la partie inférieure de la tige saisie sur le délinquant.

La procédure forestière proprement dite était relativement simple et rapide : on recommande aux juges d'ouïr les parties sur le champ et de refuser le ministère des avocats et procureurs, qui ne servent qu'à traîner en longueur les affaires. Malgré ces précau-

---

(126) Ordonnance du 16 novembre 1340 (*Dict^re* de Rogéville, v° *Forêt*). — Ordonnance du 25 novembre 1540 (*Ordonnances* de François de Neufchâteau, I, 13). — Voir sur l'*atronchement*, Thierriat (*Abraham Fabert*), *Remarques sur la Coutume*, n° 767. — Ordonnance du 7 janvier 1563 (Mss. n° 189. Bibl. Nancy, tome I). — Ordonnance du 7 septembre 1615, pour le comté de Briey (*Ib.*, tome III). — Règlement de 1619, pour les bois communaux du Val de Liepvre (*Arch. Mth.*, B. 9639). — Règlement de 1625, pour la gruerie de Dieuze (*Ib.*, Lay. *Dieuze*, II, n° 11). — *Coutume de Lorraine*, tit. XV, art. 12.

Voir, pour la procédure, en matière de délits forestiers, dans la forêt d'Orléans, de Maulde, *op. cit.*, p. 347-404.

tions, la chicane trouvait encore moyen de reprendre ses droits ; si les procureurs n'instrumentaient pas en personne, ils savaient suggérer aux parties toutes sortes de moyens et d'exceptions dilatoires qui dénotent, chez les gens de justice du xvi⁰ siècle, une expérience déjà très complète de leur métier. Ainsi, le procès-verbal des assises tenues à Neufchâteau par le grand gruyer, en 1554, relate tout au long l'affaire du maire Mengin Barbier de Vouxey, qui, pris en délit par les forestiers dans la forêt de Miraumout, a demandé l'*attronchement* et argue de fausseté l'opération faite par le gruyer et son contrôleur ; ceux-ci se portent reconventionnellement demandeurs pour obtenir « leurs intérêts honorables et profitables » de l'imputation qui leur est adressée : après un déclinatoire, plusieurs sursis, motivant autant de jugements des échevins, on nomme de nouveaux commissaires-experts, on ajourne de nouveaux témoins, et c'est seulement alors, qu'ayant épuisé toutes les feintes, Mengin Barbier se décide à déclarer « qu'il tient l'enquête pour faite et bien prouvée, lesdits forestiers pour gens de bien, et le rapport par eux fait sur l'*estroncage* pour être bon. » L'aveu était un peu tardif, et le grand gruyer, en n'allouant, outre l'amende ordinaire, que les dépens faits par les forestiers, nous semble avoir reçu fort « bénignement » le suppliant, qui pouvait s'attendre à pis.

Dans les mêmes assises, c'est un nommé Vautrin Callot de Removille, *rapporté* par le forestier pour enlèvement de branches au bois de Neufay, qui excipe d'une permission prétendue donnée par le gruyer et demande la *loi-partie*, c'est-à-dire l'acquittement. Le gruyer vient déclarer, « par le serment qu'il a à Dieu et à son office », qu'il n'a rien vendu, et les échevins décidant que « la loi-partie n'est raisonnable ni recevable », on applique l'amende de six francs. Nous pourrions citer encore, dans les assises tenues à Dompaire, en 1564, l'exception de garantie soulevée par Etienne, le maréchal de Hymont, laquelle a pour résultat la condamnation du garant, Christophe Ferry de Légéville. Ces affaires et d'autres semblables nous donnent assez nettement l'image de ce que devaient être les plaids forestiers (126 bis) : sauf quelques termes hors d'usage, on y trouve déjà les détours de la procédure moderne, et les procès-verbaux des assises du xvie siècle peuvent paraître extraits, sans trop de discordances, des greffes de nos tribunaux.

Les pénalités pour délits forestiers sont extrêmement variables, suivant le temps et le lieu. On sait que la plupart des chartes qui régissaient les seigneuries contenaient un tarif de peines pour les infractions les plus ordinaires : ce tarif est surtout complet pour les mésus champêtres, de sorte que chaque domaine a pour ainsi dire son code pénal différent du voisin. La pénalité essentielle est l'amende, que nous devons étudier d'abord dans les bois du domaine ou des seigneurs, puis dans ceux des communautés.

On ne distingue habituellement que deux délits forestiers : pâturage et coupe de bois. L'amende de pâturage varie (127), suivant que les bestiaux introduits

---

(126 bis) Ces détails sont puisés aux sources indiquées à la note 121 ter.

(127) Ordonnance du 16 novembre 1340 (Dict^{re} de Rogéville, v^o Forêt). — Ordonnance du 27 février 1390 (Ib.). — Ordonnance du 3 février 1443 (ib.). — Ordonnance du 4 mars

appartenaient à un particulier, ou que c'est le troupeau d'une communauté qui a été repris ; mais elle n'est pas établie au prorata du nombre des têtes de bétail. On distingue en outre le pâturage par échappée ou à garde faite, ce dernier naturellement beaucoup plus grave ; enfin la nuit est aussi considérée comme circonstance aggravante. Mais ni l'âge du bois, ni l'espèce du bétail n'influent sur l'importance de l'amende.

Le délit de bois est souvent tarifé à un taux différent pour chaque canton de forêt, au moins dans les domaines seigneuriaux ; les ordonnances ducales ont seules une portée générale, mais elles ont varié très souvent (128). Jusqu'au XVII° siècle, on ne tient aucun compte de l'essence et du nombre des arbres coupés ; l'amende est fixe, 7 francs par exemple pour le délit

1506 (*Ib.*). — Ordonnance du 4 décembre 1519 (*Ib.*). — *Coutume de Lorraine*, tit. XV, art. 2. — Voir aussi, pour les conditions du délit de panage à garde faite, note 124 ci-dessus.

(128) Charte de Charmes, en 1269 (*Doc. Vosg.*, VII, 29). — Ordonnance du 16 novembre 1340 (*Dict*re de Rogéville, v° *Forêt*). — Charte de Bourlémont et Frebécourt, en 1357 (*Doc. Vosg.*, IV, 106). — Ordonnance du 27 janvier 1390 (*Dict*re de Rogéville, v° *Forêt*). — Ordonnance du 3 février 1443 (*Ib.*). — Règlement pour les amendes, du 16 décembre 1619 (*Ib.*). — Ordonnance du 27 novembre 1540 (Mss. n° 189. B.bl. Nancy, tome I). — Ordonnance du 14 juillet 1611 (*Ordonnances* de François de Neufchâteau, tome I, p. 117). — Ordonnance du 23 mars 1616 (*Dict*re de Rogéville, v° *Forêt*). — Droits seigneuriaux à Rebeuville, en 1619 (*Doc. Vosg.*, IV, 178). — Comptes de la gruerie de Dieuze, pour 1627 (*Arch. Mth.*, Lay. *Dieuze*, II, n° 11).

Pour les amendes dans la forêt d'Orléans, voir de Maulde, *op. cit.*, p. 347-404.

commis de jour, le double avec la circonstance de nuit, le triple pour l'usage de la scie. Les dommages-intérêts sont en général réglés au même chiffre que l'amende ; la *recousse* ou rebellion est comptée comme circonstance aggravante. Plus tard, ces peines parurent insuffisantes ; le tarif fut notablement relevé, et l'on distingua soigneusement le chêne du hêtre et des autres espèces inférieures ; l'amende ainsi établie par pied d'arbre, la dimension de chaque pièce exploitée fut enfin prise en considération, et la peine devint de cette manière exactement proportionnelle à la valeur de l'objet enlevé. Dans toute la série des ordonnances forestières, on ne trouve nulle part l'emprisonnement joint à l'amende comme peine ordinaire ; la prison, nous le verrons plus loin, n'est en usage dans cette matière que comme moyen d'exécution.

Dans les forêts des communautés, les amendes forestières ont gardé jusqu'au bout le caractère qu'elles tiraient des anciennes chartes rurales : une grande diversité, beaucoup de modération, surtout quand le délinquant est un habitant de la communauté et que le bois enlevé ne doit pas être conduit hors du ban. . Comme conséquence des embanissements, que nous avons vus si fréquents à dater du xvi° siècle, la communauté édictait une amende spéciale pour le délit commis dans le bois banni, sauf le droit du seigneur d'en changer le taux s'il lui paraissait « mal ordonné contre le bien public » (129).

(129) Coutumes de Burthecourt-aux-Chênes, confirmées en 1362 (*Com. Mth., hoc v°*). — Charte du ban de Derbamont, en 1481 (*Doc. Vosg.*, VII, 81-88). — Confirmation des franchises de Châtel, en 1532 (*Ib.*, I, 218 220). — Compte

Cette simplicité, que nous avons remarquée dans les incriminations forestières, contraste d'une manière frappante avec nos lois modernes, si minutieuses et si précises. Exceptionnellement, on trouve dans des documents du xviie siècle, l'écorcement des bois sur pied prévu et puni d'une manière spéciale et plus rigoureuse (130). Ailleurs, il semble que le délit d'essartement est aussi tarifé séparément (131). Ce sont les seules dérogations à la règle que nous avons énoncée. Il n'y a pas de délits spéciaux aux adjudicataires; on les soumet seulement à la responsabilité pénale, pour les délits commis dans l'ouïe de la cognée de leurs ventes (132).

Les condamnations pécuniaires prononcées par les juges seigneuriaux ou ducaux, sont recouvrées par les soins des officiers du seigneur ou des comptables de la gruerie. Pas de distinction à cet égard entre les délits commis dans les bois du domaine ou des communautés. Les comptes annuels des gruyers, à la suite

de la gruerie de Bruyères, en 1565 (*Arch. Mth.*, B. 3852). — Article du règlement mis sur les bois communaux du ban d'Arches, eu l'an 1575 (*Ib.*, B. 2675). — Droits seigneuriaux à Rebeuville, en 1619 (*Doc. Vosg.*, IV. 178. — Contrôle de la gruerie de Bruyères, en 1633; amendes dans les bois bannis des communautés (*Arch. Mth.*, B. 3917).

(130) Grand terrier des droits du ban de Dommartin-sous-Amance, au xviie siècle (*Com. Mth., hoc v°*). — Règlement du 17 décembre 1628 (*Dict^{re}* de Rogéville, v° *Forêt*).

(131) Compte de la recette de Darney, pour 1553 (*Arch. Mth.*, B. 5073). — Règlement du 17 décembre 1628 (*Dict^{re}* de Rogéville, v° *Forêt*).

(132) Règlement précité de 1629. — Voir, pour les délits dans les ventes, le chapitre suivant, notes 170, 171.

des recettes provenant des ventes de bois, contiennent les amendes et réparations perçues sur les délinquants, et toujours on distingue avec soin l'origine des sommes ainsi recouvrées (133). On peut apprécier avec ces documents l'importance des délits commis dans l'année ; elle est naturellement très variable, mais le total des recettes ayant cette origine est toujours assez faible, eu égard aux autres produits de la forêt.

La répartition définitive des condamnations se fait suivant les mêmes bases que d'après nos lois actuelles : les amendes au prince ou au seigneur qui possède la justice, les réparations au propriétaire de la forêt, ou à la personne qui a acquis sur l'immeuble un droit de jouissance. Toutefois, dans les bois des communautés, le duc abandonnait d'ordinaire aux habitants une partie des amendes qui lui appartenaient à cause de sa haute justice. Dans tous les cas, les forestiers rapporteurs venaient partager l'amende prononcée sur leurs témoignages ; à l'origine, leur part était de moitié, ensuite elle fut réduite au tiers (134).

(133) Ordonnance du 27 janvier 1390 (Dict^{re} de Rogéville, v° Forêt). — Ordonnance du 3 février 1443 (Ibid.). — Ordonnance du 9 juin 1531 (Arch. Mth., Lay. Ordonnances, I, n° 34). — Compte premier de la gruerie de Châtel, en 1544 (Ibid., B. 4326). — Compte de la gruerie de Lunéville, pour 1563 (Ib., B. 6823). — Compte de la gruerie de Bruyères, pour 1565 (Ib, B. 3852). — Compte de la gruerie de Châtel, pour 1565 (Ib., B. 4333). — Départ do S. A. touchant les bois d'Epinal, en 1619 (Ib., B. 6009).

(134) Ordonnance du 4 mars 1506 (Dict^{re} de Rogéville, v° Forêt). — Du 27 février 1551, acte de vente d'une coupe par les chanoines de Saint-George (Arch Mth., G. 498). — Comptes du domaine de Saint-Dié, pour 1561 (Ib., 8785). —

Bien que les amendes constituassent la peine forestière principale, la confiscation venait assez fréquemment s'y joindre : elle s'applique principalement aux voitures et attelages dans les délits de bois, et aux bestiaux pour délits de pâturage. Mais il n'y a jamais confiscation que lorsque le délit se présente accompagné de circonstances aggravantes, telles que l'emploi de la scie, ou bien lorsque l'amende risquerait d'être inefficace à cause des difficultés du recouvrement, ainsi à l'égard de délinquants étrangers (135). C'était donc une peine tout à fait exceptionnelle.

Le tarif des amendes, tel qu'il se trouvait fixé par la coutume locale ou les ordonnances, ne laissait pas de place à l'arbitraire du juge, qui se trouvait obligé d'appliquer la peine, sans pouvoir même varier entre un maximum et un minimum, suivant l'importance du délit. En matière domaniale, il est enjoint aux gruyers de ne pas modérer les amendes ; les transactions étaient à plus forte raison prohibées. Mais si le juge se

Ordonnance sur requête des habitants de Raon, en 1573 (*Ib.* B. 2675). — Ordonnance pour les habitans du Houx, même année (*Eod. loc.*). — Règlement pour les bois communaux d'Arches, en 1575 (*Eod. loc.*) — Acensement temporaire fait en 1581 par le chapitre de Saint-George (*Ib.*, G. 498). — Acensement perpétuel fait par le même chapitre en 1604 (*Ib.*, G. 421).— Ordonnance du 14 juillet 1611 (*Ordonnances de François de Neufchâteau*, p. 116). — Départ de 1616, pour les bois d'Epinal (*Arch. Mth.*, B. 6008).

(135) Ordonnance du 27 janvier 1390 (*Dict^{re}* de Rogéville, v° *Forêt*). — Ordonnances du 27 novembre 1540 (Mss. n° 189. Bibl. Nancy, tome I). — Ordonnance du 4 décembre 1519 (*Dict^{re}* de Rogéville, v° *Forêt*.) — Comptes du chapitre de Saint-Dié, en 1555 (*Arch. Mth.*, G. 124). — Compte de la gruerie de Darney, pour 1600 (*Ib.*, B. 5091).

trouvait ainsi lié, rien n'empêchait le seigneur d'accorder une grâce partielle, et de diminuer le chiffre des condamnations prononcées. Nous avons des exemples de ces transactions après jugement quand le propriétaire était un seigneur ecclésiastique ; on en trouve même pour les bois du domaine dans les comptes de gruerie, mais alors il est probable que le gruyer se bornait à proposer la mesure, qui ne devenait définitive que par l'approbation de la Chambre des comptes (136).

Nous avons déjà remarqué la rareté des peines corporelles ; c'est uniquement contre les insolvables que l'emprisonnement est possible : il remplace alors l'amende que le condamné ne peut solder, et réunit ainsi un caractère mixte, de peine véritable et de moyen de contrainte. D'après l'ordonnance de 1390, l'incarcération de l'insolvable peut durer indéfiniment ; une autre ordonnance, de 1611, limite au contraire le temps à un ou deux mois. Mais en cas de troisième ou quatrième récidive, d'autres peines sont applicables : le carcan, le fouet, le bannissement (137).

Il ne faut pas confondre cette situation de l'insolvable avec celle du condamné solvable qui ne veut pas payer :

---

(136) Ordonnance du 4 mars 1506 (*Dict^{re}* de Rogéville, v° *Forêt*). — Assises de la grande gruerie à Darney, en 1534 (*Arch. Mth.*, Lay. *Grand Gruyer*, n° 9). — Assises de Dompaire, en 1554 (*Ib.*, n° 11). — Comptes du chapitre de Saint-Dié, pour 1555 (*Arch. Mth.*, G. 124). — Compte de la gruerie d'Arches, pour 1577 (*Ib.*, B. 2676).

(137) *Atour* du magistrat de Metz, en 1531, pour les délits de pêche (*Hist. de Metz*, IV, Pr. 67). — Ordonnance du 27 janvier 1390 (Mss. n° 189. Bibl. Nancy, tome I). — Ordonnance du 3 février 1443 (*Ib.*). — Ordonnance du 14 juillet 1611 (*Ordonnances* de François de Neufchâteau, p. 118).

la prison est alors employée contre le solvable, mais uniquement comme moyen de contrainte; dans ce cas, sa durée est toujours indéfinie, et ne prend fin qu'au paiement.

Telle était cette législation pénale, très douce pour l'époque, si on la compare aux condamnations plus sévères qui pouvaient être prononcées dans d'autres provinces. Même en Lorraine, les simples délits ruraux étaient réprimés avec beaucoup plus d'énergie : le renversement des bornes dans les champs, le vol de chevaux, par exemple, faisaient encourir des peines capitales. Cette atténuation remarquable des pénalités forestières est d'autant plus sensible qu'on remonte à des siècles plus éloignés : elle est la conséquence du peu de valeur qu'avait autrefois la propriété boisée; elle reflète aussi le souvenir de l'époque des marches germaines, où la forêt n'était pas appropriée et formait le patrimoine commun de toute la tribu.

—

Chapitre 4. — *Exploitation et traitement des forêts.*

Les comptes du domaine ducal nous relatent tous les nombreux détails de l'exploitation forestière; c'est dans les registres annuels des gruyers qu'il est possible de saisir, pour ainsi dire sur le vif, les relations complexes des populations rurales avec la forêt et de voir suivant quels principes économiques le propriétaire dirigeait son administration. L'exploitation et le traitement des forêts n'y sont pas sans doute formulés méthodiquement, mais il est possible de les déduire des faits nombreux qui constituent la gestion journalière; c'est ce que nous allons essayer, en parcourant d'abord la série des produits forestiers, pour examiner ensuite de quelle manière ils étaient livrés aux consommateurs.

La matière ligneuse n'a jamais été le seul produit des forêts ; c'est seulement dans les siècles modernes que le bois prend une importance prépondérante. Au moyen-âge, le paysan estimait peut-être davantage les produits non ligneux que les arbres eux-mêmes. Le miel d'abord, si nécessaire autrefois, avant l'introduction du sucre, se récoltait presque uniquement dans les bois ; la propriété des essaims ou *gettons*, le partage du *brixien* ou miel vierge, donnent lieu à des stipulations très fréquentes : on attribue le plus souvent moitié au seigneur et moitié à l'inventeur ; pour peu que l'extraction soit difficile, on n'hésite pas à abattre le chêne ou le hêtre, afin de capturer les *mouchettes*, la cire et le miel (138). C'est souvent aussi en forêt que se

(138) Droits de l'abbesse d'Epinal en la mairie de Thaon, au XIIIe siècle (*Doc. Vosg.*, I, 173-176). — Plaids annaux du Val de Senones, en 1328 (*Hist. de Senones*, 173-175). — Atour du magistrat de Metz, en 1348, sur les coupillons et la maltôte : on y voit taxé le miel au' muid, avec une différence pour le gros miel et les larmes de miel (*Hist. de Metz*, IV, Pr. 113-117). — Charte du ban de Derbamont, renouvelée en 1481 (*Doc. Vosg.*, VII, 81-88). — Titres de Ste Glossinde à Lucey, XVIe siècle (*Stat. Mth.*, v°, *Lucey*). — Comptes de la gruerie de Châtel, pour 1565 (*Arch. Mth.*, B., 4333). — Ord[ce] forestière de Dabo, d'août 1569 (*Ib.*, E. 67). — Règlement pour les forêts domaniales de la gruerie d'Arches, du 21e d'octobre 1571 (*Ib.*, B. 2669). — Règlement du 28e d'octobre 1571 pour la gruerie de la Croix (*Ib.*, B. 8785). — Vidimus de la Charte de Ste Hélène, en 1577 (*Doc. Vosg.*, II. 227-231). — Contrôle de la gruerie d'Arches, pour 1602 (*Arch. Mth.*, B. 2717). — Ord[ce] de 1614, pour Falckenbourg

trouvent les carrières ou *perrières* qui fournissent la pierre de taille pour les constructions, ou encore ces meules de grès, dont la fabrication s'est depuis si largement accrue, mais qui donnent déjà aux xvi⁰ et xvii⁰ siècles des redevances à la gruerie (139).

Bien plus nécessaires encore étaient les ressources que donnait la forêt pour l'élevage des bestiaux. Le bétail était, au moyen-âge, plus nombreux que de nos jours dans l'exploitation rurale, et la culture des terres n'était souvent que secondaire. Sans doute, nous l'avons vu, les droits d'usage ouvraient largement les taillis aussi bien que les futaies aux troupeaux des communautés : cependant, en dehors des délivrances usagères, nous devons revenir sur les parcours et les paissons. C'est que de nombreuses forêts étaient laissées en dehors des circonscriptions rurales ; elles formaient ban à part, et se trouvaient ainsi soustraites à l'exercice des usages communs. D'autres avaient pu être dégrevées

et Dabo, art. 16 (*Ib.*, E. 67). — Compte de la gruerie d'Arches, pour 1620 (*Ib.*, B. 2557).

On trouve aussi, dans les Comptes de la gruerie d'Arches, en 1592, 1599, 1600, etc., mention de redevances dues pour *chapteures* ou *chaptures* de mouches ; il s'agit également d'essaims pris en forêt (*Arch. Mth.*, B. 2700, 2813, 2715).

Dans la forêt d'Orléans, de nombreuses concessions accordent les essaims à des particuliers, tantôt en permettant d'abattre les chênes qui renferment les mouches, tantôt non. Les chênes abattus pour prendre les mouches reçoivent le nom d'*esseins* ; on dit ainsi vendre 20, 30 esseins : mais ce sont les arbres, non les essaims qui sont l'objet de la vente (de Maulde, *Condition forestière de l'Orléanais*, p. 223-260).

(139) Compte de la gruerie de Châtenois et Neufchâteau, pour 1630 (*Arch. Mth.*, B. 4669). — Contrôle de la gruerie de Bruyères, pour 1633 (*Ib.*, B. 3917).

par des apportionnements ultérieurs. Dans les cantons ainsi libres, on tirait parti de l'herbe et de la glandée, qui entraient dans le revenu, de la même manière que les arbres eux-mêmes. Le pâturage du grand bétail ne se trouve ainsi établi que dans quelques forêts, renfermant sans doute des prairies enclavées; ces herbes se louaient tous les ans, soit en bloc, soit à la fauchée. Mais le produit des *venditions* de cette espèce n'a jamais été bien considérable (140).

L'introduction des porcs, en dehors de tout droit d'usage, est bien plus fréquente et beaucoup plus importante pour le propriétaire. Partout la glandée paraît extrêmement recherchée; dans presque tous les comptes de gruerie les paissons ou paissonnages sont tantôt adjugés *à la chandelle*, c'est à dire par adjudication publique, tantôt font l'objet d'*amoisonnements* ou de concessions de gré à gré. Le produit en argent est nécessairement proportionnel à l'abondance du gland : une année très considérable, l'année suivante fort minime ou nul (141). Malgré ces alternatives, la paisson, surtout dans la plaine, reste le produit essentiel de la forêt; c'est ainsi qu'à Darney, au xviie siècle, les

---

(140) Compte de la gruerie de Châtel, pour 1565 (*Arch. Mth.*, B. 4333. — Comptes de 1572, même gruerie (*Ib.*, B. 4343); de 1583 (*Ib.*, B. 4354). — Compte de la gruerie de Lunéville, pour 1584 (*Ib.*, B. 6838).

(141) Compte du receveur d'Arches, pour 1493 (*Arch. Mth.*, B. 2439). — Liasse des acquits et décharges de la recette de Dompaire et Valfroicourt, pour 1549 (*Ib.*, B. 5454).

Dans la forêt d'Orléans, les paissons qui ne sont pas l'objet de droits d'usages s'adjugent comme les coupes; le prix du panage est d'environ 8 deniers par porc (de Maulde, *op. cit.*, p. 437-456).

glandées s'adjugent jusqu'à 2000 francs, tandis que les ventes d'arbres et toutes les autres redevances du domaine n'atteignent pas 1500 francs (142). Aussi n'est-il pas étonnant de voir diriger les exploitations forestières bien plus vers la production du gland que vers l'utilisation du bois : on n'abat les arbres que lorsqu'ils ne peuvent plus porter paisson, fussent-ils creux ou sur le retour. Ce n'est qu'assez tard qu'on s'aperçoit du dommage que peuvent causer les porcs au repeuplement des jeunes brins, et qu'on s'occupe de tracer quelques mesures restrictives (143). Il ne semble pas cependant que, dans ces adjudications de paisson, le nombre des animaux à introduire ait été jamais fixé; une limitation en ce sens n'apparaît que dans les forêts grevées d'usage ou dans celles des communautés.

L'élevage des porcs n'était possible que dans les forêts feuillues, où dominent le chêne et le hêtre. Dans les sapinières, on n'introduisait que le gros bétail, les *bêtes rouges*, qui pénétraient dans les massifs les plus reculés, grâce à l'éparpillement des granges, où les *marcaires* se livraient, de toute ancienneté, à la fabri-

(142) Compte de la recette de Darney, pour 1501 (*Arch. Mth.*, B. 5063). — Compte du domaine de Blâmont, pour 1531 (*Ib.*, B. 3248). — Compte de la gruerie de Darney, pour 1535 (*Ib.*, B. 5067). — Contrôle de la recette d'Arches, en 1559 (*Ib.*, B. 2465). — Règlement pour la gruerie d'Arches, en 1568 (*Ib.*, B. 2468). — En 1570, même gruerie (*Ib.*, B. 2666). — Compte de la gruerie de Darney, pour 1600 (*Ib.* B. 5091). — Même gruerie, pour 1601 (B. 5091); pour 1626 (B. 5108); pour 1634 (B. 5113).

(143) Vidimus de la Charte de Ste Hélène, en 1577 (*Doc. Vosg.*, II. 227). — Procès-verbal des bois de la baronnie de Viviers, en 1696 (*Arch. Mth.*, B. 10341).

cation des fromages. Cette population pastorale était l'ennemi de la forêt, et travaillait sans cesse à en reculer les limites. Installée dans les *chaumes*, au faîte de la montagne, elle trouvait sur ces vastes espaces, desquels les arbres avaient depuis longtemps disparu, surtout à cause du manque d'abri, une herbe épaisse et dure, mais savoureuse et très saine. Le domaine ducal avait acquis ces chaumes au xviie siècle, sur l'abbaye de Remiremont, et les louait moyennant une redevance d'argent et de fromages (144). Mais les locataires étaient sans cesse tentés de descendre dans la zône indécise des prés-bois, où les vents sont moins âpres et l'herbe plus délicate ; ils faisaient mourir les sapins et les hêtres par des mutilations successives, à peu près sûrs de l'impunité (144 *bis*).

Dans les premiers comptes de gruerie qui nous sont parvenus, vers la fin du xve siècle, on est étonné de la modicité des sommes provenant de l'aliénation des produits ligneux. Il faut aller assez loin pour que cette partie du revenu forestier acquière quelque importance. Au moyen-âge, toute la production en bois s'écoulait par des délivrances qui absorbaient facilement la possibilité de la forêt. La plus large part était prélevée par les usagers, tant au bois de chauffage qu'au bois de

---

(144) Compte du receveur d'Arches, en 1493 (*Arch. Mth.*, B. 2439). — Même compte pour 1593 (*Ib.*, B. 2506). — Sur la cession des *chaumes*, faite au duc, en 1577, par le Chapitre de Remiremont, voir Digot, *Hist. de Lorraine*, IV, p. 181.

(144 *bis*) Compte de la gruerie de Bruyères, pour 1607 ; déclaration des bois qui en dépendent : dégâts des *chaumiers* de Bebriette au dessus des lacs de Longemer et Retournemer (*Arch. Mth.*, B. 3890).

construction, et nous avons vu pour quelles raisons les redevances correspondantes sont en apparence si minimes. Ce que laissaient les usagers était consommé directement par le propriétaire. Nous devons ranger en première ligne les exploitations industrielles, bois de fagotage pour les salines, bois de chauffage et de service pour les mines (145). Puis venait l'entretien des bâtiments, ou, d'après le terme ancien, des *usuines* du domaine : les maisons seigneuriales et les châteaux forts, les moulins, battants et autres constructions agricoles (146). Tout le personnel d'officiers qui constituait l'administration ducale avait droit au chauffage, et il en était de même pour les officiers des seigneurs, dans les bois de leurs maîtres (147). Enfin, pour les fo-

---

(145) Pour les délivrances usagères, voir chap. III ci-dessus ; voir aussi chapitre II pour la consommation des salines et des mines. Et de plus, quant aux mines : Compte de la gruerie de la Croix, pour 1571 (*Arch. Mth. B. 8785*). — Compte de la gruerie du ban de Ramonchamp pour 1580 (*Ib.*, B. 8338).

(146) Règlement de 1548, pour la forêt de Fraisse, art. 6 et 7 (*Arch. Mth.*, B. 4360). — Règlement de 1548 pour la gruerie de Neufchâteau (*Ib.* B. 8017). — Règlement de 1625 pour la gruerie de Dieuze (*Ib.* Lay. *Dieuze*, II, n° 11).

Pour les délivrances faites dans la forêt d'Orléans, afin de relever les édifices détruits pendant les guerres, voir de Maulde, *op. cit.*, p. 260.

(147) En ce qui concerne le chauffage des officiers, voir Chapitre IV ci-dessus, et de plus : Règlement de 1543, pour la forêt de Fraisse, art. 8. (*Arch. Mth.* B. 4330). — Pour la forêt de Neufay, même date (*Ib.*, B. 4642). — Pour Lunéville, même date (*Ib.* B. 6823). — Pour Amance, même date (*Ib.* B. 2063). — Compte de la gruerie d'Amance, pour 1559 (*Ib.*, B. 2247).

rêts communales, les habitants de la communauté prenaient à la fois arbres de service et bois de chauffage, sous la simple surveillance des magistrats locaux, le contrôle de la gruerie ne s'étant exercé qu'assez tard et d'une manière toujours sommaire, sur cette partie de la superficie boisée (148). On comprend donc pourquoi l'aliénation des produits ligneux resta longtemps aussi peu importante.

Il serait difficile d'assigner une date aux premières ventes de bois : il y en eût sans doute à toutes les époques, mais avec des formes différentes. Dans les premiers comptes de gruerie, nous voyons surtout pratiquer l'*amoisonnement* ou *affortage*, pour le bois de chauffage ou le bois de travail. Les amoisonnés ne sont pas des usagers ; ils n'exercent pas un droit de servitude, et le propriétaire peut à son gré les admettre ou leur fermer sa forêt. L'amoisonné est un riverain auquel on laisse prendre, moyennant une redevance fixée, ce qui lui est nécessaire pour sa consommation ou l'exercice de son industrie. La permission ainsi donnée n'est pas permanente, mais doit être renouvelée tous les ans ; le taux de la redevance peut, en principe, être changé par le propriétaire, mais, en réalité, demeure fixe dans chaque forêt, sauf quelques exceptions (149). Ces amoisonnements sont donc absolument pareils aux concessions de

(148) Statuts de 1582 pour les bois communaux de Thiaucourt (*Com. Mth. hoc. v°.*).

(149) Ordonnance de 1571, pour la gruerie d'Arches (*Arch. Mth.*, B. 2669). — Affortage des habitants de Chatay dans le bois de Belfey, en 1575 (*Hist. de Senones*, p. 281).

Voir pour les *affouagiés* au charbon dans la forêt de Charolles, E. Picard, *Les forêts de Charollais*, p. 14.

menus produits que fait, maintenant encore, l'administration forestière ; seulement, au lieu d'être restreints aux produits inférieurs, ils s'étendent à de véritables exploitations, pour lesquelles la vente par adjudication n'est intervenue que plus tard.

Les amoisonnés au bois de chauffage, appelés aussi *affoués*, sont les plus rares, parce qu'inversement les usages au bois de feu sont les plus communs. Ils prennent ce chauffage dans le mort bois de la forêt, paient quelquefois une redevance en nature, plus ordinairement une somme d'argent qui varie de un franc à 8 deniers (150). Les amoisonnés au bois de travail ou d'industrie sont plus fréquents et présentent beaucoup plus d'intérêt. En lisant les registres d'inscriptions de la gruerie, on peut se rendre compte des métiers forestiers, tels qu'ils existaient au XVI° siècle ; ce sont d'abord les *rouyers* ou charrons, les menuisiers, tonneliers et cuveliers, les sabotiers, tous compris sous la dénomination d'ouvriers travaillant *sur le bloc* ; puis viennent les paysans qui ne fabriquent que pour leur exploitation, des rateaux, manches de faulx et menus ustensiles ; enfin, toute la série des métiers qui consomment du charbon doit être classée à part : maréchaux, serruriers, taillandiers et arquebusiers (151). Tous ces

---

(150) Compte de la recette de Darney, pour 1501 (*Arch. Mth.*, B. 5063). — Compte de la gruerie de Châtenoy pour 1509 (*Ib*. B. 4624). — Compte de la gruerie de Châtel, pour 1544 *Ib*. B. 4328).

(151) Compte de la recette de Darney, pour 1501 (*Arch. Mth.*, B. 5063). — Visitation des bois de Vôges, en 1534, par les commissaires ducaux (*Ib.*, Lay. *Grand Gruyer*, n° 9). — Compte de la gruerie de Darney, pour 1535 *Ib.*, B.

exploitants paient le plus souvent une somme fixe, quelques gros par année ; parfois cependant ils sont taxés proportionnellement à la valeur des produits, à la charrée d'*exendres*, ou au cent de rateaux. Le total des redevances ne montait jamais bien haut et restait toujours de beaucoup inférieur aux paissons et aux ventes proprement dites (152).

5067). — Même compte, pour 1552 (*Ib.*, B. 5073). — Compte de la gruerie de Dompaire pour 1562 (*Ib.*, B. 5608). — Compte de la gruerie de Châtel, pour 1565 (*Ib.*, B. 4333). — Compte de la gruerie de Bruyères, même année (*Ib.*, B. 3852). — Compte de la gruerie d'Arches, pour 1568 (*Ib.*, B. 2468). — Compte de la gruerie de Châtel, pour 1572 (*Ib.*, B. 4343). — Compte de la gruerie d'Arches, pour 1583 (*Ib.*, B. 2683). — Contrôle de la gruerie de Dieuze, pour 1584 (*Ib.*, B. 5410). — Compte de la gruerie de Ramonchamp, pour 1590 (*Ib.*, B. 8343). — Compte de la gruerie de Bruyères, pour 1596 (*Ib.*, B. 3878). — Compte de la gruerie du comté de Salm, pour 1610 (*Ib.*, B. 9097). — Compte de la gruerie de Ramonchamp, pour 1613 (*Ib.*, B. 8359). — Compte de la recette d'Arches pour 1621 (*Ib.*, B. 2755). — Compte de la gruerie de Ramonchamp, pour 1623 (*Ib.*, B. 8371). — Compte de la gruerie de Darney, pour 1626 (*Ib.*, B. 5108).

Voir, dans la forêt d'Orléans, les *attelages* forestiers, analogues aux amoisonnements : de Maulde, *op. cit.*, p. 223, etc.

(152) Pour les redevances d'amoisonnements, voir la note précédente, et de plus : Recettes de la foresterie de Blâmont, pour 1531 (*Arch. Mthe*, B. 3240). — Même compte, pour 1551 (*Ib.*, B. 3402). — Compte de la gruerie de Châtel, pour 1555 (*Ib.*, B. 4330). — Pour le ban de Vagney, en 1570 (*Ib.*, B. 2666). — Compte de la gruerie de Ramonchamp, pour 1580 (*Ib.*, B. 8338). — Compte de la gruerie de Châtel, pour 1616 : dans la forêt de Ternes, la vente des arpents de *souille* et des arbres de futaie a produit, cette année, 1376 francs 4 gros 8 deniers ; la vente des bois *affoués* est de 10 francs 6 gros ; les ouvriers besognant sur l'enclume et le bloc ont donné 25 gelines, estimées à 4 gros l'une (*Ib.*, B. 4361)

Les amoisonrements, entendus d'une manière aussi large, devaient conduire à des résultats fâcheux pour le propriétaire de la forêt. Ils rendaient les délits plus faciles, chaque exploitant pouvant aisément échapper à la surveillance, et subissant naturellement la tentation d'abuser de la permission restreinte qui lui était accordée. L'homme de métier ne devait vendre les ouvrages provenant de bois amoisonnés que dans l'étendue de la seigneurie ; pour les écouler au dehors, il devait au moins payer un supplément de taxe. L'amoisonnement était strictement personnel ; mais le chef d'atelier, ayant obtenu une autorisation pour son métier, dissimulait le nombre de ses ouvriers et coupait le bois nécessaire à ses parents et à ses aides travaillant avec lui : de là des fraudes nombreuses, que les comptes de gruerie relèvent avec insistance (153). Le défaut de surveillance pouvait enfin engendrer un résultat plus grave : l'amoisonnement, simple permission personnelle et temporaire, risquait d'être transformé en droit d'usage, réel et perpétuel. La possession, nous l'avons vu précédemment, sans être en général suffisante pour créer l'usage, n'en était pas moins, dans la majorité des coutumes lorraines, un élément essentiel pour l'acquisition de ce droit ; beaucoup d'apparences pouvaient colorer la prétention de l'ancien amoisonné : la limitation aux besoins, le paiement d'une redevance dont le taux ne

---

(153) Compte de la gruerie de Châtel pour 1544 (*Arch. Mth.*, B. 4328). — Remontrances des officiers de la gruerie de Dompaire, en 1562 (*Ib.*, B. 5608). — Recettes pour 1565 des ouvriers de bois de la gruerie de Châtel (*Ib.*, B. 4333) ; mêmes mentions aux comptes de 1572, 1583, 1633 (*Ib.*, B. 4370).

différait pas sensiblement de celui des véritables usagers. Nous ne savons si des fraudes de ce genre ont été commises ; il suffit qu'elles aient été possibles pour jeter le discrédit sur un mode d'aliénation qui donnait si peu de garanties au propriétaire. Aussi, lorsqu'au XVI° siècle, les commissaires ducaux s'occupèrent pour la première fois de donner des règlements aux forêts du domaine, parmi les principes fort sages qu'ils établirent pour les exploitations forestières, on trouve la défense formelle de procéder à de nouveaux amoisonnements. Toutefois, cette défense ne fut pas définitive ; les riverains et gens de métiers réclamèrent, le Grand gruyer et la Chambre des comptes, en rétablissant l'état antérieur, se bornèrent à ordonner une surveillance plus active. On peut remarquer cependant qu'à dater de la même époque, les amoisonnements décroissent graduellement d'importance : c'est que précisément alors la vente par adjudication, longtemps rare et difficile, commençait à entrer dans les mœurs, et absorbait peu à peu tous les produits de la forêt (154).

154) Défenses de continuer ou d'étendre les amoisonnements : Règlement de 1548, pour Neufchâteau (*Arch. Mth.*, B. 4642). — Pour Lunéville (*Ib.*, B. 5683). — Pour Amance *Ib.* B. 2063). — Ordonnance du 22e de juin 1547, des commissaires députés dans les grueries de Dompaire et Valfroicourt (*Ib*, B. 5454). — Assises de la grande gruerie de Vôges, pour 1554 (*Ib.*, Lay. *Grand gruyer*, n° 11). — Règlement de 1557, pour la gruerie de Bruyères (*Ib.*, B. 3850). — Règlement du Grand gruyer, vers 1570 (*Ib.*, Lay. *Grand gruyer*, n° 23). — Règlement de 1571 pour la gruerie de la Croix (*Ib.*, B. 8785). — Dans les comptes de la gruerie de Bruyères, à dater surtout de 1619, le nombre des amoisonnements diminue et peu à peu on ne trouve plus que des ventes fermes d'une quantité déterminée d'arbres ou de *buissons* (*Ib.*, B. 3905, etc.)

Les amoisonnements, même dans leur période la plus florissante, n'ont eu pour objet que le mort-bois, c'est à dire, en adoptant le sens le plus large de ce mot, les arbres de peu de valeur. Comment utiliser les gros arbres, chênes et sapins, que ne réclamaient pas les réparations du domaine ou le service des usages? A une époque où les voies de communication étaient rares, il fallait transformer sur place cette marchandise encombrante; on trouva la scierie, qui, grâce au débit en planches, permet de transporter partout les troncs les plus énormes. Comme beaucoup d'inventions devenues usuelles, la scierie des Vosges ne connaît pas son auteur; ce mécanisme si simple de trois leviers en bois, qui permet au sagard de diriger à lui seul toute l'usine, et grâce auquel l'arbre est constamment poussé contre la lame, on ne sait à qui l'attribuer : peut-être à ce Jean Violle dont il porte le nom, quelque ouvrier vulgaire, qui trouva cette machine, comme plus tard la pompe à feu fut inventée dans les mines de Cornouailles? Quel qu'il soit, cet ouvrier a droit à notre reconnaissance ; sans lui, les grands sapins de la montagne auraient longtemps pourri sur pied, richesse inutile comme le métal dans sa gangue.

Nos comptes du domaine, qui ne commencent qu'à la fin du xv⁵ siècle, nous montrent les scieries en pleine activité, dans les forêts feuillues de même que dans les futaies résineuses. On sait combien est ancienne l'utilisation des petits cours d'eau comme moteurs pour l'industrie : dès le vii⁵ siècle, les moulins deviennent fréquents en Austrasie, et sans faire remonter jusque là les premières scieries, il est probable que déjà, dans le cours du moyen-âge, les blocs pesants de ces usines forestières faisaient retentir les vallées des Vosges. C'est surtout au chapitre des acensements que de nombreuses scieries se trouvent mentionnées (155). La plupart ne paient qu'un cens extrêmement minime, 2 ou 6 gros : c'est la reconnaissance du droit de propriété du seigneur sur le cours d'eau ; la scierie est donc élevée par le riverain sur un terrain qui lui appartient : il lui a fallu seulement l'autorisation d'établir le canal de dérivation. Les acensements de ce genre sont mélangés dans les registres de gruerie, avec les permissions de prise d'eau pour l'irrigation des prairies, autre industrie très ancienne, pratiquée depuis plusieurs siècles dans les Vosges avec une rare perfection. Pour d'autres scieries, la redevance est plus considérable, proportionnelle, par exemple, au nombre de planches fabriquées ou vendues : c'est qu'à l'acensement proprement dit se joint une concession accessoire, le droit de prendre dans la forêt les châblis, pour les débiter à l'usine, concession qui semble perpétuelle, mais qu'il ne faut pas confondre avec l'usage proprement dit, car elle n'est pas limitée aux besoins.

(155) Comptes du receveur d'Arches, pour 1493. Les *scies* de la châtellenie d'Arches, aux bans de Vagney et de Longuet, sont au nombre de 31, payant chacune le même cens de 2 gros, sauf la *grosse scie* de Rehaupal, qui paie 6 gros (*Arch. Mth.*, B. 2439). — Compte de la gruerie de Darney, pour 1535 (*Ib.*, B. 5067). — Compte de la gruerie de Blâmont, pour 1551 (*Ib.*, B. 3402). — Compte de la recette de Darney, pour 1552 (*Ib.*, B. 5073). — Compte de la gruerie de Bruyères, pour 1565 (*Ib.*, B. 3852). — Compte du domaine de St-Dié et Raon, pour 1589 (*Ib.* B. 8662). — Compte de la gruerie de Ramonchamp 1623 (*Ib.* B. 8351). — Compte de la recette de D , pour 1634 (*Ib.*, B. 5113).

A côté des *scies* ou scieries provenant d'acensements, on doit ranger les scies usagères. Elles appartiennent au propriétaire de la forêt, qui en donne la jouissance à ses usagers, pour leur permettre de débiter leurs planches, avec le bois délivré en vertu du droit d'usage. Les scies de cette espèce ne doivent pas de redevances distinctes de celles qui sont payées pour l'usage; on rencontre sans doute des exceptions, mais alors il est probable que l'usager peut en outre débiter du bois d'achat. La marche de ces scies était nécessairement intermittente, et la jouissance revenait au propriétaire, lorsque les usagers avaient achevé de fabriquer leurs produits : d'autres personnes pouvaient alors louer l'usine pendant le temps intermédiaire. Les règlements de Dabo nous offrent un exemple remarquable de roulement des scies usagères : l'année est divisée en 24 parties ou *journées*, et le droit d'usage est si large, que les usagers occupent la scierie pendant 18 de ces journées, les 6 autres restant au seigneur, qui peut les concéder séparément, par bail emphytéotique ou temporaire (156).

Dans une dernière catégorie, nous comprendrons les scies que le propriétaire n'a pas affectées au service des usages et qu'il réserve pour son exploitation directe. On les appellera plus tard les scies *marchandes*; elles sont laissées aux marchands qui achètent des arbres

---

(156) Règlement pour les usagers de la prévôté d'Arches, en 1568 (*Arch. Mth.*, B. 2675). — Déclaration des bois de la gruerie de Bruyères, en 1607 (*Ib.*, B. 3890). — Règlement pour le comté de Dabo, art. 16, du 27 juin 1613 (*Etude sur Dabo* de M. Alexandre, aux *Preuves*). — Compte de la gruerie du val de Liepvre, pour 1619 (*Arch. Mth.*, B. 9639).

dans la forêt, pour l'utilisation de leurs produits. Toutefois, aux XVIe et XVIIe siècles, ce ne sont pas les arbres qui se vendent, mais les scieries qui se louent, avec droit de prendre, sur désignation, tous les bois nécessaires pour leur roulement. Les amodiateurs des scies de cette espèce paient des canons fixes ou proportionnels au nombre de planches fabriquées; la durée de jouissance n'est quelquefois que d'une année, ailleurs de 3 ou 9 ans. On procède par voie d'adjudication publique, au plus offrant (157). Ce mode d'exploitation, très avantageux pour le propriétaire, devait prendre une extension toujours plus considérable dans les forêts de la montagne, et primer jusqu'à la fin la vente des arbres sur pied pour bois de charpente ; à l'exemple du gruyer de Salm en 1595, tous les seigneurs comprenaient fort bien que la planche était pour eux le plus « grand et évident profit ». Aussi la consommation des scies marchandes devint promptement très considérable ; même dans les forêts de plaine, le débit en planches fut en faveur, quoique dans une proportion moindre. Il ne faudrait pas toutefois se faire illusion et calculer d'après le débit de nos usines modernes, si perfectionnées que chacune peut fabriquer par an 10,000 planches ou davantage. Les scies à bloc du XVIe et du XVIIe siècles étaient beaucoup plus modestes ;

---

(157) Compte de l'abbaye de Moyenmoutiers, pour 1539 ; amodiation de la scie de Saint-Prayez (*Arch. Mth.*, B. 7226). — Compte de la gruerie de Blâmont, pour 1551 : bail des trois scies de la forêt du Bousson (*Ib.*, B. 3402). — Bail de la scie de Sency, au Chapitre de Saint-Dié, en 1554 (*Ib.*, G. 124). — Compte de la gruerie de Bruyères, pour 1607 (*Ib.*, B. 3890).

chacune d'elles ne consomme guère que 100 à 150 arbres, pour d'autres même les délivrances sont tout à fait minimes, 50 à 60 sapins. En outre, la grossièreté du mécanisme et l'épaisseur des lames devaient causer beaucoup de déchets. On doit tenir compte de toutes ces circonstances, si l'on veut apprécier exactement la production forestière (158). Enfin, outre l'amodiation proprement dite par voie d'adjudication, on trouve aussi des scieries amoisonnées (159). Appartenaient-elles au propriétaire forestier, ou au riverain qui se procurait ainsi les bois nécessaires ? Leur caractère n'est pas déterminé bien clairement ; quoiqu'il en soit, ces amoisonnements ont été toujours exceptionnels, restreints à des fabrications spéciales, telles que les *exandres* ou bardeaux, à moins qu'ils ne s'appliquent à des ateliers volants, à des *scies à bras*, rentrant dans la catégorie des métiers dont nous avons parlé ci-dessus.

Nous avons ainsi décrit ce que l'on peut appeler le premier âge des exploitations forestières : les amoisonnements pour le taillis et les mor... bois, les scieries

---

(158) Voir, aux notes qui précèdent, pour les redevances et les délivrances de bois aux scieries. De plus : Compte du domaine de Saint-Dié, pour 1579 (*Arch. Mth*, B. 8650. — Règlement de 1595, pour la gruerie de Salm (*Ib.*, B. 9097). — Compte de la gruerie de Darney, pour 1600 (*Ib.*, B. 5091). — Déclaration des bois de la gruerie de Bruyères, en 1607 (*Ib.*, B. 3890). — Compte de la gruerie du comté de Salm, pour 1610 (*Ib.*, B. 9097). — Compte de la gruerie de Bruyères, pour 1619 (*Ib.*, B. 3905) — Compte de la gruerie de Darney, pour 1626 (*Ib.*, B. 5108).

(159) Compte de la recette de Bruyères, pour 1493 (*Arch. Mth.*, B. 3669). — Même compte pour 1576 (*Ib.*, B. 3705).

pour les gros arbres, absorbent tout ce que laissent disponible les délivrances. Toutefois, dès le xvi° siècle, la vente proprement dite apparait, et devient de plus en plus prédominante : elle supplante peu à peu l'amoisonnement, et rend possible l'aliénation des futaies, là où la disposition des lieux ne permet pas l'établissement de scieries. Beaucoup de forêts, desquelles le domaine ducal n'avait encore tiré profit, sont ainsi mises en valeur, à la suite des *visitations* des commissaires ducaux, sur lesquelles nous aurons encore l'occasion de revenir. Malgré les efforts des gruyers, les tentatives d'introduction de la vente n'étaient pas toujours couronnées de succès : souvent les marchands ne venaient pas à l'appel, ou offraient des prix si minimes, qu'il fallait chercher d'autres moyens d'utiliser sur place les produits, en installant des forges ou des verreries, par exemple (160).

C'est qu'à cette époque le commerce des bois n'existait pas, les capitaux étaient rares, et l'on n'avait comme *marchands* que les consommateurs voisins, qui ne demandaient pas au delà de leurs besoins. Aussi la nécessité se faisait sentir de diviser par très petits lots la marchandise offerte, afin de trouver preneurs.

(160) A Neufay, en 1509, 138 amoisonnés, 22 marchands (*Arch. Mth.*, B. 4624). — Au ban d'Uxegney, en 1562, aucun marchand ne s'est présenté pour la vendition des bois (*Ib.*, B. 5608). — En 1568, le grand gruyer ordonne d'asseoir une coupe de 25 arpents, pour vendre au bois du ban de Pouxeu « duquel n'est mémoire que profit n'en soit été fait. » De même à Tillonhey (*Ib.* B. 2468). — Au xvi° siècle, les religieux de Saint-Quirin ne trouvent pas à vendre leurs bois à 5 sous la corde ; pour les utiliser, ils fondent des verreries à fabriquer des miroirs (*Corr. Mth.*, v° *Saint-Quirin*).

D'abord, dans les forêts feuillues, on vend toujours en deux fois la coupe annuelle : la première adjudication porte sur la *souille*, bois de chauffage provenant du taillis ou du jeune recrû ; ensuite seulement on s'occupe des arbres proprement dits. Cette manière d'opérer est générale au xvi° siècle ; elle est restée dans les habitudes de la province, et maintenant encore on la suit dans beaucoup de bois de particuliers. Les lots de souille sont divisés sur le terrain, en prévision de la surface suffisante pour fournir à la consommation d'un ménage de paysans. Ces lots contiennent en général un arpent ou deux, qui sont adjugés plus ou moins cher, suivant la fertilité du sol, la situation et l'âge du bois. La contenance était ainsi fort minime, et c'était introduire un grand nombre d'exploitants dans la forêt ; néanmoins, malgré la complication qui devait en résulter, ce mode de vente sur pied et au détail demeure habituel jusqu'au milieu du xvii° siècle (161).

Dès que l'exploitation des taillis était terminée, on

---

(161) Règlement de 1548 pour la forêt de Fraisse (*Arch. Mth.*, 4330). — Règlement pour Neufay, même année (*Ib.*, B. 4642). — Compte de la gruerie d'Amance, pour 1552 (*Ib.*, B. 2244). — Compte de la gruerie de Châtel pour 1555 (*Ib.*, B. 4330). — Compte de la gruerie de Lunéville pour 1563 (*Ib.*, B. 6823). — Compte de la gruerie d'Apremont pour 1569 (*Ib.*, B. 2407). — Compte du domaine de Bainville pour 1593 (*Ib.*, B. 2924). — Contrôle de la gruerie de Viviers pour 1604 (*Ib.*, B. 10341). — Contrôle des bois vendus en 1609 dans la gruerie d'Apremont (*Ib.*, B. 2420). — Compte de la gruerie de Salm pour 1610 (*Ib.*, B. 9097). — Compte de la gruerie de Châtel, pour 1616 (*Ib.*, B. 4361). — Contrôle de la gruerie de Nomeny pour 1621 (*Ib.*, B. 8017).

procédait à la vente des arbres, également sur pied et
en détail. Toutefois cette vente, dans les forêts feuillues,
était toujours bien moins importante que la première :
c'est une conséquence des règles de culture suivies
pour ces forêts, comme nous le verrons plus loin ; on
ne faisait tomber dans les coupes annuelles que les
arbres secs ou dépérissants, les bois *rayés* ou châblis,
en un mot les produits qui ne pouvaient attendre plus
longtemps (162). Tous les arbres sains étaient laissés
en réserve pour les besoins du domaine ou les délivrances usagères. Il en était autrement dans les forêts
résineuses, où la *souille* n'existe pas, et où l'arbre est
l'unique produit. Là, les ventes portent nécessairement
sur les bois de toutes dimensions, depuis la petite
charpente jusqu'aux gros arbres propres à faire des
planches ; elles se font également à la pièce, et les
prix varient suivant les catégories de marchandises : les

---

(162) Règlement de 1548 pour la gruerie de Neufchâteau
(*Arch. Mth.*, B. 4642). — Compte de la gruerie d'Amance
pour 1551 (*Ib.*, B. 2243). — Compte de la gruerie de Châtel
pour 1555 (*Ib.*, B. 4330). — Contrôle de la recette d'Arches
pour 1559 (*Ib.*, B. 2445). — Comptes de la gruerie d'Amance
pour 1553, 1556 (*Ib.*, B. 2255, 2246). — Compte de la gruerie de Lunéville pour 1563 (*Ib.*, B. 6823). — Compte de la
gruerie de Neufchâteau pour 1569 (*Ib.*, B. 4642). — Compte
de la gruerie d'Arches pour 1570 (*Ib.*, B. 2666). — Compte
de la gruerie de Lunéville pour 1584 (*Ib.*, B. 6838). —
Compte de la gruerie de Darney pour 1600 (*Ib.*, B. 5091). —
Procès-verbal de visite des bois de la baronnie de Viviers,
en 1606 (*Ib.*, B. 10341). — Compte de la gruerie de Châtel
pour 1616 (*Ib.*, B. 4361). — Compte de la gruerie de Dieuze
pour 1627 (*Ib.*, Lay. *Dieuze*, II, n° 11). — Compte de la
gruerie de Neufchâteau pour 1630 (*Ib.*, B. 4669). —
Compte de la recette de Darney, pour 1634 (*Ib.*, B. 5113).

sapins reçoivent les dénominations, encore usitées de nos jours dans le commerce, de chevrons, pennes ou *woydes* et sommiers, suivant l'équarrissage des charpentes qu'ils peuvent fournir. Quand le sapin peut donner de la planche, on l'estime d'après le nombre de tronces ou *blenches*, c'est-à-dire proportionnellement aux longueurs de planches suivant lesquelles son tronc sera débité à la scierie. Plus tard cependant, ce mode d'estimation fut reconnu trop sommaire et nuisible aux intérêts du domaine : les gros sapins se vendirent au cent de planches, c'est-à-dire que le prix ne fut définitivement fixé qu'au sortir de la scierie, et, pour les bois de commerce, au moment de former la *flotte* qui devait emporter les planches sur la Meurthe ou la Moselle, vers le bas pays (163). Quoiqu'il en soit, ces ventes de futaie, aussi bien dans les résineux que dans les feuillus, n'étaient que des ventes au détail, le nombre d'arbres de chaque lot restant toujours très minime.

De tout temps, jusqu'au milieu du XVIIe siècle, les ventes en gros ont été exceptionnelles, pour les raisons que nous avons données ci-dessus. Il fallait des

(163) Compte de la gruerie de Blâmont pour 1551 (*Arch. Mth.*, B. 3402). — Compte de la gruerie de Ramonchamp pour 1580 (*Ib.*, B. 8338). — Compte de la gruerie d'Arches pour 1583 (*Ib.*, B. 2683). — Compte de la gruerie de Ramonchamp pour 1590 (*Ib.*, B. 8343). — Compte de la gruerie de Bruyères pour 1596 (*Ib.*, B. 3878). — Contrôle de la gruerie d'Arches pour 1602 (*Ib.* B, 2717). — Compte de la gruerie de Salm pour 1610 (*Ib.*, B. 9097) — Compte de la gruerie de Ramonchamp pour 1613 (*Ib.*, B. 8359). — Compte de la gruerie de Bruyères pour 1613 (*Ib.*, B. 3897). — Compte de la gruerie d'Arches pour 1620 (*Ib.*, B. 2557)

circonstances spéciales pour qu'il en fût autrement : notamment l'existence d'usines à proximité de la forêt, nécessitant une grande quantité de chauffage : tuileries, salines et verreries, plus tard forges et autres établissements métallurgiques, à la condition toutefois que ces usines n'eussent pas reçu lors de leur création des droits d'usage ou des affectations suffisantes (164). La vente d'arbres en gros est encore plus rare que celle de coupes de taillis ; on n'en rencontre que très peu d'exemples dans les bois feuillus (165) ; dans les résineux toutefois, cette vente est plus fréquente, lorsqu'il s'agit de l'approvisionnement des scieries, et par conséquent de sapins propres à fournir des planches.

Nous n'avons parlé dans ce qui précède que de ventes sur pied : il ne semble pas en effet que le propriétaire se soit jamais chargé d'exploiter et de façonner les produits préalablement à l'adjudication. On trouve sans doute, notamment pour l'approvisionne-

(164) Compte de la recette de Dompaire et Valfroicourt pour 1549 (*Arch Mth.*, B. 5454). — Vente de la coupe du Chapitre de St-Georges, au bois des Chanoines, en 1551 (*Ib.*, G. 498). — Compte de la gruerie de Châtel pour 1565 (*Ib.*, B. 4333). — Compte de la gruerie d'Apremont pour 1569 (*Ib.*, B. 2407). — Compte de la gruerie de Châtel pour 1572 (*Ib.*, B. 4343). — Compte de la même gruerie pour 1583 (*Ib.*, B. 4354). — Contrôle de la gruerie de Mirecourt pour 1595 (*Ib.*, B. 7057). — Compte du domaine de Bainville, pour 1605 (*Ib.*, B. 2933). — Compte du domaine de Sierck, pour 1609 (*Ib.*, B. 9454). — Compte du domaine de Bainville pour 1621 (*Ib.*, B. 2942).

(165) Compte de la gruerie de Blâmont pour 1551 (*Arch. Mth.*, B. 3402). — Compte de la gruerie de Ramonchamp pour 1613 (*Ib.*, B. 8359). — Compte de la gruerie de Darney pour 1626 (*Ib.* B. 5108).

ment des salines (166), des bois vendus à tant le char de fagots et tant la corde de chauffage ; il se peut qu'exceptionnellement les officiers de la gruerie se soient alors chargés de l'exploitation, sauf à se faire rembourser par le gouverneur des salines : c'était un compte ouvert entre deux administrations du domaine ducal. Mais en dehors de ces circonstances, les bois vendus à des particuliers semblent avoir été coupés par l'acheteur : seulement, on pouvait ne fixer au moment de la vente que le prix des unités de marchandises, sauf à faire plus tard le compte des sommes dues ; c'est le procédé en usage de nos jours, sous le nom de vente à l'unité de produits.

Enfin, en ce qui concerne les produits accessoires de la forêt, nous avons vu qu'ils étaient habituellement l'objet d'amoisonnements. Là encore, cependant, des ventes peuvent être relevées, bien que la distinction soit souvent délicate. Ainsi, on vendait dans la forêt d'Amance les souches ou *soucquettes* provenant des exploitations précédentes, et ces adjudications se faisaient au journal, comme pour le taillis (167). Une mention toute spéciale doit aussi être faite des bois de

---

(166) Compte du domaine de Dieuze pour 1428 (*Arch. Mth.*, B. 5244). — Comptes du gruyer d'Amance pour 1552, 1553, 1556 (*Ib.*, B. 2244, 2245, 2247). — Compte de la gruerie de Lubine pour 1570 *Ib.*, B. 8785). — Contrôle de la gruerie de Dieuze pour 1585 (*Ib.*, B. 5410). — Compte de la gruerie de Bruyères pour 1596 (*Ib.*, B. 3878). — Compte de la gruerie de Salm pour 1610 (*Ib.*, B. 9097). — Compte de la gruerie de Dieuze pour 1625 (*Ib.*, B. 716).

(167) Compte du gruyer d'Amance pour 1552 (*Arch. Mth.*, B. 2244). — Même compte pour 1556 (*Ib.*, B. 2247).

charbon, qui dans certaines forêts nécessitaient des exploitations considérables : le charbon se vend le plus souvent au char, c'est-à-dire au prorata des résultats effectifs de chaque opération. Mais ailleurs, les paiements se font par fourneau, dont les dimensions ne sont pas désignées ; assez fréquemment aussi on trouve des ventes de bois *buissons* ou *bouxons* destinées au même usage. Ces termes désignent des arbres hêtres qui étaient, concurremment avec les résineux de second choix, considérés comme impropres à d'autres services (168).

En résumé, la vente par arpent de taillis ou par pied d'arbres de futaie est le mode normal d'utilisation des produits ligneux. Nous allons examiner maintenant à quelles conditions cette vente était consentie et quelles étaient les règles de l'exploitation.

C'est principalement au sujet du taillis que les mentions sont nombreuses. On veut réaliser une publicité complète : après que l'arpenteur juré a dressé sur le terrain, à l'équerre, les lots qui devront être adjugés, le gruyer et son contrôleur procèdent au balivage ; puis on fixe la date de l'adjudication, qui est annoncée quinze jours ou trois semaines d'avance dans tous les villages circonvoisins. Au jour dit, les officiers se ren-

---

(168) Compte de la recette de Darney pour 1552 (*Arch. Mthe*, B. 5073). — Compte de la gruerie de Ramonchamp pour 1590 (*Ib.*, B. 8343). — Compte de la gruerie de Bruyères pour 1596 (*Ib.*, B. 3878). — Compte de la gruerie de Ramonchamp pour 1613 (*Ib.*, B. 8359). — Compte de la gruerie de Bruyères pour 1619 (*Ib.*, B. 3905). — Compte de la gruerie de Ramonchamp pour 1623 (*Ib.*, B. 8371). — Contrôle de la gruerie de Bruyères pour 1623 (*Ib.*, B. 3917).

dent sur la coupe, on proclame les conditions de la vente et les enchères commencent. L'époque choisie est d'habitude le mois de septembre ou d'octobre ; plus tard seulement, vers le mois de janvier, on s'occupe des arbres. Tout amateur peut prendre part aux enchères, à l'exception sans doute des insolvables ; l'obligation de fournir caution n'apparaît toutefois qu'assez tard. Quant aux frais de la vente payables par l'acheteur, ils se montent, d'après un règlement de 1558, à deux gros par franc, soit un sixième du prix principal (169).

Les délais de coupe et de vidange ne sont pas partout les mêmes ; d'ordinaire l'abatage doit être terminé pour la fin d'avril, pour le *bouton*, c'est-à-dire avant la feuille ; la vidange doit s'effectuer dans l'année de l'adjudication. Pour les châblis et les résineux, ces époques sont un peu différentes. Le paiement a lieu tantôt en une seule fois, à la Saint-Remy, tantôt en deux termes égaux, à la Saint-Georges et à la Saint-Martin de l'année qui suit la vente. Parfois, les délais sont plus longs pour ceux qui ont acheté des lots plus considérables que les autres. En cas d'inobservation de ces conditions, les pénalités sont très dures : le bois

---

(169) Règlement du duc Antoine du 26 septembre 1536 (Mss. n° 189, Bibl. Nancy, tome I). — Règlement du 9 novembre 1548 pour la gruerie de Lunéville (*Arch. Mth.*, B. 6823) — Le même pour Amance (*Ib.*, B. 4330). — Ventes de la gruerie de Châtel en 1555 (*Ib.*, B. 2063). — Règlement du 15 février 1557 pour la gruerie de Saint-Dié (*Ib.*, B. 8785). — Règlement de 1568 pour la gruerie d'Arches (*Ib.*, B. 2468). — Règlement de 1625 pour la gruerie de Dieuze (*Ib.*, Lay. Dieuze, II, n° 2).

non exploité ou non enlevé demeure en général la propriété du vendeur, sans préjudice du paiement intégral du prix ; suivant d'autres règlements, le gruyer a seulement la faculté d'imposer une amende arbitraire (170).

L'exploitation de la coupe doit être faite à *front de taille* et à *tire et aire* ; c'est-à-dire en une seule fois et en coupant tout le bois abandonné, bon ou mauvais, sans rien laisser en arrière. Quant aux arbres, tous les règlements reproduisent une singulière disposition qui s'est longtemps perpétuée : les petits seuls sont coupés rez terre ; les gros, c'est-à-dire ceux qui ont plus de trois pieds de tour, sont abattus à un demi-pied du sol. On voulait sans doute ainsi garantir la conservation des marques quand exceptionnellement la coupe était martelée en délivrance ; dans les autres cas, cette obligation ne se comprend guère. Le sol était ainsi hérissé de vieux étocs, que l'on exploitait plus tard sous forme de *soucquettes*. L'écorcement des brins de taillis ne

---

(170). Confirmation des Coutumes de Burthecourt-aux-Chênes en 1362 (*Com. Mth., hoc v°*). — Règlement du duc Antoine du 26 septembre 1585 (Mss. n° 189, Bibl. Nancy, tome I). — Règlement de 1548 pour la forêt de Fraisse (*Arch. Mth.*, B. 4330). — Règlement de la même année pour la gruerie de Neufchâteau (*Ib*. B. 4642). — Vente de châblis à Saint-Dié en 1561 (*Ib.*, B. 8785). — Règlement de 1570 pour la gruerie d'Arches (*Ib.*, Lay. *Grand gruyer*, n° 23). — Règlement de 1580 pour la gruerie de Ramonchamp (*Ib.*, B. 8338). — Compte du domaine de Bainville pour 1593 (*Ib.*, B. 2921). — Vente des bois de la gruerie de Mirecourt pour 1595 (*Ib.*, B. 7057) — Règlement de 1595 pour la gruerie de Salm (*Ib.*, B. 9097). — Règlement de 1625 pour la gruerie de Dieuze (*Ib.*, Lay. *Dieuze*, II, n° 2).

peut avoir lieu qu'à certaines conditions ; enfin, pour plus de garantie d'une exploitation convenable, on prend parfois le soin de faire prêter serment aux *bocquillons* ou bûcherons qui sont introduits en forêt (171).

On voit, par ce qui précède, quels moyens étaient employés pour la mise en valeur des forêts, et comment ces procédés diffèrent de ceux actuellement en usage. Les ventes principales étaient celles de taillis, et à cause de l'adjudication en détail, il n'y avait pas d'intermédiaires entre le consommateur et le propriétaire. Cette absence du commerce des bois produit une difficulté très grande, quand on veut rechercher les prix des divers produits forestiers : le paysan achetait le bois sur pied, et ne revendait rien. Pour les bois de service ou de travail, les reventes de produits sont sans doute plus fréquentes, mais on hésite parfois sur le caractère du paiement effectué : s'agit-il d'une véritable vente, ou bien la prestation n'a-t-elle pas une autre origine ? lorsqu'elle est faible, il s'agit souvent d'usagers, qui d'après leur titre n'ont pas le droit de vendre

---

(171) Règlement de 1548 pour la forêt de Fraisse (*Arch. Mth.*, B. 4330), et tous les autres règlements de la même époque. — Règlement du duc Antoine en 1535. (Mss. n° 189, Bibl. Nancy, tome I). — Vente d'une coupe en 1551 par le Chapitre de Saint-Georges (*Arch. Mth.*, G. 498). — Charte de 1556 pour les habitants de Rorthey (*Doc. Vosg.*, VII, 223). — Règlement de 1581 pour les bois communaux de Condé (*Com Mth.*, hoc v°). — Règlement de 1595 pour la gruerie de Salm (*Arch. Mth.*, B. 9097). — Mandement de 1624 pour la gruerie de Pont-à-Mousson (Mss n° 189, Bibl. Nancy, tome IV). — Règlement de 1625 pour la gruerie de Dieuze (*Arch. Mth.*, Lay. *Dieuze*, II, n° 11).

les bois délivrés hors du ban, et qui se font octroyer cette permission par un supplément de redevance. Ces taxes de *gruyage* sont fréquentes surtout pour les sapins (172) : elles sont nécessairement plus minimes que la valeur marchande des produits.

Si nous recherchons d'abord les prix des bois de chauffage, il faut tenir compte, pour les apprécier, des frais d'exploitation et de façonnage, indiqués dans quelques documents, et qui nous paraissent fort modérés ; ainsi, au xvII^e siècle, on paie à peu près autant pour la corde et pour le cent de fagots, 4 ou 5 gros, ce qui représente environ 1/6e du prix pour les fagots, et 1/20e seulement pour la corde de chauffage (173). Cette corde est d'environ 3 stères ; mais il y a plusieurs mesures locales différentes, celles de Bar et de Metz, par exemple ; bien plus, dans un même lieu, la valeur change, suivant qu'il s'agit de bois de commerce, d'affouages, de charbonnette, etc. (174) : autant de parti-

(172) Règlement pour les usagers de Vagney (*Doc. vosg.*, IV, 188). — Règlement pour la gruerie de Ramonchamp, en 1580 (*Arch. Mth.*, B. 8338). — Compte de la gruerie de Châtel pour 1683 (*Ib.*, B. 4354). — Compte de la gruerie de Ramonchamp pour 1618 (*Ib.*, B. 8359).

(173) Compte du domaine de Dieuze pour 1476 (*Arch. Mth.*, B. 6244). — Contrôle de la gruerie de Viviers pour 1604 (*Ib.*, 10341). — Compte de l'abbaye de Beaupré pour 1608, 1610 (*Ib.*, H. 400, 402). — Compte du domaine de Jametz pour 1612 (*Ib.*, B. 6567).

(174) Voir, pour les valeurs de la corde en stères, M. de Riocour, *Monnaies lorraines*, 2e partie (*Mém. de la Soc. d'Arch. lor.*, 1884). — Voir aussi un Atour du magistrat de Metz, en 1357, ordonnant de vendre le bois au poids (*Hist. de Metz*, IV, Pr. 173).

cularités qui rendent très délicate l'appréciation des marchés de cette nature. Les textes sont d'ailleurs fort rares, pour le motif que nous avons donné : quelques acquisitions de fagots, dans des cas exceptionnels (175) ; quelques mentions de bannes de charbon, surtout pour des usines (176). On a sans doute très fréquemment le prix de l'arpent sur pied, c'est-à-dire la valeur de la superficie de taillis ainsi vendue à l'acheteur ; mais ce prix, essentiellement variable, ne peut être d'aucun secours pour apprécier celui de la corde : la production en matière d'un arpent est souvent très différente de celle de l'arpent voisin ; aussi, dans la même adjudication, pour la même forêt, on voit cette unité varier de 4 à 15 francs ; quelquefois même les différences sont plus considérables (177). Au xviie siècle, on peut puiser d'autres renseignements dans les taxes de denrées de

(175) Compte pour le siège de Richemont, en 1483 : « Pour deux cents de faixins, huit sols. » (*Hist. de Metz*, VI, Pr. 268). Ce sont des sols messins, de 20 à la livre ; la livre messine valait alors environ 44 francs de notre monnaie (Voir M. de Riocour, *Monnaies lorraines*, 1re partie, table n° 7) ; ce qui donne pour le cent de fagots 2 fr. 80 c.

(176) Comptes du gruyer de Bar, pour 1409, 1410 (Servais, *Ann. Barr.*, I, 461).

(177) En 1352, vente d'arpens au maitre de la Maison-Dieu de Bar (Servais, *Ann. Barr.*, I, p. 10). — Compte de la gruerie d'Amance pour 1552 (*Arch. Mth.*, B. 2244). — Compte de la gruerie de Châtel pour 1555 (*Ib.*, 4330). — Compte des bois de Beaupré, en 1607 (*Ib.*, II. 399). — Evaluation de la terre de Bayon, en 1628 (*Ib.*, II. 847).

Pour la valeur en hectares de l'arpent ou du journal, voir les Tables de M. de Riocour, *op. cit.*, et un ouvrage de C. F. Guibal, Nancy, in-12, 1837 : *Système métrique et tarifs de comparaisons des mesures locales*.

la ville de Nancy ; ce sont des séries de prix très complètes pour la plupart des objets alimentaires, accidentellement il y est question du chauffage : le bois de corde est classé en quatre qualités, de 7 à 13 francs ; il y a deux qualités de fagots, valant environ 2 francs le cent (178). Ce sont, remarquons-le, les prix du marché de la ville, qu'il faut réduire dans une forte proportion, de moitié peut-être, pour arriver à la valeur des mêmes marchandises en forêt. Quant aux autres produits accessoires du taillis, il n'en est fait aucune mention : cette lacune est regrettable, pour les écorces par exemple, qui devaient donner lieu à un trafic important, car les tanneries ont toujours été fort nombreuses dans la plupart des villes de Lorraine (179).

Les charpentes ne sont ordinairement mentionnées qu'en bloc, de sorte qu'on ne peut connaître le prix de l'unité de volume, la solive (180). En revanche, les transactions ayant pour objet les planches de sapin sont

(178) Taxes du bois de chauffage à Nancy (*Arch. municipales*, Lay. 100. Reg. n° 1).

(179) A Metz, en 1336, parmi les dix grands métiers soumis au Grand-maître, on trouve celui des *tennours* ou tanneurs (*Hist. de Metz*, IV, Pr. 73). — En 1583, dénombrement des tanneries du Brénon, à Vézelise, au nombre de 23 (*Com. Mth.*, v° *Vézelise*). — Battants d'écorce à Baccarat, en 1605 (*Com. Mthe, hoc v°*). — En 1631, lettres de maîtrise aux tanneurs et corroyeurs de Saint-Nicolas (*Com. Mth,, hoc v°*). — En 1612, charte aux cordonniers, tailleurs et corroyeurs de Marsal (*Ib., hoc v°*). — De même à Blâmont, en 1615 (*Ib., hoc v°*), etc.

(180) Restauration de l'abbaye de Senones, en 1534 (*Hist. Sen.*, p. 239).

très fréquentes (181) ; le prix de la planche varie nécessairement suivant que la vente s'est faite dans le voisinage de la montagne ou dans des contrées plus éloignées. Au xvi⁰ siècle, on employait déjà la planche de sapin pour la menuiserie dans les cantons de la plaine, de préférence au chêne, pour certains meubles et pour le plancher des appartements, par exemple : elle se paie de 0 fr. 15 à 0 fr. 90 de notre monnaie, suivant

(181) Compte pour le siège de Richemont, en 1483 : « Pour cinq cents de planches *yauvées* (venues par eau), 60 sols (messins) le cent. » (*Hist. de Metz*, VI, Pr. 268). Valeur intrinsèque, 42 francs environ. — Compte de l'abbaye de Moyenmoutier pour 1539 : « Planches vendues à 1 franc la charrée. » (*Arch. Mth.*, B. 7226). Le franc barrois vaut à cette époque environ 3 fr. 06 c. — Compte de la recette de Dompaire et Valfroicourt pour 1549 : « Réfection du moulin de Valfroicourt ; pour six planches de sapins, 9 gros. » (*Ib.*, B. 5454). Valeur intrinsèque du gros, 2 fr. 30 c. ; soit 0 fr. 38 c. la planche. — Bail de la scierie de Sency, au Chapitre de Saint-Dié, en 1554 : les laisseurs peuvent acheter des planches, en les payant, sur le lieu, 22 gros la charrée de 25 pièces, tant planches que *troctels* (*Ib.*, G. 124). Soit 4 fr. 51 c. la charrée et 0 fr. 18 la planche, prix de faveur. — Compte de la recette de Prény, pour 1602 : « Dépense de 5 francs ? gros pour 11 planches de sapin sec de 14 pieds l'une. » (*Ib.*, B, 8282). Soit 0 fr. 95 c. la planche. — Compte de l'abbaye de Beaupré, en 1608 : « 2 planches de sapin pour faire des fonds aux armoires, 9 gros. » (*Ib.*, H. 400). Soit 0 fr. 66 la planche. — Contrôle de la recette de Hombourg pour 1616 : « Dépense de 6 francs 6 gros pour 15 planches de sapin, employées à *plancher* les chambres, 14 pieds de longueur et 1 pied et demi de largeur. » (*Ib.*, B. 6491). Soit 0 fr. 76 la planche.

La valeur du franc barrois est extraite, pour les différentes époques, de l'ouvrage précité de M. de Riocour, Table n° 3.

les lieux et les dimensions. Le plus souvent, la longueur n'est que de 10 pieds ; mais on trouve aussi des planches de 12 et 14 pieds. Comme nous l'avons déjà remarqué, cette marchandise était, de tous les produits forestiers, celle qui était l'objet du commerce le plus important. Cependant, les transports, même par eau, n'étaient pas faciles au moyen-âge ; jusqu'au xviie siècle, les péages sur les rivières étaient fort nombreux, à cause du morcellement considérable des seigneuries qui partageaient le pays : chacun avait sa petite douane, son *passage*, qui formait souvent le plus clair de son revenu ; à l'exemple des seigneurs, le duc lui-même percevait le *haut-conduit* à la sortie et à l'entrée de son domaine. Il serait difficile d'énumérer exactement tous les péages qni se succédaient ainsi sur les grandes rivières : pour la Meurthe, nous mentionnerons Deneuvre, Raon-l'Etape et Rosières ; pour la Moselle, Remiremont, Docelles, Bainville et Gondreville ; au moins ce sont ceux que relatent les comptes des receveurs ducaux (182). On y trouve des renseignements intéres-

(182) Accord de 1302 pour le passage de Raon, entre le comte de Salm, l'abbé de Senones et le duc de Lorraine (*Hist. de Senones*, p. 168). — Accord de 1389, entre le duc Jean et Henri de Blâmont, pour le passage de Deneuvre (Dufourny, V. 127). — Compte du domaine de Gondreville pour 1549 (*Com. Mth.*, hoc v°). — Compte du domaine de Bainville-aux-Miroirs pour 1576 (*Arch. Mth.*, B. 2904). — Compte du domaine de Rosières, en 1627 (*Com. Mth.*, hoc v°). —Contrôle de la gruerie de Bruyères pour 1632 et 1633 (*Arch. Mth.*, B. 3916 et 3917).

Si l'on calcule les quantités de bois auxquelles correspond la redevance du passage de Bainville, en 1576, et si l'on admet 1/10e pour le bénéfice de l'amodiateur, on trouve qu'il passait annuellement sur la Moselle environ 36 000 planches et 750 sapins, en grume ou en charpente.

sur la manière dont se formaient les *flottes* ou *voiles*, composées partie de *merrains* ou sapins équarris, partie de planches et de chons ou *troctels*.

C'était surtout par les voies fluviales que s'écoulaient ces produits forestiers ; il ne semble pas cependant que de grands efforts aient jamais été faits pour rendre la navigation plus facile. Quelques ruisseaux ont pu être aménagés spécialement pour le flottage à bûches perdues, mais la Moselle et la Meurthe restaient dans leur état naturel, quand elles n'étaient pas barrées artificiellement pour les besoins de l'irrigation. Aussi, le transport des grosses pièces présentait toutes sortes de difficultés. Nous trouvons, dans un compte de 1571, le récit d'une véritable odyssée accomplie par trois sapins, que le duc demandait à son gruyer d'Arches, pour la réparation du château de Condé, au-dessous de Nancy : il s'agissait, il est vrai, de charpentes d'un bel échantillon, 35 pieds de long sur 2 pieds et demi d'équarrissage. On les avait d'abord coupées dans la forêt d'Hérival, mais elles ne purent dépasser Ranfaing, près de Remiremont ; il fallut en chercher d'autres dans le val de Cleurie, qui eurent bien de la peine à gagner leur destination (183). Quant aux routes de terre, le commerce des bois ne les utilisait guère, même pour la vidange immédiate des forêts. Nous voyons qu'en 1610, on se servait pour le transport des bois de traîneaux, dans le comté de Salm : faut-il voir dans cette mention l'exis-

---

(183) En 1328, accord entre Jean de Salm et l'abbé de Moyenmoutier, pour le flottage du ruisseau de Ravines (*Hist. de Senones*, 171-173). — Compte de la recette d'Arches pour 1571 (*Arch. Mth.*, B. 2473). — Compte de la gruerie de Salm pour 1610 (*Ib.*, B. 9087).

tence de chemins de *schlitte*, si communs de nos jours dans certaines parties des Vosges ? quoi qu'il en soit, ce moyen ingénieux de faire descendre aux bois les fortes pentes des montagnes ne devait pas être très fréquent à cette époque.

Malgré les entraves multiples résultant des voies de communication, le commerce par eau surtout restait florissant en Lorraine, et les produits des forêts s'échangeaient, de même que les vins et les céréales, jusqu'en Hollande, dans les villes maritimes situées à l'embouchure du Rhin et de la Meuse (184).

Nous aurions voulu compléter ce tableau par des appréciations sur le revenu en matière et en argent des principales forêts ; mais, sans même remonter au delà du XVI° siècle, le sujet présente de nombreuses difficultés. On ne peut rien dire de précis sur la production en matière, à cause de l'incertitude qui règne sur les contenances et aussi parce que l'idée d'un rapport soutenu, tel que nous l'entendons maintenant, était, nous le verrons, entièrement étrangère à la gestion de cette époque. En ce qui concerne le revenu en argent, nous avons sans doute, pour chacune des grueries ducales, les comptes annuels du domaine, depuis la fin du XV° siècle, et chacun d'eux se termine par la somme des recettes et celle des dépenses, d'où résulte la balance de l'exercice. Mais on se tromperait étrangement en se représentant les gruyers d'alors uniquement occupés de l'administration du sol forestier : outre les

---

(184) Pour le commerce des bois sur la Moselle, voir Digot, *Hist. de Lorraine*, IV, 112 ; et pour la Meuse : Rapport au roi sur le pays Verdunois, fait en 1670 par Ch. Colbert (*Hist. de Verdun*, Pr. 90).

eaux et les étangs, qui furent toujours de leur ressort, les nombreux acensements qui avaient été pris sur la forêt, continuaient à être soumis à leur surveillance, de sorte qu'ils étaient les administrateurs d'un domaine très varié, dans lequel les massifs boisés n'avaient souvent qu'une importance secondaire. Ils recevaient ainsi des redevances de grains, étaient chargés de la direction des corvées, comme les receveurs avec lesquels leurs fonctions étaient parfois confondues. Leurs comptes ne sont donc pas uniquement consacrés aux forêts, et les variations des sommes de recettes ne correspondent pas nécessairement à des changements du revenu forestier. Nous avons cependant analysé quelques-uns de ces comptes (185), provenant les uns des pays de plaine, les autres de montagne ; ils présentent une grande diversité. On y trouve notamment la justification des observations que nous avons relevées dans le cours de ces chapitres : l'importance des paissons et des acensements, la prédominance énorme du produit des ventes de souille sur

(185) Comptes de la gruerie d'Arches, pour 1559, 1568, 1620 (*Arch. Mth.*, B. 2465, 2468, 2753.) — Comptes de la gruerie de Blâmont, pour 1531, 1551 (*Ib.*, B. 3248, 3402). — Comptes de la gruerie de Bruyères, pour 1565, 1579, 1596, 1607, 1618, 1633 (*Ib.*, B. 3852, 3878, 3890, 3907, 3917). — Comptes de la gruerie de Châtel, pour 1544, 1556, 1565, 1572, 1583, 1616 (*Ib.*, B. 4328, 4330, 4333, 4343, 4354, 4361). — Comptes de la gruerie de Darney, pour 1535, 1552, 1600, 1626, 1634 (*Ib.*, B. 5067, 5073, 5091, 5108, 5113). — Comptes de la gruerie de Dieuze, pour 1584, 1627 (*Ib.*, B. 5410 et Lay. *Dieuze*, II, n° 11). — Comptes de la gruerie de Lunéville, pour 1563, 1584 (*Ib.*, B. 6823, 6838). — Comptes de la gruerie de Neufchâteau, pour 1569, 1630 (*Ib.*, B. 4642, 4669). — Comptes de la gruerie de Ramonchamp, pour 1590, 1613 (*Ib.*, B. 8343, 8359).

celles d'arbres de service, et d'une manière générale l'augmentation des recettes, à mesure que l'adjudication se substitue aux amoisonnements.

Si l'évaluation du revenu forestier offre de grandes incertitudes, il en est à peu près de même de la valeur en fonds et superficie. Jusqu'au xvie siècle, les ventes de fonds sont assez rares, bien qu'on en ait des exemples ; on contractait alors de préférence sous forme d'acensements. Plus tard, les comptes du domaine enregistrent un certain nombre d'achats et de ventes : c'est surtout pour constituer les approvisionnements de leurs salines que les ducs acquièrent des particuliers ou des communautés religieuses des massifs souvent considérables. Mais ces transactions nous donnent rarement des renseignements précis sur la valeur foncière ; il faut pour cela que la description de la forêt soit jointe. Nous voyons ainsi qu'en 1592, des taillis des environs de Parroy, surmontés de rares baliveaux, s'achètent 16 francs barrois l'arpent ; ailleurs on va jusqu'à 21 francs ; en 1614, à Morville-les-Vic, le journal de bois taillis s'estime à la même valeur que le journal de terre labourable, 50 francs, tandis que la vigne vaut le double. S'il s'agit de haute futaie, les prix sont naturellement plus considérables (186).

---

(186) En 1255, vente au comte de Bar par les enfants de feu Aubry de Gondreville (*Doc. Vosg.*, VIII, 14). — En 1285, vente au couvent de Sainte-Hoïlde (*Cartulaire de Sainte-Hoïlde*, p. 21). — En 1381, vente à Jean le Papellier sur la rivière de Saulx (Servais, *Ann. du Barrois*, II, 40). — En 1526, vente au duc de Lorraine, ban de Moncel (Duf. I, 737). — En 1534, vente de deux bois dans la gruerie de Lunéville (*Arch. M^{the}*, B. 716) — En 1548, vente au duc, ban de Bassing (*Com. M^{the}*, *hoc v^o*). — En 1560, vente aux habitants

Ces textes, relatifs aux ventes d'immeubles, et d'autres encore que nous aurons à étudier, nous montrent qu'autrefois, de même que maintenant, les forêts n'étaient pas traitées d'une manière uniforme : à côté des taillis, on mentionne des futaies. Ces termes doivent-ils s'entendre dans le sens que nous leur donnons aujourd'hui ? existait-il alors des règles de culture analogues à celles que l'on suit de nos jours ? avons-nous quelques données certaines sur le régime et le mode de traitement des forêts à partir du xv° siècle ? questions extrêmement intéressantes, auxquelles nous no

de Guéblange (Duf. IX, 630). — En 1579, vente au duc, ban de Manoncourt-en-Vermois (*Com. Mth., hoc v°*). — En 1592, estimation des bois du seigneur de Créhange (*Arch. Mth.*, B. 716). — En 1597, vente au duc d'un bois à Vannecourt (Duf. III, 859). — En 1600, vente au duc de bois appartenant à l'abbaye de Saint-Epvre (Duf. I, 134). — En 1608, vente au duc de bois à l'abbaye de Saint-Remy de Lunéville (Duf. VIII, 540). — En 1609, vente à l'abbaye de Sainte-Marie-aux-Bois de taillis appartenant aux religieux de Salival (*Arch. Mth.*, B. 1128). — En 1611, vente au duc d'un bois de haute futaie à Lanfroicourt (*Com. Mth., hoc v°,*). — En 1612, le duc vend le bois de Xiroux (Duf. V, 283). — En 1613, vente au duc de bois appartenant aux dames de Vergaville (Duf. V, 244). — Registre du tabellionnage de Morville-les-Vic, en 1614 (*Stat. Mth., hoc v°*). — En 1628, vente au duc par le sieur de Bettainviller, d'un bois à Châtillon-sous-les-Côtes (Duf. V, 641).

Il est rare de trouver, pour la même forêt, à la fois l'estimation en fonds et superficie, et le revenu annuel, d'où résulte le taux de capitalisation. Ces renseignements sont fournis, cependant, à la fois pour les terres arables et pour les forêts, dans l'estimation de la seigneurie de Bourlémont, en 1601, publiée aux *Documents de l'Hist. des Vosges*, IV, 125-150.

nous flattons pas de répondre complètement, mais qu'il nous est impossible d'esquiver, car elles forment en quelque sorte le couronnement de notre étude.

Ce fut seulement vers le milieu du xvi° siècle qu'on s'occupa de régler d'une manière quelque peu précise l'exploitation des principales forêts feuillues. Les actes qui intervinrent à ce sujet ne méritent pas le nom d'aménagements, dans le sens moderne que nous attribuons à ce mot ; bien qu'ils aient pour but de fixer l'assiette des coupes, la durée de la révolution et d'assigner un plan de balivage, nous verrons pour quelle raison la production annuelle de la forêt ne se trouve pas entièrement déterminée, et comment le régime lui-même demeure incertain, sans qu'il soit toujours possible de le faire rentrer dans les catégories admises de nos jours.

Quoiqu'il en soit, avant l'application de ces règlements, relativement modernes, en quoi consistait le traitement des forêts feuillues ? de nombreux textes nous apprennent qu'elles étaient *jardinées* (187), mais il ne faut pas non plus donner à ce terme sa signification actuelle. On jardinait des bois feuillus, c'est-à-dire que la marche des exploitations n'y était pas réglée ; ces exploitations consistaient, d'ailleurs, soit en extractions d'arbres mûrs, opérées çà et là, soit aussi en coupes s'étendant sur des surfaces continues, comme nous le

---

(187) Règlement de 1548 pour la forêt de Fraisse (*Arch Mth.*, B. 4390). — Même date pour Neufay (*Ib.* B. 4642). — Règlement de 1595, pour les bois de la gruerie de Salm (*Ib.* B. 9097).

montrent des ordonnances du xiv⁵ siècle, prescrivant de réserver, dans ces circonstances, un certain nombre de pieds des essences les plus précieuses. Ces forêts jardinées étaient donc celles qui n'avaient pas encore été l'objet d'une mise en règle ; la durée de la révolution y restait indéterminée, de sorte qu'il nous est impossible de préciser sûrement en quel état se trouvaient alors les massifs. On peut conjecturer seulement que, dans les cantons éloignés des habitations, on rencontrait de véritables futaies pleines, éclaircies de distance en distance par des enlèvements de gros arbres ; plus fréquemment, des réserves nombreuses recouvraient un sous-bois exploité à de courtes révolutions ; enfin, parfois, malgré les termes généraux des ordonnances, il ne restait aucun arbre après la coupe à blanc étoc.

Il faut, en cette matière, se garder de prendre à la lettre les termes employés alors pour la description des forêts. Il est très souvent question de hautes futaies, non seulement dans les domaines ducaux, mais aussi dans ceux des communautés et des seigneurs ; le terme de moyenne futaie est aussi employé (188) ; quant aux taillis, ils sont classés en hauts, moyens et petits taillis

---

(188) En 1557, bois de futaie à Triconville (Duf. II. 607). A Rambervillers, en 1567 (*Doc. Vosg.* III, 227). — A Tillonhey, en 1568 (*Arch. Mth.*, B. 2468). — A Bourlémont, en 1601 (*Doc. Vosg.* IV, 125). — A Parux, en 1604 (*Com. Mth., hoc v°*). — A Vannecourt, en 1607 (*Arch. Mth.* G. 421). — A Chaumousey, en 1607 (*Doc. Vosg.*, IV. 198). — A Kemplich, en 1635 (*Arch. Mth.* B. 9454). — A Dieuze, en 1625 (*Ib. Lay. Dieuze*, II, n° 11). — A Altroff, en 1628 (*Com. Mth., hoc v°*). — A Darney, en 1634 (*Arch. Mth.*, B. 5113).

ou broussailles (189), sans que ces mots correspondent nécessairement à une révolution plus ou moins longue. Entre ces taillis et les futaies de la même époque, les différences étaient sans doute bien moins profondes que maintenant : on ne s'attachait pas au mode de régénération, par la semence ou par les rejets de souche ; c'était plutôt, nous le verrons plus loin, le nombre et l'importance des gros bois qui entraient en ligne de compte.

Dans la montagne, il est aussi question de jardinage pour les forêts résineuses (190) ; ici, ce terme concorde bien avec le sens actuel. Il indique, de plus, par une opposition semblable à celle que nous avons relevée dans les bois feuillus, que les résineux ainsi traités ne subissaient pas de mise en règle ou d'assiettes sur le terrain. Pour les mêmes forêts, la qualification de hautes futaies est très souvent donnée (191) ; mais encore, gardons-nous de faire deux catégories de sapinières : la futaie pleine était certainement inconnue, et l'exploitation par pieds d'arbres régnait sans exception.

Au sujet des droits d'usage et des bois de communautés, nous avons expliqué ce qu'il fallait entendre, dans les Vosges, par les termes de rapailles et de banbois. Dans la forêt usagère, les règles de la délivrance sont plus précises pour le banbois, plus sommaires pour

---

(189) Estimation de la seigneurie de Bourlémont, en 1601 (*Doc. Vosg.*, IV. 125). — Compte du domaine de Bainville, en 1593 (*Arch. Mth.* B. 2921).

(190) Règlement pour le comté de Dabo, du 27 juin 1613, art. 3 (M. Alexandre, *Etude sur Dabo, Appendice*, II, 62-68).

(191) Déclaration des bois de la gruerie de Bruyères, en 1565 (*Arch. Mth.*, B. 3852). — Ordonnance sur requête des habitants de gchamps, en 1571 (*Ib.* B. 2675).

la rapaille ; s'il s'agit de forêts communales, les habitants exploitent, pâturent, labourent la rapaille, tandis que le banbois est mis en garde et en réserve pour la communauté. Par une conséquence toute naturelle, on en vint à assimiler le banbois à la haute futaie (192), c'est-à-dire à la forêt riche en arbres, capable de fournir une exploitation régulière; de même, lorsque la rapaille était plantée d'essences feuillues, elle n'était pas différente des taillis de la plaine.

Telle était donc la physionomie générale des forêts lorraines au xvie siècle : dans la montagne, les sapins sont jardinés, comme ils le sont encore aujourd'hui ; dans la plaine, les feuillus sont exploités à d'assez courtes révolutions, et s'ils sont distingués en futaies et taillis, c'est uniquement d'après l'importance plus ou moins grande des gros bois qu'ils contiennent. Nous ne voulons pas dire cependant qu'il n'existait point de futaies pleines ; on devait en trouver certainement, mais seulement dans les lieux où n'avaient pas pénétré les exploitations régulières. Ce qui nous semble certain, c'est qu'aux yeux des forestiers d'alors, le massif plein en haute futaie n'était pas le but vers lequel devait tendre le traitement des feuillus ou des résineux. Il nous reste à marquer maintenant le caractère des règlements du xvie siècle, et leurs conséquences pour la situation forestière du pays.

Le préambule des ordonnances de règlement contient

---

(192) Etat des bois de la gruerie d'Arches, en 1570 (*Arch. Mth.*, B. 732, n° 23). — Lettres ducales du 6 mai 1572, pour les habitants du ban de Ramonchamp (*Ib.*, B. 8333). — Ordonnance sur requête des habitants du Houx, en 1573 (*Ib.*, B. 2675).

une sorte d'exposé de motifs qui nous dépeint sous de sombres couleurs le résultat des exploitations antérieures : la forêt est appauvrie par les ventes extraordinaires, le défaut d'ordre dans les coupes a facilité la négligence et les malversations des officiers, bref la forêt « s'en va du tout à ruine ». Ces lamentations étaient peut-être exagérées : ce qui porte à le croire, c'est qu'elles sont pour ainsi dire du style officiel de l'époque, et qu'on en trouve d'analogues dans d'autres matières, toutes les fois qu'il s'agit de justifier un changement quelconque à la législation ou aux habitudes en vigueur. Tant était grand le respect de nos aïeux pour les principes établis par leurs devanciers, qu'il fallait démontrer d'avance et rendre évidente à tous la profondeur du mal, avant d'oser toucher à la pratique consacrée par un ancien usage. Voyons donc en quoi consistent ces innovations apportées au XVI° siècle, afin, disent les ordonnances, « que revenant au temps de la seconde coupe, les bois soient trouvés aussi bons et meilleurs que lors de la première » (193).

Le remède est fort simple et les moyens recommandés sont partout les mêmes. La forêt est mise en *tailles* ou *assiettes* régulières, c'est-à-dire que l'on détermine la marche des coupes, en formant des *con-*

---

(193) Préambule du règlement de 1548, pour la forêt de Fraisse (*Arch. Mth.*, B. 4330). Voir aussi les règlements de la même année pour les grueries de Neufchâteau (*Ib.*, B. 4642), de Lunéville (B. 6828), d'Amance (B. 2003).

Dans la forêt d'Orléans, il est remarquable que ce fut à peu près à la même époque (Lettres-patentes de Villers-Cotterêts, en 1543), qu'on substitua aux vieilles futaies les taillis à courtes révolutions (Voir de Maulde, *Condition forestière de l'Orléanais*, Chap. II, p. 405-430.)

trées ou séries d'exploitation ; ces contrées doivent être parcourues pendant un certain nombre d'années qui constitue la révolution, en réservant une quantité d'arbres également fixée dans un plan de balivage sommaire. Les contrées ou séries ne sont ordonnées que lorsque la forêt est trop vaste pour être parcourue d'ensemble, ou lorsque les besoins des populations riveraines rendent préférable le morcellement des exploitations (194). Le plan de balivage n'est pas nouveau : nous verrons en quoi il consiste ; la partie essentielle des règlements est donc l'établissement de la révolution. Il nous semble au moins singulier, avec nos idées modernes, qu'on ait cru pendant de longs siècles pourvoir suffisamment à l'administration d'une forêt sans fixer de révolution : c'est pourtant dans cette situation que se trouvaient les forêts lorraines jusque vers 1550. Dès qu'ils avaient réglé la quantité des réserves, les anciens forestiers croyaient avoir satisfait à la condition essentielle, sans s'inquiéter du nombre d'années plus ou moins considérable qui séparait deux exploitations successives. En fait, ces anciennes révolutions devaient être partout extrêmement courtes : ainsi, dans la gruerie d'Amance, comprenant les forêts qui entourent Nancy, on revenait au même point tous les 8 ou 10 ans. Les ordonnances de mise en règle augmentent généralement ce terme (195) : 20, 30 et 40 ans sont les révolu-

(194) Règlement de 1548 pour la gruerie de Neufchâteau ; division de la forêt de Neufäy en trois *contrées* : Viaucourt, Barville et Châtenoy (*Arch. Mth.*, B. 4642).

(195) Durée des révolutions : à Fraisse, 1548, 30 ans (*Arch. Mth.*, B. 4330. — A Neufäy, même date, 40 ans. (*Ib.*, B. 4642. — A Morimont, gruerie de Lunéville, 15 ans ;

tions les plus ordinaires pour les bois du domaine ; il n'en est pas de plus considérables, mais beaucoup demeurent plus brèves. Dans les forêts affectées aux salines, on descend jusqu'à 6 ans ; plus bas encore dans quelques bois de communautés. On se dira peut-être qu'il n'était guère besoin d'ordonnances nouvelles pour sanctionner une situation qui nous paraît si défectueuse. On voit aussi qu'il y a loin de ces révolutions, même les plus longues, à celles du *tire-et-aire*, qu'il est de mode actuellement de considérer comme le traitement appliqué dès le xvi⁰ siècle à toutes les forêts de France : avec le tire-et-aire, on passait plus d'un siècle avant de

à Azerailles, 20 ans ; à la haute et basse Mondon, 20 ans (*Ib.*, B. 6823) — A Amance, même date, 25 ans (*Ib.*, B. 2063). — A Moncel, en 1581, pour le service des salines, 6 ans (*Ib.*, G. 498). — Dans les *haies* de Thiaucourt, bois communaux, 3 ans ! (*Com. Mth., hoc v°*). — A la Vendue et au Biedhey, gruerie de Mirecourt, 10 ans (*Arch. Mth.*, B. 7057). — Aux Eslieux et Menelle, gruerie de Salm, en 1595, 40 ans (*Ib.*, B. 9097). — A Mondon, bois du chapitre de St-Georges, en 1600, 30 ans (*Ib.*, G. 498). — Bois de la seigneurie de Bourlémont, en 1601, 30, 20 et 16 ans (*Doz. Vosg.* IV, 125). — Bois de Genay, finage de Chamagne, en 1603, 13 ans (*Arch. Mth.*, B. 2933). — Bois de l'abbaye de Salival, pour les salines, en 1607, 24 ans (Duf. IX, 622). — Bois affectés aux salines domaniales, en 1613 : Sallonne, 5 ans ; Marsal, 7 ans ; Dieuze, 9 et 10 ans (*Arch. Mth.*, B. 716). — Bois de la gruerie de Condé-sur-Moselle, en 1616, 6 et 20 ans (*Ib.*, B. 5045). — Bois communaux de Sorcy, en 1620, 15 ans (*Ruines de la Meuse*, IV, 329). — Règlement de 1625, pour la gruerie de Dieuze : trois contrées de *futaie*, en coupes ordinaires de recrû ; sept contrées de taillis affectées à la saline, réglées à 6 ans (*Arch. Mth.*, Lay. *Dieuze*, II, n° 11). — A Bayon, en 1628, les bois seigneuriaux sont réglés à 16 ans (*Ib.*, H. 847).

parcourir toute la forêt ; le nom et la chose ont été également inconnus en Lorraine (195 bis).

Il nous reste à examiner le complément et le correctif nécessaire des dispositions qui précèdent : le plan de balivage, qui, nous l'avons dit, se trouve indiqué déjà dans les ordonnances du xiv° siècle, et que les règlements du xvi° ne modifient pas d'une manière essentielle (196). Le duc Raoul, vers 1340, René, II en 1506,

(195 *bis*) Cette conception de la futaie en Lorraine, telle qu'elle résulte des documents du xvi° siècle, doit-elle être étendue aux provinces voisines, à la même époque ? Nous ne pouvons l'affirmer, et nous nous bornons à mentionner ici les opinions divergentes d'auteurs qui se sont occupés de la même question : pour la Bourgogne, M. Picard (*Les forêts du Charolais*, p. 13), traduit haute futaie par futaie jardinée; pour la Franche-Comté, M. Gurnaud (*Le contrôle et le régime forestier*, Revue des eaux et forêts, 1882, p. 7 et 8), explique les termes de haute futaie, demi et quart de futaie, par des coupes d'amélioration revenant deux ou quatre fois pendant la durée de la révolution principale. Quant à nous, malgré nos recherches, nous n'avons pu découvrir, pour cette époque, aucune mention de révolutions de futaie pouvant justifier l'application du tire-et-aire.

(196) Ordonnances du duc Raoul, 1328-1346 (Digot, *Hist. de Lorraine*, II, 250). — Ordonnance de René II, en 1506 (Mss. n° 189, Bibl. Nancy, tome I). — Règlements du duc Antoine, en 1519 et 1535 (*Ib.*). — Règlements de 1548, pour la forêt de Fraisse (*Arch. Mth.*, B. 4390), pour la gruerie de Neufchâteau (B. 4642), pour Lunéville (B. 6823), pour Amance (B. 2063). — Règlement de 1561, pour la gruerie de St-Dié (*Ib.*, B. 8785). — Déclaration de 1563, pour la gruerie de Bruyères (*Ib.*, B. 3852). — Etat des bois de la gruerie d'Arches, en 1568 (*Ib.*, B. 2468). — Bail des bois de Landecourt, en 1572, par l'abbaye de Beaupré (*Ib.*, H. 389). — Règlement de 1581, pour les bois communaux de Condé (*Com. Mth., hoc v°*). — Laix des bois de Mondon, en 1600, par le chapitre de St-George (*Arch. Mth.*, G. 498). — Visite

veulent qu'on réserve dans les coupes 30 *étalons* ou baliveaux de chêne par arpent ; en 1519, le duc Antoine ramène ce chiffre à 25 (196 bis). Cette règle signifie qu'à chaque coupe on doit laisser 25 ou 30 brins de l'âge du taillis ; des arbres plus âgés, on n'en parle pas ; il va de soi qu'ils sont intégralement conservés, et qu'on n'y peut toucher qu'au moyen des coupes extraordinaires. Étant donnée la brièveté des révolutions, 125 ou 150 baliveaux à l'hectare étaient largement suffisants, du moment surtout qu'ils venaient s'ajouter à la masse des gros arbres, des *futaies* provenant d'exploitations précédentes. Le peuplement résultant de coupes semblables, quelle que fût la révolution, était donc bien une forêt de *futaies*, presque un massif complet de gros arbres, dans lequel on ne venait puiser qu'au fur et à mesure des besoins du domaine, sans être aucunement lié par la marche des coupes ordinaires. C'était, on le voit, un mode de traitement capable d'enrichir promptement la forêt, si le maître était sage et ne venait pas trop souvent détruire le matériel accumulé dans les balivages successifs.

Telle fut la pratique ancienne, qui, déjà au commencement du xvi° siècle, était en voie de subir une transformation. Dans un autre règlement d'Antoine, en 1535, on réserve 20 chênes dans les futaies et 20 pièces au *petit bas bois*, c'est-à-dire dans le taillis, plus les fruitiers ;

---

des bois de la baronnie de Viviers, en 1606 (*Ib.*, B. 10341). — Compte du domaine de Bainville, pour 1621 (*Ib.*, B. 2950). — Contrôle de la gruerie de Nomeny, pour 1621 (*Ib.*, B. 8017). — Règlement de 1625, pour la gruerie de Dieuze (*Ib.*, Lay. *Dieuze*, II, n° 11). — Contrôle de la gruerie de Châtel, pour 1633 (*Ib.*, B. 4370).

(196 *bis*) Dans tous ces textes, l'arpent est d'environ 20 ares.

tout le reste est vendu en même temps que le sous-bois. Nous sommes ici en présence d'un plan de balivage plus complet, qui laisse le massif de futaie plus fortement éclairci après la coupe ordinaire. Il en est peut-être de même lorsque l'ordonnance prend soin de désigner la grosseur des étalons à réserver : 2 pieds et demi *sur l'estocage*, ou de circonférence, par exemple ; on peut croire qu'alors ce sont les baliveaux de l'âge qui sont passés sous silence, et qu'il suffit de conserver un certain nombre d'arbres de 80 centimètres de tour. Le règlement n'est donc pas partout identique, et de son application résultent deux formes de peuplements, dont les différences doivent, dans la suite, s'accentuer toujours davantage.

Les nombreuses ordonnances de mise en règle qui datent de 1548 reproduisent les dispositions anciennes, relatives aux réserves, avec le sens le plus conservateur. Ainsi, dans l'ordonnance destinée à la gruerie de Lunéville, il est prescrit « de laisser tous les chênes verts pour servir de bois merrain à l'avenir, et 30 chêneaux en chacun arpent pour servir d'étalons ». On n'exploite par conséquent que les arbres morts ou dépérissants ; les chênes de réserve sont ailleurs remplacés par des hêtres ou même des charmes, à défaut des deux autres essences plus précieuses. Tel est le type auquel sont soumises les principales forêts du domaine, et les peuplements qui en résultent sont dits *de haute futaie* dans le style de l'époque. D'autres textes, même postérieurs à 1548, sont moins clairs, et laissent indécise la question de savoir si l'on peut enlever, lors de la coupe, tous les gros bois, en dehors de ceux désignés expressément pour être réservés. Il en est, en revanche, qui ne permettent aucun doute, et qui se séparent nettement du système de 1548. Ainsi, dans la forêt de Ternes, en 1633, on doit réserver à l'arpent 10 baliveaux de vieilles écorces et 10 de jeunes, c'est-à-dire de l'âge du taillis ; tout le reste étant abattu, on voit que le peuplement sera bien moins riche en gros arbres que précédemment : ce sera donc une *moyenne futaie*, représentée seulement par 100 arbres à l'hectare. Le règlement pour la gruerie de Dieuze, en 1625, est remarquable en ce qu'il donne successivement un balivage de futaie et de taillis ; pour les coupes de *futaie*, il est identique à ceux de 1548, sauf que le nombre des baliveaux de l'âge descend à 16 par arpent ou 80 par hectare ; pour les coupes de *taillis*, même nombre de jeunes étalons, mais « il n'y faudra laisser aucun de vieille écorce excédant la grosseur de demi-pied au diamètre sur le tronc, et en régler le nombre à 2 on 3 au plus par arpent ». Probablement le *petit taillis* était encore plus pauvre et ne conservait aucun arbre dépassant l'âge de la révolution. Ces exemples suffisent pour expliquer la valeur des termes anciens : haute et moyenne futaies, grand et petit taillis, forment donc une suite de peuplements dans laquelle l'importance des gros bois décroît graduellement, avec une durée de révolutions partout à peu près identique.

La législation des xvi° et xvii° siècles, si complète pour les forêts feuillues, est à peu près muette pour les résineux. La difficulté de donner pour les sapins un règlement d'exploitation était, en effet, très grande ; le mode adopté pour la mise en valeur n'était plus le même, et la vente esssentielle des feuillus, la souille ou sous-bois, faisait ici complètement défaut. On se borna donc à quelques prescriptions sommaires, destinées bien moins à assurer la continuité des coupes qu'à empêcher le gaspillage des produits de la forêt. Nous avons vu que la plupart des sapinières contenaient des *marches* ou affectations destinées au roulement des scieries : les gruyers doivent désigner des arbres aux *sagars* tant qu'il s'en trouve dans la marche de dimensions suffisantes ; dès que les bois deviennent trop jeunes, ils ferment le canton et en désignent un autre, pendant que l'ancien se repose. Dans les parties de forêts qui ne sont pas ainsi affectées, mais dont les produits se vendent annuellement, on recommande seulement aux officiers de ne rien marquer au dessous des dimensions marchandes, et d'arrêter aussi les exploitations dès qu'on ne trouve plus d'arbres suffisants à faire des planches ou des sommiers et autres bois de charpente (197). Ces recommandations sommaires méritent donc bien moins encore le nom d'aménagements que les règlements destinés aux feuillus, et les gruyers conservaient pour l'administration une latitude très grande.

En dehors des coupes principales, nous n'avons à signaler que bien peu d'opérations ayant un caractère cultural. Ce sont d'abord les recépages, appliqués aux portions de forêts endommagées par le bétail (198).

(197) Règlement de 1593 pour la gruerie de Salm (*Arch. Mth.*, B. 7097). — Règlement pour le comté de Dabo, du 27 juin 1613 (M. Alexandre, *Etude sur Dabo, Appendice*, II, 62-68).— Forme pour la vente des sapins au ban de Vagney, en 1620 (*Arch. Mth.*, B. 2753).

(198) Règlement de 1548, pour la gruerie d'Amance ; contrée du Bois du Faÿ (*Arch. Mth.*, B. 2063).— Voir, pour les recépages dans la forêt d'Orléans, de Maulde, *op. cit.* Chap. III, p. 437-456.

Dans la montagne, il est quelquefois question de « nettoyer le menu bois par lo dessous ». Cette opération se pratique lorsque le chêne se trouve mélangé au sapin, pour protéger la première de ces essences, alors plus estimée (199). Enfin, dans une visitation de 1606, nous voyons le gruyer de Nancy conseiller au seigneur de Viviers d'élaguer « tout contre le tronc » les branches des chênes, à la hauteur de 13 à 14 pieds, pour ménager le recrû (200) : c'est la seule mention que nous ayions rencontrée d'une opération semblable, qui, sans doute, n'était pas habituelle ; nous l'espérons du moins, pour l'honneur de nos vieilles forêts.

Telle était la situation de la province, au moment des grandes guerres du xvii° siècle. En résumé, pas d'aménagements, c'est-à-dire de dispositions assurant la continuité du revenu de la forêt ; ce que nous appelons le *rapport soutenu* n'est pas considéré comme nécessaire. Les règlements s'appliquent uniquement aux coupes de sous-bois, qui reviennent à des intervalles assez courts ; les ventes ordinaires d'arbres sont peu importantes, et tout le matériel de gros bois s'accumule jusqu'à la prochaine coupe extraordinaire. Peu ou point de massifs pleins, mais des arbres croissant isolés, plus ou moins nombreux depuis la haute futaie jusqu'au simple taillis. Cette situation devait être modifiée

---

(199) Règlement de 1557, pour la gruerie de Saint-Dié. (*Arch. Mth.*, B. 8785). — Compte de la gruerie de Bruyères pour 1607 (*Ib.*, B. 3890).

(200) Procès-verbal de visite des bois de la baronnie de Viviers, en 1606 (*Arch. Mth*, B. 10341). — Voir, pour les élagages dans la forêt d'Orléans, de Maulde, *op. cit.*, chap. III, p. 437-456.

dans la suite, d'abord par les guerres qui affligèrent pendant si longtemps la Lorraine, ensuite par les idées nouvelles qu'importa l'administration française.

—

Chapitre 5. — *Chasse et pêche.*

L'histoire des forêts ne serait pas complète, surtout au moyen-âge, si l'on ne parlait des chasses dont elles étaient fréquemment le théâtre. Le seigneur féodal, descendant des guerriers franks, aimait la chasse, image de la guerre, et se livrait, entre deux campagnes, à ce délassement, grâce auquel il conservait la vigueur du corps, nécessaire à son existence active et tourmentée. Héritiers des maîtres des anciens domaines, il semble, à première vue, que les seigneurs auraient dû posséder le droit exclusif de chasse sur leurs terres et sur celles de leurs tenanciers ; en effet, bien des documents, relativement récents, du xv° et du xvii° siècles, contiennent des défenses formelles de chasser, adressées à toutes personnes, et pour tout gibier (201). Toutefois, la réalité était loin de ce monopole, qui céda toujours, surtout dans les premiers siècles du moyen-âge, devant de nombreuses exceptions.

L'existence fréquente des *garennes*, ducales ou sei-

(201) Règlement de 1595, pour la gruerie de Salm (*Arch. Mth.*, B. 9097). — Règlement de 1613, pour le comté de Dabo, art. 14 (*Etude sur Dabo, Appendice*, II, p. 62-68). — Ordonnance de 1614, pour Falckenbourg et Dabo, art. 18 (*Arch. Mth.*, E. 67, n° 2).

gneuriales (202), suffirait à démontrer que la situation des campagnes n'était pas uniforme, au point de vue de la chasse. La garenne est une réserve de gibier, que le seigneur fait surveiller soigneusement ; il en est sans doute d'étendue médiocre, comme les garennes à lapins, habituellement closes, et dont le sol n'a jamais été abandonné pour la culture aux tenanciers ; mais d'autres englobent de vastes espaces de bois, de champs ou de prairies, cultivés comme le reste de la plaine, et appartenant à des propriétaires différents : ces garennes sont alors des parties du domaine sur lesquelles le seigneur conserve spécialement la chasse, le surplus étant soumis à des règles moins exclusives.

En réalité, le seigneur ne se garde exclusivement, en dehors de ses garennes, que la *haute chasse*, celle qui

---

(202) Compte du domaine de Rosières, pour 1486 (*Com. Mth.*, hoc v°). — Compte du domaine de Gondreville, pour 1549 ; garenne de *connins* (*Ib.*, hoc v°). — Compte du domaine, pour 1579 : garenne à Manoncourt-en-Vermois (*Ib.*, hoc v°). — En 1583, garenne créée par le duc d'Epernon dans toute l'*île* ou campagne de Metz (A. Benoît, *La chasse dans le Val de Metz et le Toulois*, broch. in 8°, Metz, 1880). — Compte de la gruerie de Lunéville, pour 1584 (*Arch. Mth.*, B. 6838). — En 1592, vente de la garenne de Gondreville (*Com. Mth.*, hoc v°). — Comptes du domaine d'Einville, au xvii° siècle ; corvées des habitants pour les chasses de la garenne (*Com. Mth.*, hoc v°). — En 1619, acensement de la garenne de Nomeny (*Com. Mth.*, hoc v°). — Compte de la gruerie de Dieuze, pour 1626 (*Arch. Mth.*, B. 716). — En 1627, Charles IV crée une garenne à Laxou, Villers et Vandœuvre (H. Lepage, *Mém. de la Soc. d'Arch. lor.*, 1878, p. 103).

Voir, pour les garennes ducales en Orléanais, de Maulde, *op. cit.*, chap. IV., p. 457-518.

est réputée chasse noble, savoir la poursuite des cerfs et des biches, à force de chiens ou d'oiseaux (203) : celle-là est *mise en ban*, notamment dans les domaines ducaux, c'est-à-dire prohibée pour les roturiers, aussi bien par les documents anciens que par les titres plus récents. C'est donc la chasse germaine, la chasse à courre, qui se trouve défendue, et encore, on ne protège ainsi spécialement qu'une seule espèce d'animaux. Pour les autres, le seigneur partage la jouissance de son droit, soit avec des étrangers, concessionnaires par titres exprès, soit avec tous les habitants du ban. Les concessions particulières ne paraissent pas avoir été nombreuses : elles étaient faites à un seigneur voisin, ou bien elles suivaient, à titre d'accessoire, d'autres stipulations consenties dans un but différent, ainsi les créations de verreries accordées dans les forêts de la Vôge (204).

Tout autre est le caractère des droits de chasse dont jouissaient les tenanciers du ban. Ces droits sont de la famille des usages dont nous avons longuement parlé : les hommes du seigneur les exercent sans avoir besoin

---

(203) Accord de 1295, entre le duc Ferry II et le chapitre de Remiremont (*Doc. Vosg.*, I, 82-89). — Charte de la mairie de Bruyères, en 1338 (*Ib.* II, 202-206). — Dénombrement du seigneur de Saint-Baslemont, en 1427 (*Ib.* III, 219). — Compte du chapitre de Saint-Dié, pour 1546 (*Arch. Mth.*, G. 123).

(204) En 1501, confirmation des privilèges des gentilshommes verriers (*Doc. Vosg.*, III, 224). — Ordonnance de Charles III, 25 mai 1593 (Mss. n° 189, Bibl. Nancy, tome II). — En 1593, cession par le chapitre de Darney de son droit de vénerie à Buriville (*Stat. Mth.*, hoc v°). — Voir aussi les documents cités à la note 201 ci-dessus.

de charte ou de permission spéciale, en vertu de la coutume, par l'effet d'une haute possession qui remonte jusqu'aux temps des manses gallo-franks. Comme équivalent des redevances et des services auxquels ils sont astreints, les paysans, avons-nous vu, usent largement des bois, des terres vagues, des pâturages ; de même ils peuvent capturer les animaux sauvages, à la condition de respecter les plaisirs du seigneur, la chasse à courre qu'il s'est réservée, et sans être obligés à des devoirs spéciaux, sinon les corvées de chasse, dont nous traiterons plus loin, et quelques prestations en nature, quand il s'agit d'une bête importante. Les documents qui démontrent ces libertés des paysans lorrains, en matière de chasse, sont très nombreux ; ils sont d'autant plus probants qu'il s'agit de siècles plus reculés, contrairement à l'opinion vulgaire. Bourgeois des villes ou habitants des campagnes, tous peuvent employer les moyens de chasse les plus divers, s'attaquer au gros comme au menu gibier ; la seule différence est que, pour les perdrix, faisans ou lièvres, ils n'ont absolument rien à donner aux seigneurs, tandis que, pour un sanglier ou autre grosse bête, il leur faut abandonner une part, le quartier de derrière ou la hure, par exemple. C'étaient ainsi des droits très larges, à peu près pareils dans toute la Lorraine, plaine ou montagne, et que l'on peut résumer en empruntant les termes suivants d'une charte du xvi⁰ siècle : « A Lezey est le droit que chasse qui veut et prend que peut » (205). L'uniformité n'était

---

(205) Droit des seigneurs de Parroy et des bons hommes du lieu, en 1199 (*Com. Mth.*, v⁰ *Parroy*, à la Table). — Accord de 1295, entre le duc Ferry II et le chapitre de Remiremont (*Doc. Vosg.*, I 82-90). — Plaids annaux du val de

pas cependant absolue ; la coutume variait d'un village à l'autre, sur ce point comme sur les matières les plus importantes du droit civil : tantôt les habitants ont pu usurper des libertés dont ils ne jouissaient pas à l'origine, tantôt ce sont les seigneurs qui ont contrevenu aux usages anciens. Nous avons déjà mentionné les *venairies* de la Vôge (206), au sujet desquelles les documents sont assez obscurs : étaient-ce des communautés ayant obtenu postérieurement des privilèges plus complets, à

Senones, en 1328 (*Hist. de Senones*, 173-175). — Charte de Liverdun, en 1337 (*Com. Mth., hoc v°*). — Charte de la mairie de Bruyères, en 1338 (*Doc. Vosg*, I, 182). — Droits de l'abbé de Senones à Bures, en 1347 (*Hist. de Senones*, 179). — Droits seigneuriaux du ban d'Arches, en 1366 (*Doc. Vosg.,* II, 202). — Confirmation des franchises de Fontenoy, en 1395 (*Ib.* II, 241). — Transaction de 1466, entre l'abbé de Senones et les habitants du Val (*Hist. de Senones*, 209). — Charte du ban de Derbamont, en 1481 (*Doc. Vosg.*, VII, 81). — Enquête sur les droits des bourgeois de Gondrecourt, en 1497 (Dufourny, VI, 950). — Droits et usages de la ville de Lezey, xvie siècle (*Com. Mth., hoc v°*). — En 1563, confirmation des droits des bourgeois d'Epinal (Duf. X., 2e partie, 31). — Charte de Charles III pour la ville de la Mothe, en 1576 (*Doc. Vosg.*, VII, 102) — En 1578, confirmation des droits appartenant aux habitants de la prévôté des Montignons (*Arch. Mth.*, B. 47). — Droits des habitants de Montenach, en 1594 (*Ib.*, B. 9428). — Droits des habitants de Gérardmer, xviie siècle (*Ib.*, B. 501). — En 1613, confirmation des privilèges des communautés de Buthelainville et Vigneulle (*Ib.*, B. 85). — Charte de fondation du village de Hommert, en 1623 (*Com. Mth., hoc v°*). — En 1629, ordonnance de l'abbé de Domèvre, haut justicier du lieu (*Arch. Mth., H* 1396).

(206) Voir sur les *venairies* de la Vôge, chap. 1er ci-dessus, texte et note 43. Nous nous sommes fondé sur l'étymologie probable de ce mot *venairie*, pour y voir une concession de chasse. Il est cependant une autre traduction du même mot,

charge de redevances spéciales? On les rencontre exclusivement sur des terres du domaine ducal, et l'éloignement du souverain fait comprendre qu'il ait pu céder davantage dans des cantons lointains où il séjournait rarement. A l'inverse, les adjudications de la petite chasse, aux merles et aux grives, dans les forêts ducales, sont une restriction arbitraire de l'usage des riverains, et c'est bien à tort qu'on cherche à les justifier par des dégâts que causaient les chasseurs aux massifs boisés (207).

D'ailleurs, ces amodiations semblent toutes postérieures au milieu du XVI° siècle, et concordent avec un ensemble de mesures restrictives prises à cette époque par le pouvoir ducal. C'est de ce moment que datent, non seulement en Lorraine, mais aussi dans toute l'Europe féodale, les réglementations d'usages, objet d'un ressentiment unanime des populations agricoles : la chasse fut traitée aussi sévèrement que les délivrances forestières, et, sous prétexte d'ordre public, les libertés anciennes subirent de graves atteintes. Vers 1525, les paysans révoltés d'Alsace, que le duc Antoine détruisit

---

qui, si elle était vérifiée, serait exclusive de l'idée de chasse : la venairie ne serait autre que la tenure pour laquelle est due une redevance d'*avoine*; il y avait en effet dans quelques provinces des *avenages*, mais reste à savoir si avenage et venairie doivent être considérés comme synonymes.

(207) Ordonnance de Charles III, du 7 janvier 1563 (Mss. n° 189. Bibl. Nancy, tome I). — Compte de la gruerie d'Hattonchâtel, pour 1581 (*Arch. Mth.*, B. 6407). — Compte de la gruerie de Châtel, pour 1616 (*Ib.*, B. 2377). — Compte de la gruerie de Châtenois et Neufchâteau, pour 1530 (*Ib.*, B. 4669). — Compte du domaine de Commercy, pour 1633 (*Ib.*, B. 4786).

à Scherviller, inscrivaient sur leur drapeau le rétablissement des usages forestiers et de la chasse, dont ils avaient été privés ; à la même époque, le roi François Ier, le « père des veneurs », édictait en France tout un code très sévère pour exclure entièrement de l'exercice du droit de chasse les paysans et les bourgeois des villes.

Or, Antoine vécut à l. cour de France et s'inspira sans doute des idées de son puissant voisin. C'est sous son règne que commence une longue série d'ordonnances (208), toutes contraires aux anciennes coutumes, et que complétèrent encore ses successeurs. Les paysans opposent en vain leur possession immémoriale, on leur répond par la maxime du bon plaisir, le duc se réservant d'accorder ou de défendre, selon qu'il jugera convenable. Non seulement la chasse est prohibée dans les terres du domaine ducal, mais aussi dans les seigneuries laïques ou ecclésiastiques, ou du moins les anciens usages doivent être vérifiés et recevoir confirmation expresse. L'emploi d'arquebuses ou d'arbalètes, de chiens couchants et de filets ou traîneaux, est aussi l'objet d'une réglementation étroite, de sorte que la chasse des roturiers devint de plus en plus difficile.

Ces ordonnances ducales ont pour sanction des peines

---

(208) Ordonnances du duc Antoine, des 7 juin 1528, 17 juin 1528, 27 novembre 1540 (Mss. Bibl. Nancy, n° 189, tome I). — Ordonnance de la duchesse Christine, régente, du 1er mai 1560 (*Eod. loc.*). — Ordonnance de Charles III, du 7 janvier 1563 (*Eod. loc.*). — Règlement pour la gruerie de la Croix, du 28 octobre 1571 (*Arch. Mth.*, B. 8785). — Ordonnance de Charles III, du 3 janvier 1572 (Mss. n° 189. Bibl. Nancy, tome I). — Ordonnance du 26 mai 1593 (*Ib.*, tome II). — Ordonnance du 1er octobre 1605 (*Ib.*, tome III).

assez sévères (209) ; auparavant, les délinquants étaient punis selon la coutume, d'amendes peu élevées ; dès le xvi⁰ siècle apparaissent des délits nouveaux, et en même temps la gravité des peines s'accentue. L'amende devient arbitraire en cas de récidive ; il s'y joint contre les insolvables des peines corporelles, telles que la prison, le fouet et le bannissement ; enfin, la confiscation des harnais ou engins est généralement requise. Cependant, si l'on compare cette législation pénale avec les lois françaises contemporaines, on voit que les délinquants sont traités beaucoup plus humainement en Lorraine ; jamais la peine de mort pour délits de chasse ne fut prononcée dans notre province. De même, malgré les restrictions nombreuses dont nous avons parlé plus haut, jusqu'au xvii⁰ siècle, les paysans lorrains jouissaient encore de privilèges plus étendus que les roturiers du royaume.

Nous avons peu de renseignements précis sur les procédés de chasse en usage (210). Pour les bourgeois

---

(209) Accord de 1295, entre le duc Ferry et l'église de Remiremont (*Doc. vosg.*, I, 82). — Ordonnances d'Antoine, du 7 juin 1528 et du 17 juin 1528 (Mss. n° 189. Bibl. Nancy, tome I). — Ordonnance du 1ᵉʳ octobre 1605 (*Ib.*, tome III). — Compte du domaine d'Arches pour 1607 (*Arch. Mth.*, B. 2542). — Règlement pour le comté de Dabo, du 27 juin 1613, art. 14 (*Etude sur Dabo*, Appendice, II, 62). — Ordonnance pour Falkenbourg et Dabo, du 1ᵉʳ mai 1613 (*Arch. Mth.*, E. 67, n° 2). — Compte de la haute-justice de Domèvre, pour 1629 (*Ib.*, H. 1396).

(210) Accord de 1295, entre le duc Ferry II et l'église de Remiremont (*Doc. vosg.* I. 82). — Charte de Bains, xiv⁰ siècle (*Ib.*, I, 177). — Droits seigneuriaux à Saint-Avold, en 1302 (Dufourny, VII, 303). — Ouverture de routes de chasse

et roturiers, l'emploi des pièges était fort commun, de même que celui des filets et des cordeaux ou lacets. Quant aux gentilshommes, c'était la chasse à courre, nous l'avons vu, qui constituait pour eux la chasse noble par excellence ; c'est d'elle qu'il est toujours question, quand il s'agit des grands et des seigneurs. Elle exigeait d'abord des meutes bien dressées et des chevaux vigoureux ; il fallait, en outre, rendre praticables les profondes forêts où se trouvent les retraites du gros gibier : ce fut ainsi qu'au xvi° siècle les grands massifs des environs de Nancy furent pour la première fois percés de voies forestières. Enfin, il était rare qu'on se contentât des chiens pour forcer la bête poursuivie : d'ordinaire on préparait, sur certains points de la forêt, de véritables enceintes formées de branches entrelacées, dans lesquelles on poussait l'animal sauvage ; elles se terminaient par des réduits tendus de filets au moyen desquels s'opérait la capture. Telles étaient ces *haies de chasse* dont il est si souvent question dans les docu-

---

dans la forêt de Haye, en 1559 (H. Lepage. *Mém. Arch. lor.*, 1879, 99). — Corvées de chasse des habitants de Norroy-sous-Prény, en 1573 (*Com. Mth., hoc v°*). — Suppression des haies de chasse dans la gruerie de Dieuze ; règlement de 1625 (*Arch. Mth.*, lay. *Dieuze*, n° 11). — Corvées de chasse des habitants de Bisping, en 1627 (*Com. Mth. hoc v°*). — De même à Blanche-Eglise (*Ib., hoc v°*); à Lindre (*Ib., hoc v°*).

Les documents cités aux notes 205 et 208 ci-dessus, mentionnent aussi des procédés de chasse.

Pour les modes de chasse dans la forêt d'Orléans, voir de Maulde, *op. cit.*, chap. IV, 3° partie.

Voir enfin, pour la description des procédés : « *La chasse à la haie,* » par Peigné-Delacourt ; Péronne, 1872, in-8° de x-65 pages.

ments relatifs aux corvées, parce que les habitants des communautés étaient généralement chargés de leur entretien. Concurremment avec ces procédés, la chasse en battue était aussi en usage, non seulement pour les gros animaux, les *bêtes rousses et noires*, mais encore pour le petit gibier.

La fauconnerie était, au moyen-âge, un art très important ; les dépenses que nécessitaient la prise, le dressage et l'entretien des oiseaux de proie sont si considérables, que les princes seuls devaient être capables de les soutenir. Aussi est-ce exclusivement dans les comptes de la maison ducale que nous trouvons les renseignements à cet égard (211). C'était une opération fort grave que de surveiller les nids d'éperviers, afin de pouvoir saisir les petits en temps utile. Le canton de

(211) Accord de 1255 entre le duc Ferry et l'église de Remiremont (*Doc. Vosg.*, I, 77). — Charte de la mairie de Bruyères, en 1338 (*Ib.*, 182). — Héronnières au château de Kœurs, vers 1400 (Servais, *Ann. du Barrois*, II, 327). — Garde des nids d'autour dans la forêt de la Woëvre, en 1568 (*Ruines de la Meuse*, II, 15). — Compte du domaine de Vaudémont, pour 1546 (*Arch. Mth.*, B. 9816). — Ordonnance pour le comté de Dabo, d'août 1569 (*Ib.*, E. 67, n° 1). — Compte de la gruerie de Lunéville, pour 1584 ; dépense de *l'aire* de Mondon (*Ib.*, B. 6838). — Héronnière à la Malgrange, en 1596 (*Com. Mth.*, hoc. v°). — Compte de la gruerie de Darney, pour 1601 ; dépense des *aires* de l'office (*Arch. Mth.*, B. 5091. — Compte de la gruerie de Bruyères, pour 1607 ; *aire* d'oiseaux au bois de Champs (*Ib.*, B. 3890). — Compte de la gruerie de Châtel, pour 1616 ; dépense des *aires d'oiseaux de poing* et de la héronnière (*Ib.*, B. 4361). — Corvées des habitants de Bisping, en 1627 ; garde des *aires* d'oiseaux de leurs bois (*Com. Mth. hoc v°*). — Compte de la gruerie de Bruyères, pour 1631 ; dépense des 4 fauconniers des bois de Vôges (*Arch. Mth.*, B. 3916).

forêt où *une aire d'oiseaux* avait été signalée, était confié à un préposé spécial, chargé d'écarter tout ce qui pouvait troubler les couvées. Le dressage opéré et la mue terminée, ces oiseaux acquéraient une grande valeur : on les envoyait en présent aux rois et aux princes étrangers, et les comptes annuels du domaine font le dénombrement des *oiseaux de poing* de chaque gruerie, avec autant de soin que lorsqu'il s'agit des ameublements précieux des maisons ducales ou de l'artillerie des châteaux forts.

Les chasses seigneuriales exigeaient le concours d'aides nombreux, ordinairement requis parmi les tenanciers du domaine. Presque tous les règlements de corvées font mention des corvées de chasse, consistant le plus souvent dans l'entretien des haies, l'assistance aux battues et le transport des filets. Une autre charge, de nature un peu différente, incombait surtout, par une anomalie singulière, aux couvents et autres maisons religieuses : c'était l'obligation d'héberger les meutes et les valets de chiens, les *braconniers* du duc, par exemple. Ce droit de *chiennerie* donna lieu à des abus, aussi fut-il fréquemment aboli, ou tout au moins réglementé fort étroitement (212).

(212) Droits seigneuriaux à St-Avold, en 1302 (Dufourny, VII, 308). — En 1384, le duc Robert de Bar abolit le droit de *chiennerie*, dont usaient ses *braconniers* (Servais, *Ann. du Barrois*, II, 93). — Corvées des bourgeois et métayers de St-Quirin, en 1471 (*Com. Mth.*, *hoc* v°). — Compte du domaine de Norroy-sous-Prény pour 1573 (*Com. Mth., hoc,* v°) — Droits seigneuriaux à Bayonville, en 1582 (*Ib., hoc* v°). — Compte du domaine d'Einville, xvii° siècle (*Ib., hoc* v°). — Corvées de chasse, à Delme, en 1615 (*Ib., hoc* v°). — Compte du domaine d'Insming, pour 1616 (*Ib., hoc* v°). — Règlement pour les corvées à Assenoncourt, en 1627 (*Ib.,*

Il résulte de ce qui précède que le nombre des chasseurs était peut-être aussi grand au moyen-âge que de nos jours. Du moins le gibier était-il plus abondant ? On peut le supposer, à cause de l'imperfection des moyens de destruction et aussi grâce aux procédés de culture, qui laissaient en friche tous les ans une partie considérable des terres de chaque finage. On retrouve dans les anciens documents les mêmes espèces d'animaux sauvages que nous chassons aujourd'hui ; il y avait cependant, au XVe siècle, des cigognes à Metz ; le faisan était très commun dans toute la province, et le lapin avait été introduit dans des lieux où il est maintenant inconnu. En Barrois, les hérons étaient soigneusement gardés et jouaient un grand rôle pour la fauconnerie. Il est souvent question des cerfs, maintenant devenus si rares ; enfin, dans la montagne, depuis Bussang jusqu'au Donon, les ours se rencontraient encore : ils ne disparurent qu'assez tard, pendant la période suivante (213).

hoc v°) ; à Cutting, Virming, Zommange (*Ib.*, *his verbis*). — Ordonnance du 18 décembre 1630 (Mss. n° 189, Bibl. Nancy, tome IV).

Voir aussi pour les corvées de baies la note 210 ci-dessus.

(213) Pour les espèces d'animaux qui faisaient l'objet des chasses, voir *passim* les autres notes qui précèdent. Sur les cigognes à Metz, en 1492, voir A. Benoît, *La chasse dans le val de Metz et le Toulois*.

Les documents qui suivent sont spéciaux à la chasse de l'ours : Plaids annaux du val de Senones, en 1323 (*Hist. de Senones*, 173). — Transaction de 1466 entre l'abbé de Senones et le comte de Salm (*Ib.*, 209). — Compte du Chapitre de Saint-Dié, pour 1546 (*Arch. Mth.*, G. 123). — Compte de la recette d'Arches, pour 1571 (*Ib.*, B. 2473). — Renouvellement des droits de l'abbé de Senones à Bures, en 1584 (*Com. Mth.*, hoc v°). — Compte du domaine d'Arches, pour 1627 (*Arch. Mth.*, B. 2587).

L'importance que la noblesse attachait à la chasse rendait nécessaire, chez les grands seigneurs et surtout à la cour ducale, l'organisation d'une vénerie, c'est-à-dire d'un corps d'officiers chargés de préparer les plaisirs du souverain. Ces officiers sont distincts des gruyers, avec lesquels ils n'ont jamais été confondus ; ce sont des nobles qui, à partir de 1474 pour la grande vénerie, et de 1520 pour la grande fauconnerie, remplissent ces charges de cour (214). Quant à la louveterie, elle n'occupe d'ordinaire que des subalternes, de condition inférieure, signe de son peu d'extension. Faut-il en conclure que les loups n'étaient pas nombreux, et qu'on n'éprouvait pas le besoin de se défendre contre leurs déprédations ? On peut le croire, en voyant les loups toujours confondus avec les autres animaux sauvages contre lesquels le grand veneur peut ordonner des *assemblées* ; c'est seulement par lettres patentes du 10 avril 1621 que les *maîtres louviers* de Bar reçoivent le pouvoir de lever à chaque prise, sur les habitants distants de deux lieues à la ronde, 2 deniers par loup et 4 deniers par louve : un impôt semblable était assis en France depuis François Ier. La seule mesure spéciale pour la destruction des loups consistait dans l'établissement de fosses ou *louvières*, tantôt surveillées par les

---

(214) M. Lepage, dans son livre sur les *Offices des duchés de Lorraine et de Bar* (Mém. Arch. Lor., 1869), consacre trois chapitres (VIII, IX et X), aux charges de cour se rapportant à la vénerie ducale : celles des grands veneurs, grands fauconniers et grands louvetiers. Nous ne pouvons que renvoyer aux renseignements qu'il donne (p. 391 à 401).

Voir, sur les officiers de vénerie de la forêt d'Orléans, de Maulde, *op. cit.*, chap. IV, p. 457-518.

louviers, tantôt mises en adjudication dans chaque finage (215).

Malgré cette infériorité relative des louvetiers lorrains, la vénerie était considérée, dans notre province, de même qu'en France, comme un art difficile, honoré par de nombreux adeptes, et fournissant la matière de toute une littérature cynégétique, dont quelques exemplaires se lisent encore (216). Parmi ces doctes chasseurs, on doit citer messire Jean de Ligniville, nommé grand veneur en 1602, auteur des *Meuttes et*

---

(215) Charte du ban de Bains, au XIV⁰ siècle : droitures des *froutiers* pour loups, porcs, etc. (*Doc. Vosg.*, I, 177). — Atour du magistrat de Metz, en 1411 : la récompense de 5 sols de messins par chaque *louf* tué autour de Metz, ne sera plus payée désormais (*Hist. de Metz*, IV, Pr. 671). — Règlement de 1557 pour la gruerie de St-Dié : nettoiements opérés au bois de la Valtine, « afin d'y attirer les bêtes rousses » (*Arch. Mth.*, B. 8785) — Corvées des habitants de Norroy-sous-Prény en 1573 : réparation des fosses (à loups ?) tous les trois ans (*Com. Mth. hoc v°*). — Compte de la seigneurie de Bitche, pour 1593 ; récompense au forestier pour avoir pris 17 loutres (*Arch. Mth.*, B. 3071). — Compte du domaine d'Einville, XVII⁰ siècle : chasses aux loups, bêtes fauves et noires, commandées aux villages de la prévôté par le grand veneur ou son lieutenant (*Com. Mth. hoc v°*). — En 1629, mise aux enchères de la tendue aux *louvières* du finage d'Apremont (*Arch. Mth.*, B. 2377).

Sur les *loupliers* et *lorriers* (louvetiers et loutriers) en Bourgogne, voir E. Picard, *Les forêts du Charollais*, p. 30.

(216) A consulter : *Les Meuttes et Véneries*, de haut et puissant seigneur Messire Jean de Lignéville, chevalier, comte de Bey, seigneur de Dombrot, etc. » Une copie manuscrite complète de cet ouvrage se trouve à la Bibliothèque nationale et a été décrite par M. Paulin Páris (*Mss. français de la Bibliothèque du Roi*, tome V, p. 254). On en a imprimé différentes parties, qui sont : « *La meutte et vénerie pour le*

véneries : plusieurs de ses traités sont parvenus jusqu'à nous. Ce sont des livres curieux à parcourir, moins peut-être à cause de la description des procédés de chasse, dans laquelle l'auteur se montre praticien consommé, que pour le ton de bonne humeur qui s'y trouve répandu et l'ardeur que le bon seigneur laisse éclater au sujet de son passe-temps favori. C'est à l'exemple de saint Eustache, le grand veneur, et du bienheureux saint Hubert qu'il pratique l'art de vénerie ; s'adressant aux gens de conscience, il leur défend la chasse dans les blés, malgré le plaisir qu'on y trouve, « parce que pour parallèle ils ont le mécontentement du tort qu'ils font au pauvre peuple ». Si, enfin, on lui demande quel plaisir il peut avoir, tout le jour, dans les déserts, à ouïr clabauder des chiens : « en voici les raisons, dit-il, ... j'aime les forêts, les lieux solitaires... c'est là où j'ai sujet d'admirer les œuvres de Dieu ».

Si les gruyers ducaux n'avaient pas à s'occuper de la chasse, ils intervenaient directement, au contraire, dans l'exploitation de la pêche, dont l'importance était bien plus grande au moyen-âge que de nos jours. Nous devons donc aussi parler de la pêche, d'autant plus que l'étude de ce droit nous conduit à des rapprochements curieux avec la chasse et avec les usages forestiers.

chevreuil », Nancy, Antoine Charlot, petit in-4° 164 pages. Réimprimé par Maubon, Nancy, 1861. — « *La meutte et vénerie pour lièvre* », édition de H. Michelant, Paris, Aubry, 1865.

A comparer : « *La chasse du loup*, nécessaire à la maison rustique », par Jean de Clamorgan ; réimpression de E. Jullien, sur l'édition de 1583, Paris, 1881). — « *La vénerie et la fauconnerie des ducs de Bourgogne* », par E. Picard, in-8°, 128 p., Paris, Champion, 1881.

On a vu que, pendant la période gallo-franke, le maître ou seigneur du domaine a la propriété des eaux, au même titre que celle des bois et des pâturages. Mais pareillement aussi, nous voyons concourir à la jouissance des cours d'eau, soit les tenanciers du ban, en vertu de la coutume, soit des personnes étrangères, se fondant sur des titres exprès de concession. Toutefois, une part considérable demeure toujours au seigneur, et par une habitude analogue à celle que nous avons étudiée dans les forêts grevées d'usage, certaines portions de la rivière sont mises en ban, c'est-à-dire soustraites à la jouissance commune, pour rester l'apanage exclusif du maître de la terre. Dans toutes les parties de la province, on trouve de ces pêcheries, réserves, *gœues* ou gués banaux, qui sans doute sont établis sur les points où la pêche est plus facile ou plus fructueuse (217). Ce sont les parties libres de tout usage, dont le seigneur peut disposer par conséquent, sans léser aucun droit ; les pêcheries peuvent ainsi être l'objet de donations, de ventes ou d'acensements au profit d'autres particuliers

(217) Engagement de 1211, au profit de l'abbaye de Saint-Arnould (*Hist. de Metz*, III, Pr., 170). — Charte du comte de Bar pour Longuyon, en 1270 (Dufourny, VIII, 175). — Charte de Rambervillers, xiv° siècle (*Doc. vosg.*, I, 184). — Plaids annaux du Val Senones, en 1328 (*Hist. de Senones*, 173). — Droits seigneuriaux du ban d'Arches, en 1366 (*Doc. vosg.*, II, 202). — Charte pour Fontenoy, en 1395 (*Ib.*, II, 241). — Droits seigneuriaux à Saint-Baslemont, en 1427 (*Ib.*, III, 219). — Transaction pour l'abbaye de Senones, en 1466 (*Hist. de Senones*, 209). — Compte de la recette d'Arches, pour 1493 (*Arch. Mth.*, B. 2439). — Etat des bois et eaux de la gruerie d'Arches, en 1586 (*Ib.*, B. 2468). — Déclaration des droits de S. A. à la Bresse, en 1593 (*Ib.* B. 2509).

ou de maisons religieuses (218). D'ordinaire, elles sont exploitées par voie d'amodiation à court terme; dans les domaines ducaux, ce sont les gruyers qui font les adjudications, habituellement pour 3 ans, et à prix d'argent : on procède ainsi, qu'il s'agisse de grandes rivières, comme la Moselle, ou de simples ruisseaux (219). Nous avons des exemples de ces amodiations à partir du xv° siècle, c'est-à-dire dès les premiers comptes de gruerie qui nous soient parvenus, peut-être étaient-elles déjà usitées auparavant. Elles ont succédé à l'exploitation directe, dont nous trouvons des traces jusqu'au xiv° siècle : c'étaient alors des tenanciers spéciaux, les pêcheurs seigneuriaux, souvent *restaurables*, qui avaient la jouissance, à condition de fournir certaines quantités ou *services* de poisson à des échéances

---

(218) En 1389, concession d'un droit de pêche, par le duc de Bar aux frères de Saint-Antoine (*Com. Mth.*, v° *Jesainville*. — En 1583, vente d'une pêcherie aux Chartreux de Rettel par le duc Charles III (Duf. I. 132). — En 1618 acensement du ruisseau d'Agincourt à Fr. de Rennel (*Com. Mth.*, v° *Agincourt*).

Pour les concessions de ce genre faites par titres exprès à des communautés, voir *infra*, note 222.

(219) Compte du receveur d'Arches, pour 1493 (*Arch' Mth.*, B. 2459). — Règlement de 1571 pour la gruerie de la Croix (*Id.*, B. 8785). — Compte du domaine de Bainville-aux-Miroirs, pour 1576 (*Id*, B. 2904). — Compte du domaine de Vaudrevange, pour 1592 (*Ib.*, N. 10238). — Règlement de 1596, pour le comté de Salm (*Ib.*, B. 9097). — Compte du domaine de Bainville, pour 1605 (*Ib.*, B. 2933). — Compte de la gruerie de Châtel, pour 1616 (*Ib.*, B. 4362). — Compte du receveur de Dompaire et Vallevoicourt, 1617 (*Ib.*, B. 5550). — Contrôle de la gruerie de Châtel, pour 1633 (*Ib.*, B. 4370).

déterminées (220). Ils furent sans doute remplacés peu à peu par des locataires en argent, à mesure que la concurrence rendait les adjudications possibles. Jamais la pêche ne fut considérée comme un exercice noble, et nulle part les seigneurs ne la pratiquèrent pour leur plaisir.

Dans toutes les parties de rivières situées en dehors des pêcheries banales, les tenanciers du domaine avaient accès, aux conditions de la coutume de chaque terre ou seigneurie, et concurremment avec le seigneur lui-même (221). A cet égard, il y a similitude à peu près complète entre les usages dans les bois ou dans les rivières : absence pareille de chartes constitutives du

(220) Charte de Mirecourt, en 1234 (*Doc. vosg.*, I, 38). — Droits de l'abbesse d'Epinal en la mairie de Thaon, xiiie siècle (*Ib.*, I, 173). — Charte de Rambervillers, xive siècle (*Ib.*, I, 104). — Droits seigneuriaux du ban d'Arches, en 1366 (*Ib.*, II, 202).

(221) Charte de Parroy, en 1199 (*Com. Mth.*, hoc v^o, à la Table). — Droits de la ville d'Epinal, xiiie siècle (*Doc. vosg.*, II, 231). — Droits de l'abbesse d'Epinal en la mairie de Thaon, xiiie siècle (*Ib.*, I, 173). — Charte de Lunéville, vers 1265 (*Mém. Soc. Arch. lorr.*, 1868, 127). — Charte de Charmes, en 1269 (*Doc. vosg.*, III, 39). — Charte de Rambervillers, xive siècle (*Ib.*, I, 184). — Franchises de la ville de Châtel, en 1317 (*Ib.*, I, 213). — Charte de Liverdun, en 1337 (*Com. Mth.*, hoc v^o). — Droits que prétendent les habitants de Bazoilles-sur-Meuse, en 1393 (*Doc. vosg.*, VIII, 48). — Charte pour Fontenoy, en 1395 (*Ib.*, II, 241). — Coutumes de Remiremont, en 1427 (*Ib.*, II, 174). — Procès, en 1430, entre les habitants de Sorcy et Joffroy leur seigneur, pour la pêche dans la Meuse (*Ruines de la Meuse*, IV, 25). — Transaction pour l'abbaye de Senones, en 1466 (*Hist. de Senones*, 209). — Confirmation du droit de pêche des bourgeois d'Epinal, en 1563 (Duf. X, 2e Partie, 31). — Compte du domaine d'Arches, pour 1593 (*Arch. Mth.*, B. 2506). —

droit, qui remonte à l'ancienne organisation des domaines ruraux ; variété infinie dans le mode et l'étendue de la jouissance, ici très large, là beaucoup plus restreinte. En général, les habitants ne peuvent pêcher que dans la limite de leurs besoins, pour leur *défruit* ; assez souvent cependant ils peuvent vendre jusqu'à une certaine somme ou dans des circonstances particulières, ainsi en cas de maladie d'un membre de leur famille. Une autre limitation, que l'on peut rapprocher de la délivrance en matière d'usage forestier, consiste dans l'exclusion de certains procédés ou instruments de pêche : parfois la pêche à la main est seule permise, ailleurs on peut employer la ligne ou la trouble ; rarement tous les modes quelconques sont autorisés. Ainsi, les pêcheries ou gués banaux correspondent aux banbois, et le reste des rivières aux séries usagères ; seulement, tandis que le canton de forêt mis en ban peut varier de situation, le gué banal reste toujours le même.

A côté de ces usages immémoriaux, de droit commun dans toute la province, des chartes plus récentes ont pu accorder aux habitants des droits qu'ils ne possédaient pas encore, ou amplifier leurs droits antérieurs. Les chartes de ce genre sont relativement rares (222) ; lorsqu'elles s'adressent surtout à des communautés, il

---

Compte du domaine de Rosières, pour 1627 (*Com. Mth.*, v° *Rosières-aux-Salines*).

L'art. 34, tit. XVI, de la *Coutume de Lorraine*, forme le droit commun en cette matière, applicable à défaut de charte contraire.

(222) Concession du duc de Bar aux habitants de Revigny, en 1399 (Servais, *Ann. du Barrois*, II, 305). — Charte de l'évêque de Verdun pour les villages de Bras, en 1493 (*Hist*

est difficile de distinguer s'il ne s'agit pas simplement d'un titre recognitif de la situation antérieure. Nous avons rencontré d'ailleurs toutes ces variétés en matière d'usages forestiers, et nous pouvons, sur ce point aussi, continuer le parallèle. Il en est de même encore au sujet des redevances. Les tenanciers, usagers de droit commun, doivent rarement au seigneur, pour la pêche, des taxes spéciales ou des produits en nature : ils paient en effet, au moyen des services généraux, tailles et corvées, tous les avantages dont ils jouissent sur le ban. On a cependant des exemples contraires (223) : dans plusieurs cas, on ne discerne pas la cause de cette dérogation ; ailleurs, c'est qu'il s'agit d'un droit qui a été augmenté, ou pour lequel on a réclamé une reconnaissance particulière.

Nous avons vu que le droit de chasse des tenanciers a la même origine ; mais il a passé par des vicissitudes et subi des restrictions inconnues au droit de pêche. Nous savons pour quelles raisons, à partir du XVI° siècle,

---

de Verdun, Pr. 47). — Permission donnée, en 1546, aux habitants de Tronville (Duf. I, 793). — Concession de 1618, aux bourgeois de Nancy, pour la pêche dans la Meurthe (*Com. Mth.*, v° *Nancy*). — Lettres patentes du 9 janvier 1619, pour les habitants d'Azerailles (*Ib.*, *hoc v°*).

(223) Pour les redevances en nature, voir note 221 ci-dessus : Charmes, 1269 ; — Liverdun, 1337. Pour les redevances en argent : Rosières, 1627.

De plus : Charte de Mouacourt, en 1234 (*Doc. vosg.*, I, 38). — Accompagnement du comte de Salm avec l'abbaye de Senones, en 1284 (*Hist. de Senones*, 153). — Procès des habitants de Rebeuville avec leur seigneur, en 1527, à cause des profits de la pêche (*Doc. vosg.*, IV, 175). — Redevances des habitants de la Bresse, en 1593 (*Arch. Mth.*, B. 2508).

la chasse des roturiers fut peu à peu entravée : les nobles résistaient difficilement à la tentation de s'assurer le monopole d'un délassement qu'ils préféraient à tous les autres. Au contraire, la pêche ne fut jamais considérée que comme une source de profits, et son exploitation fut toujours laissée aux gens du domaine. Nous voyons, il est vrai, des règlements du xvi° siècle mettre sur la même ligne la chasse et la pêche, et défendre aussi sévèrement l'une et l'autre (224) ; mais ces textes sont rares, et il s'agit sans doute de cantons peu peuplés, dans lesquels il n'y avait pas d'usages primitivement établis. Les restrictions que l'on rencontre, dès le xiii° siècle, à la jouissance antérieure, ont un autre caractère : ce sont des précautions prises dans l'intérêt du poisson, et pour prévenir le dépeuplement des rivières. Elles sont donc analogues aux limitations des usages forestiers introduites dans le but d'éviter la dégradation des massifs boisés. C'est ainsi que la pêche est prohibée pendant les mois de fraye, tantôt complètement, tantôt taxée pendant cette période d'une redevance extraordinaire ; on défend aussi généralement de prendre l'alevin des espèces les plus précieuses, et l'on oblige le pêcheur à rejeter tous les poissons qui n'atteignent pas certaines dimensions, 8 pouces, par exemple, entre queue et tête (225). Ces précautions, fondées sur

(224) Ordonnance pour le comté de Dabo, en 1569 (*Arch. Mth.*, E. 67, n° 1). — Ordonnance pour Falckenbourg et Dabo, du 1er mai 1614 (*Ib.*, n° 2).

(225) Charte de Saulmory, en 1294 (*Ruines de la Meuse*, III, 378). — Transaction des habitants de Sorcy avec leur seigneur, en 1536 (*Ib.*, IV, 89). — Ordonnance de Charles III, du 7 janvier 1563 (Mss. n° 189. Bibl. Nancy, tome I°. — Rè-

l'intérêt public, ne sont pas excessives, et ressemblent à celles qui, maintenant encore, sont imposées aux propriétaires.

Les forestiers étaient partout chargés de veiller à l'observation de ces règlements et de reprendre les mésusants. Les peines consistent toujours en des amendes, qui sont restées sans augmentation jusqu'au XVII° siècle, et auxquelles se joint la confiscation du poisson pris en délit, ainsi que des engins défendus. Nous ne trouvons qu'une seule mention de peine corporelle : à Metz, au XIV° siècle, on coupe l'oreille aux récidivistes ; mais nulle part ailleurs cette exception ne s'est étendue (226).

Quant aux procédés de pêche, il est maintenant difficile d'apprécier la signification des termes essentiellement locaux qui servent à désigner les nombreux engins alors en usage. Toutes les variétés de filets, fixes ou trainants, les nasses, les cordeaux, étaient employés, soit en bateau, soit depuis les rives. Les petits pêcheurs se contentaient de la ligne, de la corbeille ou de

---

glement pour la pêche à la Bresse, en 1593 (*Arch. Mth.*, B. 2508). — Compte du domaine de Delme, pour 1615 (*Com. Mth.*, Ace v°). — Ordonnance de police pour Remiremont, du 10 décembre 1626 (*Doc. vosg.*, VIII, 241).

(226) Charte de Rambervillers, XIV° siècle (*Doc. vosg.*, I, 184). — Plaids annaux du Val de Senones en 1328 (*Hist. de Senones*, 173). — Pénalités pour la pêche, à Metz, en 1331 (*Hist. de Metz*, IV, Pr. 66). — Ordonnance du 7 janvier 1563 (Mss. n° 189. Bibl. Nancy, tome I). — Ordonnance de 1569, pour le comté de Dabo (*Arch. Mth.*, E. 67, n° 1). — Règlement de 1596, pour le comté de Salm (*Ib.*, B. 9097). — Ordonnance pour Falkenbourg et Dabo, du 1er mai 1614 (*Ib.*, E. 67, n° 2). — Ordonnance de police à Remiremont en 1625 (*Doc. vosg.*, VIII, 241).

la fourchette (227). Nul doute qu'il n'y ait eu pour ces procédés des méthodes savamment établies et des praticiens distingués, mais nous ne connaissons aucun ouvrage écrit dans lequel on ait pris soin de tracer les règles de cet art ; il ne faut pas s'en étonner, car les pêcheurs n'étaient guère que des manœuvres, et, nous l'avons dit, les grands seigneurs dédaignaient de prendre part à leurs exercices.

On éprouve la même difficulté pour donner la nomenclature des espèces de poissons qui peuplaient nos cours d'eau. C'étaient sans doute les mêmes que de nos jours, mais les noms varient extrêmement avec les localités. On signale souvent la truite, non seulement dans les ruisseaux des Vosges, mais encore en Barrois, où elle est devenue plus rare. On pêche pendant tout le moyen-âge du saumon dans la Moselle, jusqu'à Bainville-aux-Miroirs ; toutefois, il semble qu'au xviie siècle ce poisson commençait à devenir moins fréquent (228).

(227) Pour les procédés de pêche, voir *passim*, les notes précédentes, et surtout la note 221.
De plus : Charte de Saulmory, en 1294 (*Ruines de la Meuse*, III, 378). — Atour du magistrat de Metz, en 1331 (*Hist. de Metz*, IV, Pr. 66). — Transaction d 1536, pour les habitants de Sorcy (*Ruines de la Meuse*, IV, 89) — Conditions du bail de la pêche à Langley, en 1633 (*Arch. Mth.*, B. 4370).

(228) Saumons dans la Moselle, à Liverdun, en 1337 (*Com. Mth., hoc v°*). — Pâtés de truites de Gondrecourt, en 1355 et 1425 (Servais, *Ann. du Barrois*, I, 43). —Saumons à Metz, en 1411 (*Hist. de Metz*, IV, Pr. 671). — Id. dans la Moselle, à Bainville-aux-Miroirs, en 1414 (*Com. Mth., hoc v°*). — En 1602, truites dans les étangs Saint-Barthélemy, près Champigneulles (*Com. Mth.*, v° *Champigneulles*). — A Pompey,

En même temps que les eaux courantes, les étangs fournissaient à la pêche un appoint fort important. Les étangs, peu nombreux de nos jours en Lorraine, s'étaient multipliés en grand nombre depuis un temps fort reculé. Dans les parties basses des vallées, partout où la disposition des lieux facilitait la construction d'une levée, on employait ce moyen d'utilisation du sol, qui donnait de beaux revenus ; on avait, de plus, l'avantage de se servir de la chute d'eau du déversoir pour alimenter des moulins. Ainsi furent créés artificiellement depuis les plus grands étangs, tels que celui de Lindre, jusqu'aux petites *froissières* ou viviers de dimensions fort exiguës. C'était habituellement le seigneur qui prenait l'initiative de ces travaux et conservait les étangs dans son domaine propre ; quelquefois cependant, il donnait l'autorisation d'en construire à des tenanciers, par voie d'acensement (229). Ce qui tendrait à prouver l'ancienneté de la plupart des étangs en Lorraine, c'est que beaucoup de communautés rurales doivent des corvées pour leur entretien ; or, on sait que les corvées datent de la période franke, époque de la constitution des domaines, et qu'elles ont été très rarement amplifiées dans la suite. Les habitants con-

---

en 1623, les fermiers de la pêcherie de Moselle doivent, outre le prix de leur ferme, un saumon valant 6 francs ; et au cas où l'on n'en pourrait prendre, une somme de 4 francs pour icelui (*Ib.*, v° *Pompey*).

(229) Création de l'étang de Lindre, au xiv° siècle (*Com. Mth.*, v° *Tarquimpol*). — Création de l'étang de Biécourt, en 1293 (*Doc. Vosg.*, I, 83). — Construction d'un étang au bois de Besange, en 1501 (*Com. Mth.*, v° *Besange-la-Petite*). — Id. au ban d'Attigny, lieu dit Parfondrupt. Compte de la recette de Darney, pour 1552 (*Arch. Mth.*, B. 5073).

courent habituellement aux travaux nécessités par la consolidation de la chaussée ; ils font les charrois de pierres, de bois et de *conroy*, terre glaise destinée à rendre le fond imperméable ; enfin, ils assistent à la pêche, transportent les filets et les poissons (230).

Ces corvées se rencontrent indifféremment dans les domaines seigneuriaux ou dans le domaine ducal. Le duc possédait la plus grande partie des étangs de la région de la Seille, maintenant encore les plus importants de la province. C'était la gruerie qui était chargée de leur administration, et les comptes annuels des gruyers nous montrent que les recettes de ce chef étaient considérables. Aussi prenait-on des soins fort attentifs pour améliorer la production ; la Chambre des Comptes elle-même s'occupe de donner des ordres pour que les alevinages se fassent en bonnes espèces et en quantités suffisantes ; elle députe même un expert pour être présent à l'opération (231).

Les petits étangs étaient habituellement exploités par leurs propriétaires. Le domaine ducal louait quel-

---

(230) Corvées des habitants de Blâmont, au XVIe siècle (*Com. Mth., hoc v°*). — Dénombrement de la prévôté de Trougnon, en 1558 (*Ruines de la Meuse*, II, 203). — Corvées des habitants de Barbas, en 1593 (*Com. Mth., hoc v°*). — Règlement des corvées d'Assenoncourt, en 1627 (*Ib., v° Assenoncourt*). — Corvées de Bisping, Blanche-Eglise, Lindre, Zommange, même époque (*Com. Mth., his v¹s*).

(231) Ordonnance du 9 juin 1531, sur l'alevinage des étangs domaniaux (*Arch. Mth.*, Lay. *Ordonnances*, 1, n° 34). — En 1589, on élève dans l'étang de Brin des carpes au miroir, qu'on y apporte des viviers de Saulrupt (*Com. Mth., v° Brin*).

Pour l'importance de la pêche dans les étangs du domaine ducal, voir aussi note 234 ci-après.

quefois les siens, ainsi que les grandes maisons ecclésiastiques, après avoir assuré les quantités nécessaires à leur consommation. Ces amodiations sont faites pour 12 ans et davantage, et, à défaut de corvées, ce sont les locataires qui sont chargés de l'entretien (232) ; l'alevinage a lieu à la St-Martin, et la pêche en Carême. Certains étangs ne restent pas toujours en eau ; on les met à sec une année sur trois, par exemple (233), et alors le terrain est utilisé soit pour la culture, soit pour le pâturage.

Les comptes de la gruerie nous montrent que, principalement dans la région de la Seille, les officiers ducaux exploitent directement la pêche : chaque année la Chambre des Comptes fixe le prix du poisson, on publie d'avance le jour de la vente, et les acheteurs viennent se fournir, suivant le tarif convenu (234). Alors comme maintenant, c'est en vue de la production des

(232) Location des étangs de Coincourt, appartenant au Chapitre de Saint-Dié, le 10 novembre 1556 (*Arch. Mth.*, G. 124). — Compte du domaine d'Arches, pour 1593 (*Ib.*, B. 2508). — Amodiation de l'étang d'Autrepierre, en 1605 (Duf. III, 150). — Compte du domaine de Châtel, pour 1616 (*Arch. Mth.*, B. 4361).

(233) Dénombrement de la prévôté de Trougnon, en 1558 (Dumont, *Ruines de la Meuse*, II, 203). — Droits des habitants de Barbas sur l'étang de Vilvaucourt, en 1593 (*Com. Mth.*, v° *Barbas*).

(234) Contrôle de l'étang de Lindre, pour 1487 (*Arch. Mth.*, B. 5250). — Ventes de l'étang de Zommange, pour 1499 et 1523 (*Ib.*, B. 5252 et 5529). — Contrôle de la gruerie de Blâmont en 1551 et 1555 (*Ib.*, B. 3402 et 3407). — Contrôle de la gruerie de Viviers, pour 1604 (*Ib.*, B. 10341). — Taxes du poisson à Nancy, de 1596 à 1632 (*Arch. municipales*, Lay. 100. Reg. n° 1).

carpes que la culture des étangs est dirigée : au xvi⁰
siècle, le cent de carpes, pris à l'étang, se vend de 10
à 16 francs barrois, soit 15 à 24 fr. de valeur intrinsèque. A Nancy, la livre de carpes coûte 6 gros, ou la
moitié d'un franc barrois ; le brochet, 8 à 10 gros, et le
poisson blanc, 2 ou 3 gros seulement. La pêche avait
une importance bien plus considérable que de nos
jours pour l'alimentation, à cause de la multiplicité des
jours maigres et de l'observance plus rigoureuse des
règles de l'Eglise. Quelque forte d'ailleurs que fût la
production des étangs et des cours d'eau de la province, le poisson de mer entrait pour une grande part
dans la consommation, concurremment avec le poisson
d'eau douce : les salaisons de Hollande et d'Ecosse
arrivaient facilement par les voies fluviales ; c'étaient
surtout les harengs, puis la morue, qui étaient l'objet
de cette importation. Au xvii⁰ siècle, la morue ne se
vend guère à Nancy que moitié prix de la carpe ; le
stockfisch ou poisson fumé ne coûte que le tiers environ (235).

———

Nous avons ainsi terminé l'étude des eaux et des
forêts pendant cette période importante qui va du xii⁰
siècle à la moitié du xvii⁰. Si l'on veut chercher la note
caractéristique de cette histoire, il nous semble qu'on
peut la trouver dans la participation très large des pay-

---

(235) Approvisionnements pour les obsèques de Marie de
France, en 1404 (Servais, *Ann. du Barrois*, II, 362). —
Taxes du poisson à Nancy, de 1623 à 1632 (*Arch. munici-
pales*, Lay. 100, Reg. n° 1).

sans à la jouissance des bois et des rivières. Notamment en ce qui concerne les forêts, le tenancier rural, le petit agriculteur, y trouve non seulement des matériaux de construction, mais encore et surtout la nourriture de son nombreux bétail ; à un pareil régime, l'agriculture est certainement florissante : mais si la forêt se maintient, si même elle peut produire des bois de forte dimension, il ne doit pas être question pour elle des règles savantes d'une gestion compliquée. C'est plus tard seulement que la science pourra naître, et que les forêts parviendront peu à peu à se dégager d'une promiscuité gênante, grâce à une lente transformation de l'agriculture nationale.

LIVRE III. — Les forêts depuis le milieu du XVIIe siècle jusqu'en 1789.

Chapitre 1er. — *Variations dans la consistance des forêts. Droits d'usage.*

La guerre de Trente-Ans et les luttes qui la suivirent, jusqu'à la restauration du duc Léopold, en 1698, modifièrent profondément l'état de la Lorraine, et affectèrent presque partout la situation des forêts. D'une part, en effet, la suppression violente de toute autorité régulière, remplacée pendant de longues années par l'arbitraire des commandants d'armée, la licence des soldats et l'anarchie des campagnes, favorisa tous les excès et rendit possible une multitude d'abus ; par crainte des embuscades, les étrangers campés dans le pays mettaient le feu dans les forêts voisines de leurs cantonnements ou saccageaient les plus beaux massifs pour le chauffage de leurs quartiers d'hiver ; les Lorrains eux-mêmes, usagers ou paysans, n'observaient plus aucune règle et commettaient journellement des dégâts dont la répression était impossible. D'autre part, la diminution énorme de la population rendit déserts de nombreux villages et des cantons entiers : suivant des auteurs dignes de foi, la guerre aurait fauché les neuf-dixièmes des habitants ; les terres restaient en friche, faute de bras et de sécurité, et, comme cette situation terrible se prolongea pendant près d'un demi-siècle, la végétation forestière envahit lentement l'emplacement des cultures ; lorsque, plus tard, il fut possible de réparer tous ces désastres, beaucoup de finages étaient, suivant le style du temps, *percrûs en ute futaie* ; d' res, couverts de haies, buissons et épines. Les col s appelés par Louis XIV de toutes les provinces françaises, commencèrent le défrichement, surtout dans la Lorraine allemande, et dès que, grâce à la sagesse de Léopold, les campagnes se furent à peu près repeuplées, les cultivateurs se jetèrent sur les forêts, comme leurs ancêtres du vii* siècle, et se hâtèrent de reconquérir les héritages déserts, avec un tel entrain et un succès si complet, qu'une ordonnance de 1724 fut obligée de défendre la propriété boisée, en prohibant le défrichement des terres accrues en bois depuis cent ans, à moins d'autorisation expresse du souverain (1).

(1) Compte de la gruerie de Bruyères, pour 1647 (*Arch. Mth.*, B. 3917). — Ordonnance de Charles IV, du 17 mars 1664, sur l'emploi du feu pour les essartements ; à voir surtout les considérants (Durival, *Description de la Lorraine*, I, 69). — Arrêt du conseil du 19 décembre 1707, sur requête des habitants de Vaudrecourt, qui demandent à défricher leurs anciens *pacquis*, pour y conduire leurs bestiaux (*Arch. nationales*, E. 3137). — Arrêt du 19 mars 1711, pour les habitants de Senon, donnant règlement à leurs bois, parmi lesquels se trouvent 200 arpents de *clairs-chênes* (*Ib.*, E. 3138). — On trouve aux mêmes registres (E. 3137-3138), beaucoup d'arrêts autorisant des communautés à défricher complètement certains cantons de leurs forêts, moyennant redevance au trésor de quelques gros par arpent. — En 1716, arpentage général de toutes les terres, défrichées ou non, de la baronnie de Fénétrange (*Com. Mth., hoc v°*). — Ordonnance du 12 septembre 1724, défendant de défricher

Ainsi, la guerre avait eu pour conséquences la dégradation des plus beaux massifs boisés, en même temps qu'une augmentation considérable de la superficie forestière ; à partir du xvIII° siècle, au contraire, la forêt recule, mais s'enrichit progressivement par une administration régulière et intelligente. Telles sont les grandes lignes de la période qu'il nous reste à étudier ; nous allons maintenant examiner les détails, en commençant par les forêts domaniales, pour nous occuper ensuite des bois des communautés et des seigneurs.

On a vu précédemment l'importance que prirent les acensements dans les forêts du domaine ducal, principalement aux xv° et xvi° siècles, et pour la colonisation de la montagne des Vosges. Léopold, au xvIII° siècle, se servit à son tour de ce moyen qui avait si bien réussi à ses prédécesseurs. Les acensements sont très nombreux sous son règne, et sont également accordés aux dépens des forêts de la plaine (2). Peut-être, dans les commencements surtout, ces concessions furent-elles faites à

les bois, terres ou prés accrus en bois depuis cent ans, sans permission du prince (*Rec. des Edit.*, III, 69). — En 1634, acensement à un particulier d'un petit canton de bois pour défricher (*Com. Mth.*, v° *Pexonne*). — En 1737, acensement semblable aux habitants de Fenneviller (*Ib., loc v°*). — Visite générale des bois du roi, en 1760, forêt de Bitche *Arch. Mth.*, B. 12115). — Visite de 1764, maîtrise de Bourmont, forêt de Repatir (*Ib.*, B. 10687). — Visite de 1783, forêt de Darney (*Ib.*, B. 10690).

(2) Acensements dans la forêt de Mondon, de 1716 à 1720 (*Com. Mth.*, v° *Mondon* et *Mississipi*). — En 1735, acensement à un particulier, d'un bois rapaille (*Ib.*, v° *Besange-la-Petite*). — Visite générale des bois du roi en 1769, maîtrise d'Epinal : « Causes de l'épuisement des bois de la montagne... » (*Arch. vosg.*, B. registre de 107 pages).

des conditions trop faciles, peut-être aussi les censitaires, comme on les en accuse souvent, cherchèrent à anticiper largement au-delà des limites de leurs possessions légitimes ? Les abus et les excès de ce genre ont dû être fort communs, et surtout beaucoup d'usurpateurs sans titres tentèrent de faire accepter leur possession illégale. Mais dès 1714, la réaction commence, et dès lors une suite d'ordonnances impose aux détenteurs de biens domaniaux des conditions toujours plus sévères. On peut même trouver que la loi se montre trop dure, à l'égard de colons qui avaient en somme ramené la prospérité et la vie sur un sol dévasté. On comprend qu'il était nécessaire d'ordonner une vérification rigoureuse, afin de distinguer les censitaires véritables des usurpateurs et des personnes sans droits ; à cet égard, les Edits prescrivant le dépôt des titres à peine de déchéance, et leur appréciation par la Chambre des Comptes, devaient suffire. Mais on alla plus loin : les véritables censitaires, ayant fait preuve de contrats en due forme, virent leur situation successivement aggravée par des redevances supplémentaires, ajoutées au mépris de la convention antérieure. En vertu de la fiction d'inaliénabilité du domaine, leurs droits étaient ainsi considérés comme toujours précaires et sujets à rescision. C'était certainement aller trop loin, et malheureusement, malgré les nombreuses remontrances inscrites dans les cahiers de 1789, les lois de la Révolution ne devaient pas être plus clémentes pour cette classe intéressante de propriétaires fonciers (3).

(3) Ordonnance du 28 décembre 1714, prescrivant aux possesseurs de biens domaniaux de faire entériner leurs titres

Ce fut donc surtout dans les premières années du règne de Léopold que les acensements purent faire diminuer, dans une notable proportion, l'étendue des forêts domaniales. Ces alternatives de licence et de répression que nous venons d'indiquer au sujet des censitaires, se retrouvent également dans l'histoire d'une autre classe de bénéficiaires : les usagers, après avoir régné en maîtres dans la forêt, se virent, eux aussi, successivement restreints et ramenés à l'observation de règles rigoureuses. Lorsqu'après la première tourmente passée, l'administration française voulut rétablir un peu d'ordre dans les provinces occupées,

à la Chambre des Comptes, à peine de privation (*Rec. des Edits*, II, 41). — Déclaration du 31 décembre 1719 prononçant la déchéance contre tous ceux qui n'ont pas obéi à l'ordonnance de 1714, pour toutes aliénations postérieures à l'année 1600 (*Ib.*, II, 309). — Déclarations des 18 mars et 10 mai 1722, grevant de charges spéciales les détenteurs de biens domaniaux, si mieux n'aiment renoncer (*Ib.*, II, 537, 570). — Edit du 14 juillet 1729 prononçant la rescision de toutes aliénations du domaine postérieures à 1697, sauf exceptions y contenues (*Ib.*, V, 14). — Déclarations des 16 septembre, 30 décembre 1729 et 23 janvier 1730, fixant aux aliénataires déchus des délais pour se pourvoir en indemnité (*Ib.*, V, 24-40 et 45). — Arrêts de la Chambre des Comptes, des 5 août 1735 et 15 avril 1750, ordonnant aux détenteurs de bois domaniaux de représenter leurs titres, à peine de réunion (*Ib.*, VI. 55 et VIII, 152). — Autres arrêts semblables, relatifs aux censitaires, des 29 mars, 26 juillet et 26 octobre 1765 (*Ib.*, X, 401, 413).

Remontrances de la noblesse du bailliage de Mirecourt, en 1789, au sujet du retrait des biens domaniaux anciennement engagés (*Doc. de l'hist. vosg.*, I, 345-349). — Doléances du tiers-état de la ville de Saint-Dié, sur le même sujet (*Ib.*, II, 301-304).

les commissaires royaux trouvèrent en possession un grand nombre de particuliers et de communautés, alléguant partout des droits d'usages antérieurement concédés. Un premier travail consista dans la vérification des titres, mesure longue et délicate, qui n'était pas encore achevée au moment de la restauration du duc Léopold. Plusieurs ordonnances prescrivent itérativement aux prétendus usagers de déposer leurs titres, et malgré les sanctions qui menaçaient les retardataires, ce fut avec beaucoup de peine qu'il fut possible de faire exécuter la loi (4). A cette précaution parfaitement juste, vinrent se joindre des actes beaucoup plus graves, et le plus souvent entachés d'arbitraire : parfois, on fut tenté, notamment dans des forêts seigneuriales (5), d'interpréter littéralement la clause, presque toujours révérentielle, de *bon plaisir*, pour supprimer, en tout ou partie, des délivr... es gênantes. Même dans les forêts domaniales, les règlements de 1724 ordonnèrent, par mesure générale, la suppression des usages

(4) Compte de la gruerie de Bruyères pour 1647: remontrances du comptable au sujet des usagers (*Arch. Mth.*, B. 3917). — Avis du 28 mai 1686, des commissaires députés par S. A. sur le fait des eaux et forêts de Lorraine, art. XXII (Règlement fait par MM. les commissaires réformateurs, etc.) — Ordonnance du 15 mai 1702, prescrivant aux prétendus usagers de déposer leurs titres (*Rec. des Edits*, 1, 301). — Mêmes dispositions dans le règlement général de 1707, titre VI, art. 13. — Les registres des arrêts du Conseil des eaux et forêts contiennent un grand nombre de reconnaissances d'usages, accordées sur production des titres, en exécution des textes qui précèdent. Voir notamment *Archives nationales*, E. 3135 et suivants.

(5) Règlement du 12 janvier 1734 pour les usagers de Dabo (*Arch.. Mth.*, E. 66, n° 6 du registre).

aux bardeaux et aux bois de clôture, contrairement aux droits acquis ; il est vrai que, devant les réclamations unanimes des habitants de la montagne, ces prohibitions furent beaucoup adoucies. Lorsque, dans la suite, des forêts furent fermées aux usagers, la suspension des délivrances fut toujours temporaire, et fondée sur la possibilité ou l'état de dégradation actuel ; ainsi, le droit était au moins respecté (6).

Les règlements relatifs à l'exercice des droits d'usage sont assez rares, à partir du xviii° siècle; on continuait à appliquer les coutumes et les décisions anciennes ; nous avons donc peu de chose à ajouter aux détails qui ont été donnés dans le second Livre. Les redevances paraissent avoir été exigées avec une rigueur croissante, si l'on en juge par l'importance des sommes recueillies. Il semble même que le propriétaire forestier, duc ou seigneur, ne se faisait pas faute de relever le taux des redevances anciennes, pour le faire concorder avec la valeur toujours plus considérable des produits, résultat de l'abaissement du signe monétaire et de l'extension des relations commerciales. Ces relèvements, que nous voyons ainsi ordonnés *jusqu'à bon plaisir*, par des arrêts du Conseil au xviii° siècle, étaient certainement, si l'on considère la question au point de vue juridique, autant d'empiètements sur le droit des usagers, dont la condition, résultant d'un contrat, aurait dû rester

---

(6) *Supplément* au *Règlement général des eaux et forêts*, du 31 janvier 1724, tit. II, art. 8, et tit. III, art. 5. — *Déclaration au sujet des eaux et forêts*, du 13 juin 1724, art. 1 et 4. — Visite des bois du roi, en 1764, maîtrise de Bouzonville (*Arch. Mth.*, B. 10688).

immuable (7). D'autres règlements locaux précisent le mode de délivrance, soit pour les bois de feu ou de construction (8), soit pour le pâturage ou le panage (9). Ils s'écartent assez peu de ce que nous connaissons déjà sur cette matière.

Il ne suffisait pas de tracer aux usagers des conditions de jouissance ; une œuvre beaucoup plus importante, qui s'achève seulement de nos jours, consistait à dégrever complètement la forêt, en éteignant le droit d'usage, sauf remboursement de sa valeur. Nous savons qu'on arrivait à ce résultat, soit par des aménagements-règlements ayant pour effet de libérer une partie seulement de la forêt, en concentrant sur le reste les

---

(7) Terrier de la châtellenie de Fribourg, en 1665 ; redevances des usagers d'Azoudange (*Com. Mth.*, v° *Azoudange*). — Règlement de 1697 pour le comté de Dabo (*Arch. Mth.*, E. 67). — Redevances des habitants d'Amance et de Laître pour le pâturage, en 1730 (*Com. Mth.*, v° *Amance*). — Déclaration de 1738, pour les habitants de Maxéville (*Ib., hoc v°*). — Etat des bois du roi, pour 1750. Maîtrise d'Epinal, redevances d'usagers (*Arch. Mth.*, B, 10523). — Visite des bois du roi, en 1783, forêt du ban d'Escles (*Ib.*, B. 10690). — Arrêt du Conseil du 18 juin 1771, pour les forêts du comté de Bitche, art. 21 (*Rec. des Edits*, XII, 402).

(8) Règlement du 16 avril 1746, pour les usagers d'Albestroff (*Com. Mth.*, v° *Insming*). — Arrêt du 18 juin 1771, pour les usagers de Bitche (*Rec. des Edits*, XII, 402).

(9) Compte de la gruerie de Nancy, pour 1668 : défensabilité dans la forêt de Haye (*Arch. Mth.*, B. 7997). — Règlement du 12 mai 1697, pour les usagers de Dabo (*Ib.*, E. 67, n° 145). — Arrêt du 16 juillet 1703 pour les habitants de Marbotte (*Arch. nationales*, E. 3135. Ce registre contient plusieurs reconnaissances semblables). — Droits des usagers de Guermange, en 1738 (*Com. Mth., hoc v°*). — Visite des bois du roi, en 1764, maîtrise de Briey (*Arch. Mth.*, B. 10689).

délivrances, soit par des cantonnements, produisant l'extinction définitive du droit, que l'on payait au moyen d'un canton de forêt cédé en toute propriété. Ces deux moyens continuèrent à être employés dans le cours du xviii° siècle ; concurremment avec les aménagements-règlements, des arrêts du Conseil limitent le nombre des feux dans les communautés usagères, c'est-à-dire déterminent une fois pour toutes la quantité de produits à délivrer, quelles que soient les variations dans le chiffre de la population (10). En même temps que le cantonnement proprement dit, il y eut aussi des rachats en argent, même d'usages au bois (11) ; pour toutes ces causes, les forêts domaniales furent peu à peu allégées de la charge si lourde que leur avait léguée le moyen-âge. On ne créait plus de nouveaux usages, et les quelques exemples de concessions de pâturage, remontant au xvii° siècle, ne sont peut-être que des permissions temporaires et révocables (12).

En dehors de tout droit d'usage, nous avons vu que la vaine pâture s'exerçait au profit des habitants de chaque ban sur les terres dépouillées de leurs fruits, spécialement sur les forêts et dans les taillis défensables. Bien que le vain pâturage en forêt fût ainsi

(10) Arrêt du 18 juin 1771, pour les forêts de Bitche, art. 19, 20, 21 et 29. (*Rec. des Edits*, XII, 402). — Visite des bois du roi, en 1783 : maîtrise de Darney, forêt de Génevoivre (*Arch. Mth.*, B. 10690).

(11) Arrêt du Conseil du 19 octobre 1748, convertissant en argent le droit d'usage du seigneur de Removille dans la forêt de Neufay (*Arch. Mth.*, B. 10695).

(12) Compte de la gruerie de Nancy, pour 1668 : lettres-patentes accordant le vain pâturage aux habitants de Villers et de Laxou, dans la forêt de Haye (*Arch. Mth.*, B. 7997).

autorisé, sans titre ni preuve quelconque, par la coutume de Lorraine et un certain nombre de coutumes locales, il y avait cependant des discordances à cet égard, et notamment à Clermont-en-Argonne, l'introduction des bestiaux en forêt, qu'il s'agît de gras ou vains pâturages, n'était permise qu'en vertu d'un titre ; telle était aussi la règle dans la plupart des provinces de l'ancienne France. A partir du XVIIIe siècle, il en fut aussi de même en Lorraine, et la première trace de cette interversion de droit remarquable se trouve dans le règlement des eaux et forêts de 1701 ; Léopold, dérogeant sur ce point à la coutume de Lorraine, ordonne que le vain pâturage en forêt ne pourra plus avoir lieu sans titre. Sans doute, cette innovation semble d'après le texte, ne concerner que les forêts domaniales, mais il est certain qu'elle fut depuis appliquée à toutes les propriétés boisées : en effet, lorsqu'après des sécheresses exceptionnelles, le souverain veut prendre des mesures pour soulager les laboureurs, il permet temporairement l'introduction du bétail en forêt, et les ordonnances prennent soin de spécifier que cette mesure extraordinaire s'étend même aux bois des vassaux et des communautés. A partir de 1701, on doit donc considérer les forêts lorraines comme exemptes de la vaine pâture, et cette transformation du droit ancien est un exemple de la tendence générale que nous aurons plus d'une fois occasion de signaler, suivant laquelle les habitudes françaises prédominent de plus en plus, aux dépens des coutumes locales, notamment en matières rurale et forestière (12 *bis*).

(12 *bis*) Dispositions coutumières concernant le vain pâturage en forêt. Il est accordé par la coutume de Lorraine, sans titre. Voir de même : *Gorse*, XVI, 12, et *Bassigny*, XII,

Aussi bien que l'agriculture, l'industrie fut longtemps à se relever du coup terrible que la guerre lui avait porté ; à cet égard, les usines forestières subirent des alternatives dont les conséquences furent importantes pour la propriété boisée. Les verreries, que nous avons vues si prospères au commencement du xviie siècle, furent profondément atteintes ; les comptes de la gruerie de Darney, dans laquelle se trouvaient les plus nombreuses, traduisent cette décadence par une diminution énorme des redevances. Les gentilshommes verriers furent presque tous ruinés et réduits à la misère ; une note de 1666 dépeint éloquemment cette situation lamentable : il restait une somme de 7 francs et quelques gros à recouvrer sur le cens annuel de la verrière Pierre Thiétry, et les comptables se présen-

---

127. Dans les provinces voisines : *Bourgogne-duché*, XIII, 3 ; *Nivernois*, art. 5 du titre des droits de *blairie*, au sujet duquel Denisart remarque (*Décisions nouvelles*, v° Vaine pâture) qu'une pareille disposition est « contre le droit commun de la France ». *Epinal* constate, (VIII, 1), que la question se règle diversement suivant les lieux. Le vain pâturage semble restreint aux forêts de communautés par *St-Mihiel*, XIII, 2 et *Bar*, XV, 205. Enfin *Clermont-en-Argonne*, XX, 3, dispose catégoriquement que le vain pâturage en forêt ne peut s'exercer sans titre ; même texte dans la coutume de *la Comté de Bourgogne*, XVI, 103.

Législation nouvelle : *Règlement des eaux et forêts* de 1701, art. 100. — Ordonnance du 12 mars 1720 (*Rec. des Edits*, II, 307). — Ordonnance du 2 juin 1723 (*Ib.*, II, 635). — Arrêts du Conseil des 19 juin 1731 (*Ib.*, v° 157), et 6 juillet 1734 (*Ib.*, v° 276).

Les mentions de vain pâturage en forêt sont assez rares, au xviiie siècle. Voir cependant, pour Maxéville, en 1738 (*Com. Mth., hoc v°*).

tèrent pour exécuter la saisie des meubles ; mais ils ne trouvèrent au logis que la vieille damoiselle de Thiétry, si pauvre, qu'il ne restait plus rien à lui prendre ! Toutes les *verrières* de la Vôge ne furent pas cependant supprimées ; on en releva quelques-unes, qui ne reconquirent jamais néanmoins leur splendeur passée : les autres se transformèrent en exploitations agricoles, qui maintenant encore morcèlent la forêt. Toutefois, l'industrie du verre, autrefois cantonnée sur quelques points de la province, se répandit au xviiie siècle du côté de la montagne et dans la Lorraine allemande : c'est de cette époque que datent Valérysthal, Meyssenthal ou Saint-Louis, et, dans la plaine, Portieux et Vannes (13). Les usines nouvellement créées dans les forêts domaniales recevaient alors, à titre de subvention, une *affectation* ou canton d'*assurance*, c'est-à-dire une partie de la forêt qui restait sous la gestion des officiers

---

(13) Compte du domaine de Darney, pour 1666; cens des verrières (*Arch. Mth.*, B. 5126). — Recettes des verrières de Darney, en 1697 (*Bibl. de Nancy, Mss. lorrains*, n° 894). — En 1707, concession emphytéotique à des verriers dans la forêt de Lutzelbourg, origine de la verrerie de Valérysthal (*Stat. Mth.*, v° *Plaine-de-Walsch*). — En 1722, fondation de la verrerie de Soldatenthal (*Com. Mth., hoc v°*) ; auparavant elle était ambulante (*Stat. Mth., eod. v°*). — En 1723, fondation de la verrerie de Harreberg (*Com. Mth., hoc v°*). — Mémoire d'Audiffret, vers 1732 : des verreries (*Bibl. de Nancy, Mss. lorrains*, n° 133, p. 259). — En 1737, rétablissement des verreries de Saint-Quirin, avec les privilèges de manufacture royale (*Stat. Mth., hoc v°*). — Visite des bois du roi, en 1760, forêt de Bitche : les verreries de Meyssenthal et de Gœtzembrück y sont enclavées (*Arch. Mth.*, B. 12115). — Renseignements fournis par les subdélégués, en 1783 (*Ib.,* C. 315).

royaux, mais dont les produits étaient exclusivement dévolus à la consommation industrielle (14).

Ces affectations diffèrent essentiellement des droits d'usage, en ce qu'elles constituent un bénéfice personnel, subordonné au roulement de l'usine ; de plus, la plupart sont temporaires, accordées pour 36 ou 40 ans, bien qu'il y en ait exceptionnellement de perpétuelles. Elles sont surtout considérables pour les forges et établissements métallurgiques, qui prirent une grande extension, presque dans toutes les parties de la Lorraine, pendant le cours du xviii° siècle. Ainsi Moyeuvre avait une affectation de 19 mille arpents, Grandfontaine de 11 mille arpents; la manufacture de Bains absorbait la plus grande partie des 8,300 arpents de la forêt du ban d'Uxegney (15). En général, ces concessions ne sont pas gratuites ; les industriels paient même au do-

---

(14) Lettres patentes de 1720, pour la faïencerie de Pexonne (*Com. Mth., hoc v°*). — Visite des bois du roi en 1664, maîtrise de Bouzonville : arrêt du 13 janvier 1759 pour la verrerie de Critzwaldt (*Arch. Mth.*, B. 10688). — Visite de 1683, maîtrise de Darney : cantons d'assurance pour les verreries de Clairefontaine et de la Planchotte (*Ib.*, B. 10690).

(15) Mémoire d'Audiffret, vers 1732 : des forges (*Bibl. de Nancy, Mss. lorrains*, n° 133, p. 254). — Etat des bois du roi en 1750, maîtrise de Briey : forges de Moyeuvre (*Arch. Mth.*, B. 10523). — Visite du bois du roi en 1760, forêt de Bitche, forêteries de Lemberg et de Waldeck (*Ib.*, B. 12115). — Visite de 1764, maîtrise de Bourmont : forge de Vrécourt (*Ib.*, B. 10687). — Même année, maîtrise de Briey : forges de Moyeuvre (*Ib.*, B. 10689). — Même année, maîtrise de Bouzonville ; usines de Hayange (*Ib.*, B. 10688). — Même année, maîtrise de Dieuze : forges de Grandfontaine et Hombourg (*Ib.*, B. 10691). — Visite de 1765, maîtrise de Lunéville : forges de Cirey (*Ib.*, B. 10693). — Visite et règlement

maine des redevances assez élevées ; toutefois, leur bénéfice reste encore considérable, et surtout la garantie de trouver à proximité le combustible nécessaire est pour eux très précieuse.

Toutes ces usines appartenaient à des particuliers, sauf Moyeuvre qui dépendait du domaine et qui faisait l'objet d'une amodiation. Les salines, au contraire, sont toutes restées dans leur état primitif, exploitées par des fermiers, dont les redevances au domaine deviennent toujours plus fortes. Moyenvic, dans la partie cédée à la France, et dépendant de l'évêché de Metz, — Rosières, Dieuze et Château-Salins, dans la Lorraine propre, fabriquèrent jusqu'à 36,000 muids de sel, dont la moitié seulement était consommée dans le pays. La vente du sel produisait au trésor ducal, vers 1725, près de deux millions de livres, sur les cinq millions de la ferme générale ; on s'explique ainsi la nécessité d'alimenter à tout prix une source de revenus si productive. Aussi, les affectations de bois domaniaux sont constamment augmentées, et les ordonnances du xviiie siècle, enchérissant sur la législation antérieure, frappent de lourdes servitudes toutes les forêts situées dans un rayon de 3 lieues autour des rivières flottables : il est défendu aux propriétaires, même particuliers, d'asseoir aucune coupe sans l'autorisation d'un commissaire spécial, chargé d'acheter les produits par l'intermédiaire du fermier ou de ses agents. La conséquence de cette

---

de la forêt du ban d'Uxegney, du 28 mai 1765 : manufacture de Bains (*Arch. Vosges*, B. non classé). — Visite de 1783, maîtrise de Darney : forges de Sainte-Marie et de la Hutte, manufacture de Bains (*Arch. Mth.*, B. 10690). — Même année, maîtrise de Saint-Dié : mines de la Croix (*Ib.*, B. 10697).

extension des salines fut le maintien de révolutions très courtes, avec des taillis simples, sur des sols forestiers qui eussent exigé la conservation d'une futaie nombreuse : certaines parties montagneuses se déboisèrent ainsi peu à peu et se transformèrent en bruyères, notamment dans la gruerie de Badonvillers (16).

Le xviiie siècle fut ainsi une période très florissante pour l'industrie lorraine ; mais la consommation du combustible fut poussée a un tel point, que les plaintes les plus vives ne tardèrent pas à s'élever sur la pénurie du bois de feu. Ces plaintes devinrent surtout nombreuses vers 1780 ; elles inquiétaient sérieusement les intendants, qui cherchaient par tous moyens à les apaiser, sans mécontenter les usiniers. Les enquêtes faites par les soins des subdélégués, en 1783, nous donnent une description intéressante de la situation industrielle, ainsi que de la quantité de cordes et de fagots qu'exigeait le roulement de chaque usine (17). Cette quantité

---

(16) Ordonnance du 28 mai 1704, relative aux forêts destinées aux salines (*Rec. des Edits*, I, 423) — Arrêt du 22 août 1750, pour la réformation des mêmes forêts (*Ib.* VII, 193).

Vers 1710, mémoire à l'intendant des Trois-Evêchés, par le sieur Humbert, l'un des fermiers de la saline de Moyenvic (*Arch. Mth.*, C. 90). — Mémoire sans nom d'auteur, du 26 novembre 1726, sur les salines de Lorraine (*Eod. loc.*). — Mémoire d'Audiffret, vers 1732 : des salines (*Bibl. Nancy, Mss. lorrains*, n° 133, p. 192-198).

Visite des bois du roi, de 1739, forêt du Bousson (*Arch. Mth.*, B. 12114). — Etat des bois de la gruerie de Badonvillers en 1753, forêt des Elieux-et-Menelle (*Ib.*, B. 12115). — Visite de 1764, maîtrise de Dieuze (*Ib.*, B. 10691).

(17) Renseignements fournis par les subdélégués, sur la consommation du bois de chauffage, ensuite de la lettre de Mgr l'Intendant du 29 juillet 1783 (*Arch. Mth.*, C. 315).

n'était pas telle cependant que la possibilité des forêts de la province ne pût largement y fournir, même en outre des besoins ordinaires de la population ; la cause principale des disettes locales provenait de la difficulté du transport des bois sur les lieux de consommation : à cet égard, l'administration des intendants, en faisant exécuter des travaux remarquables pour l'extension des voies de communication, avait trouvé le meilleur remède. C'est aussi vers la même époque qu'on s'occupa de substituer la houille au bois pour le service des usines, et principalement des salines. Depuis un temps fort reculé, et dans tous les cas dès avant le XVII° siècle, des houillères avaient été exploitées dans le bassin de la Sarre ; abandonnées pendant les guerres, elles furent ensuite rouvertes, mais leurs produits ne dépassèrent jamais un cercle fort restreint. Malgré les efforts de quelques inventeurs, cette transformation si désirable pour l'industrie fut très lente à s'accomplir, elle était encore discutée vers 1789, et n'avait sur la consommation des bois qu'un effet peu appréciable (18).

Telles sont les causes qui influèrent sur la consistance des forêts lorraines pendant cette période. Nous n'avons pu, précédemment, donner un chiffre, même approximatif, des contenances boisées au moyen-âge ;

(18) Compte du domaine de Schambourg, pour 1666 : mairie de Wisbach (*Arch. Mth.*, B. 9347). — Mémoire du subdélégué de Dieuze, en 1783, au sujet de la consommation des bois (*Ib.*, C. 315). — Mémoire d'un sieur Leclerc, vers 1786, pour l'emploi de la houille dans les salines (*Ib.*, C. 90). — Autre mémoire, sans nom d'auteur, de la même époque, indiquant l'importance de la consommation de la houille (*Ib., eod. loc.*).

mais les documents modernes, extraits des visites annuelles des officiers des maîtrises, nous permettent plus de précision. En ce qui concerne les forêts domaniales, si l'on comprend non seulement les massifs où des coupes annuelles étaient assises au profit du Trésor, mais aussi les bois grevés d'usage ou affectés aux usines, on arrive à un chiffre de 556,000 arpents, ou environ 111,000 hectares (19).

Pour les bois autres que ceux du domaine, on ne peut donner que des contenances fort approximatives, parce que les officiers des maîtrises ne les comprenaient pas dans leurs procès-verbaux de visite, et qu'ainsi la source d'information la plus sérieuse nous fait défaut. Les communautés laïques, auxquelles ont succédé les communes et sections de communes de notre organisation actuelle, avaient à peu près toutes des forêts dans leur patrimoine, quelquefois même des étendues très importantes. Dans le cours du xviii° siècle, ces forêts ne subirent que peu de diminutions : les défri-

---

(19) Visite des bois du roi : Bourmont, en 1764 (*Arch. Mth.*, B. 10687) ; Bouzonville, même date (*Ib.*, B. 10688) ; Briey, même date (*Ib.*, B. 10689) ; Darney, en 1783 (*Ib.*, B. 10690) ; Dieuze, en 1764 (*Ib.*, 10691) ; Epinal, en 1769 (*Arch. vosg.*, B. ?) ; Etain, en 1764 (*Arch. Mth.*, B. 10692) ; Lunéville, en 1765 (*Ib.*, B. 10693) ; Nancy, en 1779 (*Ib.*, B. 10694) ; Neufchâteau, en 1769 (*Ib.*, B. 10695) ; Pont-à-Mousson, en 1764 (*Ib.*, B. 10696) ; Saint-Dié, en 1783 (*Ib.*, B. 10697). — Etat des bois du roi, en 1750, maîtrises de Bar, Sarreguemines et Saint-Mihiel (*Ib.*, B. 10523). — Pour la forêt de Bitche, projet d'assiette de 1792 (*Ib.* B. 12115) ; même forêt, C. 315.

Cpr. Durival, *Description de la Lorraine*, I, 300.

chements étaient rares, et ne pouvaient avoir lieu sans l'intervention de l'autorité centrale (20), qui exerçait son droit de surveillance d'une manière rigoureuse ; il faut seulement signaler quelques affectations forcées dans le voisinage des salines (21) ; quant aux acensements, ils sont spéciaux aux bois du domaine. L'étendue de 700,000 arpens, donnée par Durival, nous semble assez exacte. Les communautés ecclésiastiques de la montagne étaient surtout riches en bois ; de plus, l'abbaye de Remiremont possédait dans la Vôge, sous le ressort des maîtrises d'Epinal et Darney, d'importantes forêts indivises avec le souverain ; mais dans le reste de la plaine, les bois des ecclésiastiques étaient fort clairsemés, de sorte qu'en leur attribuant une contenance égale à la moitié des forêts domaniales, nous devons approcher de la vérité. Enfin, il est certain que les seigneurs, hauts justiciers ou non, sans détenir autant de bois que les communautés laïques, avaient conservé des massifs nombreux, dont une partie était déjà passée, par aliénations successives, aux mains de simples roturiers : leurs forêts, moins bien peuplées que celles du domaine, devaient les égaler en étendue. Nous arrivons ainsi, pour la Lorraine telle qu'elle était constituée vers 1750, à un total de plus de deux millions d'arpents, ou 400,000 hectares (22).

(20) Déclaration des habitants de Nébing, en 1738 : essartement en 1713, avec autorisation du seigneur (*Com. Mth. hoc v°*).

(21) Arrêt du 14 août 1767, pour l'affectation aux salines des bois de communautés et des particuliers (*Arch., Mth.*, C. 901). — Mémoire sur les salines, d'août 1786 (*Eod. loco*).

(22) Visite du bois du roi, pour 1783, maîtrise de Saint-Dié (*Arch., Mth.*, B. 10697) ; Id., maîtrise de Nancy (*Ib.*, B.

Avant de terminer cette étude générale de la consistance des propriétés forestières, il nous reste à parler d'un droit au sujet duquel bien des discussions ont été soulevées dans ce siècle, sans qu'on soit tombé d'accord sur son origine et ses caractères juridiques : c'est le droit de tiers denier, que l'on considère ordinairement comme applicable, uniquement au profit du domaine ducal, sur les bois des communautés, mais qui, nous le verrons, peut comporter des relations beaucoup plus complexes et s'étendre à d'autres catégories d'immeubles ou de propriétaires. Le droit de tiers denier est certainement fort ancien en Lorraine : nous en avons signalé un exemple à la fin du xiv° siècle ; mais c'est principalement dans les comptes du domaine postérieurs à 1650, qu'on le trouve perçu sur toute l'étendue du territoire. Les procès-verbaux de visite des maîtrises, après la description des bois du roi, donnent l'énumération des bois appartenant aux communautés dépendant des hautes justices domaniales, parce que sur toutes les ventes de produits provenant de ces forêts, un tiers du prix était perçu au profit du souverain. Ces perceptions étaient très importantes pour le Trésor : un dixième environ du revenu total des forêts, en 1766 (23).

A côté de ce tiers denier, prélevé par les officiers du

10694). — Durival, *Description de la Lorraine*, vers 1778, I, p. 300.

Cpr. *Statistique forestière* de 1878, p. 19.

(23) Lettres du duc Robert de Bar, du 11 août 1399 (Dufourny, I, 78). Voir au surplus, Livre II, chap. Ier, texte et note 26. — Compte de la gruerie d'Apremont, pour 1669 (*Arch. Mth.*, B. 2437). — Compte des bois de Lorraine, pour

domaine sur les bois des communautés, on trouve exceptionnellement, dans la maîtrise de Briey, un prélèvement identique, également au profit du domaine, sur un certain nombre de forêts appartenant à des seigneurs (24) ; on nous donne, il est vrai, l'origine de quelques-unes de ces forêts : elles proviennent anciennement d'aliénations faites par des communautés, de sorte que, si l'on généralise le renseignement ainsi fourni, ces droits se confondent avec les précédents : il est toutefois remarquable que, dans les autres maîtrises, on ne trouve rien de pareil. Lorsqu'une haute justice domaniale se trouvait en la jouissance d'un seigneur, par suite d'un de ces contrats d'engagement si fréquents en Lorraine, le droit de tiers denier n'était pas perçu par l'engagiste, mais demeurait au roi, comme un signe apparent de la domanialité de la terre (25) ; dans ce cas, à cause de la réversion possible, et pour

---

1698, maîtrises de Badonvillers, Vic et Pont-à-Mousson (*Ib.*, Lay. *forêts et grueries*, n° 28). — Visites des bois du roi : Nancy (*Ib.*, B. 10694), Saint-Dié (*Ib.*, B. 10697), etc. — Recettes générales des domaines et bois de Lorraine et Barrois, pour 1766 (*Ib.*, B. 10595).

(24) Visite des bois du roi, pour 1764 ; maîtrise de Briey : bois en tiers denier (*Arch. Mth.*, B. 10689). — Voir aussi les documents cités à la note 20 ci après.

Henriquez (*Grueries seigneuriales*, n° 211), confond le tiers denier avec le triage.

(25) Contrôle de la gru ie de Sierck, pour 1668 : recettes en argent provenant des bois vendus par les communautés (*Arch. Mth.*, B. 9457). — Compte de la gruerie de Sierck, pour 1669, mêmes recettes (*Ib., eod. loco*). — Vente des bois du roi en 1765, maîtrise de Lunéville, tiers denier au comte de Ficquelmont, seigneur engagiste de Parroy (*Ib.*, B. 10693). — Extraits des registres du Conseil d'État : arrêt

assurer le maintien du droit au profit du Trésor, c'étaient les officiers royaux qui remplaçaient ceux du seigneur engagiste dans l'administration des forêts communales ainsi grevées (26). Tous ces caractères semblent bien prouver qu'il s'agit d'un droit exclusivement domanial.

Mais si l'on considère ensuite les forêts de communautés dépendant des hautes justices des vassaux, on voit avec étonnement qu'elles sont aussi sujettes au tiers denier, cette fois au profit du haut justicier, seigneur particulier, qui peut le revendiquer sans titres, en prouvant seulement sa longue possession. Cette situation avait pu être créée en vertu de stipulations spéciales, intervenues à l'occasion de transactions passées entre les seigneurs et les communautés de leurs domaines ; c'est ainsi qu'en 1334, nous voyons les religieux de Sainte-Marie-au-Bois abandonner certains cantons de forêts aux hommes de Boncourt, sous la condition qu'en cas de vente des produits, l'abbaye retirera la dixième partie du prix (26 bis) : la proportion est sans doute différente, mais l'analogie avec le tiers denier n'en est pas moins frappante. Il est présu-

---

du 16 avril 1771, qui maintient le comte de Rosières, seigneur de la Croix-sur-Meuse, au droit de percevoir le tiers denier de la pêche (*Ib.*, B. 12093).

(26) Ordonnance du 15 juin 1688, du maître particulier de Sarrelouis, concernant le droit d'administration des officiers royaux dans les bois *tenus en tiers* par S. M (*Bibl. de Nancy, Mss. lorrains*, n° 390). — Voir aussi, pour la maîtrise de Briey, *Arch. Mth*, B. 10689.

(26 bis) Accord du mois de mai 1334 entre les religieux de Sainte-Marie-aux-Bois, le seigneur et les habitants de Boncourt, touchant les bois (*Arch. Mth.*, H. 1174).

mable que des conventions de ce genre furent assez fréquentes, car au xvi° et au xvii° siècles, les seigneurs réclament, de droit commun, l'exercice du tiers denier : une ordonnance du duc Léopold, du 31 janvier 1724, le leur attribue formellement. On peut seulement se demander si cette ordonnance n'était pas en réalité une concession faite aux dépens des communautés, et la généralisation arbitraire d'une situation qui ne pouvait antérieurement exister qu'en vertu de titres formels ou de possession équivalente (27). Enfin, il est remarquable de voir assez fréquemment le tiers denier, qu'il soit exercé par le domaine ou par un seigneur, éteint au moyen d'une opération qui a beaucoup d'analogie avec le triage, tel qu'on le pratiquait en France : le seigneur, qui semble avoir exclusivement l'initiative en cette matière, s'adjuge en fonds et superficie un tiers de la forêt, en affranchissant ainsi le surplus (28). Ces opérations, bien que sanctionnées par des arrêts du Conseil des finances, lésaient en réalité les communautés :

(27) Déclaration du 31 janvier 1724, titre III, art. 4 (*Mss.* n° 390, *Bibl. de Nancy*). — Du 13 février 1713, jugement du bailliage de Lunéville pour l'abbé de Saint-Remy, relativement au tiers denier des bois vendus par la communauté de Bénaménil (*Arch. Mth.*, H. 1531). — Du 1er mai 1770, arrêt pour Mme de Choiseul-Peaupré, sur Volmerange (*Ib.*, B. 12093). — En 1784, tiers denier perçu à Poussay par le Chapitre (E. Gaspard, *Mém. Soc. Arch. lorr.*, XXI, p. 119-121).

(28) Voir, pour le rachat du tiers denier, note 24 ci-dessus, et de plus : arrêt du Conseil du 8 novembre 1726 (*Rec. des Edits*, III, 193). — Visite des bois du roi de 1764, maîtrise de Dieuze, bois de l'Attrappe et réserve de Bisping (*Arch. Mth.*, B. 10691).

en effet, du moment où le droit n'était perçu que sur une partie du revenu, — les produits vendus, à l'exclusion de ceux délivrés en nature, — il était excessif de le racheter par la distraction du tiers de la surface boisée.

Ce sont ces anomalies qui rendent si délicate l'étude historique du tiers denier. Les exemples les plus anciens s'appliquent tous à des fonds dépendant du domaine ducal. Nous avons relevé déjà la ressemblance entre cette taxe et un impôt de mutation : dans plusieurs cantons de la Lorraine allemande le droit de mutation en cas de vente des immeubles est précisément du tiers des prix de vente (29); il est naturel de croire que, dans ces contrées, on assimila de bonne heure les ventes de coupes communales aux aliénations du fonds des immeubles ruraux. Mais à quel moment ce droit fut-il étendu à toutes les communautés domaniales? cette question restera toujours sans doute insoluble. La première ordonnance à laquelle on puisse attribuer une portée générale date de 1577, encore ne s'applique-t-elle qu'aux glands et fruits champêtres; cependant on peut penser qu'à cette époque la perception du tiers denier avait déjà lieu sur tout le territoire, car rien n'indique que le duc Charles III ait voulu inno-

---

(29) Perception du tiers denier, en 1766, sur les héritages vendus à Buren, etc. (*Arch. Mth.*, B. 9409). — Compte du domaine de Schambourg pour 1666 : mêmes perceptions dans les mairies de Soltzweiler, Bettange, Limpach et Wisbach (*Ib.*, B. 9347). — Mémoire de M. de Rogéville, du 19 septembre 1785, constatant que, dans la Lorraine allemande, des finages entiers sont assujettis à payer le tiers du prix en cas de mutation (*Ib.*, C. 320).

ver en cette matière. Toutefois, le texte le plus important au sujet du tiers denier est l'ordonnance du 24 mai 1664, rendue par Charles IV, pendant l'un de ces séjours de courte durée qui lui furent laissés, entre deux occupations françaises. Il n'y est question que des communautés domaniales, et le tiers denier y est considéré comme le prix de l'autorisation d'aliéner les coupes de taillis et de futaie, donnée par le souverain. Seulement, on trouve dans le préambule l'exposé d'une thèse étrange, qui devait être la source de confusions et d'hésitations nombreuses, pour les commentateurs futurs ; les communautés lorraines sont représentées comme simples usagères ou usufruitières des bois dont elles ont la jouissance ; on en a tiré la conséquence qu'en Lorraine il n'y avait pas de forêts communales, mais seulement des bois domaniaux, grevés de droits plus ou moins étendus : conséquence fausse, et à laquelle on peut opposer les titres si nombreux de propriété pleine que contiennent les chartes du moyen-âge. Evidemment les mots d'usufruit et d'usage n'ont pas ici le sens étroit qu'on veut leur attribuer, et de nos jours on représente encore les communes comme usufruitières de leurs biens, grevés d'une substitution perpétuelle au profit des générations futures, sans que personne songe cependant à contester à l'être moral le droit de propriété pleine.

Lorsqu'en 1686 les commissaires français s'occupèrent de la réformation des forêts, ils constatèrent très exactement qu'outre le tiers denier domanial reconnu dans la Déclaration de 1664, les hauts justiciers exerçaient le même droit ; sans préciser l'origine ni le caractère de cette perception, ils proposèrent de maintenir l'état existant, sauf à ordonner ultérieurement des enquêtes et des productions de titres. Plus tard, d'autres officiers, trompés par l'analogie apparente résultant du rachat de ce droit au moyen de la cession du tiers de la contenance, l'assimilent au grueries de l'Orléanais, au tiers et danger de Normandie, dont l'origine est sans doute fort différente. L'ordonnance de Léopold, que nous avons mentionnée, vint tracer au tiers denier ses règles définitives, que l'on suivit jusqu'en 1789. A cette époque, les cahiers de doléances réclament l'abolition du tiers denier, à titre de droit féodal : la loi du 15 mars 1790, bien qu'erronée dans ses motifs, leur donne satisfaction en supprimant la perception du tiers dans les forêts que les communes détiennent comme propriétaires, et le maintenant dans celles qui étaient grevées de simples délivrances usagères, à condition de représenter les titres. Or, nous l'avons vu, il était de règle en Lorraine que l'usager ne pouvait vendre les produits délivrés, et cette autorisation lui fût-elle donnée, nous croyons qu'il n'y a pas d'exemples de l'exercice du droit dans ces circonstances. La disposition de la loi de 1790 revenait donc à supprimer indirectement le tiers denier dans la province (30).

En résumé, nous pouvons conclure que le tiers de-

___

(30) Voir aux notes 23 et 25 des exemples de tiers denier antérieurs à 1664.
Ordonnance de Charles III du 12 octobre 1577 (citée par M. Meaume, *Répertoire de Dalloz*, v° *Usage*, n° 464). — Ordonnance de Charles IV, du 24 mai 1664. — *Règlement des commissaires royaux*, approuvé par arrêt du Conseil du 1 octobre 1686, art. 27. — Ordonnance du maître particulier de Sarrelouis, du 15 juin 1683 (*Bibl. Nancy, Mss. lorrains* n° 390). — Procès-verbal des plaids annaux de Vergaville

nier doit rentrer dans la catégorie des droits féodaux dépendant des hautes justices ; son exercice constituait une charge exorbitante, son extinction par voie de triage était une spoliation à l'égard des communautés : on ne peut donc qu'applaudir à sa disparition ; tandis que les usages forestiers, résultant de contrats privés, ont été justement maintenus et ont ainsi survécu, jusqu'à nos jours, au naufrage de l'organisation féodale.

Nous avons ainsi épuisé l'énumération des motifs qui ont pu influer sur la répartition de la propriété boisée. Quant à la physionomie générale des forêts pendant cette période, elle se modifie très peu, et reste à peu près identique depuis la fin du moyen-âge. Comme nous l'avons fait remarquer au livre précédent, la répartition des essences ne change pas sensiblement d'un siècle à l'autre, et c'est surtout la main de l'homme qui peut influer pour modifier l'état dû aux phénomènes naturels. On se plaint de nos jours de la rareté du chêne : au xviii° siècle il en était de même, principalement dans les forêts de montagne. Une observation plus

---

en 1699 (*Com. Mth.*, *hoc v°*). — Précis pour les Dames de la Visitation, du sieur Jacquemin, avocat, imprimé à Nancy chez P. Antoine, in-f° de 11 pages. Juin 1750 (*Arch. Mth.*, H. 2906). — Doléances du tiers état du bailliage de Neufchâteau, en 1789 (*Doc. vosg*, II, 329-350).

A voir, sur l'origine et le caractère du tiers denier lorrain : Henriquez, *Grueries seigneuriales*, p. 272-308 et n° 212 ; — Angebault, *Recherches sur les droits de gruerie, graierie, tiers et danger et tiers denier*, Paris, an XI, in-8°, 128 p. ; — Costé, *Dissertation sur le droit de tiers denier en Lorraine*, Nancy, 1840, in-8° 29 p. ; — Meaume, *Commentaire du Code forestier*, II, n°° 410-419.

attentive avait fait reconnaître dans cette précieus[e] essence les deux grandes variétés que nous distinguon[s] encore aujourd'hui ; c'est ainsi qu'à côté du *rouvre* bois de travail, employé surtout pour l'*usage de Hol**lande*, on cite le chêne *blanc*, notre *pédonculé*, propr[e] aux grands emplois et à la marine (31). Parmi le[s] essences résineuses, on commence à ne plus tout confondre sous la dénomination générique de sapins ; le[s] mots de *pinesse* ou *pinasse* désignent le pin sylvestre essence inférieure, peut-être même l'épicéa, qui a de tou[s] temps existé sur les hautes Vosges, autour de Gérardmer, par exemple (32). Nous avons indiqué les motif[s] qui nous faisaient paraître douteuse, pour les époque[s] antérieures, l'idée de changements graves dans l'éta[t]

(31) Scieries du comté de Dabo : bail emphytéotique d[u] 2 avril 1731, pour la construction de la scierie dite Dunckelbach seeg mühl ; bail pour 12 ans, à la date du 5 août 1751 d'une scierie à construire près de la Neustadt mühl... (*Arch*. *Mth.*, E. 67, n°ˢ 61 et 98). — Etat des arbres délivrés e[n] 1752 à M. le prieur de Saint-Quirin (*Ib.*, H. 306). — Visit[e] des bois du roi, en 1765, forêt de Neufay (*Ib.*, B. 10695). – Même année, forêt de Puvenelle (*Ib.*, B. 10696). — Visite d[e] 1783, maîtrise de Saint-Dié, forêts de Lubine et Colroy bois communaux de Saint-Dié au ban de Taintrux (*Ib.*, [B.] 10697).

Du 4 mars 1772, lettre de M. de Boyne à M. de la Galaizière, intendant de Lorraine, sur l'emploi des chênes de ce pay[s] pour le service de la marine ; réponse de M. de la Galaizière du 25 avril 1772 (*Arch. Mth.*, C. 315).

(32) Recette des bois vendus en 1664 dans la gruerie d[e] Bruyères (*Arch. Mth.*, B. 3918). — Etat des bois du roi e[n] 1760, forêt de Bitche, foresterie de Waldeck (*Ib.*, B. 12115) — Visite de 1769, maîtrise d'Epinal, observations sur l[a] *pinasse* dans les forêts de Gérardmer (*Arch. vosg.*, B. registre de 107 p.).

climatérique, capables de réagir sur les forêts : semblablement, au xviiᵉ et au xviiiᵉ siècles, les années rigoureuses et les froids excessifs que signalent les chroniqueurs, n'ont pas dû avoir d'action plus sérieuse sur l'état des peuplements forestiers en Lorraine (33).

—

CHAPITRE 2. — *Grueries et maîtrises ; leurs attributions.*

Au xviᵉ siècle, nous l'avons vu, l'administration forestière en Lorraine était organisée d'une manière originale : les fonctions des gruyers étant surtout considérées au point de vue financier ; on avait placé à côté d'eux les contrôleurs, qui prenaient part à toutes les opérations de la gestion, sans avoir l'initiative ; les circonscriptions forestières concordaient le plus souvent avec les limites des prévôtés, et les receveurs ou les prévôts cumulaient fréquemment les charges de la gruerie. Cette organisation fut d'abord maintenue pendant l'occupation française ; ainsi, un rôle des officiers forestiers en fonctions au 29 avril 1681 reproduit identiquement la nomenclature du temps de Charles III. Les grueries furent néanmoins supprimées en cette même année 1681, et les attributions de recettes transférées à

---

(33) Sur l'hiver de 1709, où tous les arbres à fruits furent gelés en Lorraine, voir Guérard, *Annales de l'agriculture en Lorraine*, p. 119, et Chapellier, *Mém. de la Soc. d'Arch. lorr.*, 1881, p. 273.

Sur l hiver de 1739-40, voir Digot, *Hist. de Lorraine*, VI, p. 219-220.

des receveurs spéciaux ; quant à la surveillance et à la gestion proprement dite des forêts, la Lorraine fut provisoirement rattachée à la maîtrise royale de Metz. Toutefois, la province était trop importante et trop vaste pour que ce rattachement pût être de longue durée ; sur la proposition des commissaires de 1686, une organisation nouvelle fut inaugurée, à l'instar de celle du royaume : les forêts lorraines étaient réparties en treize maîtrises, dont chacune comprenait l'étendue de deux ou trois de nos inspections actuelles ; elles étaient donc bien plus considérables que les anciennes grueries ; mais ce changement était possible, à cause de la séparation des fonctions de comptabilité et de recette dont les gruyers étaient auparavant chargés (34).

Dans ces maîtrises, il n'y a plus de dualisme, et le contrôleur a disparu. Le maître particulier est le chef de sa compagnie ; son lieutenant le supplée et marche sous ses ordres, au dessous d'eux le garde-marteau et les arpenteurs participent aux opérations forestières ; le siège est complété par un procureur du roi, un greffier et des huissiers, dont les attributions sont surtout judiciaires. Cette organisation était certainement plus parfaite que celle des grueries et méritait d'être conservée. Toutefois, à la restauration du duc Léopold, sans

---

(34) Nomenclature des officiers forestiers en fonctions au 29 avril 1681 ; extrait du rôle d'évaluation des offices pour le paiement du 60ᵉ denier (*Bibl. de Nancy, Mss. lorrains*, n° 394). — Règlement des commissaires députés par S. M. sur le fait des eaux et forêts, en 1686, art. 4, 5 et 6. — Compte des bois de Lorraine, en 1697, donnant la liste et la composition des 13 maîtrises. (*Arch. Mth.*, lay. *forêts et grueries*, n° 27).

doute par un sentiment de réaction contre les institutions françaises, on revint aux grueries, et cette mesure était d'autant moins justifiée que la séparation des fonctions administratives et financières était cependant maintenue ; il en résultait que les nouveaux gruyers devaient être en réalité beaucoup moins occupés que les anciens : en revanche, leurs charges sont, plus fréquemment qu'autrefois, unies à celles des prévôts, ce qui économisait d'autant le nombre des fonctionnaires. Ce fut seulement sous le règne de Stanislas, par un édit de décembre 1747, que les maîtrises furent rétablies, au nombre de quinze, avec le même personnel qu'en 1686. Sauf le transfert du siège de Mirecourt à Darney, qui eut lieu en 1771, cette administration se maintint sans changement jusqu'en 1789 (35).

Le personnel inférieur était constitué par les gardes, dont le nombre a plusieurs fois varié : 113 en 1699 ; 430 en 1750, pour 556,000 arpents de bois domaniaux. Chaque maîtrise comprenait aussi un ou deux gardes à cheval, servant d'intermédiaires entre les gardes et les agents ; enfin, une Déclaration de 1724 avait créé des gardes généraux, au nombre de un par département, spécialement attachés aux commissaires réformateurs, pour les fonctions de surveillance, tandis qu'en France

---

(35) Edit du 31 août 1698, portant suppression des anciens offices et création de nouveaux (*Rec. des Edits*, I, 40). — Edit de décembre 1747, supprimant les grueries et portant création de 15 maîtrises (*Ib.*, VII, 177) — Arrêt du Conseil du 19 décembre 1750, énumérant les fonctions des officiers des maîtrises (*Ib.*, VIII, 211).

ils étaient exclusivement chargés de la recette des condamnations pécuniaires (36).

La création de receveurs pour la perception des deniers fut un grand bienfait pour l'administration forestière, qui se trouva dès lors débarrassée d'une responsabilité très lourde. L'ordonnance française de 1669, qui consacre cette séparation, fut ainsi appliquée en Lorraine, et heureusement, sur ce point du moins, Léopold ne songea pas à revenir au système antérieur : les quinze receveurs des finances, créés par l'Edit du 31 août 1698, encaissèrent les produits forestiers des grueries de leurs circonscriptions, en même temps que les tiers deniers, les amendes et les autres produits domaniaux. Cependant, cette hiérarchie si simple et si rationnelle fut plusieurs fois modifiée : en 1699, deux receveurs généraux de la vente des bois furent institués, l'un pour la Lorraine propre et l'autre pour le Barrois ; en 1741, on rétablit les receveurs des finances ; en 1749, nouvelle création de receveurs des domaines et bois, un par maîtrise, percevant non seulement le prix des ventes, mais encore le produit des amendes. Ces modifications regrettables étaient dictées uniquement par un esprit d'étroite fiscalité afin de fournir au Trésor des ressources par la vente des offices, comme nous le verrons plus loin. Ce ne fut qu'en 1777 qu'un Edit, applicable à tout le royaume, supprima les rece-

---

(36) Edit du 20 janvier 1699, établissant des forestiers et arpenteurs pour les bois du domaine (*Rec des Edits*, I, 121). — Déclaration du 31 janvier 1724, titre VI, art. 6, créant les gardes généraux. — Etat des bois du roi en 1750, donnant l'énumération des gardes et gardes à cheval (*Arch. Mth.*, B. 10525).

veurs des bois et réunit toutes les perceptions du domaine entre les mains de 18 administrateurs (37).

Nous savons que l'ancien personnel avait pour chef un grand gruyer, et qu'au XVII⁰ siècle cet emploi supérieur était rempli par deux titulaires, l'un pour la Lorraine, l'autre pour le Barrois. En 1686, ces deux grands gruyers furent supprimés, et remplacés par un seul grand maître, exerçant les fonctions dévolues par l'ordonnance de 1669. En 1699, Léopold se borna à changer le nom sans toucher aux attributions : mais l'inspecteur général des bois de Lorraine ne conserva son service que pendant deux années à peine ; l'Edit d'août 1701 partagea les duchés en cinq départements et ce nombre fut porté à six en 1720 ; à la tête de chacune de ces grandes circonscriptions, analogues à nos conservations actuelles, fut placé un commissaire général réformateur, dont les fonctions furent maintenues jusqu'en 1743. Les six réformateurs, réunis en Bureau des forêts, constituaient l'autorité administrative suprême, dont nous aurons bientôt à étudier le mode d'action. Enfin l'Edit de décembre 1743, supprimant les réformateurs, qu'on appelait grands gruyers

(37) Edit du 31 août 1698, établissant 15 recettes des finances (*Rec. des Edits*, I, 40). — Edit du 20 janvier 1699, créant deux receveurs généraux de la vente des bois (*Ib.*, I, 121). — Edit du 1ᵉʳ septembre 1705, créant 60 recettes des finances (*Ib.*, I, 492). — Règlement général des eaux et forêts de 1707, art. 23 et 24. — Edit du 4 novembre 1741, rétablissant 15 recettes des finances (*Rec. des Edits*, VI, 304). — Edit de septembre 1749, organisant des offices de receveurs des bois (*Ib.*, VIII, 94). — Edit d'août 1777, formant un nouveau corps de 18 administrateurs du domaine (*Bibl. de Nancy, Mss. lorrains*, n° 390, pièce 318).

depuis 1727, les remplaça par un seul grand maître, dont l'office fut continué pendant tout le xviii° siècle (38).

Autrefois, toute la hiérarchie forestière aboutissait à la Chambre des Comptes, tant pour les affaires administratives proprement dites que pour les instances judiciaires. Cette juridiction de la Chambre des Comptes fut d'abord restaurée par Léopold, en 1701. Mais bientôt, par Edit du 4 mars 1703, fut créée une Chambre spéciale ou Bureau, pour les matières d'eaux et forêts ; en 1720, ce Bureau prit le nom de Conseil des finances et des eaux et forêts. Sans entrer dans le détail de sa composition, qui varia plusieurs fois, il suffit de dire qu'on y trouvait réunis deux éléments : d'une part des conseillers d'Etat et des membres des cours de justice, d'autre part les réformateurs des forêts, dont chacun rapportait les affaires de sa circonscription, et devait ensuite assurer l'exécution des arrêts du Conseil. Cette organisation administrative est fort remarquable, et semble avoir donné d'excellents résultats. Elle prit fin en 1737 : le Conseil des finances et du commerce du roi Stanislas ne fut composé que de quatre membres, dans lesquels l'élément forestier n'était pas nécessairement représenté, sous la surveillance du garde des sceaux (39).

(38) Règlement de 1686, art. 12. — Lettres-patentes du 9 juillet 1699 (M. Lepage, *Offices*, p. 254, note 1). — Edit du 22 août 1701 (*Bibl. de Nancy, Mss. lorrains*, n° 390). — Edit de mars 1727 (*Rec. des Edits*, III, 227). — Edit de décembre 1743 (*Ib.*, VII, 77). — Arrêt du Conseil du 2 janvier 1748 (*Ib.*, VII, 189). — Edit de mai 1756 (*Ib*, IX, 271). — Arrêt du 4 août 1767 (*Commentaire sur l'Ordonnance*, page 349).

(39) Edit du 31 janvier 1701 (*Rec. des Edits*, I, 259). —

Telles furent les vicissitudes du service des eaux et forêts depuis le milieu du xviie siècle ; après bien des remaniements, on en était arrivé à calquer purement et simplement l'administration française : les forêts sont gérées par les maîtres particuliers, l'impulsion est donnée par le grand maître, et les décisions importantes sont prises par le Conseil suprême, auquel succède le Conseil du roi, en 1766. Nous verrons dans la suite que ce Conseil ne borne pas son action aux affaires administratives, mais que sa juridiction s'étend également à certaines affaires civiles

Les grueries et les maîtrises sont avant tout chargées de la gestion des domaines ducaux, plus tard des bois du roi. Mais nous savons qu'il existait en Lorraine d'autres propriétés boisées, aussi fort importantes : les forêts des ecclésiastiques ou gens de mainmorte, celles des communautés d'habitants, et enfin celles des particuliers, seigneurs ou non. Il nous faut examiner comment s'exerçait sur tous ces immeubles l'action de l'autorité supérieure.

A cet égard, une distinction essentielle domine la matière et conserve son importance jusqu'à la fin de l'ancien régime. La surveillance du pouvoir central s'exerce différemment, suivant que les forêts se trouvent dans les hautes justices appartenant au domaine ducal, ou dans les hautes justices détenues par les vassaux. Pour les premières, les officiers des grueries ou des maîtrises interviennent directement ; pour les autres, le

Edit du 4 mars 1703 (*Ib.*, I, 378). — Edit du 3 juin 1721 (*Ib.*, II, 361). — Edit du 10 décembre 1729 (*Ib.*, V, 32). — Edit du 1er juin 1737 .*Ib*. VI, 33).

contrôle est délégué aux officiers des seigneurs. Dans chacune de ces catégories, on doit examiner successivement : les bois des ecclésiastiques, ceux des communautés laïques, enfin ceux des particuliers, roturiers ou nobles non détenteurs de hautes justices.

Dans les fiefs relevant du domaine, les bois des ecclésiastiques ou gens de mainmorte furent administrés suivant des règles fort variables. D'abord, pendant l'occupation française, on les traita d'une manière privilégiée : une Déclaration du 10 février 1682, rendue pour la province des Trois-Évêchés, mais étendue à la Lorraine par le règlement de 1686, exempte les gens de mainmorte de l'application de l'ordonnance de 1669, à l'exception des bois situés dans un rayon de six lieues des villes principales ; quant aux autres, leurs propriétaires peuvent en disposer comme bon leur semble, régler suivant leurs besoins les coupes, tant de futaies que de taillis, en bons pères de famille : les officiers ducaux n'avaient donc jamais à se mêler de leur gestion, et ces principes libéraux furent immédiatement appliqués, notamment aux grandes abbayes de la montagne. Le règlement de 1701 changea cette situation avantageuse : les gens de mainmorte se virent confondus avec les communautés laïques, obligés au quart en réserve, à la mise en règle par les officiers du domaine, sans pouvoir disposer d'aucune futaie sans permission expresse du prince. Les ecclésiastiques avaient-ils abusé de la latitude si complète dont ils jouissaient auparavant ? on ne sait, mais le Conseil des eaux et forêts fut inflexible et ne se laissa pas arrêter par les réclamations nombreuses que suscita l'application des nouvelles mesures. Toutefois, postérieurement à la réunion de la Lorraine à la France, un arrêt du Conseil du 2 septembre 1771 adoucit quelque peu cette rigueur : les ecclésiastiques purent s'occuper eux-mêmes ou par leurs officiers de la gestion ordinaire de leurs forêts, et faire les balivages de leurs coupes annuelles, après la mise en règle et l'apposition de la réserve ; les officiers des maîtrises n'intervenaient que pour la surveillance générale et le martelage des coupes extraordinaires (40).

Quant aux communautés laïques, le règlement de 1686 défendait simplement de faire aucune vente de bois de futaie ou de taillis, sinon par le ministère des officiers du roi, renvoyant pour le reste à l'ordonnance de 1669. Le règlement de Léopold, d'août 1701, contient un véritable code pour la gestion des bois communaux. D'abord, les agents des grueries doivent apposer un quart en réserve dans les meilleurs fonds, et aux endroits les plus propres à croître en futaie; dans cette partie, on ne peut toucher à aucun arbre, sans permission expresse. Le reste de la forêt est mis en règle, c'est-à-dire partagé en coupes, annuelles ou périodiques, dont le balivage se fait par les officiers ducaux, en présence

---

(40) Déclaration du 10 février 1682, pour les bois des ecclésiastiques et gens de main-morte (*Bibl. de Nancy*, Mss. n° 390). — Règlement des commissaires royaux de 1686, art. 29. — Arrêt du Conseil, du 6 septembre 1695, appliquant au prieur de Lay-Saint-Christophe les dispositions qui précèdent (*Bibl. de Nancy*, Mss. n° 390). — Règlement général des eaux et forêts, d'août 1701, art. 85. — Arrêts du Conseil des eaux-et-forêts, du 21 juillet 1707, pour les chanoines de Metz et les Bénédictins de Saint-Èpvre (*Arch. nationales*, E. 3137). — Déclaration du 31 mai 1739 (*Rec. des Edits*, VI, 190). — Arrêt du Conseil, du 2 septembre 1771 (cité par Henriquez, *Grueries seigneuriales*, n° 181).

des représentants de la communauté : à cet effet, chaque village a son marteau spécial, déposé dans un coffre à trois clefs différentes, dont l'une est entre les mains du maire, l'autre du syndic, et la troisième du substitut de la gruerie. Les futaies ne peuvent être vendues ou délivrées qu'en vertu d'une autorisation supérieure ; les ventes sont faites par les officiers ducaux ; les délivrances n'ont lieu que sur demande appuyée d'un devis, à charge de justifier de l'emploi, comme s'il s'agissait d'usagers. C'était en somme une intervention permanente de la gruerie, tempérée par l'assistance nécessaire d'un délégué de la communauté à toutes les opérations forestières. Ce règlement de 1701 fut appliqué, nonobstant tous les privilèges anciens qu'opposaient les habitants ; beaucoup de forêts communales de la plaine vivent encore sur les assiettes qui furent imposées à cette époque. Henriquez, qui écrivait en 1788 ses *Grueries seigneuriales*, constate que la situation de son temps n'avait pas changé, sauf dans quelques localités, du Clermontois par exemple, où les maires et échevins avaient conservé exceptionnellement le droit de faire les balivages, sous la simple surveillance des maîtrises (40 *bis*).

(40 *bis*) Règlement des commissaires royaux de 1696, art. 29 in fine. — Règlement d'août 1701, art. 75 à 84. — Arrêts du Conseil des 25 juin 1703, communauté d'Eston ; — du 21 juillet 1707, communauté de Blondefontaine ; — du 30 août 1731, communauté de Bisping, etc. (*Arch. nationales*, E. 3135-3140. Ces registres contiennent un grand nombre d'applications du règlement de 1701 aux bois de communautés). — Déclaration du 21 mai 1739 (*Rec. des Edits*, VI, 193) ; arrêts du Conseil des 5 mai et 2 septembre 1740 (*Ib.*, VI, 222 et 240). — Henriquez, *Grueries seigneuriales*, n° 76.

Les textes que nous avons mentionnés sont à peu près muets sur les bois des particuliers, et notamment le règlement de 1701 ne contient aucune disposition qui les concerne. Il est cependant certain que, sous l'administration française, ces bois furent soumis à l'ordonnance de 1669, suivant laquelle les officiers royaux devaient veiller à ce que les bois taillis fussent réglés en coupes ordinaires à la révolution de dix ans au moins, en réservant seize baliveaux à l'arpent, avec défense de toucher aux futaies sans autorisation. La Déclaration du 31 janvier 1724, servant de supplément au règlement de 1701, défend non seulement aux communautés, mais encore à tous usufruitiers ou administrateurs de forêts, de couper aucun arbre de futaie sans autorisation du prince ; la Déclaration du 21 mai 1739 est à peu près conçue de même : la généralité de ces termes comprend certainement les particuliers, et il est hors de doute que, pour le surplus, l'ordonnance de 1669 ne cessa d'être appliquée. Les mêmes principes régissaient à plus forte raison les engagistes de forêts domaniales, et même, pour ceux-ci, la tutelle administrative était plus étroite, à cause de la réversion possible : ils n'avaient que la jouissance des produits qui leur étaient abandonnés par le martelage des officiers des maîtrises (40 ter).

Dans les hautes justices des vassaux, c'est-à-dire partout où le prince n'était que suzerain, on peut poser en principe que la compétence administrative des gru-

---

(40 ter) Déclaration du 31 janvier 1724, art. 2, tit. III. — Déclaration du 21 mai 1739, art 9 (Rec. des Edits, VI, 190). — Henriquez, op. cit., n° 175.

yers ducaux passe aux officiers des seigneurs, avec les particularités signalées précédemment, selon la nature des propriétaires. Ecclésiastiques, communautés ou particuliers, étaient donc régis suivant les distinctions qui les concernent. Quant aux hauts justiciers eux-mêmes, institués tuteurs de leurs vassaux, ils administraient directement et sans entrave les bois qu'ils possédaient en propre. Toutefois, cette indépendance n'était pas entière, et de nombreuses dispositions étaient venues la restreindre. D'abord, ils ne pouvaient couper, sans autorisation, aucun arbre de futaie ; toutefois, à partir de 1740, il suffit de faire déclaration, 6 mois avant la coupe, aux agents des maîtrises, à cause du droit de préemption de l'Etat pour le service de la marine. Ensuite, la gestion de leurs propres forêts, aussi bien que l'administration de celles de leurs vassaux, étaient soumises à la haute surveillance des grands gruyers ou des grands maîtres, qui devaient veiller au respect des ordonnances et réprimer les contraventions ; et même, d'après une Déclaration de 1739, la mise en règle dans ces forêts appartenait exclusivement à la maîtrise, dont les agents pouvaient aussi toujours opérer à défaut des officiers du seigneur. De ce concours possible résultaient de nombreux conflits d'intérêts, pour les droits à percevoir et la taxe des vacations : aussi plusieurs Déclarations ou arrêts du Conseil furent-ils nécessaires pour délimiter en cette matière la part de chacun (41).

(41) Pour les bois des ecclésiastiques : Règlement de 1701, art. 86. — Déclaration du 21 mai 1739, art. 3, 4, 10 et 11 (*Rec. des Edits*, VI, 190). — Arrêt du Conseil du 2 septembre 1740 (*Ib.*, VI, 240). — Henriquez, *op. cit.*, n° 36.

En résumé, pour nous en tenir à la règle essentielle, les grueries ducales et plus tard les maîtrises administraient directement, comme de véritables tuteurs, les forêts des communautés laïques ou ecclésiastiques relevant des hautes justices du domaine ; elles se bornaient à surveiller la gestion des officiers des seigneurs, dans les mêmes forêts, lorsqu'elles dépendaient de fiefs des vassaux hauts justiciers. Cette différence, l'un des vestiges du régime féodal et des droits patrimoniaux de la seigneurie, était un obstacle sérieux à la bonne administration des propriétés boisées ; les difficultés qu'elle entraînait furent certainement l'une des causes pour lesquelles les officiers forestiers étaient si universellement attaqués à la fin du XVIII° siècle.

Les accusations les plus fréquentes sont dirigées par les représentants des communautés domaniales, impatients sans doute de la gestion des maîtrises, qu'ils comparaient peut-être avec la tutelle plus légère des officiers seigneuriaux. Déjà, dans une enquête de 1783, on rend les forestiers royaux responsables de

---

Pour les communautés : Règlement de 1701, art. 79, 81, 86. — Déclaration du 31 janvier 1724, art. 1 et 2. — Déclaration du 21 mai 1739, art. 9. — Arrêt du Conseil des finances du 5 mai 1740, art. 5 et 6 (*Rec. des Edits*, VI, 222).

Pour les particuliers non justiciers : Déclaration du 21 mai 1739, art. 9. — Pour les justiciers : arrêt du 5 mai 1740, art. 5 à 8. — Arrêt du 2 septembre 1740 : cet arrêt fut l'objet de remontrances de la part de la Cour souveraine, et son enregistrement n'eut lieu que sur exprès commandement (Digot, *Hist. de Lorraine*, VI, 212). — Arrêts du 21 mai 1751 et du 22 février 1755, appliquant les textes précédents aux seigneurs co-propriétaires de la forêt de Mortagne (*Arch. Vosges, Inventaires de Villemin*, XII, liasse II, n° 8).

la disette du combustible ; cette idée est plusieurs fois reproduite dans les cahiers de 1789 ; c'est aux forestiers qu'il faut imputer la dévastation des forêts et le haut prix des bois ; à cause des francs-vins qui leur sont alloués sur le produit des ventes, ils poussent le plus possible aux exploitations sans s'inquiéter des ressources de l'avenir (42). De pareilles allégations étaient certainement dictées par la mauvaise foi, et l'administration des maîtrises était loin d'avoir eu de semblables résultats. On ne peut nier toutefois que le mode de rétribution des agents eût pu être modifié avec avantage : les 2 sols par arpent pour délivrances de taillis, les 6 gros par chaque arpent vendu, le sol par chaque pied d'arbre vendu ou délivré, les vacations pour opérations extraordinaires, tous ces prélèvements semblaient exorbitants aux communautés, tandis qu'ils n'étaient que la juste compensation des frais de tutelle et de surveillance du pouvoir central (43). Aujourd'hui des prélèvements semblables ont lieu pour le même motif, sous le nom de taxe du vingtième, seulement ils rentrent dans la caisse du Trésor, ce qui empêche d'ac-

(42) Réponses des subdélégués à la lettre de l'intendant du 29 juillet 1783, au sujet de la disette du bois de chauffage (*Arch. Mth.*, C. 315). — Réflexions, sans nom d'auteur, sur l'idée de la suppression des salines, à raison de la pénurie des bois, 1786? (*Ib.*, C. 90). — Doléances du tiers état du bailliage de Lamarche, en 1789 (*Doc. Vosg.*, II, 380). — Doléances de la noblesse du bailliage de Darney (*Ib.*, II, 361). — Doléances du tiers-état du bailliage de Neufchâteau (*Ib.*, II, 329).

(43) Etat des forêts de la maîtrise de Darney, en 1701 (*Archives* de l'Inspection forestière de Mirecourt).

cuser de rapacité les fonctionnaires actuels, plus heureux en cela que leurs prédécesseurs du xviii° siècle, parce que leurs traitements sont réglés d'une manière différente. Les communautés lorraines n'avaient donc pas à pousser de telles clameurs ; plusieurs ordonnances ou arrêts du Conseil prennent soin de rappeler qu'il n'est rien dû aux officiers pour leurs visites de surveillance, dont ils sont rémunérés par une part dans les amendes ; seuls, les commissaires réformateurs reçurent 4 écus par jour jusqu'en 1731. Il n'y a que les opérations extraordinaires, telles que les mises en règle ou aménagements et les délimitations, qui nous semblent coûter fort cher, si nous en jugeons par quelques comptes des communautés ecclésiastiques (44).

Les émoluments des membres de la gruerie se composent ainsi de deux parts : l'une fixe, en argent, c'est le *gage* de l'officier, l'autre formée par les prélèvements ou les vacations, c'est le *casuel*. Il en était de même pour les simples préposés, dont les gages sont toujours demeurés fort modiques : de 1669 à 1781, nous voyons les gardes taxés à la même somme, environ 25 francs ; c'était donc le casuel qui pour eux représentait l'essentiel du traitement ; situation fâcheuse, que critiquent avec raison les mémoires de cette époque (45). Quant

(44) Ordonnance du grand maître, du 29 mai 1687 (*Bibl. Nancy*, Mss. n° 390). — Arrêt du 22 décembre 1704 (*Arch. nationales*, E. 3134).—Arrêt du 27 avril 1705 (*Ib.*, eod. loco). — Arrêt du 5 décembre 1731 (*Ib.*, E. 3140). — Comptes des Prémontrés de Sainte-Marie pour 1785 et 1786 (*Arch. Mth.*, H. 1218). — Registre des dépenses de l'abbaye de Beaupré, pour 1788 (*Ib.*, H. 442).

(45) Compte de la gruerie d'Apremont, pour 1669 (*Arch. Mth.*, B. 2437). — Règlement de 1686, art. 10. — Compte

aux fonctionnaires supérieurs, leurs gages changèrent beaucoup de caractère avec le régime français. Sous l'ancienne administration ducale, rien n'était plus singulier que la manière dont un gruyer était rétribué ; ainsi, en 1668, celui de Nancy, outre 200 francs de fixe, avait deux arpents d'affouage, — les amendes de la prairie de Chanteheu, près Lunéville, — les bois flottés, égarés par le débordement des eaux et non réclamés dans les 40 jours, — un cierge d'une demi-livre dû par les chanoines de Saint-George, — un service de poisson aux vigiles des quatre grandes fêtes, — un bichet d'avoine délivré par chaque conduit ou ménage de Sexey et de Velaine, etc. A cette variété, résultat de concessions successives ou de coutumes séculaires, le règlement de 1686 substitua une seule prestation fixe, 200 livres, outre les vacations et prélèvements autorisés par les ordonnances ; le maître particulier semble ainsi beaucoup plus mal traité que l'ancien gruyer : mais les gages ne tardèrent pas à s'accroître, de telle sorte qu'en 1750 le maître particulier de Nancy touchait 4,133 livres de Lorraine, le lieutenant 775, le procureur 3,100 livres, le garde-marteau 2,066, et le garde général 1,500 (46).

des bois de Lorraine, pour 1697 (*Arch. Mth.*, lay. *forêts et grueries*, n° 27). — Institution d'un forestier par le chapitre de Saint-George, le 19 novembre 1725 (*Ib.*, G. 498). — Etat des bois du roi, pour 1750 (*Ib.*, B. 10523). — Dépenses de l'abbaye de Haute-Seille, en 1755 (*Ib.*, H. 644). — Etat des forêts de la maîtrise de Darney, en 1781 (*Arch.* de l'Inspection forestière de Mirecourt).

(46) Compte de la gruerie de Nancy, pour 1668 : Déclaration des droits, gages et émoluments du comptable (*Arch. Mth.*, B. 7996). — Règlement de 1686, art. 9. — Compte des

Cette progression paraît énorme ; pour l'expliquer, il faut se rendre compte d'un changement important qui s'était opéré, dans l'intervalle, chez les fonctionnaires lorrains : d'employés à gages, ils étaient passés titulaires d'offices, viagers ou héréditaires, dont ils avaient acheté la propriété. Cette institution de la vénalité des offices, inconnue à l'ancienne Lorraine, est d'introduction française ; on en a dit beaucoup de mal, comme s'il fallait la rendre responsable de tous les vices de l'administration de l'ancien régime. Certes, nous ne pouvons en désirer le retour, mais il serait excessif de ne lui reconnaître aucun avantage : les fonctionnaires viagers, assurés de la possession de leur office, et n'étant plus à la merci du caprice des gouvernants, fournissaient souvent un meilleur travail ; lorsque les charges étaient constituées héréditairement, il se formait de véritables dynasties de magistrats, de comptables, de forestiers, dans lesquelles l'amour du métier et l'esprit de corps étaient portés à un haut degré, tandis que l'obligation de fournir des preuves suffisantes de capacité servait à écarter les indignes. Le point faible du système était la facilité avec laquelle ces preuves pouvaient être admises; mais il n'est point d'institution qui ne puisse être faussée dans l'application, lorsque les lois sont mises en oubli : ainsi, bien que les ordonnances défendissent expressément d'ad-

---

bois de Lorraine, pour 1697, gages des officiers (*Arch. Mth.*, lay. *forêts et grueries*, n° 27). — Compte de la gruerie de Bruyères, pour le chapitre de Remiremont, en 1699 (*Ib.*, B. 3919). — Arrêt du Conseil du 5 décembre 1731 (*Arch. nationales*, E. 3140). — Etat des bois du roi, pour 1750 (*Arch. Mth.* B. 10522).

juger des coupes à des membres de la gruerie, cette prohibition n'empêchait pas Louis de Bettainviller, gruyer de Briey et maître des forges de Moyeuvre, d'être reçu comme adjudicataire ordinaire des coupes domaniales, si bien qu'en 1703, le Conseil des forêts fit au duc, au sujet d'un pareil cumul, de très humbles remontrances (47). Quoi qu'il en soit, la vénalité des charges n'était qu'un moyen fiscal imaginé pour créer d'une manière détournée des ressources au Trésor ; les titulaires, versant en une seule fois le capital équivalant à la valeur de leur office, touchaient ensuite des émoluments annuels, représentant, outre les gages ordinaires de l'emploi, l'intérêt des sommes qui leur étaient dues, ce qui nous fait comprendre la différence entre le traitement d'un gruyer en 1660 ou en 1750. Enfin, la progression que nous avons signalée fut successive, parce que le prix des offices forestiers fut lui-même variable, comme le démontrent les actes relatifs à leur création.

Le document le plus ancien que nous connaissions relativement aux offices forestiers en Lorraine date de 1681 : c'est un rôle d'évaluation des offices dans les deux duchés, pour permettre l'assiette du droit annuel ou *paulette,* que les officiers payaient au Trésor afin de pouvoir disposer des charges de leur vivant. A cette époque, le personnel des grueries, depuis le grand gruyer jusqu'au simple garde, était donc constitué héréditairement, et lorsqu'en 1686 furent organisées les maîtrises, on dut indemniser, par le remboursement de

---

(47) Séance du Conseil des Eaux-et-forêts, du 24 mai 1703 (*Arch. nationales*, E. 3134).

leur *finance*, tous ceux qui ne trouvèrent pas place dans la nouvelle administration. Sous Léopold, l'*annuel* n'existait pas à l'origine, mais était remplacé par le versement d'un quart de la finance à chaque mutation ; on ne l'introduisit que vers 1719, et seulement sur le pied du centième denier ; plus tard il fut porté au même taux qu'en France, au soixantième. D'ailleurs, il semble bien qu'en 1698 beaucoup d'officiers possédaient leurs charges en viager, car un édit de 1717 engage instamment les titulaires à acheter l'hérédité, en leur promettant une fixation très modérée du droit, invitation qui trahit clairement la détresse dans laquelle se trouvait alors le trésor ducal. Jusqu'en 1789, les documents concernant les offices ne sont pas rares : tantôt c'est un fonctionnaire incapable auquel il est ordonné de se défaire de sa charge dans l'an, sous peine de confiscation ; tantôt c'est au sujet des réorganisations administratives, aussi fréquentes autrefois que de nos jours, mais à la suite desquelles il fallait procéder au remboursement de tous ceux qui n'étaient pas conservés dans les cadres. Et même, pour le service forestier, les aliénations du domaine ducal, sous forme d'engagement, donnaient lieu très souvent à des réclamations de la part du fonctionnaire, se prétendant lésé, parce que son casuel se trouvait diminué d'autant ; on y faisait droit ordinairement par une réduction de l'annuel, mais ces exemples prouvent que, pour le Trésor, l'avantage obtenu par le versement initial du capital de la charge, était contrebalancé par de nombreux inconvénients (48).

(48) Rôle d'évaluation des offices, pour le paiement du droit annuel du 60ᵉ denier, 29 avril 1681 (*Bibl. Nancy, Mss.*

— 281 —

Cette hiér... .estière, ainsi constituée, différait donc à plusieurs égards de celle dont nous avons décrit le fonctionnement au Livre précédent. A dater du xvii° siècle, la confusion d'attributions, qui était de règle au moyen-âge, disparaît peu à peu ; elle est remplacée par une division de plus en plus complète, acheminement progressif vers le système en usage de nos jours. Si, pendant le règne de Léopold, les prévôts sont de nouveau chargés de l'administration des grueries, dès 1747 la séparation devient définitive ; nous avons vu précédemment que depuis 1698 les forestiers ne sont plus percepteurs de deniers ; il nous reste à étudier une dernière branche d'attributions qui subsista plus longtemps et dont nous conservons encore aujourd'hui quelques débris : les fonctions judiciaires.

n° 394). — Règlement de 1686, art. 8. — Edit du dernier août 1698, relatif à la création de nouveaux offices (*Rec. des Edits*, I, 40). — Ordonnance du 10 septembre 1700, sur le droit qu'ont les officiers de disposer de leurs charges, moyennant finance (*Ib.*, I, 253). — Arrêt du Conseil des eaux-et-forêts, du 19 décembre 1707, ordonnant au sieur Chanot, arpenteur de Bar, reconnu coupable de graves erreurs, de se défaire de sa charge dans l'an (*Arch. nationales*, E. 3134). — Edit du 10 janvier 1719, sur l'hérédité des offices (*Rec. des Edits*, II, 233). — Arrêt du Conseil des eaux-et-forêts, du 12 mai 1725, accordant une indemnité au sieur Léopold Pauchard, receveur de Darney, à cause de l'engagement du bois le Comte au maréchal de Lignéville (*Arch. nationales*, E. 3138. Ce registre contient plusieurs autres décisions semblables). — Arrêt du Conseil des finances du 25 octobre 1755, pour le paiement de l'*annuel* des offices (*Rec. des Edits*, IX, 229). — Edit d'août 1777, portant suppression d'offices et ordonnant le remboursement de la *finance* des offices supprimés (*Bibl. Nancy, Mss.* n° 390, pièce 318).

Jusqu'à la fin de l'ancien régime, les maîtrises, comme auparavant les grueries, constituent des tribunaux civils et criminels, en même temps que des corps administratifs. Cependant, deux différences doivent être signalées avec la législation antérieure : la juridiction d'appel n'est plus la même ; la constitution du tribunal change et le pouvoir de juger n'est plus exercé comme au temps des anciennes assises. Grueries et maîtrises sont toujours les tribunaux forestiers de premier ressort, pour les procès concernant les forêts du domaine ou celles des communautés relevant des hautes justices ducales. Semblablement, les officiers des seigneurs hauts justiciers connaissent des affaires forestières soulevées à l'occasion des bois des particuliers ou des personnes morales, dans l'étendue de leurs hautes justices. Mais l'exercice du droit d'appel a plusieurs fois varié. Le règlement de 1686, qui tendait à l'application pure et simple de l'ordonnance française de 1669, décidait que l'appel serait porté pardevant le grand maître, au siège de la Table de marbre de Metz, sauf recours au Parlement, dans le cas prévu par l'ordonnance. En 1701, la Chambre des Comptes de Lorraine fut constituée tribunal d'appel et juridiction souveraine pour toutes actions concernant la propriété, les mésus et délits en matière d'eaux et forêts, tant du domaine ducal que d'autres, particuliers ou communautés. Mais, dès l'organisation du Conseil ou Bureau des eaux-et-forêts, en 1703, les affaires contentieuses furent dévolues à ce nouveau corps, et les registres qui relatent ses décisions, jusqu'en 1707, montrent qu'il avait complètement hérité des attributions forestières de la Chambre des Comptes. Le règlement général de 1707 ne mentionne plus, comme juge suprême, que la Cour Souveraine, avec cette distinction que l'appel des grueries ducales aboutit directement à cette cour, tandis que les jugements des gruyers seigneuriaux doivent préalablement être déférés aux bailliages. Enfin, après 1766, la hiérarchie des juridictions fut ainsi définitivement réglée : les appels des officiers seigneuriaux se portent d'abord aux bailliages, ensuite au Parlement de Nancy ; les appels des maîtrises ne vont au Parlement que lorsque les affaires concernent des domaines engagés ou des bois d'ecclésiastiques, sinon c'est la Chambre des Comptes qui statue définitivement, comme en 1701 (49). Il résulte de ces modifications successives que le Conseil des finances, sous Léopold et Stanislas, n'a point exercé de fonctions judiciaires, au moins en matière de mésus et délits forestiers ; il lui reste seulement la police générale et l'administration, c'est-à-dire les affaires civiles qui confinent le plus à la gestion proprement dite : les reconnaissances d'usages, les défrichements, règlements de limites et abornements (50) ; enfin, les procès relatifs à la propriété du fonds.

(49) Règlement de 1686, art. 13 (renvoie à l'Ordonnance de 1669, tit. XIII, art. 1ᵉʳ et suivants). — Règlement d'août 1701, art. 34 (*Rec. des Edits*, I, 259). — Règlement général de 1707, art. 35. — Déclaration du 31 janvier 1724, servant de supplément au Règlement général des eaux-et-forêts, art. 1ᵉʳ. — Edit de décembre 1747 (*Rec. des Edits*, VII, 179). — Etat des forêts de la maîtrise de Darney, en 1781 (*Arch. de l'Inspection forestière de Mirecourt*). — Les registres des arrêts du Conseil des eaux-et-forêts contiennent de nombreux exemples de la juridiction d'appel organisée en 1701 : voir *Arch. nationales*, E. 3136 et les registres suivants.

(50) Règlement des eaux-et-forêts de 1701, art. 88 ; disposition reproduite par l'art. 14, tit. III du Règlement de

L'exercice du pouvoir judiciaire subit, au xvii⁰ siècle, une transformation bien plus remarquable, qui n'est point spéciale aux juridictions forestières, mais s'applique à tous les tribunaux lorrains. Avant les guerres de Charles IV, le système des plaids ou des assises était encore en vigueur, comme en plein moyen-âge : nous avons caractérisé ce système par la présence d'échevins ou jurés, distincts des magistrats et prononçant sur les questions de fait et sur la culpabilité des délinquants. Depuis longtemps, en France, le jugement par échevins, d'origine germaine, était tombé en désuétude ; on y avait substitué des cours de justice uniquement composées de magistrats, chargés à la fois de décider le fait et de dire le droit, sans adjonction d'éléments étrangers. L'occupation française eut pour conséquence en Lorraine une substitution pareille, dont on comprend la gravité : en 1686, la transformation était complète en matière forestière, depuis longtemps sans doute, et le vieux droit lorrain avait entièrement disparu. S'il est encore question d'assises dans les maîtrises, jusqu'à la fin du xviii⁰ siècle, ce ne sont que des séances solennelles dans lesquelles on promulgue les ordonnances, en convoquant extraordinairement tout le

1707. — Visite du bois du roi en 1739, département de Nancy, constatant que la plupart des limites ne sont assurées que par des arbres réservés en *bordages* (*Arch. Mth.*, B. 12114). — Visite de 1764, maîtrise de Bourmont, fossés de limites dans la forêt de Repentir (*Ib.*, B. 10687). — Arrêt du Conseil d'Etat du 3 septembre 1771, ordonnant d'ouvrir des *tranchées* de séparation entre les bois du roi et ceux du sieur Lemonde de Vel (*Ib.*, B. 12093). — Arrêt du 18 juin 1771, pour l'abornement et l'aménagement des forêts du comté de Bitche (*Rec. des Edits*, XII, 402-430).

personnel ; mais dans ces assises elles-mêmes, on ne juge pas autrement que dans les audiences journalières : le procureur requiert, le gruyer ou maître particulier préside avec voix délibérative, les autres membres du siège donnent leurs suffrages, dont la valeur est la même, quel que soit le grade de ceux qui les expriment. Ce mode de statuer est alors général, et s'applique aussi bien au Parlement ou Cour Souveraine qu'aux grueries ordinaires et aux sièges spéciaux organisés pour les bois affectés aux salines, à Dieuze et Château-Salins, par exemple. Il en résulte que, dans la même maîtrise, la situation respective des fonctionnaires n'est pas identique, suivant qu'il s'agit d'affaires administratives ou judiciaires : pour les opérations forestières, le maître particulier a l'autorité de commandement ; le lieutenant et le garde-marteau exécutent sous ses ordres ; à l'audience, le maître n'a que le pouvoir d'un président, et sa voix ne vaut pas davantage que celle de ses subordonnés.

Nous ne nous arrêterons point aux détails de la procédure, qui présentent moins d'intérêt. Le règlement de 1686 applique purement et simplement les grandes ordonnances françaises de 1667 et 1670. Le règlement de Léopold, d'août 1701, renferme un code détaillé de procédure forestière, dans lequel les édits des anciens ducs se trouvent refondus avec les principales dispositions des lois du royaume (51).

(51 Règlement de 1686, art. 2 et 34. (Voir pour la procédure, dans l'Ordonnance de 1669, le titre XII qui traite des Assises, et le titre XIII : Tables de marbre et juges en dernier ressort). — Règlement d'août 1701, art. 15, 17, 29, 30, 31, 33 ; le Règlement de 1707 reproduit les mêmes disposi-

Au milieu de cette tendance générale à la fusion des deux législations, il est remarquable que le tarif des peines en matière forestière ne change pas sensiblement jusqu'en 1789. Le règlement de 1686 se borne à cet égard à renouveler les pénalités anciennes, en décidant seulement que les dommages-intérêts seront obligatoirement fixés au chiffre de l'amende. Le règlement de 1701 ne contient non plus aucun relèvement des peines ; la nomenclature des infractions s'y trouve très clairement détaillée, d'autres sont ajoutées en 1721 et 1724 : comme autrefois, c'est toujours l'amende qui est la peine unique, et la prison n'est employée que comme voie d'exécution. Le caractère le plus important de ces édits du xviii° siècle, c'est qu'ils sont d'une application générale dans la province, et qu'ils abrogent par conséquent les tarifs, si nombreux d'autrefois, qui variaient presque avec chaque seigneurie et chaque communauté (52).

Il est difficile d'apprécier les effets de cette législation pénale ; le seul renseignement à cet égard nous est

---

tions avec un autre numérotage d'articles. — Edit du 14 août 1721, art. 4 et 6 (*Rec. des Edits*, II, 491).

Registre des causes d'audience de la gruerie de Château-Salins, de 1704 à 1707 (*Arch. Mth.*, B. 12360). — Registre des causes ordinaires du greffe de la réformation établie à Dieuze (*Ib.*, B. 12367). — Procès-verbaux des Assises de la maîtrise particulière de Vic, 1770 (*Ib.*, B. 12402).

(52) Règlement de 1686, art. 35, 36, 37, 42, 43. — Règlement de 1701, art. 89 à 101, 108, 121. — Règlement de 1707 : le titre IV reproduit à peu près textuellement les mêmes dispositions. — Edit du 14 août 1721, art. 49 et 51 (*Rec. des Edits*, II, 491). — Déclaration du 31 janvier 1724 ; titre II, art. 12 ; titre IV, art. 1 à 4. — Arrêt du Conseil des finances du 5 mai 1740 (*Rec. des Edits*, VI, 222).

fourni par les comptes des grueries, plus tard des maîtrises. Ainsi nous voyons, pour la maîtrise de Nancy, qu'en 1697 les amendes recueillies sont de 16 livres 10 sols seulement, sur une recette totale de 11,940 livres ; en 1750, ces chiffres sont respectivement de 3,214 livres pour les amendes et dommages-intérêts, contre 199,000 livres de recettes. Mais l'importance des condamnations n'est pas toujours la mesure exacte des infractions commises, car il reste à savoir avec quelle rigueur l'action publique était exercée. Il est certain que, pendant les longues guerres du XVIIe siècle, les populations prirent des habitudes fâcheuses de dévastation, et qu'il fallut longtemps pour revenir à un régime normal. Après la restauration de Léopold, et jusqu'à la fin du règne de Stanislas, les nombreuses enclaves qui découpaient capricieusement le territoire donnaient de grandes facilités aux délinquants pour échapper aux poursuites. Ainsi, dans la visite générale de 1765, pour la maîtrise de Lunéville, les officiers exposent que les bois communaux de Bénaménil sont entièrement dévastés par les habitants de Thiébauménil, qui viennent en bandes, munis d'armes et de chiens, battent ou tuent les gardes, et ont jusqu'alors échappé à toute répression. La réunion définitive de la Lorraine à la France dût faciliter sans doute les procédures d'une province à l'autre ; néanmoins, les cahiers de 1789 réclament instamment le relèvement du tarif des amendes, parce que celles du royaume sont bien plus considérables, et qu'à cause de cette différence, les délinquants de Franche-Comté et de Champagne s'enhardissent davantage à passer la frontière. D'autres réclament des peines corporelles, la prison, le fouet, les galères, qui cependant ne furent jamais introduites dans notre législation forestière (53).

—

Chapitre 3. — *Exploitation et traitement des forêts.*

On voit, d'après ce qui précède, que l'organisation administrative et les lois répressives en Lorraine tendirent de plus en plus vers l'uniformité, à partir du XVII° siècle, en même temps que l'influence française se faisait sentir davantage. Nous allons remarquer des tendances pareilles dans la gestion forestière proprement dite, et voir comment furent modifiées, pendant cette période, les règles concernant l'utilisation des produits, ainsi que le traitement des forêts, feuillues et résineuses.

Au moyen-âge, nous le savons, on tirait de la forêt un grand nombre de produits non ligneux, dont l'impor-

---

(53) Compte de la gruerie de Bruyères, pour 1647 ; recette des amendes (*Arch. Mth.*, B. 3917). — Même compte pour 1664 (*Ib.*, B. 3918). — ^ :ensement, le 4 juin 1697, des bois de l'abbaye de Beaupré : x habitants de Landécourt (*Ib.*, H. 389). — Compte des bois de Lorraine, pour 1697 ; recette des amendes (*Ib.*, Lay. *forêts et grueries*, n° 27). — Compte de la gruerie de Bruyères, en 1699, pour le Chapitre de Remiremont (*Ib.*, B. 3919). — Etat des bois du roi, en 1750 ; maîtrise de Nancy (*Ib.*, B. 10523). — Visite des bois du roi, en 1759 ; maîtrise de Sarreguemines (*Ib.*, B. 12115). — Visite de 1765 ; maîtrise de Lunéville, bois des communautés : Bénaménil (*Ib.*, B. 10693). — Remontrances du tiers-état de la ville de Mirecourt, en 1789 (*Doc. Vosg.*, I, 288). — Doléances de la noblesse du bailliage de Darney (*Ib.*, II, 361). — Doléances du tiers-état du bailliage d'Epinal, art. 19 (*Ib.*, II, 296).

tance était estimée au moins égale à celle du bois. Cette importance relative décroît avec les temps modernes. Ainsi, au xvıı° siècle, il n'est plus question du miel, si souvent mentionné dans les anciens comptes, et l'on ne songe plus à abattre les arbres pour capturer les essaims de mouches qui s'y sont réfugiés. Nous rencontrons encore quelques mentions de ventes de pierres, surtout de meules, dans les forêts assises sur le grès (54) ; mais les seules recettes importantes en dehors de la matière ligneuse sont les glandées et les herbes.

Sans doute, la glandée ne donne plus des recettes aussi fortes qu'autrefois, et ne peut plus marcher de pair avec les ventes de bois ; elle reste cependant toujours fréquente, parce que l'élève des porcs n'a jamais cessé dans la province. Chaque année, dans les cantons peuplés de chênes ou de hêtres, on met en adjudication les paissonnages que n'absorbent pas les usagers, aussi bien dans les forêts des particuliers que dans celles du domaine ; dans celles des communautés, les habitants ne manquent pas d'envoyer le troupeau formé des porcs de « leur nourriture ». Plusieurs règlements du xvııı° siècle traitent spécialement des glandées, pour limiter le temps du parcours, l'âge des bois, le nombre des animaux, indiquer les principales clauses des adjudications, la marque par exemple, et renouveler la

---

(54) Compte de la gruerie de Bruyères, pour 1647 ; recette des meules (*Arch. Mth.*, B. 3917). — Contrôle de la même gruerie, pour 1664 (*Ib.*, B. 5913). — Compte des bois de Lorraine, pour 1697 ; maîtrise de Bar (*Ib.*, Lay. *forêts et grueries*, n° 27). — Arrêt du Conseil du 9 juin 1771, pour les habitants de Vieville-sous-les-Côtes (*Ib.*, ...).

défense sévère d'enlever de la forêt des glands ou des faînes (55).

Le pâturage des herbes en forêt est plus rare et rapporte beaucoup moins. Nous avons vu comment, par une dérogation remarquable à l'ancienne règle coutumière, les propriétés boisées se sont trouvées soustraites à l'exercice de la vaine pâture ; on louait donc les herbes, pour les faire consommer par le grand bétail dans les cantons défensables, toutes les fois que les troupeaux usagers permettaient d'en tirer parti (56). Dans la haute montagne, les amodiataires des *chaumes*, outre les *gazons* qui constituaient le périmètre de leurs marcareries, avaient aussi le droit d'envoyer leurs vaches dans certains cantons de forêt voisins, les *répandises* ; ces chaumes domaniales, divisées en exploitations d'environ 300 jours chacune, avec des maisons pour la fabrication des fromages et des écuries souvent fort vastes, étaient très prospères au xviiie siècle,

(55) Compte de la gruerie de Bruyères, pour 1647 ; recette pour paixonnage et glandée (*Arch. Mth.*, B. 3917). — Contrôle de la même gruerie, pour 1664 (*Ib.*, B. 3918). — Compte de la gruerie d'Apremont, pour 1669 (*Ib.*, B. 2437). — Compte du gruyer de Nancy, pour 1671 (*Ib.*, Lay. *forêts et grueries*, n° 13). — Marché des porcs pour la glandée, à Beaupré, en 1764 (*Ib.*, H. 351).

Règlements pour la glandée : Arrêt du 29 janvier 1742 (*Rec. des Edits*, VI, 308). — Arrêt du 31 décembre 1746 (*Ib.*, VII, 122). — Arrêts du 6 mai 1757 (*Ib.*, IX, 349 et X, 374).

(56) Contrôle de la gruerie de Châtel, pour 1669 : herbes et vain pâturage (*Arch. Mth.*, B. 4375). — Ordonnance du grand bailli de Salm sur la vaine pâture dans les bois (*Dot. Vosg.*, III, 277). — État des bois du roi, en 1750 ; adjudications de la vaine pâture (*Arch. Mth.*, B. 10523).

et rendaient au Trésor des redevances considérables (56 *bis*.)

Quant aux produits ligneux, on peut dire d'une manière générale que les délivrances diminuent et que les ventes par adjudication deviennent de plus en plus prépondérantes. Toutefois, il importe de distinguer à cet égard. Ainsi les bâtiments royaux, les anciennes *usuines* du domaine, consomment toujours beaucoup de bois de service ; sous Stanislas, les grandes constructions de ce prince nécessitèrent souvent des exploitations extraordinaires, au moins dans quelques forêts. Vers la même époque, l'extension donnée aux grandes

(56 *bis*) Amodiation du gazon de Sérichamp, en 1664 (*Arch. Mth.*, B. 8829). — Amodiation des gazons de la Hongrie et de Diarfète, en 1668 (*Ib.*, B. 8831). — Baux des chaumes de Sérichamp, par le chapitre de Saint-Dié, de 1584 à 1780 (*Arch. Vosg.*, G. 465). — Mémoire d'Audiffret, en 1732 ; à voir pour la description des *marcareries* (*Bibl. Nancy*, Mss. n° 133). — Etat des bois du roi, en 1750 ; adjudication des chaumes, maîtrises d'Epinal et de Saint-Dié (*Arch. Mth.*, B. 10723). — Etat de lieux de chaumes domaniales, dressé en 1775 par le sieur Husson, inspecteur particulier des ponts et chaussées et usuines du domaine, à la résidence de Mirecourt (*Arch. Mth.*, C. 74.)

Ce dernier document permet d'apprécier l'importance et le revenu des chaumes domaniales. Comme on y trouve les dimensions des écuries de chaque marcarerie, en admettant qu'une vache occupe une largeur moyenne de 5 pieds, soit 1™50, on arrive aux résultats suivants : les chaumes domaniales, sur une contenance de 6430 jours ou 1285 hectares de gazon, nourrissent environ 300 vaches, soit une vache pour 4 hectares 90 ares. La chaume se loue sur le pied de 39 livres par vache, soit par hectare tout près de 8 livres (6 fr. 25 valeur intrinsèque). Mais il faut se rappeler que les chaumiers, outre le gazon, avaient des *répandises*, c'est-à-dire le pâturage dans une partie de la forêt.

routes exigea beaucoup de grosses charpentes pour l'édification des ponts ; enfin, à partir du même règne, la marine française vint s'approvisionner, principalement en bois de chêne, dans les forêts lorraines (57). Les usages au bois, cette seconde source importante de consommation, continuèrent sans doute ; mais à cause du bon ordre qui fut assuré dans cette partie du service, le gaspillage fut évité, et les délivrances furent réduites. Nous n'avons pas à revenir sur les monopoles dont il a été question au précédent chapitre : le roulement des salines, des forges et des verreries nécessita certainement des quantités de bois de feu très importantes ; mais comme les mines n'étaient plus exploitées avec la même extension qu'autrefois, il en résulte que, tout compte fait, les délivrances, c'est-à-dire les produits abandonnés sans équivalent pécuniaire, ont plutôt diminué, dans le cours du xviiie siècle.

En ce qui concerne les ventes, nous avons vu qu'au-

(57) Compte de la gruerie d'Apremont, pour 1669 (*Arch. Mth*, B. 2437). — Visite des bois du roi, en 1765 ; maîtrise de Lunéville, forêt de Mondon (*Ib.*, B. 10693). — Voir l'état de lieux des chaumes domaniales, de 1775, indiquant les délivrances nécessaires pour la réparation des marcareries (*Ib.*, C. 74). — A joindre, la consommation faite pour la marine, depuis Stanislas : voir *suprà*, notes 40 ter et 41 ; voir aussi une lettre du 25 avril 1772, de l'intendant la Galaizière au ministre de la marine (*Arch. Mth.*, C. 315). — Enfin des délivrances de bois de feu sont faites aux salpêtriers, moyennant un prix fixé, dans les forêts des communautés, à leur défaut dans celles du domaine, et subsidiairement dans celles des vassaux. Voir notamment: Ordonnance du 10 août 1724 (*Rec. des Edits*, III, 49), Lettres-patentes du 3 juillet 1747 (*Ib.*, VI, 152), et Arrêts du Conseil des 16 mars 1754 et 24 mars 1764 (*Ib.*, IX, 137 et X, 275).

paravant elles avaient lieu de deux manières : par amoisonnement, ou concession de gré à gré analogue à celle de nos menus produits modernes, et par adjudication. Nous avons assisté, au XVIIe siècle, à la décadence de l'amoisonnement ; ce mode d'aliénation s'éteint définitivement pendant l'occupation française ; à la restauration de Léopold, il n'en est plus question depuis longtemps (58).

Cette prépondérance de la vente par adjudication n'est cependant apparente que pour les forêts feuillues. Dans les résineux, règne jusqu'à la fin un mode spécial d'utilisation des futaies, qui n'est pas sans analogies avec l'amoisonnement, et dont la persistance est due à l'organisation des scieries, toujours fort nombreuses sur les petits cours d'eau de la montagne. Les *scies* ou scieries qui servaient à débiter en planches la plus grande partie des sapins des Vosges, peuvent être divisées en trois catégories, dont la distinction est essentielle pour notre étude : scies marchandes, usagères ou particulières, tels sont les noms qui leur sont assignés, dans les documents du XVIIe siècle.

La scie marchande appartient au propriétaire de la forêt, qui s'en sert pour l'utilisation des produits qu'il ne peut consommer directement, par lui-même ou par ses usagers. Les scieries domaniales, qui subsistent de nos jours, ne sont autres que les scies marchandes d'autrefois. Seulement, tandis qu'actuellement on adjuge

---

(58) Contrôle de la gruerie de Châtel, pour 1661 (*Arch. Mth.*, B. 4372). — Compte de la gruerie de Darney, pour 1668 (*Ib.*, B. 5129). — Contrôle de la gruerie de Châtel, pour 1669 (*Ib.*, B. 4375).

les coupes, préalablement marquées sur le terrain, sous cette condition que l'adjudicataire pourra se servir de la scierie voisine pendant un temps déterminé, — aux XVIIe et XVIIIe siècles, on adjugeait la jouissance de la scie, cette jouissance comportant la fourniture des arbres nécessaires pour son roulement, dont la désignation était faite successivement, au fur et à mesure des besoins. Ces amodiations de scies n'étaient pas seulement habituelles dans les forêts domaniales ; tous les propriétaires de forêts, et notamment les ecclésiastiques, s'en servaient de même. Les documents relatifs aux scieries dans cette période sont donc aussi nombreux qu'intéressants.

Généralement, l'amodiation est temporaire, et le temps de la jouissance est assez court : quelquefois un an seulement, plus fréquemment trois ans ; exceptionnellement on va jusqu'à 9 ou 10 années. Les diverses clauses en usage déterminent le mode de la jouissance et la fixation du prix. Assez souvent, le nombre d'arbres à délivrer est irrévocablement fixé : ce nombre varie de 200 à 300 troncs, ordinairement 200 ; on y joint parfois des arbres d'autres catégories, pennes et chevrons. Ailleurs, au-delà du nombre ainsi établi, on prévoit que le concessionnaire pourra demander davantage : seulement, le surplus sera payé à part, suivant l'estimation des forestiers. Enfin, très fréquemment, on ne fixe aucun nombre d'arbres : le locataire aura droit à tous les arbres qu'il pourra faire consommer par un sagard unique, à la seule condition de ne fabriquer que des planches, pendant la durée de sa location.

Le prix est le plus souvent une somme d'argent, quelquefois une fourniture de planches. Il se compose ordinairement de deux parties : l'une assez minime, sous le nom de canon ou cens, que nous retrouverons surtout dans les locations perpétuelles, de 10 francs par exemple, qui ne varie pas, quelle que puisse être la consommation de la scie : c'est l'équivalent de la jouissance du bâtiment et de la chûte d'eau. L'autre, de beaucoup la plus importante, représente la valeur des arbres abandonnés ; c'est quelquefois un forfait, 3 ou 400 francs, lorsque la quantité d'arbres délivrés est invariable ; plus fréquemment, on se borne à déterminer le prix de la tronce, 1 franc par exemple, et c'est seulement en fin de jouissance, par le relevé du rôle des délivrances, que s'établit la somme payable par chaque locataire. Il peut arriver aussi qu'il n'y ait point de canon, et seulement un prix de jouissance. Quant aux redevances en nature, elles remplacent souvent d'une manière complète la redevance en argent : c'est 1000 ou 2000 planches, évaluées 150 ou 250 livres pour mémoire ; mais il peut aussi se faire que l'on ait combiné les deux prestations : 200 francs et un cent de planches ou de chons, etc.

D'autres clauses complètent les précédentes et se rapportent plutôt aux règles d'exploitation des coupes : dimensions des différents types d'arbres, longueur minima de la tronce, obligation de consommer les châblis avant que d'exiger des marques nouvelles, lieux dans lesquels les délivrances devront être effectuées, etc. En résumé, ces contrats d'amodiation, conclus à la chaleur des enchères, « à l'esteinte de la chandelle, » semblent fort bien combinés, et donnent de très bons résultats dans toutes les forêts résineuses. Ils remplacent les coupes ou assiettes ordinaires de feuillus, et l'importance de leurs produits reflète fidèlement les vicissitudes du commerce des bois. La quantité d'arbres effectivement consommée par une scierie reste toujours à peu près la même : 200 arbres en moyenne ; mais tandis que, pendant la période des guerres, les adjudications, quand elles ont lieu, n'atteignent que 2 ou 300 francs, plus tard on les voit croître avec rapidité, jusqu'à 1,500 et 2,000 livres ; parallèlement, le prix de la tronce, lorsqu'il est choisi comme base des redevances, passe de 6 gros à plus de 3 francs. C'était donc avec raison que l'administration des maîtrises conservait ce mode de mise en valeur, qui dura même quelque temps après 1789, et dont on retrouve des traces dans les états d'assiette du commencement de ce siècle (59).

(59) Compte de la gruerie de Bruyères, pour 1647 : les scies des bois de Champs (*Arch. Mth.*, B. 3917). — Compte de la gruerie d'Arches pour 1555, règlement des scies (*Ib.*, B. 2789). — Compte de la gruerie d'Arches pour 1657, amodiations des scies (*Ib.*, B. 2794). — Compte de la gruerie de Bruyères, pour 1664 : scies de Grébéfosse et Genouvelle *Ib.*, B. 3918). — Contrôle de la gruerie de Bruyères, pour 1664 : scie de Taintruy ; scie du Chavon (*Ib.*, B. 9124). — Compte de la gruerie du comté de Salm, pour 1665 : baux des scies (*Ib.*, B. 2924). — Amodiation des scies marchandes de la gruerie de Bruyères, pour 1667 (*Ib.*, B. 3918). — Compte des bois de Lorraine, pour 1697 : maîtrises de Saint-Dié, Badonvillers et Epinal (*Ib.*, Lay. *forêts et grueries*, n° 27). — Compte de la gruerie de Bruyères pour le chapitre de Remiremont, en 1699-1700 (*Arch. Vosg.*, G. 478). — Registres des arrêts du Conseil des eaux-et-forêts : permission de construire la scierie de la Boudouze, 24 janvier 1707 *Archives nationales*, E. 3137). — Amodiation des scieries de Saint-Quirin, de 1720 à 1738 ; document très important (*Arch. Mth.*, H. 306). — Location des scies des moines de Domèvre, en 1738-58 (*Ib.*, H. 1422). — Visite de la forêt

Les amodiations à court terme des scieries étaient ainsi très habituelles aux XVII° et XVIII° siècles, alors qu'auparavant elles commençaient à peine. Inversement, les concessions perpétuelles, très nombreuses autrefois, deviennent beaucoup plus rares : il est encore quelquefois question d'acensements de ce genre dans les comptes du domaine ; on les rencontre davantage chez les propriétaires ecclésiastiques des pays de langue allemande ou voisins de l'Alsace, sous la forme d'emphytéoses perpétuelles. A Saint-Quirin, ces emphytéoses sont absolument semblables, sauf la durée, aux locations temporaires. A Dabo, nous retrouvons une particularité déjà signalée au XVII° siècle, au sujet des droits d'usage : l'emphytéote n'acquiert la jouissance que pendant une partie de l'année, divisée en 24 *journées*, dont 6 ordinairement, ou un plus grand nombre, sont réservées par le seigneur, et font l'objet de concessions distinctes (60). Beaucoup des anciennes

de Mortagne, du 10 juin 1745 : consommation des scieries (*Arch. vosg., Inventaires de Villemin*, XII, liasse I, n° 39). — Etat des bois du roi pour 1750 : maîtrises de Lunéville, Epinal, Saint-Dié et Remiremont (*Arch. Mth.*, B. 10523). — Relevé du produit des bois de la gruerie de Badonvillers, cédés au domaine par la convention de 1751 (*Ib.*, B. 12115). — Recette générale des domaines et bois de Lorraine, pour 1766 (*Ib.*, B. 10595). — Visite des bois du roi, en 1783 : maîtrise de Saint-Dié (*Ib.*, B. 10697). — Etat d'assiette de l'inspection de Remiremont, pour l'ordinaire 1811 (*Arch. de l'inspection forestière de Remiremont*). — Voir aussi : Mémoire d'Audiffret, vers 1732 : des scieries (*Bibl. Nancy, Mss. lorrains*, n° 133).

(60) Scieries de Saint-Quirin : bail emphytéotique de la scierie Valentin, en 1661 (*Arch. Mth.*, H. 306). — Registre des scieries du comté de Dabo, n°s 8, 10, 28, 61, 72, 81, 98

scieries acensées furent détruites pendant les guerres et abandonnées, c'est pourquoi nous n'en trouvons plus qu'un si petit nombre : elles ont été remplacées par d'autres, soumises au régime des amodiations.

Les scieries usagères persistent, dans les mêmes conditions qu'autrefois ; beaucoup d'entre elles cependant subissent une transformation remarquable. Le propriétaire, au lieu d'affecter entièrement une scierie au service de ses usages, l'amodie comme à l'ordinaire, et met en charge le façonnage des bois de bâtiment des habitants, pendant la durée de la jouissance. Souvent aussi ce sont les communautés elles-mêmes qui afferment une scierie, sans qu'il résulte bien nettement des contrats s'il s'agit vraiment d'usagers qui désirent avoir la jouissance complète de l'usine, ou d'habitants non usagers qui désirent l'employer avec les produits de leur forêt communale. Il est probable que ces deux situations ont existé concurremment (61).

Enfin, les scieries sont dites particulières, lorsque

(*Ib.*, E. 67). — Visite des bois du roi, pour 1783 ; maîtrise de Saint-Dié, bois du Ban-le-Duc (*Ib.*, B. 10697). — Voir, pour les délivrances aux scies domaniales, l'Edit de 1701, art. 103.

(61) Compte de la gruerie du Bruyères, pour 1647 : recette des scies amodiées aux habitants de Champdray, Granges, Corcieux, etc. (*Arch. Mth.*, B. 3917). — Règlement pour les scies de la gruerie d'Arches, en 1656 (*Ib.* B. 2780.) — Compte de la gruerie d'Arches, pour 1657 (*Ib.*, B. 2704). — Contrôle de la gruerie de Bruyères, pour 1664 (*Ib.*, 3918). — Règlement des commissaires royaux, en 1686, art. xvii. — Compte de la gruerie de Bruyères, pour 1699 (*Arch. Mth.*, 3919). — Etat des bois du roi, pour 1750 : maîtrise de Saint-Dié (*Ib*., B. 10523). — Voir, pour les délivrances aux scies usagères, l'Edit de 1701, art. 104-105.

leurs détenteurs ne sont ni propriétaires de la forêt, ni usagers, ni admodiataires ou emphytéotes. Elles ont été construites sur un fonds distinct de la forêt, et ne peuvent marcher qu'avec des bois d'achat. Il est fort probable que la plupart de ces usines appartenaient autrefois au domaine, et qu'à la faveur du trouble produit par les guerres du xvii° siècle, les anciens censitaires ou locataires surent intervertir le titre de leur possession. Aussi, à plusieurs reprises, en 1656, en 1686, on ordonna le dépôt des titres, afin d'opérer une vérification générale. Les commissaires de 1686 vont jusqu'à dire que toutes ces scies particulières sont abusives et doivent être supprimées ; toutefois il pouvait s'en trouver d'établies légalement, et en fait un certain nombre d'entre elles furent conservées jusqu'en 1789, malgré les plaintes des officiers, qui prétendent qu'elles ne consomment que des bois de délit (62).

Cette exploitation des forêts résineuses au moyen des scieries a donc un caractère spécial, intermédiaire entre l'amoisonnement et la vente. Tandis que précédemment nous l'avons vu aussi largement appliqué aux bois feuillus, nous devons signaler au contraire l'extinction à peu près complète des scieries dans les forêts de chêne ; on avait trouvé d'autres débouchés inconnus autrefois. C'est seulement dans les peuplements mélan-

---

(62) Règlement pour les scies de la gruerie d'Arches, en 1656 (*Arch. Mth.*, B. 2789). — Règlement des commissaires de 1689, art. xvii. — Compte des bois de Lorraine, en 1697 : maîtrise de Saint-Dié (*Arch. Mth.*, Lay. *forêts et grueries*, n° 27). — Scieries de Saint-Quirin : acquêts de certaines portions de la scie Valentin, en 1714-1735 (*Ib.*, H. 306). — Visite des bois du roi, en 1783 : maîtrise de Saint-Dié, forêts de Visembach, du Ban-le-Duc, etc. (*Ib.*, B. 10697).

gés que l'on voit délivrer comme appoint, en outre des sapins, un certain nombre de chênes, qui se paient à un taux différent (63).

Arrivons maintenant aux ventes proprement dites, qui se sont introduites, seulement au commencement du xvii° siècle, lentement et péniblement, mais qui ne doivent pas tarder à prendre une importance considérable, à cause du développement des transactions commerciales. Il faut toujours distinguer, dans les ventes sur pied, les adjudications de *souilles* ou taillis, et celles d'arbres ou futaies. Les souilles se vendent, comme autrefois, à l'arpent, mais tandis qu'à l'origine les lots n'avaient en moyenne qu'un ou deux arpents de contenance, progressivement cette contenance devient de plus en plus forte ; ce sont de véritables coupes de 20 à 50 arpents qui s'adjugent en bloc, non plus directement aux consommateurs, mais à des commerçants qui se chargent du débit, au moins dans les ventes domaniales. Nous avons déjà fait remarquer combien est nécessairement variable le prix d'un arpent de taillis ; à la fin du xvii° siècle, c'est 30 francs, par exemple, aux environs de Nancy, et 3 livres seulement près de Lunéville (64). On trouve bien, dans un docu-

---

(63) Compte de la gruerie de Darney, 1666 (*Arch. Mth.*, B. 5126). — Même compte, pour 1668 (*Ib.*, B. 5129). — Registre des scieries du comté de Dabo : n°⁵ 61, 98 (*Ib.*, E. 67). — Scieries de Saint-Quirin : délivrances de 1728 (*Ib.*, H. 306). — Visite des bois du roi, pour 1760 : maîtrise de Sarreguemines, forêt de Bitche, canton de Waldeck (*Ib.*, B. 12115).

(64) Compte de la gruerie de Nancy, pour 1668 (*Arch. Mth.*, B. 1996). — Compte de la gruerie d'Apremont, pour 1669 (*Ib.*, B. 2437). — Compte de la gruerie de Nancy, pour

ment plus récent, l'évaluation de la production moyenne en cordes par chaque arpent, dans les différentes parties de la province : de 7 à 10 cordes en général, pour les taillis traités à la révolution habituelle de 25 ans (64 *bis*) ; telles sont les données, assurément très vagues, qui peuvent servir pour se faire une idée de la production des forêts en bois de chauffage.

Les futaies se vendaient aussi plus fréquemment qu'autrefois, et ordinairement au pied d'arbre ; le nombre d'arbres constituant chaque lot devint de même plus considérable au xviii° siècle, autant qu'on peut le supposer par les rares procès-verbaux de cette époque, qui n'entrent pas toujours dans ce détail (65). Ici encore

1671 (*Ib.*, Lay. *forêts et grueries*, n° 14). — Vente des bois de la maîtrise de Nancy, pour 1692 (*Ib.*, *eod. loco*, n° 18).— Vente de la maîtrise de Lunéville, pour 1697 (*Ib.*, n° 26). — Ressources de l'hôpital Saint-Julien de Nancy : arrêt du 15 mars 1700 (*Ib.*, C. 305, n° 65). — Vente des bois de la gruerie de Longwy, en 1716 (*Ib.*, B. 6631). — Cession du bois de Flammémont au duc, par le prieur de Lay, en 1723 (*Ib.*, H. 195). — Etat du bois de l'abbaye de Beaupré, vers 1740 (*Ib.*, H. 351).

(64 *bis*) Réponses des subdélégués à la lettre de l'intendant, du 27 juillet 1783, relativement à la pénurie du bois de chauffage (*Arch. Mth.*, C. 315).

(65) Contrôle de la gruerie de Bruyères, pour 1661 (*Arch. Mth.*, B. 4372). — Compte de la gruerie de Darney, pour 1668 (*Ib.*, B. 5629). — Compte de la gruerie de Nancy, pour 1668 (*Ib.* B. 7996). — Contrôle de la gruerie de Châtel, pour 1669 (*Ib.*, B. 4375). — Compte du gruyer de Nancy, pour 1671 (*Ib.*, Lay. *forêts et grueries*, n° 13). — Ventes de la maîtrise de Nancy, pour 1689 (*Ib.*, *eod. loco*, n° 14). — Compte des bois de Lorraine, pour 1697 (*Ib.*, n° 27). — Ventes de la gruerie de Longwy, pour 1716 (*Ib.*, B. 6631). — Mémoire d'Audiffret, vers 1732 (*Bibl. Nancy*, *Mss lorrains* n° 133).

la difficulté est tout aussi grande pour se renseigner, même approximativement, sur la valeur des bois de service, attendu que lorsqu'on donne le nombre d'arbres de chaque lot, cette indication n'est pas complétée par leur grosseur ou leur volume. Les ventes extraordinaires nous fournissent souvent des exemples de lots considérables adjugés à un seul marchand, qui prend ainsi livraison de 100, 300 arbres ou davantage (66).

Dans les forêts peuplées de résineux, il est plus rare de trouver mention de ventes d'arbres, puisque la plupart des sapins étaient consommés par les admodiataires des scieries ; on en rencontre parfois, destinées aux scieries particulières et comprenant ordinairement un nombre d'arbres assez important, 200 par exemple ; ou bien ce sont des gens de métier, menuisiers ou charrons qui achètent quelques hêtres ou quelques sapins, au lieu de les amoisonner comme précédemment (67).

Les adjudications de châblis donnent lieu à des mentions spéciales dans les comptes des maîtrises ; les règlements veulent en effet qu'il y soit procédé séparément, sans attendre les grandes ventes. On en trouve un peu pourtant, aussi bien en plaine qu'en montagne ;

(66) Adjudication de 300 arbres au sieur Hausen, 6 juin 1722, gruerie de Lixheim (*Arch. nationales*, E. 3140). — Vente extraordinaire de 400 chênes, bois d'Aboncourt, en 1711 (*Arch. Mth.*, G. 421). — En 1727, vente de 260 arbres, des bois de Marainviller et Thiébauménil (*Ib.*, H. 1307). — Voir aussi, *infrà*, note 84.

(67) Compte de la gruerie de Bruyères, pour 1637 (*Arch. Mth.*, B. 3917). — Contrôle de la même gruerie, pour 1664 (*Ib.*, E. 3918). — Compte de la même gruerie, pour 1699 (*Ib.*, B. 3919).

il est même remarquable que les bois feuillus donnent, de ce chef, des produits au moins aussi forts que les bois résineux. Dans le compte de 1750, sur un total de 1,500,000 livres environ pour cet exercice, les châblis entrent pour la somme fort minime de 29,000 livres (68), ce qui prouverait beaucoup en faveur du mode de traitement en vigueur à cette époque ; mais il faut se rappeler que les usagers absorbaient probablement une forte partie des produits de cette nature, dans une proportion qu'il nous est impossible de déterminer.

Les ventes de bois façonnés sont toujours exceptionnelles : on en a cependant quelques exemples, s'appliquant à des forêts communales ou au service des usines, telles que les salines et les forges (69). L'évaluation de la corde de chauffage façonnée se rencontre sans doute fréquemment (69 bis) ; mais ce sont alors des taxes du

(68) Arrêt du Conseil du 19 décembre 1750, portant règlement pour les châblis dans les bois du roi (Rec. des Edits, VIII, 208). — Etat des bois du roi pour 1750 : produit de la vente des châblis (Arch. Mth., B. 10523).

(69) Contrôle de la gruerie de Châtel, en 1661 (Arch. Mth., B. 4372). — Compte rendu, en 1694, par Fr. Puttegnat, habitant de Bénaménil, à ses co-habitants (Ib., II. 1531). — Mémoire à l'intendant sur la saline de Moyenvic, vers 1710 (Ib., C. 90). — Etat des bois du roi pour 1750, maîtrise de Saint-Dié (Ib., B. 10523).

(69 bis). Taxes du bois de chauffage à Nancy : Ordonnance du 7 août 1700 (Rec. des Edits, I, 247) ; — Ordonnance du 9 mai 1712 (Ib., I, 767) ; — Arrêt du 16 juillet 1712 (Ib., I, 777) ; — Arrêt du 6 octobre 1751 (Bibl. Nancy, Mss. lorrains, n° 390). — Propositions faites, en 1784, pour une affectation de bois aux salines (Arch. Mth., C. 90). — Réflexions, publiées vers 1786, sur l'idée de supprimer les salines, en raison de la pénurie des bois (Ib., cod. loco).

magistrat, surtout pour l'approvisionnement de la ville de Nancy ; ainsi la première qualité de chauffage se paie 14 francs en 1700, 19 francs en 1712, 22 francs en 1750, tandis que vers la même époque on n'estime la corde en forêt, dans les environs de Dieuze, que moitié du prix de vente sur le marché de Nancy. Un autre élément de comparaison, qu'il est utile de faire entrer en compte, c'est le prix de façonnage de la corde et du cent de fagots ; il est sensiblement le même pour l'une et pour l'autre de ces unités, soit environ un franc barrois, vers la fin du XVIII° siècle (70). Les autres marchandises fabriquées sont les *paisseaux* ou échalas, dont la Lorraine a toujours fait une grande consommation pour les vignobles, et qui se vendent au cent ou à la charrée (71). Viennent ensuite les *esseins* ou bardeaux, puis les *bouxons* ou bois à charbon, et les hêtres destinés au sabotage, dont on vendait des quantités importantes dans la maîtrise de Darney (72). Tous ces produits donnaient lieu à des transactions basées sur les unités usuelles, très variables suivant les différents points de la province : ainsi la corde, unité pour le bois

---

(70) Marché fait, en 1694, pour le façonnage de la coupe de la communauté de Bénaménil (*Arch. Mth.*, H. 1531). — Dépenses de l'abbaye de Haute-Seille, en 1755 (*Ib.*, 644). — Dépenses de l'abbaye de Beaupré, en 1788 (*Ib.*, H. 442).

(71) Compte de la gruerie de Nancy, pour 1668 (*Arch. Mth.*, B. 7996). — Même compte, pour 1671 (*Ib.*, Lay. *forêts et grueries*, n° 13).

(72) Contrôle de la gruerie de Bruyères pour 1661 (*Arch. Mth.*, B. 3918). — Compte de la gruerie de Darney, pour 1668 (*Ib.*, B. 5129). — Etat des bois du roi pour 1750, maîtrise de Mirecourt (*Ib.*, B. 10523).

de chauffage, vaut depuis 3 stères jusqu'à 4 stères et demi (73).

Si ces détails restent forcément quelque peu incertains, au moins pouvons-nous donner des chiffres exacts sur le revenu en argent des forêts domaniales, parce que nous possédons les éléments du budget de ces forêts, sous le nom de Comptes ou d'Etats annuels, pendant le siècle dernier. Ces chiffres paraissent fort minimes, si on les compare à ceux d'aujourd'hui ; mais il faut y ajouter la valeur des délivrances aux usagers et aux usines du domaine, qui demeure inconnue. Quoi qu'il en soit, le dernier compte de l'administration française, avant la restauration de Léopold, ne se monte qu'à 70,000 livres, environ 126,000 francs d'aujourd'hui, ce qui montre quelle désorganisation profonde la guerre et la conquête avaient apportée dans ce service. En 1750, le total des recettes est de 1,534,000 livres, ou seulement 1,038,000, si l'on retranche le produit d'une exploitation extraordinaire faite dans la forêt de Bitche. Enfin, en 1766, la recette est de 1,164,000 livres, ou 908,000, après une semblable déduction (74). On se rappelle que la contenance des forêts domaniales était de 111,000 hectares ; les revenus qui précèdent, équivalent à une production moyenne à l'hectare de 7 francs

---

(73) Voir, pour les différentes cordes usitées en Lorraine, les *Tables* de M. de Riocour (*Mém. Arch. lorr.*, 1884, p. 37). — Voir aussi un règlement du 23 avril 1750 (*Rec. des Edits*, X. 9).

(74) Compte des bois de Lorraine, pour 1697 (*Arch. Mth.*, Lay. *forêts et grueries*, n° 27). — Etat des bois du roi, pour 1750 (*Ib.*, B. 10523). — Recette générale des bois de Lorraine, en 1766 (*Ib.*, B. 10595)

de notre monnaie ; nous estimons qu'on peut aller jusqu'à 12 francs au moins, en tenant compte des délivrances.

Pour compléter ces renseignements statistiques, il faudrait aussi connaître la valeur des forêts en fonds et superficie ; mais cette notion est toujours fort délicate, bien que les ventes de l'espèce n'aient pas été rares au siècle dernier, parce que la description de l'immeuble vendu fait généralement défaut. Disons seulement que le prix de 3 à 400 francs l'hectare semble normal, vers 1750, pour un taillis ordinaire (74 *bis*).

Les anciens règlements, relatifs à la forme des ventes, à l'exploitation et à la vidange des coupes, reçurent de nombreux changements dans le cours de cette période. D'abord, pendant l'occupation française, l'ordonnance de 1669 fut intégralement appliquée ; ensuite, l'Edit de 1701 et les diverses Déclarations qui le complètent, reproduisent à peu près les dispositions essentielles du fameux Code de Louis XIV et de Colbert.

L'assiette de la coupe sur le terrain se fait par les agents locaux, d'après le mandement du grand maître ; on procède en même temps au balivage ; puis ont lieu les ventes, ordinairement en novembre, après publications : elles sont dirigées par le grand maître seul, à l'exclusion des officiers des maîtrises particulières. En

---

(74 *bis*) Estimation, en 1702, en vue d'un achat à faire par le roi à l'évêque de Metz (*Com. Mth.*, v° *Bois-res-les-V…*. — Achat de forêts pour la saline de M……., vers …… (*trés. Mth., C. 90*). — Vente du 31 juillet 1723, par les ……… de Pont-à-Mousson (*Ib.*, H. 1586). — Arrêt du …… du 27 septembre 1786, autorisant l'achat d'une forêt … saline de Château-Salins (*Ib.*, C. 315).

outre des diverses catégories d'incapables, comprenant les fonctionnaires et leurs parents, on exclut des enchères les nobles et les clercs, qui ne peuvent faire commerce. Les associations ne sont permises qu'avec trois associés au plus, et après déclaration spéciale. On adjuge après trois feux successivement allumés, mais l'opération n'est définitive que lorsque les délais de la surenchère, ordinairement vingt-quatre heures, sont écoulés ; dans cet intervalle, les surenchères sont reçues au greffe de la maîtrise, et leur quantum se trouve déterminé d'avance suivant un tarif progressif, qui fixe les mises au sixième, au tiers, à la moitié et au double du prix de l'adjudication antérieure (croisement, tiercement, moitiément et doublement). Les cautions et renforts de cautions sont admis dans les trois jours. Les frais ont varié d'importance : d'abord 2 gros, puis un gros par franc, plus une certaine somme, — 6 gros, un sol, — par arpent de taillis ou par pied d'arbres. Ces frais sont exigibles immédiatement; quant au prix principal, il se paie d'ordinaire en deux termes, Saint-Jean et Saint-Remy de l'année qui suit la vente. Il est surtout remarquable que ces diverses prescriptions, au lieu d'être immuables comme en France, variaient souvent, au moins pour les détails; les Edits ne renferment pour ainsi dire que les principes de la matière : quant au surplus, c'est le grand maître, dans son mandement annuel, analogue au Cahier des charges générales de nos jours, qui y pourvoit, sans être nécessairement lié par des prescriptions antérieures (75).

(75) Règlement des commissaires de 1686, art. xv. — Ventes de la maîtrise de Nancy, pour 1689 (*Arch. Mse.*, Lay. *forêts et gruries*, n° 14. — Arpentement des bois de vente

La même remarque doit être faite en ce qui concerne les conditions d'exploitation et de vidange. D'après l'Edit de 1701, tout doit être terminé pour le 1er janvier qui suit l'année de l'adjudication (1er janvier 1703, pour une vente faite en novembre 1701); plus tard, on prolongea jusqu'au mois de mai suivant. La coupe des taillis doit avoir lieu pour le 1er mai; les sapins s'abattent toute l'année. On recommande itérativement aux bûcherons d'exploiter les taillis de *tire à aire*, à la cognée et à fleur de terre, dispositions qui, paraît-il, n'étaient pas fidèlement observées. Enfin, les adjudicataires n'obtiennent leur *congé* qu'après le récolement, qui les décharge, s'il y a lieu, de la responsabilité dont ils sont grevés pour les délits commis dans la coupe et dans l'*ouïe de la cognée*, fixée à 50 toises. Les prorogations de délais étaient fréquentes et avaient fini par dégénérer en abus; un procès-verbal de visite de 1765 attribue à cette mauvaise habitude la dévastation de beaucoup de coupes et la disparition du chêne; le sous-bois se trouvait d'autant plus foulé, qu'on avait conservé la coutume d'adjuger successivement, à deux années d'intervalles, d'abord la souille, puis les arbres,

---

de la maîtrise particulière de Nancy, pour 1691 (*Ib.*, *eod. loco*, n° 16). — Règlement général des eaux et forêts, d'août 1701, art. 38. — Déclaration du 4 juin 1715, portant règlement pour les *remonts* des adjudications du domaine (*Rec. des Edits*, II, 53). — Vente, en 1727, dans les bois communaux de Marainviller et Thiébauménil (*Arch. Mth.*, II, 1307). — Placard de 1735, pour la vente des bois des chanoines de la Primatiale (*Ib.*, G. 421). — Arrêt du Conseil du 19 décembre 1750 (*Rec. des Edits*, VIII, 211). — Cahier des charges pour les ventes de la maîtrise de Dieuze, en 1764, par le grand maître (*Arch. Mth.*, B. 10691).

au lieu de les vendre ensemble, comme on finit par le faire, longtemps après (76).

Toutes ces dispositions relatives aux ventes concernaient essentiellement les bois du domaine, elles étaient cependant applicables aux autres forêts pour la gestion desquelles intervenaient les maîtrises, et notamment aux forêts des communautés. Les ventes de cette nature n'étaient pas sans importance, comme on en peut juger par les recettes du tiers denier : en 1750, le Trésor encaisse de ce chef plus de 76,000 livres, ce qui représente une vente totale de 228,000 livres, rien que pour les communautés relevant des hautes justices du domaine ; il faut y comprendre, outre les coupes proprement dites, les arbres épars sur les pâtis communaux, qui s'adjugeaient aussi à l'intervention des maîtrises (77). Les coupes communales étaient alimentées, d'abord par les futaies de la série affouagère que n'absorbaient pas les besoins des habitants, ensuite et surtout par celles du quart en réserve. Ces quarts en réserve sont spéciaux aux bois feuillus ; les

---

(76) Vente de la maîtrise de Nancy en 1689 (*Arch. Mth.*, Lay. *forêts et grueries*, n° 14). — Edit d'août 1701, art. 61, 62, 102, 104. — Déclaration du 31 janvier 1724, tit. II, art. 5. — Arrêt du Conseil du 9 janvier 1769 (*Rec. des Edits*, X, 162 bis). — Cahier des charges de la maîtrise de Dieuze, pour 1764 (*Arch. Mth.*, B. 10691). — Visite des bois du roi, en 1765 ; maîtrise de Pont-à-Mousson (*Ib.*, B., 10696). — Visite de 1783 ; maîtrise de Darney (*Ib.*, B. 10690).

(77) Etat des bois du roi en 1750 : tiers denier de la vente des bois communaux (*Arch. Mth.*, B. 10623). — Arrêt du Conseil du 16 avril 1771, pour la communauté de Ménil-en-Saintois ; autre du 28 mai pour la communauté d'Adelange (*Arch. Mth.*, B. 12093). — Règlement du 7 février 1739 ; châblis communaux (*Rec. des Edits*, VI. 176).

commissaires de 1686 en dispensent les sapinières, « parce que les sapins étant venus à maturité, on n'en peut différer la coupe sans les faire périr. » La réserve ne pouvait donc recevoir d'aménagement en assiettes, mais restait essentiellement soumise au régime des coupes extraordinaires. Ces dispositions furent sanctionnées par l'Edit de 1701, qui exempte de plus du quart en réserve les bois communaux d'une contenance inférieure à 200 arpents ou 40 hectares environ (78).

Quant au taillis de la série affouagère, qui constitue spécialement l'affouage communal, il ne pouvait, en principe, être distrait de cette destination ; si, en France, les communautés étaient autorisées par le grand maître à vendre leurs coupes affouagères, nous n'avons pas d'exemples de ventes de cette espèce en Lorraine. L'affouage parvenait donc toujours en nature à l'habitant, qui devait le consommer de même ; de nombreuses décisions, empruntées à la législation usagère, défendent formellement de vendre les bois d'affouage. C'était une application des principes économiques de l'époque : on voulait que l'ouvrier des campagnes fût

---

(78) En 1727, coupe extraordinaire dans les bois communaux de Marainviller et de Thiébauménil (*Arch. Mth.*, H. 1307). — Arrêt du 2 septembre 1740 réglant la procédure à suivre par les communautés qui veulent obtenir des coupes extraordinaires (*Rec. des Edits*, II, 240).
Règlement de 1686 : Quarts en réserve, art. 31 et 32. — Edit d'août 1701, art. 82 et 83. — Apposition d'un quart en réserve dans les bois communaux de Chicourt, en 1724 (*Arch. Mth.*, G. 423). — Règlement de 1740 pour les bois de l'abbaye de Beaupré (*Ib.*, II. 351). — Arrêt interprétatif du 2 septembre 1740, pour l'assiette des quarts en réserve dans les bois communaux des vassaux (*Bibl. Nancy*, *Mss. lorrain*, n° 390).

toujours certain de trouver dans le domaine commun les éléments de sa subsistance : avec la forêt, les pâtis et le vainpâturage, il était sauvé de la misère et subissait moins fortement la tentation de déserter son état. La situation est aujourd'hui bien différente, et presque partout les affouages sont vendus ou chargés d'une taxe à peu près équivalente à leur valeur. Pour ajouter aux difficultés du commerce des bois d'affouages, il il était prescrit de ne les façonner qu'avec des dimensions spéciales, 6 pieds de long, afin de les rendre partout reconnaissables (79).

La distribution de l'affouage était donc fort importante pour le paysan lorrain; aussi les dispositions relatives au partage sont-elles assez fréquentes. L'Edit de 1701 consacre la coutume généralement en usage à cette époque : le partage égal par feu et par voie de tirage au sort. Ceci ne s'applique, bien entendu, qu'au bois de chauffage ; pour le bois de construction, il n'était délivré qu'au fur et à mesure des besoins de chacun, sur présentation d'un devis. Un instant cependant, sous Léopold, on essaya d'établir une distinction fondée sur la fortune présumée, l'importance de la portion affouagère variant suivant le taux de la *subvention*, le principal impôt de l'époque ; mais ce système, introduit par une Déclaration du 31 janvier 1724, ne dura pas même une année, et l'on revint à l'égalité ancienne,

---

(79) **Arrêts des 18 janvier 1708 et 23 février 1738**, pour la dimension des bois d'affouage (*Rec. des Edits*, I, 622, et V. 205). — Défense du grand maître, du 22 décembre 1687, de commercer avec les bois d'affouage (*Bibl. Nancy, Mss. lorrains*, n° 394). — Arrêts sur le même sujet des 18 janvier 1738 et 5 décembre 1740 (*Rec. des Edits*, VI, 99 et 255).

avec cette seule exception que le seigneur du lieu a droit à deux parts. Cette situation ne fut pas changée, jusqu'en 1789, au moins dans les communautés de la plaine, relevant du domaine ducal ; ailleurs, les usages locaux présentaient une certaine variété (80).

Nous pouvons donc résumer les détails qui précèdent, relativement à l'utilisation des produits forestiers, en faisant ressortir la prédominance toujours croissante des ventes, et la formation d'un gros commerce des bois, qui auparavant n'existait pour ainsi dire pas. Ce commerce fut surtout favorisé, au XVIII° siècle, par l'amélioration des voies de communication et par l'extension des relations avec l'étranger.

(80) Edit d'août 1701, art. 76. — Déclaration du 31 janvier 1724, tit. III, art. 6 (*Bibl. Nancy*, Mss. n° 390. — Autre déclaration du 13 juin 1724 (*Rec. des Edits*, IV, 115). — Arrêt du Conseil du 31 décembre 1746 (*Rec. des Edits*, VII, 122). — Autre arrêt, du 9 février 1754 (*Ib.*, IX, 115).
Voir, pour le partage égal, les déclarations des habitants en 1738 : à Flainval, Flavigny, Jallaucourt, Jevoncourt, Laneuveville-devant-Bayon, Ludres, Malleloy, Messein, Richardménil, Sommerviller, Vannecourt, Voinémont, etc. (*Com. Mth., his v°*). — A Maizières-lez-Vic, terre d'Evêché, distribution suivant une base différente (*Ib., hoc v°*).
Dans la montagne, les affouages étaient ordinairement proportionnés à l'importance des habitations, que l'on rangeait en trois catégories, savoir : la maison complète, composée de trois *reins* ou parties correspondant à l'habitation proprement dite, l'écurie et la grange ; — puis, la maison de deux reins ou d'un seul. Il y avait, suivant cette distinction, lot entier, demi lot ou tiers de lot. Nous n'avons trouvé aucun texte consacrant cet usage local ; mais une pareille dérogation se comprend, à cause de la nature de la distribution affouagère : les règles applicables à la *souille* des bois feuillus n'ont plus d'emploi dans les futaies résineuses.

Ce fut seulement à partir du règne de Léopold que les grandes routes furent complétées et améliorées ; pendant les guerres, et même tout le temps de l'occupation française, les anciens chemins étaient donc en très mauvais état : on se bornait à réparer, au moyen de réquisitions, les plus importants, et pour donner une idée de la façon sommaire dont ces travaux étaient entrepris, il nous suffira de dire qu'on employait, pour combler les ornières les bois coupés à proximité. L'administration de Léopold, puis celle du chancelier de la Galaizière furent à cet égard fort utiles pour le commerce, et n'eurent que le défaut de charger extrêmement les habitants des campagnes, par suite des corvées sans nombre qui furent imposées pour le travail des routes (81).

Les voies fluviales furent moins soignées, et les grandes rivières restèrent, comme auparavant, à l'état de nature, malgré l'accroissement incontestable du trafic. Sur les petits cours d'eau, le flottage devint toujours plus fréquent, et la plupart des ruisseaux de la montagne furent aménagés au moyen de retenues qu'on lâchait tout à coup, et qui permettaient au flot d'entraîner jusqu'au port la *bolée*, c'est-à-dire les produits de toute une exploitation, fabriqués en bûches de chauf-

---

(81) Ordonnance de l'intendant Charuel, du 29 octobre 1677, pour la réparation du grand chemin de Nancy à Mirecourt (*Bibl. Nancy, Mss. lorrains*, n° 294). — Ordonnance pour les chemins, du 1er février 1699 (*Rec. des Edits*, I, 135). — Arrêts du Conseil des 4 septembre 1741 et 11 septembre 1742 (*Ib.*, VI, 191 et 343). — Sur les travaux de voirie pendant le règne de Stanislas, voir Digot, *Hist. de Lorraine*, VI, 244).

fage (82). Quant aux planches, on continuait à en former des trains, qui descendaient la Meurthe et la Moselle. Tous ces transports étaient sans doute, comme auparavant, grevés des taxes de passage sur plusieurs points de leur parcours ; toutefois, beaucoup de ces douanes intérieures semblent n'avoir pas survécu aux guerres du xviie siècle ; au moins n'en parle-t-on que bien plus rarement (83).

De tout temps, nous l'avons vu, les produits des forêts lorraines descendaient jusqu'aux Pays-Bas, en suivant la Moselle, cette grande artère de notre contrée. Les relations avec l'étranger devinrent particulièrement actives au xviiie siècle. Vers 1732, sur un total de 8 millions de livres auquel se montait la vente étrangère, les bois entrent pour 2 millions 600 mille, surtout à destination de la Hollande, du Luxembourg et des Etats du Rhin. Depuis la paix de Ryswick, un concordat spécial réglait l'entrée en franchise pour les Trois-Evêchés. Un peu plus tard, l'extension de ce commerce pa-

---

(82) Convention pour le passage de la *boullée* à Domèvre, en 1644 (*Arch. Mth.*, H. 1468). — Compte de la gruerie de Nancy, en 1668 : droits du gruyer (*Ib.*, B. 7996). — Vers 1710, mémoire du sieur Humbert, l'un des fermiers de la saline de Moyenvic (*Ib.*, C. 90). — Lettres de cachet du 11 février 1713 (*Rec. des Edits*, II. 3). — Mémoire sur les salines, en 1726 (*Arch. Mth.*, C. 90). — Mémoire d'Audiffret, vers 1732 (*Bibl. Nancy*, Mss. n° 133, p. 381). — Amodiation de la scie l'Abbé, en 1749 (*Arch. Mth.*, H. 1422).

(83) Compte de la gruerie de Bruyères, pour 1647 : recettes du passage au pont de Docelles (*Arch. Mth.*, B. 3917). — Règlement sur les scieries de la gruerie d'Arches, en 1656 (*Ib.*, B. 2789). — Contrôle de la gruerie de Bruyères, pour 1664 (*Ib.*, B. 3918). — Procès-verbal des plaids annaux de Chanteheux, pour 1749 (*Com. Mth.*, *hoc v°*).

rut même fâcheuse, et des arrêts, notamment en 1738, défendirent l'exportation des futaies, sans autorisation expresse. Une particularité curieuse des ventes à l'étranger au xviii° siècle, c'est qu'elles ne sont plus limitées comme autrefois aux produits résineux : les chênes, notamment dans le bassin de la Sarre, sont extrêmement recherchés. La grande forêt de Bitche, qui contenait 100,000 arpents, fut à cette époque parcourue par des exploitations extraordinaires de *bois de Hollande*, et les bois des communautés furent également mis à contribution, à cause des prix avantageu : qu'offraient les marchands hollandais (84).

Ainsi, les transactions commerciales étaient devenues beaucoup plus faciles, et les produits forestiers ne risquaient plus, comme autrefois, de rester inexploités faute d'acheteurs. Quelles furent les conséquences de ce changement pour le traitement des forêts lorraines et quelles modifications rencontrons-nous pendant cette période dans les règlements qui tiennent lieu de nos aménagements d'aujourd'hui ? Cette matière, avons-nous dit, est difficile à exposer, parce que nulle part les anciens forestiers ne se sont inquiétés de traduire leurs

---

(84) Contrôle de la gruerie de Sierck, pour 1668 (*Arch. Mth.*, B. 9457). — Compte de la même gruerie, pour 1669 (*Ib.*, B. 9457). — Vente dans la forêt de Montmert, en 1722 (*Arch. nationales*, E. 3140). — Mémoire d'Audiffret, en 1732 (p. 276-281). — Arrêts du Conseil du 20 septembre 1723 et 18 septembre 1738 (*Rec. des Edits*, II, 658 et VI, 134). — Visite des bois du roi, en 1760 : forêt de Bitche, cantons la Soucht et Waldeck (*Arch. M'h.*, B. 12115). — Lettre du 4 mars 1772 du ministre de la marine à l'intendant de Lorraine, et réponse du 25 avril (*Ib.*, C. 315).

principes sous une forme didactique, et parce que la plupart des règlements d'exploitation sont trop peu explicites sur le but que l'on veut réaliser.

Pour bien comprendre le traitement des forêts au xviii⁰ siècle, il faut se rappeler en quel état la guerre de Trente-Ans les avait laissées lorsqu'on s'occupa de remettre un peu d'ordre dans l'administration. Ce ne furent pas seulement trente années, ce fut un demi-siècle au moins, pendant lequel il y eu un véritable interrègne, une absence presque complète de toute gestion régulière. Au bout de ce long intervalle, les parties voisines des habitations étaient dégradées par les abus de tout genre, par la hache, le feu et le bétail ; pour ces cantons, le seul remède était le recépage et la mise en défens, sauf à repeupler même artificiellement, en y jetant du gland, lorsque les bonnes essences ne revenaient pas d'elles-mêmes (85).

Cependant, cette situation était en somme exceptionnelle ; quels qu'eussent été les dégâts causés par une jouissance sans frein, il restait si peu d'habitants dans ce malheureux pays, que la plupart des grandes forêts se présentent, vers la fin du xvii⁰ siècle et au commencement du xviii⁰, dans un état tout différent. Qu'on imagine des massifs, régulièrement traités depuis près d'un siècle, abandonnés ensuite complètement à eux-mêmes

---

(85) Compte du gruyer de Nancy, pour 1671 (*Arch. Mth.*, Lay. *forêts et grueries*, n° 13). — Règlement de 1728, pour la forêt de Martinvelle (*Ib.*, B. 10795). — Visite des bois du roi, pour 1760 : maîtrise de Sarreguemines (*Ib.*, B. 12115). — Visite de 1764, maîtrise de Bourmont (*Ib.*, B. 10657). — Même visite, maîtrise de Bouzonville (*Ib.*, B. 10688).

pendant 50 ans, et l'on aura une idée du problème qu'eurent à résoudre les praticiens du temps de Léopold et de Stanislas. Dès 1550 au plus tard, nous avons vu que les feuillus étaient parcourus en coupes ou assiettes régulières, avec de courtes révolutions, mais en réservant toutes les futaies non dépérissantes ; c'étaient, pour nous servir de la terminologie actuelle, des taillis sous futaie, très riches en réserve. Dans des massifs de ce genre, laissés sans exploitations, le sous-bois disparut promptement, les futaies rejoignirent leurs cîmes de manière à former un couvert continu : on se trouva donc en présence de véritables futaies pleines, de plusieurs âges sans doute, mais dans lesquelles les plus jeunes sujets n'étaient déjà plus capables de rejeter de souches. Ce fut alors que, pour ramener de l'ordre dans la gestion, on rétablit les coupes par contenance ou *assiettes* dans de pareils peuplements, c'est-à-dire qu'on recommença le traitement en taillis sous-futaie.

Les premiers résultats ne furent pas satisfaisants, comme on peut en juger par les comptes-rendus annuels de visites des officiers dans la plupart des grandes forêts. Partout la *recrute* est très lente, puisqu'elle ne se fait que par la semence ; les morts bois envahissent les coupes, pendant que le vent abat de nombreux châblis dans les vieilles futaies trop brusquement desserrées. C'est seulement à la seconde révolution qu'on arrive à une situation normale. Il faut remarquer aussi qu'en beaucoup de lieux la situation ne se présentait pas aussi nette que nous l'avons tracée ; à côté des parcelles dégradées et complètement déshonorées, servant d'intermédiaires avec les massifs à peu près pleins où les coupes avaient été absolument suspendues, on rencontrait une foule d'états différents, par suite d'extractions sous forme d'un jardinage plus ou moins intense. Un procès-verbal de 1728 nous décrit toutes ces variétés dans la forêt de Martinvelle, où l'on passe successivement, de la vieille futaie presque pleine, à la futaie « demi et quart plantée », jusqu'aux pelouses parsemées de quelques arbres seulement. Dans ces états intermédiaires, pour peu que le pâturage n'eût pas été trop fréquent, les semis s'étaient déjà produits, surtout en hêtres, et la remise en taillis souffrait moins de difficultés.

En quoi les exploitations introduites dans ces circonstances diffèrent-elles de celles que nous avons décrites au Livre précédent, à la suite des règlements du XVI° siècle? Les dissemblances sont de deux sortes : d'abord en ce qui concerne la durée des révolutions, puis relativement aux plans de balivage. La durée des révolutions est généralement augmentée, dans les bois domaniaux : quelquefois la même qu'au XVI° siècle, elle est presque toujours plus longue, jamais plus courte, si ce n'est pour des parcelles de peu d'étendue. Ainsi, la forêt de Haye est aménagée à 35 et 40 ans; pareillement les forêts des maîtrises de Mirecourt, Briey, Dieuze, Lunéville, etc. Dans la Vôge, et dans la partie feuillue de la maîtrise d'Épinal, on va même au-delà : au ban d'Uxegney, on coupe à 40 ans, 50 ans pour Ternes et Fraize près Châtel, Tillonhaye et Rochentreux ; 60 ans à Fossart, 70 ans à Tannières et à Humont. Les règlements concernant ces forêts sont de dates bien diverses, la plupart du milieu du XVIII° siècle; sans doute, avant d'asseoir la révolution d'une manière définitive, il y eut une période de tâtonnements pendant laquelle la situation précédemment créée se régularisa peu à peu. De pareilles révolutions ne ressemblent plus guère au taillis sous futaie, et se rapprochent des aménagements séculaires du tire-et-aire français. Nulle part cependant on ne voit introduits en Lorraine le nom et la durée habituelle de ce mode de traitement ; dans le pays de Schambourg, maîtrise de Sarreguemines, il est bien question de vieilles futaies âgées de 100 ans, de *moyennes futaies* de 80 ans (on remarquera ce dernier terme, employé avec une acception toute différente de celle que nous avons rencontrée jusqu'ici) ; mais on ne voit pas qu'il s'agisse de révolutions, c'est plutôt la description d'un état actuel et passager (86).

(86) Règlement provisionnel pour la forêt de Martinvelle (*Arch. Mth.*, B. 10795). — Visite des bois du roi, pour 1739 : département de Nancy, forêt de Barville (*Ib.*, B. 12114). — État des bois de la gruerie de Badonviliers, en 1753 (*Ib.*, B. 12115). — Visite de 1764, maîtrise de Bouzonville (*Ib.*, B. 10688). — Même visite, maîtrise de Briey (*Ib.*, B. 10689). — Même visite, maîtrise de Dieuze (*Ib.*, B. 10691). — Visite de 1765, maîtrise de Lunéville (*Ib.*, B. 10693). — Même visite, maîtrise d'Etain (*Ib.*, B. 10692). — Visite de la forêt du ban d'Uxegney, en 1765 (*Arch. Vosges*, B. ?. — Visite de 1769, maîtrise d'Epinal (*Eod. loc.*). — Abornement de la forêt de Rochentreux, en 1765 (*Arch. vosg.*, *Inventaires de Villemin*, XII, liasse XXI, p. 101). — Visite de 1765, maîtrise de Neufchâteau (*Ib.*, B. 10695). — Arrêt du Conseil du 18 juin 1771, pour l'aménagement des forêts du comté de Bitche (*Rec. de Edits*, XII, 402-429). — Visite de 1770, maîtrise de Nancy (*Arch. Mth.*, B. 1 397). — État des forêts de la maîtrise de Darney […] l'[…]ction […] d […] V […] l […], maîtrise de Darney (*Arch. [...]*, B. […]). — Ren[seigne]ments donnés par les sub[délégués], en 1785, sur l'état des forêts (*Ib.*, C. 315). — [Pro]jet d'assiette pour la forêt de Bitche, en 1792 (*Ib.*, B. 12115).

Il est aussi fait mention assez fréquente de futaies dans les forêts des communautés : lors des déclarations générales de 1700 et 1738, un certain nombre de villages s'inscrivent comme propriétaires de bois de haute futaie, seuls ou accompagnés de taillis, rapailles et haies. Que doit-on penser de ces hautes futaies communales ? il en est sans doute qui contiennent des résineux en mélange, ce sont alors des futaies jardinées, dont nous parlerons plus loin. D'autres sont d'anciens massifs de taillis sous futaie, qui n'ont pas encore reçu de règlement depuis les guerres. La plupart sont formées par les quarts de réserve, qui furent apposés dans toutes les forêts de communautés, ecclésiastiques ou laïques, ayant au moins 200 arpents, en vertu de l'Ordonnance de 1669 et de l'Edit de 1701. Ces quarts de réserve (ou quarts en réserve) doivent être, selon le vœu de la loi, « conservés pour croître en futaie », c'est-à-dire que les règlements applicables au surplus de la forêt ne les concernent point, et qu'aucune coupe ne peut y être assise, si ce n'est en vertu de lettres-patentes ou d'arrêt du Conseil. D'après cette définition, on voit que la situation de ces *hautes futaies* pouvait être très diverse, suivant le nombre et l'importance des coupes extraordinaires obtenues par les communautés (86 *bis*).

(86 *bis*) Déclarations des habitants, en 1700 : Flin, Armaucourt, etc. (*Com. Mth., Ais v*ls*). — Arrêt du 25 juin 1703, pour la communauté d'Eston (*Arch. nationales*, E. 3135. Ce registre contient un grand nombre de décisions identiques). — Déclarations des communautés, en 1738 : Dolving, Franconville, Magnières, Rodalbe, Veckerswiller, Verga-

Dans le cours du xvııı° siècle, les forêts de communautés autres que les quarts en réserve reçurent des règlements analogues à ceux que nous avons décrits pour le domaine. Il ressort de divers arrêts du Conseil portant règlement pour des communautés ecclésiastiques que les révolutions, sans être aussi longues que celles des bois de l'Etat, ont cependant augmenté depuis le xvı° siècle ; 25 ans peut être considéré comme l'âge normal (87). On peut faire la même remarque pour les communautés laïques (87 *bis*) ; ici, cependant, les dérogations sont plus nombreuses, et surtout dans les massifs peu importants, les révolutions restent parfois extrêmement brèves.

Les nouveaux règlements différaient aussi des anciens en ce qui concerne les plans de balivage. Toutefois, en

ville, Vieux-Lixheim, etc. (*Com. Mth., his v^{is}*). — Arrêt du 31 janvier 1750, pour le règlement des bois de la châtellenie de Rambervillers, appartenant à l'Evêché de Metz (*Arch. Mth.*, B. 12116).

(87) Mémoire sur la saline de Moyenvic, vers 1710 (*Arch. Mth.*, C. 90). — Requête du prieur de Lay, en 1723, au sujet du bois de Flammémont (*Ib.*, H. 195). — Arrêt du 2 septembre 1750, pour les bois de l'abbaye de Beaupré (*Ib.*, H. 351). — Arrêt du 31 janvier 1750, pour les bois de la châtellenie de Rambervillers (*Arch. Mth.*, B. 12116). — Arrêt de 1753, pour la réformation des forêts du prieuré de Saint-Quirin (D. Fischer, *Notice sur Saint-Quirin*, aux *Mém. Soc. Arch. lorr.*, 1876, p. 11-16). — Renseignements donnés par les subdélégués à l'intendant, en 1783 (*Arch. Mth.* C. 315).

(87 *bis*) Déclaration des communautés, en 1738 : Flainval, Flavigny, Fléville, Gerbéviller, Grandvezin, Jevoncourt, Lemainville, Lucy, Mallaloy, Mamey, Martincourt, Nomeny, Préay, Pulligny, Vannecourt, etc (*Com. Mth., his v^{is}*).

cette matière, on a souvent varié. A la fin de l'occupation française, on appliquait l'ordonnance royale de 1669, qui prescrit de réserver toutes les futaies, plus 10 baliveaux de l'âge par arpent (de 51 ares environ). Les règlements lorrains de 1701 et 1707 établissent un système analogue, en augmentant seulement le nombre des baliveaux, qui fut porté à 12 par arpent (de 20 ares 44 centiares). Mais ces règlements généraux reçurent des dérogations fort nombreuses ; en réalité, chaque forêt importante avait son aménagement spécial, en vertu d'arrêts du Conseil, et c'est seulement dans les cas rares où aucun arrêt n'était intervenu, qu'on recourait au droit commun de l'Edit de 1701. Cet Edit subit lui-même une grave modification en 1765 : en généralisant un système qui, vers 1625, ne se présentait que dans quelques cas isolés, on fit dorénavant tomber une partie des gros bois dans la coupe ordinaire. On fut ainsi conduit à ordonner des plans de balivage beaucoup plus compliqués qu'autrefois. Tous ne sont pas identiques ; le nombre des réserves varie, suivant que la coupe est assise pour le première fois dans un massif complet de futaies, ou bien qu'il s'agit des révolutions suivantes. Pour la première révolution, on laisse 15 gros arbres par exemple, outre 12 baliveaux de l'âge de la dernière exploitation, soit à l'hectare 75 gros arbres et 60 baliveaux ; dans les coupes normales de taillis, on conserve, outre les 12 balivaux, 4 modernes, 4 anciens et 2 vieilles écorces ; ce qui correspond pour un hectare, à 60 baliveaux, 20 modernes, 20 anciens et 10 vieilles écorces. C'est une réserve de 110 arbres à l'hectare, dont 50 pieds de bois de service, quantité certainement suffisante; et que beaucoup d'aménagements actuels n'atteignent pas. La règle ainsi tracée en 1765 fut assez fidèlement suivie dans les règlements particuliers dont furent l'objet les principales forêts lorraines ; quelquefois cependant, lorsque les révolutions sont très longues, on diminue quelque peu le nombre des gros arbres et l'on augmente celui des baliveaux, dans le but de rendre plus facile le recrû du taillis (88). Ces remarques s'appliquent également aux balivages ordonnés dans les forêts des ecclésiastiques et dans celles des communautés d'habitants (88 bis).

(88) Compte de la gruerie de Nancy, pour 1668 (*Arch. Mth.*, B. 7996). — Ventes de la maîtrise de Nancy, pour 1689 (*Ib.*, Lay. *forêts et grueries*, n° 14). — Règlement de 1696, art. 48. — Edit d'août 1701, art. 42. — Règlement de 1707, tit. II, art. 5. — Règlement de 1728, pour la forêt de Martinvelle (*Arch. Mth.*, B. 10795). — Arrêt du 2 avril 1757, portant règlement des coupes ordinaires de la maîtrise de Nancy (*Rec. des Edits*, IX, 336). — Arrêt semblable, du 6 mai 1757, pour la maîtrise de Pont-à-Mousson (*Ib.*, IX, 345). — Arrêt du 2 mars 1765, sur le balivage, dans les taillis et les futaies (*Commentaires sur l'Ordonnance de Lorraine*, p. 300-301). — Visite des bois du roi, en 1765, maîtrise de Neufchâteau: forêts de Neufay, de Saint-Amonot (*Arch. Mth.*, B. 10695). — Arrêt du 18 juin 1771, pour l'aménagement des forêts du comté de Bitche : art. 22, 30 et 33 (*Rec. des Edits*, XII, 402-429). — Etat des forêts de la maîtrise de Darney, en 1781 (*Arch. de l'Inspection forestière de Mirecourt*). — Id. en 1783 (*Arch. Mth.*, B. 10690).

(88 *bis*) Procès-verbal de visite des bois de la Primatiale, à Salonne, en 1736 (*Arch. Mth.*, G. 421). — Arrêt de règlement de 1748, pour les bois de l'abbaye de Beaupré (*Ib.*, H. 351). — Arrêt semblable en 1750, pour les bois de la châtellenie de Rambervillers (*Ib.*, B. 12116). — Règlement de 1755, pour les bois communaux d'Epinal (*Bibl. de Nancy, Mss. lorrains*, n° 390). — Arrêt du 2 mars 1765, pour le balivage dans les bois des communautés (*Commentaires sur l'Ordonnance de Lorraine*, p. 301).

Ce qui caractérise donc le traitement des f... s feuillues, au xviii° siècle, c'est d'abord l'allongement presque général des révolutions ; ensuite l'abandon de l'antique système, qui consistait à conserver toutes les futaies non dépérissantes. On fit dorénavant un choix parmi tous ces vieux bois, et l'état général des massifs se rapprocha beaucoup de celui de nos taillis sous futaie actuels. Il restait cependant quelques feuillus en taillis simple, c'est-à-dire sans aucune futaie : ce sont toujours des bois affectés aux salines, et appartenant soit au domaine (89), soit aux communautés (89 *bis*). On les exploite en *fagotteries*, à une révolution de 5 à 10 ans ; ils sont beaucoup plus rares que précédemment, et même, vers la fin du xviii° siècle, presque tous paraissent être transformés et soumis à la règle ordinaire.

Nous ne pouvons entrer dans le détail du traitement des forêts feuillues, attendu que les opérations décrites dans la plupart des procès-verbaux de visite sont diffi-

---

(89) Bail du bois de la Magdelaine, en 1721, aux Minimes de Serres (*Arch. Mth.*, H. 1072). — Visite de 1764, maîtrise de Dieuze, forêts d'Arlange et Kœking, etc (*Ib.*, B. 10691). — Renseignements fournis à l'intendant, en 1783, par le subdélégué de Château-Salins (*Ib.*, C. 315).

(89 *bis*) Déclaration de 1701 : Azelot. — Déclaration de 1708 : Gérardcourt, Laneuveville-devant-Bayon, Ludres, Messein, Richardménil, Voinémont, etc. (*Arch. Mth.*, *bis v*ᵒ).

Dans la montagne, on conserve les anciennes dénominations de banbois, hautes futaies résineuses, — hautes rapailles, peuplements mélangés où se trouvent quelques arbres, — et basses rapailles ou broussailles, feuillus en taillis simple.

ciles à apprécier maintenant. Il est cependant intéressant de noter les différences subies par les séries d'exploitation, depuis le xvi⁰ siècle : autrefois, ces séries étaient d'étendue assez restreinte, à cause de la brièveté des révolutions ; au xviii⁰ siècle, il fut presque partout nécessaire de réunir ensemble plusieurs des anciens cantons, pour en former des séries plus vastes ; ce résultat est très sensible surtout dans les règlements intervenus postérieurement à 1750. Une autre particularité curieuse est la présence fréquente, à côté des massifs importants, de parcelles isolées n'ayant que des contenances très minimes, simples bouquets d'arbres qui trop souvent ensuite ont été détruits comme ne présentant aucun intérêt ; les anciens forestiers au contraire s'appliquaient à les conserver, et les joignaient pour l'exploitation aux *assiettes* des cantons voisins (90).

Ces aménagements du xviii⁰ siècle n'avaient pas la prétention d'être perpétuels. Souvent, pour la même forêt, le règlement tracé par un arrêt du Conseil se trouve, vingt ou trente ans plus tard, modifié par un arrêt différent, lorsque des dispositions nouvelles étaient jugées préférables. Parfois, ces dérogations sont motivées par des erreurs de contenance ; lorsque

---

(90) Visite des bois du roi en 1764, maîtrise de Bouzonville. On y remarque de plus que toutes les grandes forêts et quelques-unes des moyennes sont dites *situées sur leur propre fonds*, c'est-à-dire constituent un ban à part ; les autres sont comprises dans le ban de la communauté voisine (*Arch. Mth.*, B. 10688). — Visite de 1779, maîtrise de Nancy ; à voir pour la composition des séries (*Ib.*, B. 10694). — De même, visite de 1783, maîtrise et forêt de Darney (*Ib.*, B. 10690).

l'étendue des cantons avait été mal appréciée, on arrivait au bout avant que la révolution fût entièrement écoulée : toutes les fois que, pour ce motif ou pour un autre, les taillis les plus anciens ne semblent pas assez mûrs, on *ferme la forêt*, c'est-à-dire qu'on suspend toute exploitation, sans trop s'inquiéter de cet échec à la règle du rapport soutenu, dans les bois appartenant au domaine (91).

Enfin, le nombre et l'importance des coupes extraordinaires de futaies durent beaucoup décroître à partir de 1750, par suite du changement intervenu dans les plans de balivage. Avec la méthode nouvelle, on abandonnait, il est vrai, une partie des futaies dans la coupe ordinaire, et en ce sens on se montrait moins conservateur qu'autrefois ; en revanche, la *vente* se trouvait fermée pendant toute une révolution, et l'on ne pouvait y porter la hache que dans des circonstances tout à fait exceptionnelles. Ainsi, dans la forêt de Bitche, en 1749 et 1760, on coupa en dehors des assiettes plus de 80,000 chênes dépérissants ; de même en 1744 des coupes extraordinaires furent ordonnées dans toutes les forêts du roi : ces exemples sont heureusement fort rares, et permettent de croire que les balivages étaient généralement respectés (92).

(91) Visite des bois du roi en 1739, département de Nancy (*Arch. Mth.*, B. 12114). — Etat des forêts de la maîtrise de Darney, en 1781 : forêt de Martinvelle (*Arch. de l'Inspection forestière de Mirecourt*).

(92) Edit d'août 1701, art. 41. — Arrêt du Conseil du 14 mars 1744, ordonnant une vente extraordinaire dans la forêt de Bitche (*Mss. lorrains*, n° 390, *Bibl. Nancy*). — Exploitation semblable, prévue pour 1760, dans la même forêt (*Arch. Mth.*, B. 12115).

Nous avons mis à part tout ce qui concerne le règlement des forêts résineuses, suivant ainsi les textes législatifs qui ont toujours établi une démarcation profonde entre ces forêts et celles de la plaine (93). Au xvi° siècle déjà, l'impossibilité d'ét.blir des *assiettes* ou coupes par contenance dans les sapins avait été reconnue ; cette dérogation fut maintenue en 1686 et en 1701 : jusqu'à la fin, les coupes jardinatoires et les exploitations par pieds d'arbres furent seules reconnues praticables. Les raisons que donnent les forestiers du xviii° siècle pour maintenir cet état de choses sont les mêmes qui sont présentées encore aujourd'hui pour conserver ou ramener le jardinage : nécessité de parcourir fréquemment toute la forêt à cause du prompt dépérissement du sapin, danger d'ouvrir le massif de peur des châblis, enfin inconvénient de dessécher le sol avec les coupes rases et d'empêcher ainsi la recrûte au moyen des semences (94). Les exploitations par pieds d'arbres, ainsi justifiées, se conservèrent dans la montagne vosgienne, au delà même de 1789, jusque vers 1830.

Le caractère de ces exploitations était la désignation d'un certain nombre d'arbres que l'on enlevait chaque année sur toute l'étendue de la forêt. Il n'y eut jamais de divisions sur le terrain correspondant à ce que l'on

---

(93) Règlement de 1686, art. 16. — Edit d'août 1701, art. 102, 103 et 104. — Règlement général de novembre 1707, tit. IV, art. 14 et 16.

(94) Visite des bois du roi, pour 1783, maîtrise de Saint-Dié. (*Arch. Mth.*, B. 10697. — Etats d'assiette de l'an X, des années 1811, 1817, 1825 (*Arch. de l'Inspection forestière de Remiremont*).

appelle de nos jours une période de rotation du jardinage, et cependant la nécessité de rechercher sur de vastes espaces les arbres mûrs pour la coupe annuelle ne fut jamais considérée comme un inconvénient. C'est que les forêts étaient habituellement partagées en séries de contenances assez restreintes, dont l'origine remonte aux *marches des scies*, dont nous avons déjà parlé : quelquefois, l'étendue de ces marches se trouve indiquée : ainsi, les 14,500 arpents de la forêt de Mortagne étaient affectés à cinq scieries, ce qui donne pour chacune un canton moyen de 580 hectares ; ainsi encore la scie la Jus avait un *district* de 2,600 arpens ou 520 hectares (95). Lorsque, pour une raison quelconque, une scierie venait à disparaître (96), on maintenait cependant son affectation sur le terrain, de sorte que les coupes annuelles, ainsi conservées dans les mêmes limites, ne risquaient pas de s'étendre à des espaces trop considérables. Enfin, les nécessités de l'exploitation et la pratique des opérations forestières avaient amené les agents à localiser en fait les martelages, même en l'absence d'ordres formels et à réaliser à peu près ce que l'on obtient de nos jours par une rotation régulière.

(95) Bail de la scie du Chavon, en 1664 (*Arch. Mth.*, B. 9124). — Bail de la scie Brûlée, en 1730 (*Ib.*, H. 306). — Bail de la scie l'Abbé, en 1757 (*Ib.*, H. 1422). — Procès-verbal de reconnaissance de la forêt de Mortagne, en 1745 (*Arch. Vosg., Inventaires de Villemin*, tome XII, liasse I, n° 39). — Etat des bois de la gruerie de Badonvillers, en 1753 ; bois communaux, scierie la Jus (*Arch. Mth.*, B. 12115).

(96) Visite de 1739, département de Nancy, forêt de Bousson (*Arch. Mth.*, B. 12114). — Visite de 1783, maîtrise de Saint-Dié, grands bois de Clévecy (*Ib.*, B. 10697).

Les massifs purs de résineux sont assez rares en Lorraine ; fréquemment le sapin se trouve en mélange, surtout avec le hêtre. Dans des forêts ainsi peuplées, la coupe par pieds d'arbres pouvait certainement s'appliquer aux feuillus, aussi bien qu'à l'essence principale. Cependant, dans le cours du xviiie siècle, on prit l'habitude de scinder les deux exploitations : tout en continuant le jardinage pour les résineux, on traitait le hêtre au moyen d'assiettes ou coupes par contenance, auxquelles s'applique le nom spécial de *nettoiements*. En 1783, les officiers de la maîtrise de Saint-Dié se montrent très fiers des bons résultats de ces nettoiements dans leurs forêts : ils étaient surtout satisfaits de se rapprocher ainsi autant que possible du type admis pour les feuillus, sans compromettre cependant la régénération de la sapinière (97). Mais ces opérations ont eu pour conséquence la disparition presque complète du hêtre et une pénurie réelle de bois de chauffage, dont on se ressent de nos jours dans cette partie des Vosges.

Toutefois, cette exploitation originale n'eut jamais dans la montagne qu'une importance secondaire. La coupe jardinatoire fut toujours la coupe principale, et il convient d'y revenir encore pour caractériser sur ce point les règlements appliqués pendant le xviiie siècle aux forêts résineuses. Ici se présente une grave diffi-

---

(97) Visite de 1765 : maîtrise de Lunéville, forêt du Bousson (*Arch. Mth.*, B. 10993). — Lettres-patentes du 7 février 1783, interdisant le parcours dans les coupes de nettoiement des sapinières (*Bibl. Nancy, Mss. lorrains*, n° 390). — Visite de 1783 : maîtrise de Saint-Dié ; description de la coupe dite de nettoiement (*Arch. Mth.*, B. 10697).

culté : tandis que les arrêts du Conseil ordonnant l'aménagement des feuillus sont fort nombreux et nous sont parvenus à peu près intégralement, pour les sapins, nous constatons une pénurie extrême de documents analogues. C'est incidemment, dans un procès-verbal de visite ou dans des pièces relatives à une contestation judiciaire, qu'on relève seulement quelques données incomplètes. Cette différence tient probablement à la qualité des autorités chargées de statuer en matière de règlements forestiers : pour les feuillus, c'est le Conseil des finances, c'est-à-dire une compagnie quasi-souveraine, dont les décisions sont recueillies soigneusement ; pour les résineux, le Conseil du prince intervient fort rarement : c'est le grand maître qui ordonne les exploitations, au moins dans les bois du domaine, par des mandements renouvelés sans doute tous les ans, et ces ordres, considérés comme des actes d'administration moins importants, n'ont pas été conservés avec autant de précautions.

Quoi qu'il en soit, les rares documents que nous avons entre les mains suffisent pour nous édifier sur l'application de la coupe par pieds d'arbres au XVIIIe siècle. Nous pouvons choisir comme type de mandement, pour une coupe de ce genre, celui des bois de la châtellenie de Rambervillers, en 1750 ; sur 9,017 arpents de sapinières, on coupera chaque année 6,000 pieds d'arbres, dont moitié qualité de chevrons, un quart de simples et doubles pennes, le dernier quart qualité de troncs. Pour apprécier ce texte, il faut se rappeler que le mot tronce désigne l'arbre fait, d'au moins 15 pouces, soit environ 50 centimètres de diamètre ; la penne double et simple, puis le chevron désignent des catégories de tiges de grosseurs décroissantes, correspondant aux diamètres moyens de 13, 10 et 7 pouces. Tous les autres règlements de la même époque sont identiques, pour la forme, à l'exemple qui précède, sauf bien entendu des variations très diverses dans la proportion des arbres appartenant aux différentes classes.

Les agents d'exécution se trouvaient ainsi liés, pour la pratique du jardinage, d'une manière bien plus étroite que de nos jours, puisqu'ils devaient, non seulement limiter l'exploitation au nombre d'arbres fixé, mais encore conserver entre les quatre types une exacte proportionnalité. Le mandement exigeait donc une étude particulièrement délicate de la forêt et de l'état des peuplements ; il devait de plus être modifié, sinon incessamment, du moins à d'assez courts intervalles, afin de suivre les transformations que l'âge apportait dans la situation des massifs. Nous ne savons par quels procédés les forestiers d'alors arrivaient à en déterminer la formule : leurs secrets, probablement empiriques, ne nous sont point parvenus. Le résultat dénote une science réelle et une profonde entente des conditions de l'accroissement dans les futaies résineuses.

On peut comparer les règlements des différentes forêts en réduisant en troncs les classes d'arbres qu'ils énumèrent ; il faut de plus tenir compte des exploitations de feuillus, par nettoiements ou autrement, dans les futaies mélangées. On voit ainsi qu'à Mortagne on coupait, à l'hectare, un arbre un tiers, qualité de troncs, soit environ 3 mètres cubes un tiers ; — à Rambervillers, un sapin six dixièmes, ou 4 mètres cubes ; — au Bousson, un sapin un cinquième, ou 3 mètres cubes un dixième. Ailleurs, les exploitations sont encore moins fortes, mais on laisse en dehors les délivrances usagères. Ce sont des chiffres très minimes, comparés surtout aux forts rendements d'aujourd'hui. Il est possible que certaines parties de ces forêts étaient encore à l'état de vides, ruinées pour les mêmes motifs que les forêts feuillues ; néanmoins, un régime aussi réparateur dut promptement permettre aux massifs de se reconstituer et de s'enrichir.

Cette organisation savante du jardinage par pieds d'arbres et par classes de grosseurs, — ce que l'on peut appeler le *jardinage composé*, — ne dura pas plus loin que 1789. Les premiers états d'assiette du siècle actuel, ceux de 1811 à 1817, par exemple, conservent encore la désignation par pieds d'arbres, mais sans catégories de grosseurs, au moins dans les forêts avoisinant Remiremont ; enfin, vers 1830, tout s'évalue en stères et vers 1860 en mètres cubes. A partir de 1830, le jardinage tombe dans un discrédit profond, et recule partout devant la nouvelle méthode des éclaircies, en attendant qu'il soit remis en honneur de nos jours, grâce à une appréciation plus exacte des faits. C'est, ne l'oublions pas, à la pratique du jardinage par pieds d'arbres et par classes que nous devons les beaux massifs dont ce siècle a profité dans les Vosges ; grâce à ce procédé, la montagne se maintint couverte de son manteau de verdure, sans être entrecoupée par les tristes dentelures que l'on voit aujourd'hui sur plusieurs de nos cimes ; la forêt fut ainsi suffisamment enrichie pour résister à tous les excès de la période révolutionnaire et supporter les multiples expériences auxquelles depuis nous l'avons soumise. De pareils résultats doivent nous rendre modestes, et quelque savants que nous soyions devenus, nous devons, il me semble, ne parler qu'avec un certain respect des anciennes méthodes et des vieux forestiers (98).

(98) Procès-verbal de reconnaissance de la forêt de Mortagne, du 10 juin 1745. Arrêt de règlement pour la même forêt, du 23 juillet 1746 (*Arch. Vosg.*, *Inv. de Villemin*, XII, liasse II, n° 7). — Règlement provisionnel pour les bois de la châtellenie de Rambervillers : arrêt du 31 janvier 1750 (*Arch. Mth.*, B. 12116). — État des bois de la gruerie de Badonvillers, en 1753 (*Ib.*, B. 12115). — Visite des bois du roi de 1765, maîtrise de Lunéville, forêt du Bousson ; compte de 1775, même forêt (*Ib.*, B. 10693). — Visite de 1769, maîtrise d'Épinal (*Arch. Vosg.*, registre de 107 pages avec tableau). — État d'assiette de l'Inspection de Remiremont, pour les ordinaires 1811 et 1817 ; état d'assiette de 1817, pour l'arrondissement de Saint-Dié et le canton de Gérardmer (*Arch. de l'inspection forestière de Remiremont*).

Dans les évaluations contenues au texte, on a supposé le volume moyen de l'arbre-tronce égal à deux mètres cubes et demi.

À comparer avec des règlements de 1727, pour la Franche-Comté, du réformateur général Maclot : forêt du Jura, forêt de Maubelin, etc. (*Arch. de l'inspection forestière d'Arbois*).

Voir aussi un arrêt du Conseil du 29 août 1730, pour la même province (M. Grandjean, *Questions forestières : la Méthode du Contrôle*, p. 53). Cet arrêt, servant de règlement général, nous révèle deux particularités que l'on ne retrouve pas en Lorraine : établissement d'une rotation décennale, correspondant à des assiettes sur le terrain ; limite inférieure de 3 pieds de tour, au-dessous de laquelle aucun arbre ne doit être exploité.

Bien que le *jardinage composé* n'ait plus été appliqué depuis 1789 dans les forêts du domaine, il s'est conservé cependant jusqu'à nos jours dans un certain nombre de forêts particulières, notamment dans les cantons actuels de Cirey et Badonvillers. Les propriétaires s'en trouvent fort bien et leurs forêts sont dans un état très florissant.

Chapitre 4. — *Chasse et pêche.*

Il n'est pas de matières peut-être pour lesquelles l'influence de la législation française se fit plus complètement sentir au xviii° siècle, que pour la chasse en Lorraine. Avant les guerres, la chasse était généralement l'apanage des seigneurs, à titre de propriétaires du sol ; les tenanciers en profitaient assez largement, et si leurs anciennes franchises avaient été successivement restreintes, du moins le principe de leur participation n'avait pas subi d'atteintes. En France, au contraire, du temps de Louis XIV, la chasse est considérée comme un droit régalien, sans relations avec la propriété du sol ; c'est le souverain seul qui est détenteur du droit : il l'exerce comme il l'entend, et il en accorde la jouissance aux personnes qui lui paraissent dignes de cet honneur, aux seigneurs hauts justiciers, à l'exclusion de tous les autres, des bourgeois et des paysans.

Tel est aussi le droit lorrain, à partir du règne de Léopold (99). Ce que l'on appelle les *plaisirs* du sou-

---

(99) Capitaine général des chasses en 1668 (H. Lepage, *Offices*, p. 391-395). — Ordonnance du 16 octobre 1698 (*Rec. des Edits*, I, 92). — Edit du 29 juin 1698, pour l'organisation de la vénerie (*Ib.*, I, 27). — Ordonnance du 15 janvier 1704, sur le fait des chasses : art. 1, 2 et 9 (*Ib.*, I, 409). — Edit de janvier 1729, portant règlement sur les chasses et pêches : tit. I, organisation des capitaineries, avec l'appendice ; tit. II art. 23, 27 et 29 (*Rec. des Edits*, III, 336). — Réunion de la chasse de Barbonville aux *plaisirs* du roi, en 1738 (*Com. Mth., hoc v°*). — En 1764, organis... spéciale des capitaineries de Nancy, Lunéville et Commerc... ...nage,

verain est entièrement différent des chasses seigneuriales : le duc, plus tard le roi, se réservent non seulement les forêts et les terres domaniales, mais encore des territoires fort vastes autour de chaque château ou maison royale, sur lesquels le domaine n'a aucun droit de propriété, ce qui marque nettement le caractère de la législation nouvelle : 104 villages ou censes sont ainsi englobés, en 1729, dans les environs de Nancy, Lunéville et Commercy, et si nous voyons Léopold ou Stanislas, à la suite d'extensions nouvelles, indemniser les seigneurs en leur allouant d'autres cha....s, ces indemnités étaient purement bénévoles, puisque le prince pouvait à son gré retenir ou abandonner un droit inaliénable qui dépendait de sa couronne. Enfin, une administration spéciale fut créée : le grand veneur eut sous ses ordres un capitaine des chasses dans chaque bailliage, dont les fonctions sont entièrement distinctes de celles des membres de la gruerie ou de la maîtrise. Cette organisation fut maintenue jusqu'à la réunion définitive de la Lorraine ; plus tard, l'absence du souverain fit tout abandonner, garennes et plaisirs ; grande vénerie et capitaineries ; c'est à la même époque que, pour raison d'économie, furent détruites la plupart des constructions anciennes et des maisons de plaisance du roi Stanislas.

Le prince s'étant ainsi ....é son lot, dans les biens du domaine et les *plaisirs*, attribuait le reste exclusivement aux seigneurs hauts justiciers, chacun dans l'éten-

---

Offices, p. 391-395). — Visite générale des bois du roi, en 1779 : les grande et petite garennes près Nancy (*Arch. Mth.*, B. 10694).

due de sa haute justice (100). Mais il est remarquable que le seigneur ne recevait pas ainsi, sur son territoire restreint, la plénitude du droit de chasse : partout, même sur les terres ainsi délaissées, le souverain se conservait la chasse exclusive du cerf, considéré comme gibier royal. Enfin, les nobles dont les fiefs sont englobés dans une haute justice, peuvent chasser sur leurs possessions, concurremment avec le haut justicier dont ils dépendent. Telles sont les grandes lignes de la législation nouvelle ; les ordonnances lorraines suivent ainsi complètement le droit français, tel qu'il a été formulé en 1669 ; en outre, elles prennent soin de déclarer que le *droit de suite* ne s'exerce pas en Lorraine (100 *bis*), tranchant ainsi une question sur laquelle la coutume était muette, et qui avait reçu, suivant les provinces de l'ancienne France, des solutions bien diverses.

Le droit de chasse ainsi conféré était certainement cessible, sous cette condition que la cession fût faite au profit de personnes capables. L'ordonnance de 1704, en obligeant les cessionnaires au dépôt des titres et à la

---

(100) Ordonnance du 15 janvier 1704, art. 2, 9, 10, 11 et 12 (*Rec. des Edits*, I, 409). — Jugement avant faire droit du bailliage de Châtel, le 25 février 1710, ordonnant la comparution de D. Hyerosme, administrateur de la prioré de Belval, au sujet d'un sanglier et d'une biche, peut-être encore d'un cerf, qui furent trouvés tués dans la forêt (*Arch. Mth.*, H. 34). — Edit de janvier 1729 (*Rec. des Edits*, III, 336). — Comparer avec l'ordonnance française de 1669, tit. xxx, art. 26 et 27.

(100 *bis*) Règlement du 17 avril 1698 et ordonnance du 15 janvier 1704, art. 13, sur le droit de suite (*Rec. des Edits*, I, 19 et 409). — Mention identique dans l'Edit de 1729.

vérification, sous peine de déchéance (101), suppose que le constituant n'est autre que le prince lui-même ; mais il pouvait aussi bien arriver qu'un seigneur eût lui-même transmis le privilège qu'il tenait de l'octroi du souverain. Il ne faut pas confondre ces translations perpétuelles, qui durent toujours être rares, et que l'on aurait pu peut-être considérer comme précaires, à cause de l'inaliénabilité du droit régalien, avec les permissions ou amodiations temporaires, dont nous avons de fréquents exemples. La permission était gracieuse, ordinairement gratuite, sans limitation de durée, et donnée à un seigneur voisin. L'amodiation, au contraire, conclue moyennant un canon en argent, ou plutôt en gibier, se faisait soit au fermier de la terre, soit à un garde ou chasseur (101 bis).

Les textes du xviii° siècle sont entièrement muets sur l'exercice de la chasse par les roturiers, bourgeois ou habitants des campagnes ; nous devons en conclure que toutes les franchises coutumières dont jouissaient

---

(101) Ordonnance du 15 janvier 1704, art. 22 (*Rec. des Edits*, I, 409). — En 1718, concession ducale au seigneur de Moulon des droits domaniaux de chasse et de pêche sur le ban d'Arnaville (*Com. Mth.*, v° *Arnaville*).

(101 bis) Bail de la cense d'Olzey, en 1684 (*Arch. Mth.*, H. 403). — Ordonnance de 1704, art. 23 (*Rec. des Edits*, I, 409). — Ordonnance du 20 avril 1717 (*Ib.*, II, 111). — Bail de la chasse aux oiseaux, en 1725, par les Antonistes de Pont-à-Mousson (*Com. Mth.*, v° *Montauville*). — Edit de 1729, art. 27 (*Rec. des Edits*, III, 336). — Laix de la chasse en plaine, à Belval et Portieux, en 1740 et 1746 (*Arch. Mth.*, H. 34). — En 1779, l'évêque de Metz donne à M. de Bouzillon la *conservation* de la chasse sur des terres de l'Evêché. En 1784, M. de Bouzillon accorde une permission au sujet de cette chasse (*Ib.*, E. 53).

les paysans sont définitivement éteintes. Il paraît cependant que les privilèges des bourgeois de Metz furent maintenus à cet égard par Louis XIV, mais cette mesure exceptionnelle ne doit pas être étendue. Néanmoins, aucun texte ne défend formellement la chasse aux roturiers ; les Edits contiennent seulement des défenses concernant le port d'armes, qui s'appliquent à tous les roturiers non militaires ; puis, l'obligation pour les paysans de couper le jarret à leurs mâtins ou de leur attacher un billot au col (102). Le roturier ne pouvant avoir de fusil, et les autres engins de chasse étant presque tous prohibés, comme nous le verrons plus loin, il en résultait une impossibilité à peu près complète de chasser, pour toute personne qui n'appartenait pas à la noblesse : à moins toutefois d'une transmission en règle, vérifiée et dûment confirmée ; on peut croire qu'alors l'approbation donnée au contrat relevait le bénéficiaire de son indignité personnelle. Mais si le tenancier se trouvait ainsi à peu près complètement privé de la chasse, en revanche les corvées ou services correspondants avaient été maintenus : ainsi la corvée des haies, dont nous n'avons cependant qu'un exemple

---

(102) Ordonnance du 14 février 1700 (*Rec. des Edits*, I, 227). — Confirmation des privilèges de chasse des bourgeois messins, en 1704 (A. Benoit, *La chasse dans le val de Metz*, etc.) — Décisions multiples, défendant de laisser courir les mâtins : Déclaration du 15 mars 1708 (*Rec. des Edits*, I, 627) ; Edit de janvier 1729 (*Ib.*, III, 336). — Déclaration du 23 avril 1731 (*Ib.*, V, 138). — Arrêt de la Cour souveraine, du 8 février 1749, sur le port d'armes (*Commentaire sur l'Ordonnance de Lorraine*, p. 274). — Droit de chasse des communautés champenoises, au XVIII⁰ siècle (A. Babeau, *Le village sous l'ancien régime*, p. 61-79).

au xvɪɪɪ⁰ siècle (102 *bis*), peut-être parce que ce mode de chasse commençait à tomber en désuétude.

En dehors des dispositions qui précèdent, sur l'attribution du droit, nos textes contiennent un ensemble de mesures que l'on peut qualifier règles de police pour l'exercice de la chasse. Ces mesures concernent d'abord la prohibition de certains modes de chasse : les lacets, filets, pipées, sont généralement défendus ; il en est de même des fusils pouvant se démontrer facilement, ce que l'Ordonnance appelle les armes brisées (103). D'autres ont pour but la protection des œufs, couvées et petits des chevreuils ou des lièvres, afin d'assurer la reproduction des espèces ; ces défenses sont permanentes ; mais il en est de temporaires, lorsque, par quelque circonstance extraordinaire, certains gibiers sont en voie de disparition (104). Enfin, les chasseurs doivent observer un temps de clôture, imposé dans la double intention de protéger les récoltes, ainsi que les pontes ou portées : ce temps de clôture part du moment où les grains sont en tuyau et va jusqu'à la récolte, d'après l'ordonnance de 1704 ; l'édit de 1729 fixe les dates du 15 mars au 15 août (105) ; c'était donc une période de cinq mois, notablement plus courte que celle en usage de nos jours.

(102 *bis*) Déclaration des habitants de Torcheville, en 1785 : corvée des haies (*Com. Mth.*, *hoc v°*).

(103) Ordonnance du 15 janvier 1704, art. 6 et 8 (*Rec. des Edits*, I, 409). — Edit de janvier 1729, art. 4 et 14 du titre II (*Ib.*, III, 336). — Déclaration du 23 avril 1731 (*Ib.*, V, 139).

(104) Ordonnance de 1704, art. 5 (*Rec. des Edits*, I, 409). — Même texte dans l'Edit de 1729. — Déclaration du 14 février 1732 (*Ib.*, V, 166).

(105) Ordonnance de 1704, art. 33 (*Rec. des Edits*, I, 409). — Edit de 1729, art. 1ᵉʳ (*Ib.*, III, 336).

Nous passerons rapidement sur la constatation et la poursuite des délits de chasse, parce que cette matière diffère très peu du droit commun. C'est l'ordonnance de 1704 qui contient les dispositions les plus importantes : admission des gardes-chasse, rédaction de leurs procès-verbaux et foi qui leur est due ; compétence des gruyers ou des maîtrises pour délits commis sur les terres du domaine, sinon juridiction des juges seigneuriaux ; telles sont les particularités les plus remarquables (106). Quant aux peines, elles sont notablement aggravées, si l'on compare avec les tarifs des premières années du xviie siècle ; les amendes sont énormes, et la défense de les modérer rend cette législation encore plus sévère. La responsabilité pénale est inaugurée à l'égard des parents et des maîtres, pour les délits de leurs enfants et serviteurs ; enfin, en cas de récidive, les peines corporelles telles que le fouet, la marque et les galères, sont appliquées aux roturiers (107). Ainsi, la sévérité a toujours été croissant, depuis le moyen-âge jusqu'à la fin de l'ancien régime.

Nous avons vu qu'autrefois il n'était pour ainsi dire pas question dans les ordonnances ou les chartes de la destruction des animaux nuisibles ; il en est tout autrement au xviiie siècle, et la louveterie prend d'emblée

---

(106) Edit du 29 juin 1698 (*Rec. des Edits*, I, 21). — Ordonnance du 15 janvier 1704, art. 15 à 32 (*Ib.*, I, 409). — Voir aussi, pour le résumé de la procédure, le *Commentaire de l'Ordonnance*, p. 268-270).

(107) Ordonnance de 1704, art. 1, 3, 14, 21 et 25 (*Rec. des Edits*, I, 409). — Edit de 1729, pour la responsabilité des parents et des maîtres (*Ib.*, III, 336). — En 1764, condamnation à la marque et aux galères pour braconnage (*Arch. Mth.*, B: 10779).

une grande importance. On peut donner à ce changement deux raisons principales : d'abord la permanence des guerres et les fléaux qui les accompagnent avaient favorisé dans une large mesure la multiplication des loups et autres bêtes dangereuses ; — ensuite, les roturiers se trouvant à peu près dans l'impossibilité de se défendre, puisque le droit de chasse leur était enlevé, il fallait bien que le pouvoir central organisât un service régulier, afin de pourvoir à cette nécessité sociale. Deux édits principaux, de 1702 et 1729, renferment à cet égard un ensemble de dispositions remarquables (108). Le grand louvetier de Lorraine a sous ses ordres les capitaines des chasses, qui font dans chaque bailliage office de lieutenants de louveterie, puis des gardes ou *passavants* de louveterie. Le lieutenant commande l'assemblée ou *tracq*, à raison d'un homme par feu, et inflige aux défaillants une amende de 2 francs ; la même communauté ne peut être convoquée au-delà d'une lieue et plus de quatre fois par an. Les animaux réputés nuisibles, c'est-à-dire ceux que les habitants assemblés peuvent tirer sur quelques terrains qu'ils soient, sont le loup, le renard, le blaireau, le chat sauvage, les martes, putois et fouines. Les peaux appartiennent au lieute-

---

(108) Sur la multiplication des loups en Lorraine, voir Guérard, *Annales de l'agriculture*, p. 92. — Ordonnance du 8 juillet 1698, sur les louvières (*Rec. des Edits*, I, 30). — Edit du 10 mars 1702, pour l'organisation de la louveterie (*Ib.*, I, 347). — Règlement du 13 novembre 1703, sur les droits des lieutenants (*Ib.*, I, 399). — Edit de janvier 1729, tit. II, art. 29, sur les *tracqs* ou assemblées (*Ib.*, III, 336). — En 1768, marché pour les louvières de Sorcy (Dumont, *Ruines de la Meuse*, IV, 320). — Doléances du tiers-état du bailliage de Neufchâteau, en 1789 (*Doc. Vosg.*, II, 329).

nant, qui ne peut lever aucune autre rétribution. En dehors des assemblées, les paysans peuvent aussi tuer les animaux nuisibles, mais avec les seuls moyens permis à des roturiers, c'est-à-dire avec les pièges non défendus par l'Ordonnance.

Cette législation était certainement fort libérale pour l'époque, aussi ne trouve-t-on pas dans les cahiers de 1789 de ces plaintes irritées et de ces doléances contre le monopole des seigneurs, qui ne font pas défaut dans d'autres provinces. On avait, paraît-il, résolu ce problème difficile de conserver au droit de chasse sa valeur et son attrait, sans nuire aux habitants des campagnes. Nous n'avons point d'ailleurs de détails précis sur la quantité du gibier, les espèces et les prix; le seul renseignement intéressant concerne les ours, dont on trouvait encore de rares spécimens dans les Vosges à la fin du xviii° siècle (109).

Malgré l'étroite similitude qui rapproche la chasse et la pêche, nous avons vu déjà qu'au moyen-âge l'évolution historique de ces deux droits n'est pas identique; de même, dans la période que nous étudions, des dissemblances considérables doivent être relevées.

Sans doute, la législation française en matière de pêche eut en Lorraine une certaine influence : la distinction entre les petits cours d'eau et les rivières navigables ou flottables, qui auparavant n'avait pas été faite

---

(109) Mémoire de l'intendant de Vaubourg, en 1697 : commerce de peaux d'ours des Vosges (*Doc. sur l'hist. de Lorraine*, 1859, p. 24). — Le dernier ours des Vosges aurait été abattu en 1786, dans le val de Münster (Godron, *Recherches sur les animaux sauvages dans les Vosges*, p. 21).

juridiquement, produisit dorénavant les mêmes effets qu'en France, et le souverain, outre les eaux qu'il possédait patrimonialement, acquit les grands cours d'eau, comme dépendances du domaine public. Encore, cette attribution ne semble-t-elle admise que pour les rivières navigables, car on voit jusqu'à la fin des cours d'eau flottables entre les mains des seigneurs. Le duc ou le roi ne détient donc pas la pêche à titre de droit régalien, et s'il est quelquefois question des *plaisirs* du prince relativement à la pêche, les eaux qui les composent appartiennent patrimonialement au domaine, ou rentrent dans les grands cours d'eau (110) : ainsi, pas de monopole, point de présomption absolue, comme pour la chasse, au profit du souverain.

Les seigneurs ont dû se trouver sans doute assez gravement restreints par suite de la main-mise de l'Etat sur les rivières navigables ; quant au reste, du moins, ils ont conservé leurs droits de pêche, au même titre que précédemment. La fiction introduite en matière de chasse, en vertu de laquelle tout haut justicier est réputé en possession dans l'enclave de sa haute justice, sauf concours des autres seigneurs, chacun dans l'étendue de son fief, — cette fiction est inconnue pour la pêche (111). Les seigneurs sont encore très souvent investis de

(110) Règlement du 2 août 1690, extrait des registres de la Table de marbre de Metz, sur le fait des rivières navigables (*Bibl. de Nancy, Mss. lorrains,* n° 390). — Déclaration des bourgeois de Lunéville, en 1738, constatant leurs droits de pêche dans les rivières de Meurthe, Vezouze et Mortagne, à la réserve des cantons destinés aux *plaisirs* (*Com. Mth.,* v° *Lunéville*).

(111) Droits du prieur de Salonne, à Aboncourt-sur-Seille, en 1562 (*Com. Mth.,* v° *Aboncourt*). — Droits des Chartreux de Bosserville à Moncel-sur-Seille, en 1662 (*Com.*

la pêche, comme ils l'étaient autrefois, sans interversion ni changement : l'influence de l'occupation française n'a donc pas produit de modification essentielle.

Les pêcheries domaniales ou seigneuriales sont rarement exploitées directement, les premières surtout ; ce sont des locataires, auxquels le droit a été laissé, pour un an par exemple, qui exercent la pêche, après adjudication publique, et aux conditions prévues par la loi et le cahier des charges (112). Outre ces amodiations, on trouve bien plus fréquemment que pour la chasse, des transmissions perpétuelles du droit de pêche, sous forme d'acensements par exemple, au profit de communautés, de seigneurs, ou même de simples particuliers (113). La législation n'ayant créé, pour la pêche, aucune exclusion fondée sur la qualité personnelle, roturiers et nobles se trouvant ainsi sur le même pied,

---

Mth., v° *Moncel*). — Procès-verbal des plaids annaux de Chantebeux, en 1749 (*Ib.*, *hoc v°*). — Pied-terrier de la commanderie de Saint-Jean-de-Bassel, en 1765 (*Ib.*, *hoc v°*). — Mémoire du 12 janvier 1781, sur l'état des forêts de la maîtrise de Darney (*Arch. de l'Inspection forestière de Mirecourt*).

(112) Règlement pour les eaux-et-forêts, d'août 1701, art. 110. — Laix de la rivière de Domèvre, en 1644 (*Arch. Mth.*, H. 1468).

(113) En 1715, le duc acense à Joseph de la Pommeraye l droit de pêche à Velle, moyennant un cens de 200 francs (*Com. Mth.,*, v° *Velle-sur-Moselle*). — En 1718, le duc accorde à Mathieu de Moulon les droits de pêche du domaine sur le ban d'Arnaville (*Com. Mth.*, v° *Arnaville*). — En 1730, les gens des Comptes de Lorraine acensent à Nicolas Monjean, moyennant 10 livres, le ruisseau de Barbas (*Com. Mth.*, *hoc v°*). — Déclaration des droits de l'évêque de Toul à Xeuilley, en 1753 (*Ib.*, *hoc v°*).

on comprend que des acensements de ce genre aient été plus nombreux que pour la chasse, dont on ne pouvait guère disposer efficacement qu'en faveur de personnes nobles.

Enfin les communautés continuent, comme précédemment, à jouir fréquemment de la pêche, sous des conditions plus ou moins restrictives, conformément aux contrats ou aux usages anciens. Nous n'avons à cet égard absolument rien à ajouter aux détails que nous avons donnés dans le second Livre. A l'inverse de l'habitude suivie par les seigneurs, les habitants jouissaient presque toujours directement de la pêche concédée à la communauté ; très exceptionnellement le droit était amodié : dans ce cas, les formes de l'adjudication publique étaient obligatoires (114).

Les principales régles de police auparavant suivies en matière de pêche furent renouvelées au XVIII° siècle, soit dans l'Ordonnance des eaux-et-forêts de 1701, soit dans des édits postérieurs. Ces règles consistent essentiellement dans la défense de pêcher de nuit, les dimanches et fêtes, et pendant les mois de fraye (115) ;

(114) Déclaration des droits seigneuriaux à Maizières-lès-Toul, en 1675 (*Com. Mth.*, v° *Maizières*). — Déclarations des habitants en 1700 : Flin, Glonville, Hénaménil, etc. (*Ib., his v¹⁹*). — Etat de la baronnie de Montiers-sur-Saulx, en 1706 (Notice par M. Bonnabelle, *Mém. Soc. Arch. lor.*, 1890, p. 85). — Déclaration des habitants de Jaulny, en 1738 (*Com. Mth., hoc v°*). — Droits de pêche des communautés de Champagne au XVIII° siècle : voir A. Babeau, *Le village sous l'ancien régime*, p. 79.
Règlement de 1701, art. 117. — *Commentaire sur l'Ordonnance*, p. 340.

(115) Règlement de 1701, art. 111, 112 et 113. — Déclaration du 23 juin 1708 (*Rec. des Edits*, I, 637). — Edit de janvier 1729, tit. III, art. 4 (*Ib.*, III, 336).

dans la prohibition de capturer ou vendre les petits poissons n'atteignant pas la longueur minima voulue par l'ordonnance (116) ; enfin dans l'exclusion de certains modes de pêche, considérés comme trop destructeurs, et l'obligation de venir faire sceller tous les filets aux greffes des grueries (117). La plupart de ces précautions sont édictées en faveur de toutes les espèces qui peuplent nos rivières ; d'autres protègent seulement les espèces considérées comme les plus précieuses : l'ombre, l'écrevisse et surtout la truite. Il n'est plus question du saumon, qui par conséquent doit avoir complètement disparu.

Ce sont les officiers des grueries ou des maîtrises qui sont chargés de veiller à l'observation de ces défenses, quelle que soit d'ailleurs la personne investie du droit de pêche. La constatation des délits est faite par des gardes-pêche, qui sont reçus comme les gardes-chasse, et dont les procès-verbaux sont soumis aux mêmes formalités. A côté de ces gardes-pêche, le règlement de 1729 mentionne les gardes-perles de la Vologne, curieux souvenir d'une exploitation locale maintenant abandonnée (118).

Les délits s'instruisent et se jugent devant le tribunal de la gruerie ou de la maîtrise, absolument comme

---

(116) Déclaration du 23 juin 1708 (*Rec. des Edits*, I, 637). — Edit de 1729, tit. III, art. 3 (*Ib.*, III, 336).

(117) Règlement de 1701, art 114 et 115. — Déclaration de 1708 (*Rec. des Edits*, I, 637). — Edit de 1729, tit. III. art. 5 (*Ib.*, III, 336).

(118) Déclaration du 23 juin 1708 (*Rec. des Edits*, I, 637). — Règlement de janvier 1729, tit. III, art. 8 (*Ib.*, III, 336).

pour les délits de chasse. Mais les peines sont bien moins considérables ; on ne voit point de ces amendes énormes, comme celles qui protègent le gibier royal ; la confiscation s'applique aux filets qui n'ont pas reçu le sceau réglementaire ; la punition corporelle n'est infligée que dans un seul cas, pour emploi de drogues ou appâts, lorsqu'il y a récidive (119).

Les textes concernant les étangs sont peu importants dans cette période. Pendant les guerres du XVIIe siècle, beaucoup d'étangs avaient été détruits ; les digues rompues n'étaient pas toujours relevées, et les emplacements recouverts par les eaux se transformaient à la longue en prairies. Les propriétaires, ecclésiastiques ou laïques, et surtout le domaine, continuaient cependant à détenir encore de nombreux immeubles de ce genre. Ce sont aussi les officiers des eaux et forêts qui s'occupent de la gestion des étangs appartenant au domaine, et qui surveillent leur mise en valeur par les mêmes procédés qu'autrefois (120).

Enfin le service des eaux était complété par un certain nombre de mesures dont l'observation motivait aussi l'intervention des forestiers, et dont le caractère essentiel était d'assurer la salubrité publique et la protection des cultures, bien plus que la reproduction du poisson. Ainsi la prohibition de faire rouir les chanvres dans les eaux courantes, d'y jeter les sciures, de maintenir à un niveau trop élevé les déversoirs des moulins ; ainsi surtout l'obligation de curer les rivières et

(119) Règlement de 1701, art. 112 et 115. — Edit de 1701 (*Commentaire de l'ordonnance*, p. 340).

(120) Règlement de 1701, art. 116, 117 et 118.

ruisseaux dont les herbes et les roseaux obstruent facilement le cours : ces curages, toujours spécialement ordonnés par arrêts du Conseil, étaient surtout importants dans la vallée de la Seille, où le défaut de pente les rend nécessaires à de très courts intervalles (121).

(121) Règlement de 1701, art. 119. — Déclaration du 31 janvier 1724 (*Rec. des Edits*, III, 6). — Arrêt de la Cour souveraine, du 11 avril 1726 (*Ib.*, V. 326).
Arrêt du Conseil du 12 juillet 1711 (*Com. Mth.*, v° *Achs*). — Visite des bois du roi pour 1764 ; maîtrise de Dieuze : la rivière de Seille (*Arch. Mth.*, B. 10691).

CONCLUSION

Nous sommes enfin parvenu au terme de cette longue étude, et nous voudrions résumer en quelques lignes l'impression générale, qui, selon nous, s'en dégage, ainsi que les grandes étapes de l'histoire forestière de notre pays.

De nos jours, la forêt est hermétiquement fermée du côté de la plaine ; ses fossés, profondément creusés, en font comme une forteresse qui se défend constamment contre les incursions du dehors. Autrefois, il n'en était pas ainsi : pendant tout le moyen-âge, une communication de tous les instants existait entre la forêt et les populations agricoles. Sous des formes variées, les délivrances usagères introduisaient journellement le paysan, pour les besoins divers de sa culture. Ces relations étaient en harmonie avec le régime général de la propriété foncière; les jouissances indivises étaient fréquentes, la pratique du vain pâturage s'étendait à la forêt comme aux autres immeubles ruraux, après l'enlèvement de la récolte principale. Le système avait ses inconvénients, surtout pour les massifs boisés ; mais il avait de sérieux avantages pour la population agricole. Quoi qu'il en soit, il a dû être abandonné, mais ses transformations ont été longues et multiples ; elles constituent une bonne part de l'histoire des classes rurales. C'est seulement en 1767 qu'on peut les considérer comme terminées : de cette année date le célèbre Edit des clôtures, qui permet en Lorraine à chaque propriétaire de soustraire son fonds à l'exercice du vain pâturage. Les forêts étaient déjà garanties, au moins depuis le commencement du siècle, contre les incursions du bétail : les usages proprement dits étaient circonscrits dans d'étroites limites, et leur extinction finale ne devait plus être qu'une question de temps.

Pendant que les forêts et les terres étaient unies par un régime commun, la gestion forestière restait subordonnée à la culture agricole, et pour l'administration des massifs boisés, la science devait forcément rester rudimentaire. Mais vers le milieu du xviii° siècle, le départ est fait : la forêt, restreinte en contenance, peut être soumise à un traitement plus complet et mieux coordonné. De même que l'agriculture, elle doit être gérée en vue d'une production intensive, et les sages règlements, les directeurs habiles ne lui font pas défaut, dignes émules des praticiens éminents qui déjà s'illustraient en France. Tous les éléments d'une science vraiment nationale semblaient ainsi préparés, et après les orages de la Révolution, on n'avait plus qu'à continuer la chaîne des traditions largement inaugurées. Comment, vers le premier tiers de notre siècle, se produisit une invasion subite d'idées étrangères, qui nous fit rompre brusquement avec le passé, et répudier un héritage dont on s'occupe seulement aujourd'hui de rechercher les débris, — nous n'avons pas à le raconter ici, et cet épisode singulier formera l'un des chapitres les plus intéressants d'une histoire de l'art forestier contemporain. Dans cette nouvelle période, les forêts lorraines étaient destinées à jouer un rôle important. Placées immédiatement sous l'influence des théories nouvelles, elles servirent les premières de champ d'expérimentation au système qui devait de là se répandre pendant cinquante ans sur toute la France : comme au moyen-âge et comme au xviii° siècle, elles demeurent donc jusqu'au bout entièrement dignes d'une étude attentive, pour ceux-mêmes qui s'intéressent aux questions générales et qui regardent plus loin que les limites étroites de notre chère province.

APPENDICE

CHARTES ET DOCUMENTS DIVERS (¹).

Bail des bois de Landécourt, 1572.

(Livre II, chap. 1ᵉʳ, note 20).

Sachent tous que comme ainsi soit que MM. les vénérables abbé, prieur et religieux de l'église et monastère Notre-Dame de Beaupré, de l'ordre de Citeaux, diocèse de Toul, et tout le couvent d'icelui lieu ci-après dénommé, à savoir frère Nicolas Ogier... (suivent les noms de l'abbé, du prieur et de 13 religieux), tous prêtres religieux et profès de ladite église, convoqués et assemblés capitulairement, ainsi qu'il est accoutumé, pour traiter des affaires de ladite église, aient laissé et admodié, à titre de laix et admodiation, pour le terme et espace de 61 ans, entiers et sans intervalle,

---

(1) Les quelques pièces publiées ici *in extenso* ont été visées déjà dans le cours de l'ouvrage ; nous donnons pour chacune d'elles le chapitre et la note qui leur correspondent. Nous avons dû nous borner, à notre grand regret, à ce petit nombre de documents, qui nous paraissent particulièrement intéressants ; quant aux autres, le lecteur pourra se reporter aux sources, qui sont toujours indiquées.

tant seulement et non plus, aux maire, manans et habitants de Landécourt, savoir... (suivent 28 noms, dont un de femme), pour eux et leurs successeurs, présents et advenir, demeurant audit Landécourt lesdits 61 ans durant, à savoir : un bois dépendant de ladite église, ainsi qu'il se contient au long et au large, avec ses appartenances, dit et appelé le Grand Bois et le Petit Bois, entre la grande Doncourt d'une part, le Grand Bourat et le Petit Bourat d'autre part, frappant sur les fourasses de la Mart, et de l'autre bout vers Landécourt sur les champs arables, aborné de plusieurs bornes étant affixées toujours deux de front, l'une assez proche de l'autre, comme pour aller un char entre deux.... (suit le détail des limites). Pour lesquels bois par lesdits preneurs posséder et jouir d'iceux et leur tout profiter en émoluments qu'en pourront sortir, lesdits 61 ans durant, retenant néanmoins lesdits sieurs abbé, prieur, religieux et couvent, présents et futurs, la moitié du contenu des voies, limites et charrières qui sont séparées entre lesdites bornes frontières..., comme tout et autre chose sont plus amplement contenues et déclarées esdites lettres d'acensement fait auxdits habitans, par lesdits sieurs abbé, prieur et religieux, en date de l'an 1572, le 8ᵉ jour de juillet, et scellées des sceaux abbatial et conventuel.

De ce est-il à savoir que ce présent jour d'huy, date de cettes, tous les devant dits maire et habitans assemblés, faisant communauté entière, tout unanimement, de leur plein gré, pure et franche volonté, ont reconnu et confessé volontairement qu'ils, pour eux, leurs héritiers, successeurs, manans et habitans dudit lieu, présents et advenir, ont reçu, à titre de laix et admodiation, desdits sieurs abbé et religieux, présent stipulant dom Demange de Vauthierménil, rentier de ladite église, (le Grand et le Petit Bois)... pour et parmi ce que lesdits habitants et leurs successeurs sont et seront tenus, lesdites années durantes, payer auxdits sieurs abbé, prieur et couvent dudit Beaupré, présents ou advenir, ou leurs officiers pour ce envoyés et députés, chacun ménage sans en point excepter, maire ni autre, la quantité de neuf quarterons d'avoine, mesure de Gerbéviller, bonne, loyale et marchande, bien vannée et bien hautonnée, la femme veuve moitié, au jour et terme de fête Saint-Martin d'hiver, sans malengin, et ce, sur peine de privation dudit laix et admodiation, et qu'à défaut de payer, lesdits sieurs laisseurs les en pourront priver et dejeter, et reprendre leurs bois pour en faire profit ainsi que bon leur semblera, soit qu'il n'y ait que l'un ou deux, trois ou quatre défaillants ou plus... Item, lesdits habitants seront tenus de couper et essarter le bois qui se règne du bout du bois de Beaupré, sur les champs joindant le bois de Chaumont, icelui garder avec l'autre que le bétail n'y fréquente, jusqu'à ce qu'il soit fort et suffisant pour être en défense du bétail, et icelui maintenir, garder et conserver. Item, seront tenus lesdits habitants de nourrir et garder en chacun arpent de bois six étalons des plus beaux, et bien compenser parmi lesdits arpents, le tout ès peines que dessus. Et afin que lesdits bois soient mieux ci-après gardés et conservés, tant pour le profit de ladite église que desdits habitants preneurs, sera loisible auxdits sieurs abbé, prieur et religieux de créer, mettre et instituer quel fortier ou fortiers que bon leur semblera, et d'icelui ou d'iceux prendre et recevoir le serment de fortier, et le destituer par après si bon leur semble, pour par lesdits fortiers gager tous mésusants que trouvera ou trouveront mésuser esdits bois, pour l'amende de 7 francs et demi sur chacun mésusant, avec le droit dudit fortier gageur, qui est de 3 gros, lesquelles amendes se délivreront à qu'il appartiendra. Et sera loisible auxdits habitants de pouvoir gager, pourvu de faire le rapport desdits gages au maire dudit Landécourt, pour en revenir les amendes comme dessus, et desquels gages le maire ayant reçu le rapport, sera tenu d'en faire de même rapport audit sieur abbé ou à son fortier, présent et advenir. Et au bout desdites années finies et révolues, relaisser et redonner lesdits bois auxdits sieurs abbé, prieur et couvent, ou à leurs successeurs futurs, et iceux rendre en bon et suffisant état. Et ne pourront obliger, engager, vendre, charger ni dissiper, en gros ou en menu, lesdits bois, en sorte et manière que ce soit. Si ont promis lesdits habitants preneurs comme dessus, pour eux, leurs héritiers et successeurs, manans et habitants dudit

Landécourt, présents et advenir, par leur foi donnée pour ce corporellement en lieu de serment, et sous obligation de tous et chacuns leurs biens meubles et immeubles, et tous les biens de leur dite communauté, tant en général qu'en particulier...

En témoignage de vérité, à la requête desdits habitants preneurs ci-dessus, sont ces présentes lettres scellées du scel du tabellionnage Mgr le Duc de sa cour de Rosières, sauf son droit et l'autrui. Que furent faits et passés l'an de grâce Notre Seigneur 1572, le 21ᵉ jour du mois de juillet, présents Colin Jean Mengenot, demeurant à la moîtresse de Relaicourt, et vénérable personne messire Jean Claude, prêtre, prieur dudit Landécourt...

(*Archives de la Meurthe*, H. 389).

—

Confirmation des droits d'usage d'Adompt et Ableuvenettes, 1548.

(Livre II, chap. 2, note 48).

Christine de Danemark et Nicolas de Lorraine, tuteurs... L'humble supplication et requête de notre très cher et féal Guillaume de Fey, demeurant à Dompaire, avons reçue, contenant que les habitants étant sous sa seigneurie *Dadon* (d'Adompt) et *Dabeufrenel* (Ableuvenettes) soient toujours été coutumiers d'aller au bois mort abattu du ban Saint-Pierre, qu'on dit Harol et Escles, pour leur défruit, en payant chacun an deux bichets avoine à la recette de Dompaire. Et combien que les sujets dudit sieur de Fey aient toujours chacun an duement payé ladite avoine, néanmoins naguère leur soit été défendu de non plus y aller, s'ils ne montraient surce lettres et chartres des prédécesseurs de notre dit fils et neveu ; et pour ce qu'ils n'en ont aucunes, fors seulement l'usage, nous a supplié... qu'il nous plût octroyer ledit droit auxdits sujets... Savoir faisons que nous... (Suit la confirmation de l'usage antérieur).

(*Archives de la Meurthe*, B. 5454.)

Délivrance des bois de maronage aux habitants d'Angwiller, 1524 et 1618.

(Livre II, chap. 2, note 65).

Accord du 6 septembre 1524. — Sachent tous que difficultés et procès seraient intervenus entre les révérendes dames Elisabeth de Kindthausen, abbesse, et le couvent de l'abbaye de Vergaville, d'une part, et la communauté du village d'Angwiller, d'autre part, touchant tous les bois appartenant à ladite abbaye, séans au ban et finage dudit Angwiller, auxquels bois ladite communauté prétendait avoir le droit d'en couper, tant pour chauffage que pour bâtir, comme aussi d'en vendre et distribuer à volonté. Ce que Madame et le couvent de Vergaville leur a absolument dénié et ne leur a rien voulu permettre, d'autant que tous lesdits bois, tant en fonds qu'appartenances, sont en propriété à leur abbaye et maison abbatiale. Laquelle difficulté de part et d'autre serait été intentée, et procédé pardevant moi Jacob de Harracourt, bailli d'Allemagne en Lorraine, et les assesseurs (du bailliage), une chacune partie avec leurs bons (droits) et raisons, savoir madite dame de Vergaville, de la part de son abbaye, a produit titres littéraux et scellés, avec autres preuves par vive voix et témoins, qui sont été ouis par droit ; comme semblablement la communauté dudit Angwiller ont proposé et allégué leurs usage et possession immémoriale ; et (ont) si avant procédé, que lesdites deux parties ont conclu et demandé droit pardevant moi et les assesseurs, sur lesdites difficultés. Toutefois, et à cette fin pour éviter le jugement judiciaire, ont lesdites parties, par bons avis, admonitions et exhortations de moi, Jacob de Harracourt, bailli d'Allemagne, et d'honoré seigneur, Philippe de Guermange, chevalier, considéré de mettre leurdite difficulté en accord amiable et perpétuel, ce qui a été fait par leur gré et consentement, en forme et manière comme ci-après : — Que Madame de Vergaville et son abbaye aura toujours son droit et autorité dedans lesdits bois, lesquels demeureront à elle en propriété, avec l'usage, profit et émolument qu'elle entretiendra et maintiendra, tant pour son meilleur profit que pour l'abbaye ; — Et ladite communauté d'Angwiller ne chercheront ni auront aucune droiture dedans lesdits bois, sinon que de prendre bois mort et mort bois pour leur chauffage, qu'un chacun pourra avoir nécessaire, pour son usufruit seulement ; et ne couperont aucun chêne ni foug ; ni moins auront-ils pouvoir de couper des bois et arbres pour bâtir, sans la permission et avertissement de Madame de Vargaville ou de son forestier qui aura charge de madite dame pour lesdits bois ; mais si quelqu'un voudrait bâtir par nécessité, il sera attenu de rechercher Madame de Vergaville et lui en demander, *et lors Madame lui en donnera et ordonnera à son forestier de le faire couper à commodité ;* — Et si quelqu'un de ladite communauté d'Angwiller ou autre serait trouvé dedans lesdits bois, à couper bois pour bâtir ou arbres fruitiers, autrement qu'il est ci-dessus mentionné, ou si aucun voudrait prendre ou charger du bois de chauffage dedans lesdits bois, outre son usufruit nécessaire pour sa maison, pour le mener à vendre ailleurs, madite dame de Vergaville ou son officier aura pouvoir de les chastoyer par amendes. — A l'effet de quoi sont lesdites parties de part et d'autre du tout accordées, et leurs dites difficultés et procédures assoupies (Translaté de la langue germanique en la française le 12ᵉ de décembre 1624).

Arrêt du 10 février 1618. — Vu par nous, président, conseillers et auditeurs des Comptes de Lorraine, le procès entre la dame abbesse de Vergaville, demanderesse, d'une part, et Nicolas Gœury, maire à Angwiller, joints à lui les habitans et communauté dudit lieu, défendeurs, d'autre part ; — Savoir, la requête présentée par ladite dame, touchant plusieurs pièces de bois de marnage coupés par ledit maire en certains bois de ladite abbaye, proche dudit Angwiller ; — notre décret d'assignation du 25ᵉ août, apposé à ladite requête ; l'interlocutoire du 5ᵉ septembre suivant, par laquelle ledit maire aurait été reçu à la preuve des faits par lui posés et déniés par ladite dame, savoir que les habitants dudit Angwiller ont droit de prendre bois de marnage ès bois en question, après avoir demandé permission à ladite dame, *soit qu'elle la donne ou non*; laquelle permission ledit maire avait demandée avant que de faire couper les pièces de bois mentionnées en ladite requête; — Vue pareillement l'enquête faite ensuite de ladite interlocutoire et la production littérale y employée, à savoir un certain titre en date du 5ᵉ octobre 1524, les écritures respectivement fournies, et le tout mûrement considéré: — Avons dit et disons que ledit défendeur a suffisamment vérifié les faits de la preuve desquels il s'était chargé, au moyen de quoi avons débouté et déboutons ladite dame des fins et conclusions de ladite requête; enjoint néanmoins aux maire et habitans dudit Angwiller de se conformer au contenu du titre, sans commettre abus ni excès.....

(*Archives de la Meurthe*, II, 2462).

—

Condamnation des habitants de Villey-Saint-Etienne, pour une vente de bois d'usage, 1582.

(Livre II, chap. 2, note 66.)

Nous, l'official de la Cour de Toul... savoir faisons que comparurent personnellement vénérable sieur messire Claude Ducis, chanoine en l'église dudit Villey, et scientifique personne messire Antoine Rabouret, docteur ès droits, procureur général d'icelle église, d'une part; — et les manans, habitants et communauté dudit Villey assavoir... (suivent les noms), faisant et représentant l'entière commune dudit Villey, d'autre part. Lesquels sieurs Ducis et Rabouret ont déclaré auxdits manans et communauté que, combien que messeigneurs de ladite église de Toul soient seigneurs hauts justiciers, moyens et bas d'icelui village, même propriétaires des bois, tant de futaies qu'autres du ban et finage, lesdits habitants et communauté (étant) usagers, affouageurs, ayant l'utilité, profit et émolument superficiaire tant seulement, usant et s'y comportant raisonnablement, sans abus, malversations, ou destruction d'iceux bois en tout ou partie, ains comme bons pères de famille, sans en vendre à forains ou difforains, ni distribuer directement ou indirectement, par quelque occasion que ce soit, aucune chose en pourpris, quantité, par arpent ou par le pied, à peine de privation de tel leur droit d'usage, même de vainpâturage, ne fût par permission demandée et obtenue desdits seigneurs...... Et néanmoins ledit sieur procureur aurait été averti que, depuis deux mois en ça, lesdits manants et communauté auraient vendu à Claudin Chappé dudit Villey une contrée proche le bois de Toul, sans ladite permission demandée et obtenue, contenant icelle contrée environ cent arpents... rapport en étant fait à nosdits seigneurs, pour y ordonner leur bonne volonté. A l'instant, lesdits manans et communauté présentant requête à iceux seigneurs, confessant la faute commise; finablement, lesdits seigneurs auraient donné commission auxdits sieurs Ducis et Rabouret, faire déclaration auxdits manans et habitants que le bois vendu serait acquis à iceux seigneurs, au lieu de la privation (du droit d'usage) que ledit procureur requérait, et ce de grâce spéciale, pour cette fois seulement...

(*Archives de la Meurthe.* G, 1333, p. 68-69).

Règlement pour les bois de la gruerie de Lunéville, 1548.

(Livre II, chap. 3, note 102.)

A nos amis et féaux les gruyer, contrerolleur et autres officiers de la gruerie de Lunéville, salut.

Comme par le rapport de nos amés et féaux Loys Petit, maître des eaux et forêts au val de Saint-Dizier, et George Briseur, maître de la monnaie de Nancy, commissaires par nous délégués pour la visitation des bois et forêts appartenant à notre fils et neveu, situés en ses pays et duchés de Lorraine et Barrois, il nous soit dûement apparu de l'état desdites forêts et des dégâts et malversations que par ci-devant y ont été faits, mêmement ès bois étant de votre gruerie, tant par faute d'avoir entendu la règle qui se doit observer en telles charges, que par vos négligences, tellement que, par succession de temps, en continuant tel ordre, lesdites forêts seraient ruinées et détruites, au grand préjudice et dommage dudit seigneur et diminution de son revenu. A cette cause, pour l'augmentation d'icelui, soulagement de ses sujets étant prochains et circonvoisins desdites forêts, et afin de les remettre en bonne nature et meilleure valeur à l'avenir, réduire la pluralité des ventes extraordinaires qui s'y faisaient, et le mauvais ordre qui a été par ci-devant. Par l'avis de notre Conseil, nous avons délibéré de les mettre en tailles ordinaires et proportionnées, pour les vendre chacun an modérément par contrées et quantité d'arpents, selon la grandeur et contenance d'icelles, en sorte que, les premiers coupés revenant au temps de la seconde coupe, soient aussi bons et meilleurs que lors de la première. Et, suivant ledit ordre, faire vendre par chacun an ès bois de votre gruerie 443 arpens, par les contrées et ainsi qu'il suit :

En la contrée de Marimont, contenant mille arpents, 67 arpents par an, à revenir à 15 ans, pour ce que c'est bois taillis de semblable temps qui est de bonne valeur, et en lieu pour avoir distribution, au moyen qu'il est environné de quinze à seize villages qui en sont en nécessité... En laissant en chacun arpent 30 chêneaux, et en défaut de chênes des fougs, pour servir d'étalons et repeupler lesdits bois, regardant la commodité du lieu, qu'ils soient bien plantés, en sorte que pour l'avenir l'un ne fasse trop d'ombrage à l'autre et au nouveau rejet... Ès contrées des bois d'Azerailles... Revenant lesdites ventes particulières audit nombre de 443 arpents, qu'entendons que vous vendiez par chacun an, si commodément et à (tel) prix raisonnable (que) se peuvent vendre et distribuer.

Et pour éviter que, en faisant lesdites ventes, il n'y ait aucun désordre, et que ci-après chacun de vous puisse rendre raison et répondre de sa charge, entendons que vous, gruyer et contrerolleur, ferez mesurer et dresser à l'escarre, par arpenteur juré, lesdits 143 arpents par chacun an, par les contrées dessus dites, et séparément par un arpent ou deux, en la forme et manière qu'il vous a été déclaré et montré par lesdits commissaires, avec rétention du nombre des chênes ou fougs pour étalons, que marquerez par le pied, de chacun de vos marteaux, avant que de les exposer en vente.

Lequel mesurage sera signé de vous, arpenteur, afin que s'il s'y trouvait aucune faute par votre négligence, en puissiez répondre. Et les ventes ainsi dressées, vous aviserez ensemble les jours plus commodes pour les vendre par chacun an au commencement du mois d'octobre. Et les ferez publier quinze jours ou trois semaines auparavant, par tous les villages et lieux circonvoisins desdites forêts, de trois ou quatre lieues, selon que vous connaîtrez la demeurance des marchands qui en pourraient acheter, afin que chacun en soit duement averti, et que par la multitude des assistants le prix de vente se puisse augmenter.

Et écheant l'assignation, vous gruyer, contrerolleur, mesureur et le forestier garde de la contrée où se fera la vente, pour ledit jour comparaîtrez sur le lieu, pour recevoir lesdits marchands aux enchères, leur montrer le bois, faire entendre l'adresse des ventes, et aussi leur déclarer l'ordre et la règle que entendons y être gardée, tant à la coupe que vidange. Qui est telle qu'ils seront tenus couper le bois d'icelles ventes bien et duement, depuis le mois d'octobre jusques au dernier jour d'avril : assavoir, celui ayant de grosseur un pied sur l'estoc et au dessus, à demi pied près de terre, et le reste, de moyenne et plus petite grosseur, au rez de terre, sans toucher aux étalons et arbres marqués. Aussi de recéper les viels estocs qui se trouveront, et vider le bois de leursdites ventes dedans l'an, à compter du jour que la délivrance leur aura été faite. Aussi de payer les deniers d'icelles à deux termes de paiements, par égale portion, le premier au jour de Pâques, et le second au jour de St-Martin ensuivant. Auxquelles charges vous leur vendrez lesdits bois par arpent ou par deux au plus, et selon le mesurage qui en aura été fait, comme dit est.

Dont vous ferez bon et loyal registre, signé de vous contrerolleur, pour le rapporter par le gruyer à la reddition de ses comptes. Et lesquelles ventes ainsi finies, et le temps tant de coupe que de vidange expiré, les vendrez, présents les dits marchands ou suffisamment appelés ; et celles que vous trouverez n'avoir été vidées ni coupées en la manière dessus, contraindrez les défaillants à ce faire, et à payer quelque somme raisonnable que vous arbitrerez entre vous, pour l'intérêt et retardement des recrûs, par faute d'avoir vidé lesdites ventes dedans ledit temps préfix...

(Suivent des dispositions relatives au pâturage, chauffage des officiers et admoisonnements).

Et quant aux bois qui seront rompus, tombés et arrachés en icelles forêts, ès lieux où il n'y a recrû, et qui se pourront vider dehors sans faire dommage, vous défendons les vendre particulièrement à la pièce ; mais après que lesdites ventes (de la souille) auront par vous été faites, en ferez vente par contrées, ainsi que aviserez pour le meilleur et plus grand profit, après que toutefois vous aurez visité lesdites contrées. Et n'auront lesdits marchands d'icelles que six mois pour paiement et vidange. Lequel temps expiré, ce qui restera esdites contrées, avec tous les autres bois qui seront tombés et arrachés durant ledit temps, sera revendu à autres à pareilles charges, en continuant toujours ledit ordre à l'avenir, afin de nettoyer lesdites forêts, et que tout le produit d'icelles redonde au profit dudit seigneur.

Et lesquelles ventes ainsi parfaites, ferez un état au vrai, signé de vous et de votre contrerolleur, contenant le nombre et quantité d'arpents de bois vendus pour l'année, le prix de vente d'icelui, et pareillement lesdits bois tombés et arrachés, que vous gruyer apporterez ou envoyerez par chacun an au commencement du mois de janvier par devers les chefs de nos finances, avec vos avis, savoir si lesdits bois auront été vendus à prix raisonnables, et si lesdites ventes se pourront continuer au profit dudit seigneur, pour sur le tout en être ordonné ce que de raison.

(Suivent des dispositions relatives aux bois marriens nécessaires aux édifices du domaine, et à ceux donnés par aumône ; à l'organisation des garderies et à la surveillance des forestiers ; enfin aux *visitations* du gruyer, qui doivent se faire deux fois l'an).

Et n'entendons par cettes, aucunement déroger aux ordonnances ci-devant faites pour la réformation desdites forêts, mais vous ordonnons de les garder et observer entièrement, sur les peines contenues en icelles.

Donné à Bar, le 9ᵉ jour de novembre 1518. Ainsi signé : Chrestienne et Nicolas.

(*Archives de la Meurthe*, B. 6823).

Soumission des habitants de Vannecourt, pour les dégradations de leurs bois communaux. 1607.

(Livre II, chap. 3, note 113).

Sachent tous que comme il soit qu'à la requête et poursuite de Mᵉ Didier Marsal, licencié ès droits, avocat à Vic, e procureur d'office en la terre de Sallonne et dépendances d'icelle, pour les sieurs vénérables grand doyen, chanoines et chapitre de l'insigne église Notre Dame de Nancy, primatiale de Lorraine, — joint à lui noble homme Charles de Sallonne, châtelain à Chateaubréhain, comme représentant haut et puissant seigneur Maurice, baron de Créhanges et de Pallanges, seigneur voué de Vannecourt ;

Information fut commencée par les sieurs George Fériet, chanoine en ladite église, et Mᵉ Daniel Guillemin, licencié ès droits, avocat à Nancy, commis et députés en cette part par lesdits vénérables, comme seigneurs hauts justiciers, moyens et bas dudit Vannecourt, sur les abus, mésus, dégradations des bois communaux et plusieurs autres faits prétendus par ledit sieur procureur d'office, tant à l'encontre desdits habitants en général, que contre plusieurs d'iceux en particulier. Lesdits habitants ayant supplié lesdits sieurs commissaires de mettre état de surséance à leur besogne, sous les remontrances déclarations et soumissions ci-après, ladite surséance ayant été accordée, du consentement dudit procureur d'office ;

De ce est que lesdits habitants et communauté, comparans par Andreu Genot mayeur, Toussaint Didon maitre échevin, Jacques du Hault échevin, Mengin Terlatin sergent en la justice dudit Vannecourt, Demenge Adam maire de commune, Claus Marchal... (suivent 12 autres noms), tous faisant la plus saine et entière partie des habitants de Vannecourt, et se portant forts de leurs co-habitants absents : ont convenu avoir fait entre eux et sans la permission et intervention de l'autorité des seigneurs, plusieurs geets, cotisations et levées de deniers, dégradation de leurs bois communaux, notamment ceux de haute futaie, et mal usé des taillis, retenu les amendes desdits bois et chaptelz des champs, par simplicité, ignorant les coutumes de Lorraine, ordonnances de S. A., règlements d'état et tous autres concernant lesdits bois et chaptelz des champs, même les défenses d'aliéner les biens communaux ; que par même simplicité et ignorance ils y ont aliéné en partie... ; pource tirés en action à la requête dudit sieur procureur, suppliant de ces causes leur simplicité et ignorance être considérées, lesdits mésus et abus être pardonnés, et délai de quelques années accordé pour revenir lesdits biens engagés ou aliénés à leur communauté, et qu'il plaise auxdits seigneurs de se déporter de toutes poursuites pour la confiscation en requise, se soumettant pour le tout à leur bon plaisir et vouloir... se soumettant aussi pour l'avenir de suivre, entretenir et observer le contenu des coutumes de Lorraine... sous l'obligation de tous et chacuns leurs biens communaux et particuliers, qu'ils ont soumis et soumettant à toute force et contrainte de justice, pour sur iceux, faute d'accomplissement de ce que dessus, être exécuté et exploité réellement... En témoignage de vérité, sont les présentes lettres scellées, etc. Du 5 mai 1607.

(Archives de la Meurthe, G. 421).

Permission ducale pour le fait des banbois de la haute et basse Raon. 1578.

(Livre II, chap. 3, note 116).

Charles, etc... L'humble supplication et requête des manans et habitans des villages de la haute et basse Raon, prévôté d'Arches, avons reçue, contenante qu'il y a environ quinze ou dix-huit ans, prévoyant la défaillance et ruine des bois tout à l'entour d'eux, ils auraient (résolu) tous ensemble, par forme de règlement, de garder un coteau de montagne de leur finage, qui lors n'était que hayes et lieu de leurs aisances à prendre bois d'affouage, faire fouillées et toutes autres choses de leurs commodités ; et ce, afin de mettre en coupes, et se garder de nécessité de bois où ils voient leurs voisins ; et d'eux-mêmes y auraient mis si bonne garde, que ledit bois est en état de taillis, et voudraient iceux habitans le mettre en coupe, pour autant qu'ils ont connu que la place et territoire se montre propre pour y nourrir quelque bois de haute futaie, et que telle épargne leur viendrait en grand secours, afin de subvenir à leurs nécessités ; et qu'ils n'oseraient entreprendre ni faire telle épargne de haut bois sans notre permission et autorité, aussi afin que ci-après ils ne soient inquiétés, empêchés et molestés à la jouissance d'icelui. Nous suppliant à ces causes leur octroyer permission de pouvoir nourrir et élever lesdits bois en haute futaie, et d'icelui jouir eux et leurs successeurs habitant auxdits villages, ensemble des fruits, glands et paxons qui en proviendraient, pour eux et leurs ayant-cause ; de garder et faire garder icelui bois, aux conditions toutefois que, quand il y aura glands et autres fruits de paxons, ils paieront pour chacune tête qui entreront auxdits bois, autant qu'ils ont payé aux hauts bois de Bellefontaine et Thibellemont.

Laquelle requête nous aurions renvoyée à nos amés et féaux conseillers, les président et gens de notre Chambre des Comptes de Lorraine, pour nous en faire rapport.....

Nous, après avoir vu ledit rapport, avons, pour les causes y contenues et autres considérations raisonnables à ce nous mouvant, par grace spéciale, permis et octroyé, permettons et octroyons auxdits suppliants de nourrir et élever en bois de haute futaie le bois ci-dessus mentionné, situé et assis à Vauthier-Roche, ban de Moulin, finage dudit Raon, contenant 300 arpents ou environ, et d'icelui, ensemble des fruits et glands en provenant, jouir entièrement, pleinement et paisiblement, et s'en servir et user pour leurs batiments et chauffage, comme bons pères de famille, sans en faire dégat ni mésus. Nous payant néanmoins par chacun an, au terme de Noël, la somme de dix francs, dont le premier paiement commencera le jour de Noël 1571. Pourvu aussi que, quand il y aura paxon, icelle sera commune entre eux et les habitants des bans joindants, en nous payant tel droit de pâturage, pour chacun porc qu'ils y mettraient, que l'on est accoutumé payer ès hauts bois de la prévoté. Et choisiront un homme pour forestier, qu'ils présenteront à notre gruyer d'Arches, pour retenir d'icelui le serment à ce requis, et lui rapporter fidèlement toutes et chacune des amendes qui s'y commettront, lesquelles nous appartiendront pour les deux tiers, et l'autre audit forestier ; et nous payant aussi par lesdits suppliants la somme de 50 francs d'entrée pour une fois... Si donnons à nos officiers,... pour qu'ils souffrent et laissent lesdits suppliants jouir et user pleinement... Car ainsi nous plait.

Archives de la Meurthe, B. 2675.

Ordonnance du grand gruyer, pour les amoisonnés de la Vôge, 1554.

Livre II, chap. 1, note 154).

Les assises de la grand gruerie de Vôge, tenues au lieu de Dompaire, pardevant honoré seigneur messire Loys des Armoises, seigneur d'Autrey, grand gruyer de Lorraine...

Pour ce qu'en ladite grand gruerie de Vôge, tant ès quatre bans de la Haye qu'autrement, il y gros nombre et quantité de rouyers amoisonnés auxdits bois et forêts, qui ont accoutumé prendre bois pour leurs métiers, en payant les sommes de deniers à quoi ils sont amoisonnés, que montent à gros et deniers : toutefois, ledit seigneur grand gruyer, voulant faire devoir et mettre ordre partout, suivant sa commission même et le dû de son office, aurait fait faire défense générale à tous lesdits rouyers ne plus hanter esdites forêts, ne prendre bois, jusques à au'res ordonnances et permissions. Et à cette cause, plusieurs desdits rouyers se sont retirés par devers lui, donnant à entendre qu'ils n'ont autres pratiques pour vivre que ledit métier de rouyer, et que sans icelui ne sauraient vivre ne payer les deniers à Notre Souverain Seigneur que journellement ils paient, tant pour leur amoisonnement, que sont bien gros, que les tailles et autres choses. Suppliant et requérant audit seigneur y avoir regard et considération, et les laisser user comme ils ont fait du passé, jusques à autre ordonnance. Ce que ledit seigneur leur a accordé, sans préjudice desdites ordonnances et défenses, jusques à ce qu'il en aura plu à monseigneur de Vaudémont et à messieurs des Comptes, qui sur ce en ordonnera son bon plaisir. Par ainsi toutefois que ledit sieur grand gruyer leur a commandé et ordonné prendre au moindre mal et se garder de faire dommage excessif, et aussi aux officiers, de chacun lieu en son office, y prendre garde et avoir regard...

(*Archives de la Meurthe*, layette Grand gruyer, n° 11).

—

Baux de la scie de Seney, 1554 et 1563.

(Livre II, chap. 4, note 157).

Nous, doyen et chapitre de Saint-Diey... faisons savoir que avons laissé, acensé et amodié, pour le terme et espace de neuf ans, depuis la saint George 1555 ensuivant, à Dieudonné du Chasney et Florent Valdezey de Cleuvecey, prenant et acceptant ensemble et l'un pour l'autre, notre scie du Sency, en notre ban et seigneurie de Cleuvecey, pour y faire planches et autres ouvrages à leur commodité. Et pourront prendre iceux b... de sapins en nos bois du Sency et de Cleuvecey, pour faire planches et *trectels*, comme est dit. Et en paieront lesdits preneurs par chacun an au terme de saint George fin de l'année, à notre forestier du Val qui sera, pour chacune charrée contenant 25 pièces, tant de planches que de *troctelz*, la somme de 3 gros, monnaie de Lorraine. Et seront tenus de déclarer combien de charrées ils auront sciées, par leur serment, audit terme de saint George. Et si aucun de nous veut avoir des planches ou trectelz de dessus ladite scie, lesdits preneurs les devront sur le lieu, pour la somme de 22 gros la charrée. Et avec ce, ne pourront ni devront couper bois ni troncs sans les mettre en œuvre. Et avec ce, seront tenus de conduire et fournir les *grus* de mesdits seigneurs, pour prix compétents. Et seront tenus de réparer ladite scie au plus bref, d'y faire besogner et soigner les appartenances, sans y faire faute, et entretenir les neuf ans durant, sans la laisser aller à ruine... (P. 7 du registre).

(Autre bail du 21 mars 1563). — Nous... avons laissé et admodié à Demenge Dieudonné du Chanoy, pour le terme de neuf ans,... notre scie du Sency, pour y faire planches et troctelz, que appartient à ouvrages de scies. Et pourra ledit reteneur prendre bois et sapins en nos bois, par et moyennant que, si en une année il coupait bois davantage qu'il n'en aurait mis en œuvre, ainsi sera-t-il tenu de prendre les troncs abattus, premier que d'en pouvoir couper d'autres. Et si aucun de nous veut avoir des planches ou troctelz pour notre église ou nos maisons, le reteneur ou ses hoirs seront tenus les délivrer sur le lieu, pour 22 gros la charrée. Et aussi s'engage de fournir premièrement les gens de notre seigneurie de planches à prix compétents. Et est faite ladite admodiation pour et moyennant 8 francs, monnaie de Lorraine, par an à la saint George... (P. 148 du registre).

(Archives de la Meurthe, G. 134).

Forme pour la vente des sapins au ban de Vagney, 1610.

(Livre II, chap. 4, note 163).

Compte du gruyer d'Arches pour 1620 : ... Remontre le comptable que, dès l'an 1604, il fut défendu au gruyer d'Arches et à son controleur de vendre aucun bois aux habitants du ban de Vagney, ce qui aurait été suivi, sinon pour quelques bois arrachés et rompus qu'ils ont vendus. En conséquence, lesdits habitants ont présenté requête à S. A. en l'an 1610, pour qu'il lui plût leur permettre ledit comptable et son controleur leur livrer bois pour en vendre ; sadite Altesse aurait ordonné la forme qu'on y tiendrait, ainsi qu'il est inscrit par son noble décret dont l'original fut représenté audit compte 1610, duquel la teneur ensuit comme ci-après :

« Ayant entendu en notre Conseil le contenu au rapport par écrit fait par nos très chers et féaux conseillers les président et gens des Comptes de Lorraine, sur la requête ci-jointe à nous présentée de la part des manans et habitants du ban de Vagney, et le tout considéré, étant nécessaire de pourvoir de règlement à la vente des bois sapins ès bois et forêts de la gruerie d'Arches qui se trouveraient communs entre nous et l'église Saint-Pierre de Remiremont, pour obvier aux grands abus qui se retrouvent en vendant les pièces de sapin par pièce de *bluche*, auxquels, sous prétexte de l'achat d'un, en abattaient plusieurs, avons, par provision, et jusqu'à une autre ordonnance, ordonné et ordonnons par cette, qu'à l'avenir il ne se vendra plus auxdits bois communs par pièce aucun bois, ains ceux qui voudront en avoir pour faire sommiers, planches, pennes et autres choses semblables, seront tenus prendre lesdites pièces de bois à marque et à signal desdits gruyer et controleur, et de se convertir à l'usage susdit, et de payer à nous et à ladite église, par moitié, savoir : sur chacun cent de planches portantes 10 pieds de longueur, 18 gros ;

sur celles d'entre 12 et 14 pieds, 27 gros ; sur chacun sommier de 40 pieds de longueur, 18 gros ; sur celui de 30 pieds 15 gros ; sur celui de 20 pieds, 10 gros ; sur la penne, appelée *woid*, 10 gros ; sur le chevron, 6 gros ; sur la double penne, 8 gros, et sur la simple, 6 gros. Le tout payable étant sur l'eau et parvenu proche les moulins desdites dames de Remiremont, et avant que de passer, à peine de confiscation. Et cependant défendons audit gruyer de vendre par pièce aucun bois esdits bois communs, sinon celles qui se trouveraient ne pouvoir servir à faire planches et autres sortes de bois de maronnage. Et pour l'égard des autres bois qui nous appartiennent seul en ladite gruerie, défendons de n'en vendre d'aucune sorte, sans commandement et ordonnance de nous... Expédié à Nancy, le 23 avril 1610. »

(*Archives de la Meurthe*, B. 2597).

Règlement pour les bois de la gruerie de Dieuze, 1625.

(Livre II, chap. 4, note 196).

Charles et Nicole... Savoir faisons que, vu le rapport desdits sieurs des Comptes, par lequel nous serait apparu comme la totalité desdits bois consiste en 25,871 arpents de Lorraine, savoir : futaie, telle divisée en trois contrées 6,754 arpents ; et taillis, distingués en sept contrées, 12,11. arpents... Disons et ordonnons par règlement, que voulons être suivi et observé en ladite gruerie pour toujours :

Et premier, que de la première contrée desdits bois de futaie, comprenant ceux... du ban de Loudrefing, contenant 2,278 arpents 5 omées, distraction sera faite de 300 arpents 6 omées, assignés pour marnage et affouage aux *Bilchers* de la prévôté d'Amance... Tout ce que dessus défalqué de la généralité desdits bois, en restera 6,458 arpents 4 omée 12 toises 1/2, savoir... Lesquelles trois contrées seront réglées en coupes ordinaires et de 40 ans de recru tellement proportionnées pour la vente et débit des bois que les premières coupes revenant au temps de la seconde coupe, soient de pareille valeur et bonté que lors de la première... Et laisseront lesdits officiers en chacun arpent de leursdites ventes, 16 chênes des plus vifs, les compensant à propos, et ès lieux où ne se trouverait aucun chêne, 8 fougs ou chermines, prenant garde à la commodité des lieux, et que l'arpent bien fourni et fort soit rapporté au faible et moins peuplé.

Enjoignons expressément auxdits gruyer et contrôleur qu'avant procéder à aucune exploitation ou adjudication desdits arpents, ils aient lesdites ventes à marquer et marteler de leurs marteaux ordinaires, lesdits chênes, fougs, chermines et autres étalons réservés, savoir celui dudit gruyer sur la racine maîtresse, et celui dudit contrôleur au corps de l'arbre, à ce que par ce moyen les marchands connaissent quels arbres sont retenus et ce qui en restera pour couper. Et sauf de parcourir chacun desdits arpents dans l'an de la coupe, en jardinant, vendre, s'il échet et est ordonné, les pièces mal compensées y confuses, esquelles pour témoignage de la vente seront empreintes lesdites marques aux troncs et racines maîtresses...

A l'égard des bois taillis affectés à ladite saline de Dieuze, qui se trouvent divisés en sept contrées, savoir... Comme il soit nécessaire d'en soigner les coupes à l'avenir et mieux que du passé, puisque de leur conservation dépend infailliblement celle de ladite saline.. nous voulons que lesdites coupes ordinaires y soient ci-après réglées par contrées et même tenant de proche en proche et à front de taille ès pièces qui se trouvent d'une longue portée, afin qu'il soit obvié à leur entière ruine, laquelle autrement paraît indubitable, vu que par la confusion de coupes ci-devant tolérées dans mêmes taillis d'un, deux... cinq à six ans de recrû pêle-mêle, le bétail y étant souvent abandonné indifféremment, serait arrivé que le rejet en est coupé, arrêté et avorté en plusieurs endroits. Et en conséquence, en ladite première contrée se couperont, dès la St-Remy prochain, 4,020 arpents 1/2, pour les provisions de 1626 (suit le règlement en six coupes...

Les coupes et ventes, soit taillis ou futaie, une fois assignées et commencées, continueront les années subséquentes, en la même forme, tout d'un suivant, à une seule fois, sans recourir, comme l'on dit vulgairement à lire et aire, à cette limitation toutefois qu'ès bois de futaie elles se feront à la réserve des arbres retenus et marqués, où ès taillis il n'y faudra laisser aucun de vieille écorce excédant la grosseur de demi-pied en diamètre sur le tronc, et en régler le nombre à deux ou trois au plus en chacun arpent. . (Du 7 août 1625).

(*Archives de la Meurthe*, lay. Dieuze. II, n° 11).

Ordonnances du duc Antoine sur la Chasse. 1528.

(Livre II, chap. 5, note 208).

... Nous avons défendu à tous nos sujets, de quelque état, condition et qualité qu'ils soient, de chasser en nos forêts, buissons, garennes, et autres lieux appartenant à nous ou à nos vassaux, ni en iceux prendre bêtes fauves, rousses ou noires, lièvres, connils, perdrix, phaisans, hérons, cailles, ni autres sortes de sauvagines ou gibiers : soit avec limiers, chiens courants, couchants, filets, panneaux, rollets, cordes, toiles, bricoles, tirasses, halliers, lacets, harquebuzes, ou autres bâtons et engins quels qu'ils soient... Du 7 juin 1528).

... Que dorénavant nulle personne de nos pays, soit prélats, gens d'église, barons, gentilshommes, nobles, officiers, privilégiés et autres quelconques... ne fassent tirer de harquebuzes ni arbalètes, en aucuns de nos bois, ni de ceux desdits prélats, gentilshommes et autres, des bêtes dessus dites quelles qu'elles soient, de jour ni de nuit, en quelque façon que ce soit. . N'entendons toutefois par cette ordonnance, que s'il y a aucuns desdits prélats, gentilshommes ou nobles qui pour son état eût envie de tirer à harquebuze ou arbalète ès bois, hors nos garennes, qu'ils ne le puissent faire... aussi n'entendons point que nos serviteurs, domestiques, et ceux desdits prélats et gentilshommes ne puissent tirer, hors les bois et forêts, à tous gibiers. En outre ordonnons que nul des gens du bas état, comme des villes et villages, tant nos sujets que ceux desdits prélats ou nobles, ne tirent harquebuzes ou arbalètes, et n'aient aucun chien, pour tirer au gros et au menu en nosdits bois et ceux desdits prélats ou nobles, ni en nos garennes ; ni faire hayes ou fossés, tendre des lacets, cordes à pieds, filets, panneaux, bourses, ou quelque autre habillement, pour prendre par engin ou autrement cerfs, biches, veaux sauvages, porcs sangliers, laies, lièvres, connils, phaisans, perdrix, ni autre gibier quelconque, de jour ou de nuit, sans notre gré, congé ou licence, et desdits prélats, nobles et autres ayant bois... Ordonnons aussi que, si quelqu'un du moyen état ou commun des villes et villages, voulant alléguer être privilégiés de chasser, qu'ils nous en fassent apparoir d'icelui privilège, pour par nous y ordonner comme il appartiendra... (Du 17 juin 1528. Renouvellement des mêmes ordonnances le 27 novembre 1540).

(*Bibliothèque de Nancy, Mss. lorrains,* n° 189, tome I).

Compte de fauconnerie, gruerie de Bruyères, 1631.

(Livre II, chap. 5, note 211).

Cejourd'huy, 23° du mois de juillet, se sont présentés aux soussignés, gruyer et contrerolleur de Bruyères, les quatre fauconniers des aires des grueries et bois de Vôges, ayant des oiseaux de poing, pour rendre la part de S. A., savoir : deux tiercelets, un épervier et six autours. A la recherche et visite desquelles aires, comme aussi à la prise desdits oiseaux, ils ont employé 126 jours, la première visite s'étant faite en mars, la seconde en juin, et ladite prise au présent mois. Pour lesquelles journées, compris les amorces fournies à la prise desdits oiseaux, garde d'iceux jusqu'à ce jourdhuy, leur a été accordé par les soussignés, sous le bon plaisir néanmoins de S. A., à raison de 2 francs l'un, 252 francs. Pour poules et chairs employées a la nourriture d'iceux pendant 15 jours, à raison de un franc l'un, 15 francs... Outre lesdits oiseaux ci-dessus, en furent déjà délivrés à l'envoyé de M. le comte de Brionne, deux tiercelets et deux autours, provenant des aires de Bastillon et Beringoutte, gruerie d'Arches, à la prise desquels furent employées quatre journées de quatre personnes : 32 francs... Suit le mandement d'avoir à payer 280 francs pour les dépenses ci-dessus.

Archives de la Meurthe. B. 3916.

—

Bois en tiers denier de la maîtrise de Briey, 1764.

Livre III, Chap. 1ᵉʳ, note 21.

Il y avait, dans l'ancienne gruerie de Briey, beaucoup de bois en tiers denier. Les sentiments sont partagés sur l'origine de ce droit, qui consiste à percevoir, au profit du roi, le tiers du montant des ventes et grasses patures...

La forêt de Coulange-St-Paul, possédée par l'abbaye de St-Paul de Verdun ; 913 arpents, formant une vente annuelle de 31 arpents 1/4... La forêt de Coulange-Gournay, possédée actuellement par le comte de Geouffroy, vient originairement de Louis de Lisseras ; elle a toujours été en vente ordinaire, le tiers distrait au profit du souverain...

Bois l'Abbé : appartient à l'abbaye de St-Vincent de Metz ; est en coupe annuelle, le tiers distrait au profit du roi...

Bois la Dame : il y a plusieurs contrées de ce nom, toutes en tiers denier, mais dont le roi tire peu, parce qu'elles ne sont pas en coupe ordinaire. Celle possédée par le sieur de Faillonnet, avec une autre partie dite Bondseille : la souille de ces deux bois était extrêmement vieille, et le sieur de Faillonnet n'osait y faire aucune entreprise, cherchant à éviter le tiers denier. Enfin, il s'est déterminé à se pourvoir au Conseil, où il a été rendu arrêt, le 29 juin 1754, qui ordonne la vente de la partie de   dseille, à charge du tiers denier... Il paraîtrait surpren.. que le roi eût le tiers denier dans un bois situé dans une seigneurie particulière ; mais il faut savoir que la haute justice est aliénée, à titre d'acensement modique de six livres, à l'exception de l'exercice de la juridiction. Le sieur de Faillonnet s'était emparé de la juridiction gruriale, mais elle lui a été ôtée, par arrêt de la Chambre des Comptes...

Il y a, sur le finage de Lommerange, trois sortes de bois la Dame, dans un même continent, venant du même Louis de Lisseras... La maison de Brabant (propriétaire d'une portion), imaginant que le tiers denier était ignoré, ou qu'il ne pourrait être aperçu, a vendu la superficie de son bois ; elle a été poursuivie, et enfin, les droits du roi mis en plein jour, elle a été forcée de payer un tiers de la vente à la recette des bois Pour s'en affranchir à l'avenir, elle a abandonné au domaine *un tiers du fonds*, par arrêt du Conseil du 1ᵉʳ décembre 1753.. Le sieur Charles Wendel (propriétaire d'un autre lot), qui attendait l'événement, s'est pourvu et a demandé *l'acensement du tiers denier* sur sa portion, ce qu'il a obtenu pour un cens de 100 livres de France, par arrêt du Conseil du 20 mars 1757, à charge de révision. Quoique la domainalité ne puisse s'effacer, et que l'administration doive autant appartenir aux officiers royaux que la juridiction, cependant il a exploité par lui-même et il a fait des délits énormes, qui sont retenus dans un procès-verbal...

Bois de Huchy, 77 arpens : vient *originairement* de Moyeuvre-la-Petite. Il est possédé par les héritiers du sieur de Rennepont ; le tiers denier a été *racheté par échange ;* cependant, les officiers royaux y conservent la juridiction et l'administration.

Bois de Rangvaux, 1.200 arpens : viennent *originairement* de la communauté de Rangvaux, qui les a vendus à la maison de Bassompierre, et celle-ci au sieur Wendel de Hayange. Le tiers denier a été *aliéné* pour une somme modique de 3,000 livres ; mais la réversion pouvant avoir lieu, la juridiction et l'administration ont toujours appartenu la gruerie de Briey...

Il résulte de ce qui vient d'être dit des bois en tiers denier, que l'objet essentiel est qu'en faisant un règlement uniforme pour toutes ces parties, le produit augmenterait considérablement ; mais qu'il est surtout de la plus grande conséquence de conserver aux officiers royaux la juridiction et l'administration.

(*Archives de la Meurthe*, B. 10689).

Bail emphytéotique de la scierie Valentin, 1661.

(Livre III, chap. 3, note 60.)

Je, Martin Churmann, pour le présent prieur à Saint-Quirin, fais assavoir par ces présentes que du sû, consentement et gracieux agrément du révérendissime messire Volfgang, abbé de Marmoutiers et seigneur en chef dudit Saint-Quirin, j'ai loué, baillé, loue et baille pour une véritable, ferme, perpétuelle et irrévocable emphytéose, aux honnêtes et discrets Jean Bernard, maître échevin, Quirin Müller, sous-échevin de la justice, et Jean-Louis Yung, tous habitants dudit lieu de Saint-Quirin, lesquels ont ainsi accepté de moi, pour eux et leurs héritiers, en matière d'emphytéose, les choses spécifiées ci-après, savoir : une scierie, communément appelée le Moulin de Valentin, en allemand Valentins Mühl, situé dans le territoire et juridiction de Saint-Quirin, sous les clauses et conditions qui suivent :

1° Il ne sera pas permis auxdits preneurs ou emphytéotes ou à leurs héritiers de vendre ailleurs aucune portion dudit moulin pris par eux en commun, ni même de se céder et transporter mutuellement l'un à l'autre la part et portion qui lui compète, à moins que le prieur n'y donne son consentement...

2° Lesdits preneurs ou emphytéotes, soit en général, soit

en particulier, n'auront pareillement point la faculté de recevoir des garçons compagnons, et quand même l'un d'eux ou deux d'entre eux ne pourraient faire travailler le moulin à leur tour, il ne leur serait point libre de le louer à un autre, sans le consentement du prieur...

3° Il sera donné et fourni auxdits preneurs et emphytéotes des pieds d'arbres de sapin en suffisance et autant qu'il leur en faudra pour l'exploitation de ladite scierie, à charge néanmoins qu'au préalable ils seront marqués par le forestier du prieuré, en bon et dû ordre, en sorte qu'il commencera toujours à marquer un arbre au premier, et continuera à ainsi marquer aux autres successivement, chacun à son tour... Il ne sera pareillement loisible à aucun d'eux de se choisir deux, trois ou plusieurs pieds d'arbres, mais l'ordre et le règlement du forestier sera suivi en tout.

4° Lesdits preneurs ou emphytéotes seront tenus et obligés de payer au prieur, par chaque pied d'arbre de sapin marqué, 2 schillings, monnaie de Strasbourg, et de donner en outre au forestier, pour la marque, par chaque tronc d'arbre un kreutzer, même monnaie.

5° Lesdits preneurs ou emphytéotes ménageront tous les bois de chêne et ne pourront absolument couper aucun chêne; néanmoins, s'il arrivait qu'ils eussent absolument besoin de bois de chêne, ils s'adresseront humblement pour cela au prieur, lequel, après avoir pris connaissance de cette nécessité, leur en laissera passer ce qu'il jugera à propos, pour raison de quoi ils ne seront obligés de payer pour chaque pied d'arbre que 2 schillings, et un kreutzer pour la marque.

6° Lesdits preneurs ou emphytéotes seront tenus de faire le paiement de ce qu'ils devront, pour les arbres qui leur auront été marqués, à deux termes par an, à la saint Jean-Baptiste et au nouvel an, à commencer à la Saint-Jean 1662.

7° Le présent bail emphytéotique a été conclu moyennant le prix de 10 schillings de rente ou canon emphytéotique annuel, que lesdits preneurs sont tenus de payer au prieur en ses mains tous les ans à Noël, et audit jour de l'année 1662 pour la première fois; sinon, et faute de ce faire, en cas de retard de trois ou quatre années suivantes, un prieur qui alors sera en place serait en droit, non seulement de déjeter et expulser de cette scierie l'un ou l'autre des négligents ou tous ensemble, s'ils se trouvaient dans le cas, et d'en recevoir d'autres, ou de la garder pour lui-même, suivant son bon plaisir, mais encore de s'en prendre à tous leurs autres biens, meubles et immeubles, pour sur iceux se faire rembourser de tous les arrérages, ainsi que de tous frais, dépens et dommages-intérêts...

(*Archives de la Meurthe*, II, 306.)

Visite générale des bois de la maîtrise de Neufchâteau ; situation et plans de balivage, 1765.

(Livre III, chap. 3, note 88.)

Forêt de Neufay, 7,318 arpents. Essences dominantes : le hêtre, entremêlé au chêne, charme, tremble et érable. Le mort bois se sèche lorsque la souille est parvenue à l'âge de 30 à 35 ans, temps auquel elle profite beaucoup. Les taillis ne sont régulièrement défensables qu'à 15 ou 18 ans, parce que le taillis étant fort vieux lors des coupes, et de l'âge ordinairement de 50 à 60 ans, le recrû ne vient que de repeuplement, ce qui le rend fort tardif. La futaie est très exposée aux vents; elle a souffert considérablement dans plusieurs cantons, où il en reste peu. Celle qui échappe profite beaucoup jusqu'au second et troisième âge, qui est de 100 et de 150 ans, au moins... L'essence dominante en futaie est le hêtre, qui vient gros et élevé, et se débite en sabots, pelles et autres marchandises ; le chêne est assez commun en certains cantons, et se trouve toujours moindre en valeur que le hêtre. L'on a observé jusqu'alors de ne mettre en réserve, lors des coupes, que les arbres qui peuvent supporter la révolution, et pour y suppléer, au lieu de 12 baliveaux par arpent, on en laisse 16, lesquels sont des demi-futaies, d'un, deux et trois pieds de tour, et même plus, qui profitent beaucoup plus que des anciens qui dépérissent. D'ailleurs, le nombre de 10 futaies par arpent se trouve rarement dans la plupart des exploitations ; les modernes y étant aussi vieux que les vieilles écorces dans les autres bois, il arriverait en conservant 10 futaies par arpent, qu'elles étoufferaient le recrû... Les coupes de la forêt ont été réglées par arrêt du Conseil royal des finances du 15 mars 1760, à raison de 50 ans de recrûte...

Forêt de Haye, dite de Saint-Amond, 6,233 arpens. Le recrû y est fort tardif, mais lorsqu'il parvient à l'âge de 18 et 20 ans, temps auquel il devient défensable, il profite plus dans un an qu'il n'avait fait dans deux ou trois précédents. La souille est de toute essence de bois, parmi lesquelles le hêtre, le frêne et la charmille dominent. La futaie qui peut échapper aux vents y vient belle et élevée ; le hêtre est le plus abondant ; il se fabrique en sabots, pelles et autres marchandises. Le frêne est propre au merrain ; il y réussit peu de chênes... L'on ne peut réserver que les futaies en état de soutenir la révolution ; il reste peu de vieilles écorces et d'anciens, parce que cette forêt était ci-devant pour la plus grande partie en bois de haute futaie, et que l'autre partie ne s'exploitait qu'à l'âge de 70 à 80 ans. Ainsi, les baliveaux réservés lors de la révolution se trouvant beaucoup plus vieux que les vieilles écorces dans les autres bois, on a observé jusqu'alors de n'en réserver que 5 à 6 par arpent, et, pour y suppléer, on réserve 16 baliveaux par arpent, qui sont déjà des demi-futaies...

(*Archives de la Meurthe*, B. 10695).

Coupes par pieds d'arbres et coupes de nettoiement, dans la maîtrise de Saint-Dié, 1788.

(Livre III, chap. 3, notes 94 et 97).

La maîtrise de Saint-Diez est située au centre des montagnes des Vosges ; les forêts de son arrondissement occupent en général leurs sommités ; les sapins sont l'espèce de bois dominante dont elles sont peuplées, et leur administration est de nécessité absolument différente de celle des bois du plat pays. Ces forêts s'exploitent *aux pieds d'arbres*, en jardinant sur toutes leurs parties ; on ne pourrait les couper par assiettes réglées de suite en suite et y apposer des quarts en réserve, sans nuire singulièrement à leur repeuplement, par la raison que les sapins, en croissant promptement, se vicient de même d'une année à l'autre, et périraient avant la révolution des coupes ; qu'ils ne donnent aucuns rejets, mais renaissent seulement de leurs semences tardives... ; que si l'on y faisait des coupes ouvertes par assiettes, chargées seulement de 10 à 12 baliveaux par arpent, les vents impétueux qui règnent ordinairement dans les montagnes n'en laisseraient subsister aucuns ; enfin que la recrute des sapins demande l'ombre et la fraîcheur, dont elle serait privée dans les taillis.

Bois nuement au roi... On y fait des délivrances annuelles, pour ventes au profit de S. M., pour le roulement de ses scieries, et surabondamment aux pieds d'arbres, dans les trois qualités de troncs, pennes et chevrons, lorsque l'état des forêts et les circonstances le permettent, ce qui se décide d'après les visites des officiers et leurs connaissances locales. Les révolutions des différentes espèces de bois qui se mêlent avec les sapins, seuls précieux et recherchés pour le commerce, exigent une attention toute particulière pour les nettoyer, sans quoi ils se trouvent absorbés, leur recrute languit et vient mal. Les officiers de la maîtrise de St-Dié ont provoqué et établi avec infiniment de succès des coupes de *nettoiements* de tous les bois nuisibles au repeuplement des sapins. Ces coupes, qui ne tombent que sur les cantons peuplés assez abondamment de sapins pour couvrir le sol et y conserver la fraîcheur nécessaire, ressemblent au surplus aux assiettes ordinaires, en ce qu'elles sont limitées par pieds corniers et parois, et que tous les sapins que l'on réserve y tiennent lieu de baliveaux. Quoique ces coupes ne puissent s'ouvrir que dans les cantons particuliers où l'état des forêts l'exige, sur celles où les hêtres et bois blancs dominent et surabondent, on les fait autant que possible de suite en suite ; on ne peut fixer leur révolution, mais tout au plus prévoir les coupes de quelques années d'avance.

Les ventes ordinaires, qui se réduisent au produit du canon des scieries, baissent ou augmentent par proportion aux prix et au plus ou moins de débit des planches de sapin. Les ventes aux pieds d'arbres pour le marnage sont extraordinaires, peu fréquentes, et suivent l'état des forêts. Les ventes des coupes de nettoiement, inconnues précédemment, sont devenues aujourd'hui un objet intéressant, mais ne peuvent être considérées comme extraordinaires...

(Extrait d'un procès-verbal de visite signé de Bazelaire).

(*Archives de la Meurthe*, B. 10697).

—

Règlements de jardinage, 1746-1775.

(Livre III, chap. 3, note 98).

Forêt de Mortagne. — Procès-verbal de reconnaissance du 10 juin 1745 : « Consistance 14557 arpents, en sapin mélangé de hêtres et quelques chênes. La forêt pourvoit aux besoins de 153 feux usagers. Consommation ordinaire : 1200 arbres troncés pour le service des cinq scieries : ces arbres ne sont pas bien gros, mais fournissent beaucoup par leur hauteur. La provision demandée par les usagers depuis quelque temps ne monte qu'à 500 arbres de bâtiment ; leur affouage ne va qu'à 5 ou 600 cordes. » — Arrêt de règlement du 23 juillet 1746 : « ... Permis aux suppliants de couper annuellement et préalablement aux usagers, 1500 sapins qualité de troncés, dont deux tiers de bois choisis à l'ordinaire pour les scieries, et l'autre tiers à la prudence de l'officier, parmi les bois viciés et dépérissants ; plus 1,000 sapins qualité de pennes, et 1500 chevrons, à charge de désigner à compte et par préférence les arbres chablis d'année en année. Permis en outre de couper annuellement jusqu'à concurrence de 2500 cordes, bois de hêtre, qui seront délivrées par cantons ou assiettes, dans lesquelles il sera coupé tous les arbres et brins de cette espèce... sauf, après le repeuplement du sapin dans les parties trop chargées de hêtres, à être pourvu à une augmentation proportionnelle de la coupe annuelle des sapins, relativement à la diminution du hêtre.. » (*Archives des Vosges, Inventaires de Villemin*, XII, liasse II, n° 7,.

Forêt de Rambervillers. — Règlement provisionnel, par arrêt du 31 janvier 1750 : ... « Et pour mettre ledit sieur évêque de Metz mieux en état de fournir aux entretiens, réparations et couvertures du château de Rambervillers, des bâtiments de fermes et usines de son domaine, de ceux des usagers et autres besoins, lui est permis par provision et sans tirer à conséquence, de couper par chacune année, dans les 9.074 arpents de sapinières faisant partie desdits bois, la quantité de 6,000 pieds de sapins, dont moitié qualité de chevrons, un quart de simples et doubles pennes, et le surplus qualité de tronces ; desquels sapins la marque et délivrance seront faites chaque année, dans les mois de mars et d'avril... » (*Archives de la Meurthe*, B. 12116).

Forêt du Bouçon. — Visite de 1765 : « Consistance 5,063 arpents, presque partout peuplée de sapins, excepté dans les parties qui sont à l'aspect du midi. Les trois scieries de la Boudouze, Machet et Mauvais, servent à exploiter les sapins que l'on coupe annuellement, la quantité en est fixée à 750 arbres tronces... ; nous ne vendons jamais d'arbres d'autres qualités, c'est-à-dire en pannes et chevrons... Par arrêt du Conseil de juillet 1762, nous avons vendu aux entrepreneurs des forges de Cirey tout le bois de cette forêt qui n'est pas sapin, à raison de 21 sols la corde... » — Compte de 1775 : ... « Quant aux sapinières, un arrêt de règlement de 1759 avait ordonné qu'il serait pris annuellement 700 sapins *tronches*, en outre et pardessus les viciés... Cela a été absolument changé dès l'année dernière : nous avons marqué 1.047 tronches vives, 1.685 viciées, 1.381 pennes viciées, et aussi 1.279 chevrons viciés, que nous avons vendus 27.333 livres au sieur Lalevée de Blamont, pour être exploités pendant trois ans sur les trois scieries... »

(*Archives de la Meurthe*, B. 1069).

TABLE DES CHARTES

ET

DOCUMENTS COMPRIS DANS L'APPENDICE.

	Pages.
Bail des bois de Landécourt, 1572.	353
Confirmation des droits d'usages d'Adompt et Ableuvenettes, 1548.	356
Délivrance des bois de maronnage aux habitants d'Angwiller, 1524 et 1618.	357
Condamnation des habitants de Villey-Saint-Etienne, pour vente de bois d'usage, 1582.	359
Règlement pour les bois de la gruerie de Lunéville, 1548.	360
Soumission des habitants de Vannecourt, pour les dégradations de leurs bois communaux, 1607.	364
Permission ducale pour le fait des banbois de la haute et basse Raon, 1573.	366
Ordonnance du grand gruyer pour les amoisonnés de la Vôge, 1554.	367
Baux de la scie de Sency, 1554 et 1563.	368
Forme pour la vente des sapins au ban de Vagney, 1610.	370
Règlement pour les bois de la gruerie de Dieuze, 1625.	371
Ordonnances du duc Antoine sur la chasse, 1528.	373
Compte de fauconnerie, gruerie de Bruyères, 1631.	374
Bois en tiers denier de la maîtrise de Briey, 1764.	375
Bail emphytéotique de la scierie Valentin, 1661.	377
Situation et plans de balivage des bois de la maîtrise de Neufchâteau, 1765.	379
Coupes par pieds d'arbres et coupes de nettoiement, dans la maîtrise de Saint-Dié, 1783.	380
Règlements de jardinage, 1746-1775.	382

TABLE BIBLIOGRAPHIQUE

Alexandre. — Etude sur l'ancien comté de Dabo (broch. n 8°. Nancy, 1858).

Angebault. — Recherches sur les droits de gruerie, graierie, segrayrie, tiers et danger, tiers denier (broch. in-8°. Paris, an XI).

Académie de Stanislas. Mémoires (séries 3, 4 et 5, depuis 1835 ; un vol. in-8° chaque année).

Archives de l'Inspection forestière de Mirecourt.
— — de Remiremont.

Archives de Meurthe-et-Moselle, à Nancy. (L'Inventaire-sommaire, par M. H. Lepage, est en cours de publication ; 5 vol. in-4°, plus les tables. Nancy, 1870-83).

Archives des Vosges, à Epinal.

Archives municipales de Nancy.

Archives nationales : E, série lorraine.

Babeau. — Le village sous l'ancien régime (in-8°. Paris, 1878).

Beaupré. — Les gentilshommes verriers dans l'ancienne Lorraine (2° édition, Nancy, 1846).

Les Bénédictins de Saint-Vanne. — Histoire de Metz (6 vol. in-4°. Metz, 1769).

Benoît-Picard. — Histoire de Toul (in-4°. Toul, 1707).

Bertin et G. Vallée. — Etude sur les Forestiers de Flandre (in-8°. Arras, 1876).

Bibliothèque de Nancy : manuscrits lorrains.

D. Calmet. — Histoire de Lorraine (7 vol. in-f°. Nancy, 1745).

25

D. Calmet. — Histoire de Senones (publiée aux Documents de l'Histoire des Vosges, tomes V et VI; Epinal, in-8°, 1878-79).

Canciani. — Edition des lois barbares (3 vol. in-f°, Venetiis, 1782-83).

Clouet. — Histoire de Verdun (3 vol. in-8°. Verdun, 1867-68).

Costé. — Dissertation sur le droit de tiers denier en Lorraine (broch. in-8°. Nancy, 1840).

L. Delisle. — Etude sur la condition de la classe agricole en Normandie (in-8°. Evreux. 1851).

Digot. — Histoire d'Austrasie (4 vol. in-8°. Nancy, 1863).

Digot. — Histoire de Lorraine (6 vol. in-8°. Nancy, 1856).

Dumont. — Ruines de la Meuse (5 vol. in-8°. Nancy, s. d.).

Durival. — Description de la Lorraine (2 vol. in-4°. Nancy, 1788).

Dufourny (ou mieux **Caille du Fourny**). — Extraits des Archives de Lorraine (n° 177 des Mss. lorrains de la Bibl. de Nancy, 12 vol. in-f° plus un de tables).

Documents de l'histoire des Vosges, publiés par le Comité d'histoire Vosgienne (8 vol. in-8°, Paris et Epinal; le dernier paru en 1884).

Ch. Estienne et J. Liébaut. — Agriculture et Maison rustique (in-4°, Lyon, 1702).

François de Neufchâteau. — Anciennes Ordonnances de Lorraine (in-4°, Nancy, 1784).

Godron. — Recherches sur les animaux sauvages qui habitaient autrefois la chaine des Vosges (broch. in-8° Nancy, 1866).

Godron. — Les animaux sauvages indiqués au vi° siècle par Fortunatus, etc. (broch. in-8°, Nancy, 1873).

Godron. — Les cavernes des environs de Toul, 2° éd. (broch. in-8° Nancy, 1879).

Guérard. — Prolégomènes du Polyptique d'Irminon (in-4°, Paris, 1844).

Guérard. — Annales de l'agriculture en Lorraine (in-12, Nancy, 1843, 2° éd.).

Guibal. — Système métrique et tarifs de comparaison des mesures locales (in-12, Nancy, 1837).

Guyot. — Les Villes neuves en Lorraine (br. in-8°, Nancy, 1883, et Mém. Arch. Lor., 1883).

Hanauer. — Cours colongères d'Alsace et Constitution des campagnes en Alsace (2 vol. in-8°, Paris, 1864-65).

Henriquez. — Traité des Grueries seigneuriales (in-12, Paris, 1786).

Jacob. — Cartulaire de Sainte-Hoilde (broch. in-8°, Bar, 1882).

Lemoine. — Diplomatique pratique (in-4°, Metz, 1765).

H. Lepage. — Communes de la Meurthe (2 vol. in-4° Nancy, 1853).

H. Lepage. — Statistique de la Meurthe (2 vol. in-4°, Nancy, 1843).

H. Lepage. — Recherches sur l'industrie en Lorraine (Mém. de l'Acad. de Stanislas, 1849, 50 et 51).

H. Lepage et de Bonneval. — Les Offices des duchés de Lorraine et de Bar (Mém. Arch. Lor. 1869).

J. de Ligniville. — La Meute et Vénerie pour le Chevreuil (Nancy, 1861, réimpression).

de Maulde. — Condition forestière de l'Orléanais (in-8°, Orléans).

Maury. — Les Forêts de la France (in-8°, Paris, 1867).

Meaume. — Commentaire du Code forestier (3 vol. in-8°, Paris, 1843).

M***. — Commentaire sur les Ordonnances de Lorraine (par M. M***, avocat au Parlement, in-8°, Bouillon, 1778).

Noël. — Mémoires sur la Lorraine (surtout les n°° 4 et 6; in-8°, Nancy, 1836 et 1845).

Peigné-Delacourt. — La chasse à la haie (broch. faisant partie de la *Technologie archéologique* publiée par le même auteur, in-8°, Péronne, 1873).

Picard. — Les forêts du Charolais (broch. in-8°, Autun, 1876).

Picard. — Compte de la gruerie d'Autun, pour 1419 (in-8°, Autun, 1877).

Picard. — La Vénerie et Fauconnerie des ducs de Bourgogne (in-8°, Paris, 1881).

de Saulcy. — Les Monnaies lorraines (in-8°, Nancy, 1883 et Mém. Arch. lorr., 1883).

de Regéville. — Dictionnaire des Ordonnances (2 vol. in-4°, Nancy, 1777).

Boussel. — Histoire de Verdun (in-4°, Paris, 1745).

Recueil des Edits, depuis le règne de Léopold jusqu'en 1781 (15 vol. in-4° plus un de tables, Nancy, 1733-86).

Règlement des commissaires réformateurs en 1686 (broch. petit in-12, Metz, 1686 et 1693).

Servais. — Annales du Barrois (2 vol. in-8°, Bar-le-Duc, 1865-67).

Ste-Palaye (la Curne de). — Dictionnaire historique (10 vol. in-4°, réimpression, Paris, 1875).

Société d'Archéologie lorraine. Mémoires (35 vol. in-8°, y compris celui de 1885).

Société d'Emulation des Vosges. Annales (34 vol. in-8°, parus en 1885).

Statistique forestière de 1878 (2 vol. in 4°, Paris, 1878).

Fl. le Thierriat. — Remarques d'Abraham Fabert sur la Coutume de Lorraine (in-4°, Metz, 1657).

Villemin. — Inventaires de l'Archive de l'insigne Chapitre de Remiremont (se trouvent incomplets, en vol. in-f° reliés, aux Archives du département des Vosges).

Explication de quelques abréviations fréquemment employées :

Arch. Mth. — Archives de Meurthe-et-Moselle, à Nancy.
Arch. Vosg. — Archives des Vosges, à Epinal.
Bibl. Nancy. — Bibliothèque municipale de Nancy (surtout pour les manuscrits lorrains).
Duf. ou *Dufourny.* — Extraits des Archives de Lorraine, par le sieur Caille du Fourny.
Doc. Vosg. — Documents de l'histoire des Vosges.
Com. Mth. — Communes de la Meurthe, par M. Lepage.
Stat. Mth. — Statistique de la Meurthe, du même auteur.
Mém. Arch. lor. — Mémoires de la Société d'Archéologie lorraine.

GLOSSAIRE (1)

DE QUELQUES TERMES ANCIENS

se rapportant aux *Forêts*, à la *Chasse* ou à la *Pêche*.

A.

Abourière. — Cornouiller (II, note 82 bis).

Accompagnement. — Association, volontaire ou forcée, entre le duc ou un seigneur et une abbaye, pour la possession d'un domaine ou d'une forêt (II, note 13).

(1) Nous avons cru intéressant de grouper sous cette forme quelques termes que nous avons rencontrés dans nos documents, en donnant pour chacun la signification qui résulte des textes dont ils sont extraits. Cette signification est parfois différente de celle que l'on trouve dans les grands ouvrages de du Cange, Ste-Palaye, etc. ; il ne faut pas s'en étonner : maintenant encore le même mot est pris, suivant les provinces, dans des acceptions fort variées, surtout pour des matières aussi spéciales que les nôtres. On ne cherchera point, dans ce petit glossaire, d'étymologies savantes : nous n'avons pas eu la prétention de lui donner le caractère d'un travail de philologie ; nous désirons seulement qu'il puisse faciliter la lecture de notre ouvrage aux personnes qui ne sont pas familières avec les documents anciens.

Les renvois placés à la suite de chaque mot correspondent au texte et aux notes du corps de ce volume.

Accrue. — Terrain qui se reboise naturellement, sur la lisière de la forêt (II, p. 57).

Acensement. — Bail perpétuel ou à long terme, moyennant un cens, rente en nature ou en argent (II, p. 45).

Affertage, afferté. — Voir Amoisonnement, amoisonné.

Affouage. — Droit d'usage au bois de feu, ad focum (II, p. 100). Alias : produits de la forêt communale, destinés au chauffage et délivrés aux habitants (III, note 80).

Affouagement, affouagé. — Voir Amoisonnement, amoisonné.

Aide St-Remy. — Impôt public, qui se payait au 1ᵉʳ octobre (II, p. 63).

Aire d'oiseaux. — Nid d'oiseaux de proie, terme de fauconnerie (II, note 211).

Alier. — Alisier (II, note 82 bis).

Allmend. — Partie du territoire occupé par la tribu germaine, qui était laissée dans l'indivision, et sur laquelle tout homme libre avait droit (I, notes 8 et 22).

Amodiation. — Synonyme de laix ou location ; bail généralement à court terme (II, note 30).

Amoisonnement. — Concession de produits forestiers, participant de la vente et du louage (II, notes 71, 141 et suivantes).

Amoisonné. — Particulier qui a conclu un amoisonnement avec le propriétaire de la forêt (II, note 71).

Appertionnement. — Concentration du droit d'usage sur une portion de la forêt. Alias : aménagement-règlement (II, note 77).

Arrenté. — Celui qui a reçu un arrentement (II, note 41).

Arrentement. — Acensement, dans la montagne vosgienne, conclu par le domaine ducal, avec redevance en argent (II, p. 65).

Assemblée. — Réunion des tenanciers pour la chasse du loup ou d'autres animaux (II, p. 219).

Assiette. — Coupe réglée, assise sur le terrain (II, p. 196 ; III, p. 317).

Assignat. — Marque par le gruyer des bois délivrés à l'usager (II, note 58).

Auwrance. — Canton de forêt dont les produits sont exclusivement réservés au roulement d'une usine. Alias : *affectation* (III, p. 247).

Atronchement. — Vérification sur la souche, en cas de délit forestier. Alias : *attronchement, resouchetage, rapatronage* (II, note 126).

B.

Banbois. — Portion de la forêt mise en réserve, où les essartements et le paturage ne peuvent avoir lieu ; c'est le contraire de la *rapaille*, dans les forêts de montagne (II, note 35). — Alias : partie de la forêt résineuse, peuplée de futaies, où l'usager ne peut se servir lui-même (II, note 59). — Alias : portion de la forêt dégrevée de l'usage (II, p. 98).

Banni (bois). — Terme employé pour les forêts de plaine, dans le sens de *banbois*. Voir aussi *embannissement*.

Banthet. — Brochet (II, note 234).

Bâtis ou battis (bois). — Cantons de forêts de peu d'importance (sic Lemaire, *Diplomatique pratique*). Synonyme de *rapaille* (II, note 46 et p. 133).

Bêtes rousses et noires. — C'est le grand gibier : cerf, sanglier, chevreuil, etc. (II, p. 216).

Blesche. — Tronce de sapin ayant la longueur de la planche marchande. Alias : *bluche* (II, note 163).

Bleschholtz. — Redevance payée par certains amoisonnés. Voir *gruyage* (II, note 151).

Bloe. — Essaim. Voir *Getton*.

Blouse. — Engin de pêche (II, note 226).

Bolée. — Quantité de bûches de chauffage que l'on écoule ensemble, par éclusée, dans le flottage à bûches perdues (II, note 82). Alias : *boullée*.

Bolle. — Bouleau (II, note 8).

Braconnier. — Valet de chiens, chargé de mener les chiens *braques* (II, note 212).

Braset. — Bâton gros et court qu'on attache au cou des mâtins (II, note 205).

Brasme. — Brème, espèce de poisson (II, note 234).

Brixion. — Miel vierge (II, note 138).

Büche. — Dans le sens de *blanche* (II, notes 172 bis). Voir aussi : *buisson*.

Buisson (bois). — C'est le hêtre, ainsi désigné lorsqu'on l'emploie pour faire du charbon (de l'allemand *buche*, patois *bock'hon*). Aliàs : bouxon (II, note 168, et III, note 72).

C.

Cantonnement. — Mode d'extinction du droit d'usage, par l'abandon à l'usager d'un canton de la forêt (II, p. 98, et III, p. 243).

Celle. — Cuveau (II, note 152).

Chaptois. — Fruits des champs, récoltes (II, note 98).

Charpeigne. — Corbeille d'osier ; engin de pêche. Aliàs : *charpagne* (II, note 222).

Chasse haute. — Chasse à courre, au cerf et à la biche, à force de chiens ou d'oiseaux (II, note 203).

Chaumes. — Parties déboisées de la montagne, au sommet des hautes Vosges (II, note 144 bis).

Chêne blanc. — Chêne pédonculé, bois propre aux grands emplois (III, p. 261).

Chêne rouvre. — Variété produisant du bois de travail. Aliàs : *rouve* (III, p. 261).

Cheptour. — Essaim de mouches à miel prises en forêt. Aliàs : *chap...* (II, note 138). Voir *getton*.

Chesmyne. — Charmille, charme (II, note 3).

Chevron. — Charpente de sapin, ayant de 6 à 9 pouces de diamètre à 4 pieds du sol, et au moins 30 pieds de haut (II, p. 177, et III, note 98).

Chiennerie (droit de). — Droit seigneurial de faire héberger dans une maison les chiens de chasse et les piqueurs (II, note 212).

Coize. — Ecorce. Aliàs : *coixon* (II, note 84).

Coire. — Coudrier. Aliàs : *corrée* (II, note 10).

Commune nemus. — Ne pas traduire par forêt communale ; dans le domaine gallo-franck, c'est la forêt du seigneur, dans laquelle les tenanciers prennent leurs usages (I, note 8).

Conduit. — Feu ou ménage (II, p. 45, 89).

Connin. — Lapin. Aliàs : *connil* (II, note 202). Voir *warpie*.

Conroy. — Terre glaise, appliquée au fond des étangs ou contre les digues, pour les rendre imperméables (II, note 230).

Croissement. — Premier remont de la surenchère, dans les adjudications de bois ; 1/6ᵉ du prix (III, note 75).

D.

Deffois (bois). — Synonyme de *bois banni* (II, p. 133).

Demenge (bois de). — Bois de délit ? (II, note 87).

Doublement. — Quatrième remont de la surenchère, dans les adjudications de bois ; le double du prix (III, note 75).

Dun. — Somme minima dont on peut enchérir. Aliàs : *remont* (III, note 59).

E.

Ecclésiaux. — Censitaires de la montagne vosgienne, relevant uniquement de l'Eglise de Remiremont (II, note 42).

Echaquer. — Taxer une amende (II, p. 143).

Embanissement. — Acte de l'autorité qui permet le *bois* *banni*, c'est-à-dire qui permet d'empêcher dans la forêt le défrichement et le pâturage commun (II, note 116).

Embaucher. — Mettre au bois. Se dit des porcs pour la glandée (II, note 94).

Essart. — Essartement, défrichement. Aliàs : *escarp* (II, p. 56).

Esquerre. — Equerre, instrument d'arpentage (II, note 102).

Esselin. — Bardeau. Aliàs : *essein, essendre, xendre* (II, notes 67, 68).

Estocage. — Equarrissage ; section de l'arbre sur la racine (II, p. 203).

Etalon. — Baliveau, arbre réservé pour la semence (II, p. 202).

F.

Faoug — Hêtre ; aliàs : *faulx, fol*. Diminutif : *fouteau* (II, note 7).

Faxin. — Fagot (II, note 15).

Fenesse. — Faine, fruit du hêtre. Aliàs : *fainesse* (II, note 91 bis).

Feuille. — Pousse annuelle d'un arbre. Un brin de 5 feuilles : c'est-à-dire de 5 ans. (II, note 93 bis).

Fiscus. — Fisc (période gallo-franke), synonyme de domaine rural... *nsus* (I, p. 16).

Flotte. — Radeau formé de charpentes et de planches de sapin, pour le commerce par eau (II, p. 177).

Forain. — Habitant d'un village ne relevant pas du même seigneur ; étranger (II, p. 86, 147).

Foresta, forestis. — Partie du domaine (période franke) sur laquelle on concède un droit de chasse ou de pêche (I, notes 31, 36).

Forestarius, forstarius. — Préposé chargé de la garde d'une *foresta*. Plus tard, forestier d'un domaine (I, note 24).

Foresterie. — Communauté de la montagne, dans laquelle le représentant du seigneur est appelé *forestier* (II, note 40).

Forestier. — Tient la place du maire dans la *foresterie* (II, note 40). Ailleurs, simple préposé à la garde de la forêt ; voir *fortier*.

Fortier. — Garde de la forêt. Aliàs : *froutier, froustier, frottier*.

Foudre. — Unité pour la vente des planches : une foudre se compose de 25 planches (III, note 65).

Fouillée. — Défrichement. Voir *essart*.

Fouresse. — Forêt destinée à fournir le chauffage, l'*affouage* d'une communauté. Aliàs : *foueresse* (II, note 24).

Franc-chasal. — Tenancier analogue à l'*arrenté* (II, note 41).

Fraissière. — Petit étang. Aliàs : *fraissière* (II, p. 230).

Futaie. — Arbre ayant un *fût* ou tronc pouvant donner du bois de service (II, p. 202).

G.

Gager. — Prendre un gage sur un délinquant ; constater un délit (II, note 125).

Garenne. — Lieu spécialement affecté à la chasse du seigneur (II, note 202).

Getton. — Essaim de mouches à miel (II, note 138).

Glandée. — Fructification du chêne. Introduction des porcs en forêt pour consommer le gland (II, note 94 bis).

Glus. — Glu, ordinairement faite avec l'écorce du houx (II, note 151).

Gocue. — Gué ; partie de la rivière réservée pour la pêche du seigneur (II, note 217).

Grainer. — Aliàs : *grenier*. Voir *paisson* (II, note 94 bis).

Grange. — Habitation du paysan, principalement du montagnard vosgien ; désigne surtout le bâtiment qui abrite le grand bétail et les fourrages (II, p. 23).

Gruu. — Son ; s'entend aussi de tous les produits de la mouture (II, note 157).

Gruyage. — Taxe de gruerie ; redevance payée pour délivrances forestières, ou par l'usager pour pouvoir vendre les bois délivrés (II, notes 67, 159, 172).

H.

Hayer. — Faire la corvée des haies de chasse (II, note 201).

Hairan. — Hareng (II, note 19).

Haye. — Bois de peu d'importance. Aliàs : *buisson, hagis* (II, note 19).

Haies de chasse. — Barrières de branchages, destinées à diriger le gibier poursuivi, du côté des filets où il doit se prendre (II, notes 201, 212).

Herbois. — Attirails de chasse. Aliàs : *harnais* (II, notes 205, 210).

Hézier. — Virée dans une coupe ; canton de bois (II, note 61 bis).

Hollande (bois de, ou usage de). — Chêne tendre, exporté en Hollande comme bois de travail (III, note 84).

Hommage. — Terrain qui a été l'objet d'un *arrentement* (voir ce mot).

Homme de fer. — Voir *restaurable*.

Houpia. — Synonyme de *rapaille* ? Voir ce mot (II, note 19).

L.

Loi-partie. — Terme de procédure : demander la loi-partie, c'est-à-dire l'acquittement. Procès *parti*, au sujet duquel les juges ne sont pas d'accord. Ste-Palaye, v° *Parti* (II, p. 149).

— 397 —

Longues. — *Ligna*, bois de chauffage (II, note 166).
Louvière. — Fosse à prendre le loup (II, note 215).
Lyare. — Liens, harts (II, note 151).

M.

Mainmortable. — Tenancier soumis à la mainmorte.
Mainmorte. — Situation du vilain ou *homme de poste* au moyen-âge, emportant notamment l'incapacité de transmettre par succession (II, p. 68).
Mairie. — Groupe de communautés rurales, dans la montagne et dans la Vôge (II, p. 63).
Manses. — Aliàs : *mansum*. Manse, subdivision du domaine gallo-frank abandonné à des tenanciers ; désigne parfois le domaine tout entier (I, note 4).
Manses indominicatas. — Partie du domaine gallo-frank que le seigneur s'est réservée pour son exploitation directe ; c'est dans cette partie que se trouvent les forêts (I, note 4).
Marcaire. — Préposé aux soins de la marcairie ; cheptelier (II, note 144).
Marcairie. — Aliàs : *marcarerie*. Etablissement agricole où s'élèvent les *bêtes rouges*, bœufs et vaches (II, note 144, et III, note 56 bis).
Marnage. — Bois de service, feuillu ou résineux. Aliàs : *maronage* (II, note ? et p. 102).
Merrain. — Synonyme de bois de maronage. Aliàs : *marien, marin*.
Mersange. — Aliàs : *marsange*. Jeune porc, né depuis le mois de mars (II, note 95).
Ministeriales. — Ménestrels : officiers du domaine gallo-frank (I, note 23).
Minuta (sylva). — Bois taillis (I, note 6).
Moitiément. — Troisième remont de la surenchère, moitié du prix (III, note 75).
Morbois. — Aliàs *mort-bois*. Essences inférieures de la forêt, abandonnées à l'usager (II, p. 102).

Mouchettes. — Mouches à miel (II, note 138).
Moulue. — Morue (II, note 225).

O.

Ocoison. — Difficulté, débat. Alias : acquison (II, note 66).
Orle de la coupe. — Zône autour de la coupe, dans laquelle s'applique la responsabilité de l'adjudicataire (III, note 76).

P.

Paisson. — Temps pendant lequel on peut introduire les porcs en forêt. Se prend aussi comme synonyme de *glandée* : les glands et faines que les porcs viennent consommer (II, note 94 bis).
Paissonnage. — Partie de la forêt où s'exerce la paisson. Profit retiré de l'amodiation de la paisson (II, p. 109).
Passavant. — Garde ou surveillant, pour la louveterie (III, p. 341).
Paxel. — *Paxillus*, paisseau, échalas (II, note 161).
Pâquis. — Terre cultivable ou pâturable, souvent garnie d'arbres épars (clairs-chênes), que les communautés laissent dans l'indivision pour l'usage de tous. Alias : *pacquis, pâtis* (II, p. 58).
Perrière. — Carrière (II, note 139).
Penne. — Charpente de sapin, ayant de 9 à 11 pouces de diamètre à 4 pieds du sol, et 45 pieds de haut (penne simple) ; ou de 12 à 14 pouces et 60 pieds (penne double). Alias : *panne* (II, p. 177 et III, note 98).
Piscaria. — Pêcherie, partie de la rivière constituée en manse ou concédée en usage. Alias : *piscatura, piscatoria* (I, note 32).
Plaine. — Erable (II, note 32).
Plaisirs. — Terrains, domaniaux ou non, que se réservait le souverain, au XVIIIe siècle, pour la chasse ou la pêche (III, p. 343).
Poêle. — Usine à cuire le sel, dans les salines lorraines (II, p. 41).

R.

Rapaille. — Portion de forêt, en montagne, où les exploitations ne sont soumises à aucun ordre régulier, et où, généralement, les gros bois font défaut (II, notes 19, 59).

Rapport. — Acte de constatation d'un délit (II, p. 145).

Rayé (bois). — Chablis (II, p. 176).

Recours. — Seconde période du temps de la glandée. Aliàs : *arrière panage* (II, note 91 bis).

Recousse. — Rébellion. Sainte-Palaye, *hoc v°* : est lorsqu'un sergent est empêché en ses fonctions (II, p. 152).

Remasis. — Rémanent d'exploitation (II, note 86).

Répandises. — Cantons de bois, voisins des Chaumes vosgiennes, où s'exerçait le pâturage (III, note 65 bis).

Restaurables. — Tenanciers dont un seigneur percevait les redevances sur la seigneurie d'autrui, avec garantie d'un revenu fixe (II, note 44).

Rétime. — Engin de pêche (II, note 226).

Retrait de bois. — Terrain défriché aux dépens de la forêt (II, note 37).

Revêtement. — Droit seigneurial de mutation entre vifs (II, note 26).

Rouvier. — Fabricant de roues, charron. Aliàs : *rouyer* (II, notes 67, 151).

Roy. — Engin de pêche. Aliàs : *raye* (", note 221).

S.

Sacre. — Oiseau de fauconnerie. *Sacre sors*, idem (II, note 211).

Sagar. — Préposé à la marche d'une scierie. Aliàs : *sagaire, sçagard, ségard* (II, note 157, et III, note 59).

Sala. — Voir *terre salique*.

— 400 —

Saalz. — Saule (II, note 82 bis).

Scabineus. — Echevin, juge rural. Aliàs : scabinio (I, note 26).

Seie. — Scierie (II, note 155).

Scindula. — Bardeau (I, note 8).

Sepes. — Clôture (I, note 7).

Serche. — Vérification de la forêt, pour la constatation des délits (II, note 33). — *Plaid de serche :* assise du gruyer (II, p. 143).

Sotche. — Souche d'arbre (II, note 138).

Socquottes. — Souches mortes provenant d'exploitations antérieures. Aliàs : *soucquottes* (II, note 167).

Soeille. — Taillis, sous bois, bois de chauffage. Aliàs *soeulle* (II, notes 15, 152, etc.).

Sommier. — Charpente de sapin ayant plus de 13 pouces de diamètre (II, p. 177).

Suranne. — Sureau (II, note 82 bis).

Surcener. — Dégrader méchamment des arbres, pour les faire périr. *Surceneux :* partie de la forêt, lisière où les arbres ont été ainsi maltraités (II, notes 34, 144 bis).

Suplot. — Engin de pêche. Aliàs : *siplot* (II, note 222).

Stockfisch. — Poisson de mer séché (II, note 235).

T.

Taille. — Voir *assiette*.

Teil. — Tilleul (II, note 69).

Terre salique. — Voir *mansus indominicatus*.

Tiercement. — Deuxième remont de la surenchère : un tiers du prix (III, note 75).

Tiers denier. — Droit par lequel le seigneur prélevait, en cas de vente des produits forestiers communaux, un tiers du prix, payable par l'acquéreur (II, p. 49 ; III, p. 253-260).

Tire et Aire. — Exploitation de proche en proche, sans

rien laisser en arrière. Aliàs : *de tire à aire* (II, note 196 ; III, note 76).

Tieon. — Pièce de charpente (II, note 85).

Tracq. — Battue aux animaux nuisibles. Aliàs : *assemblée* (III, p. 311).

Traisse. — Parties de l'animal sauvage, que le chasseur doit offrir au seigneur ; ordinairement les pieds et la tête. Aliàs : *trasse* (II, note 210).

Traynesse. — Traineau pour la vidange des bois (II, notes 151, 183).

Troctel. — Chon, planche de sapin de la dernière qualité, contenant une partie de flache ou d'écorce. Aliàs : *troc' l* (II, note 157).

Trespois. — Essartement. S'emploie le plus souvent avec l'idée de délit. Aliàs : *trippois*. Voir *essart*.

Triage. — Droit que s'attribuait le seigneur, de reprendre une partie de la forêt communale, ordinairement le tiers, quand cette forêt était présumée provenir d'une donation de ses auteurs (II, p. 48, et III, p. 256).

Tronche. — Sapin propre à faire de la planche, mesurant au moins 15 pouces de diamètre à 4 pieds du sol et plus de 60 pieds de haut. Aliàs : *tronce* (III, note 98).

Trouille. — Trouble, engin de pêche. Aliàs : *treuille* (II, note 221).

U.

Usuine. — Bâtiment, soit d'habitation, soit de culture ou d'industrie (II, p. 163).

V.

Vaxel. — Vaisseau en bois ; mesure de capacité pour le sel (II, note 151).

Venairie. — Redevance que payaient certains tenanciers de la Vôge (II, notes 43, 206).

Venne. — Banne, voiture de charbon (II, note 176).
Venteir. — Arbre châblis, abattu par le vent (II, note 86).
Verrière. — Verrerie. S'applique aussi aux produits de l'usine (II, note 31).
Villieus. — Synonyme de *major*: maire rural (I, p. 29).
Vôge. — Partie de la Lorraine située entre les sources de la Saône et la haute Moselle ; correspond à une portion des arrondissements actuels de Remiremont, Epinal et Mirecourt.
Volle. — Voir *Plotte*.
Vonal. — Manche de faux (?) (II, note 151).
Voué. — *Advocatus*, seigneur constitué protecteur d'une abbaye ou d'une communauté (II, p. 63).
Voulle. — Engin de pêche (II, note 221).

W.

Warpie. — Lapin de garenne (II, note 205).
Weyde. — Synonyme de *Penne*, charpente de sapin (II, note 163).

X.

Xandre. — Essence, espèce d'arbre (II, note 82).
Xendre. — Bardeau, de *scindula*. Voir *Esselin*.
Xien. — Essaim. Voir *Gelton*.

ADDITIONS ET CORRECTIONS (1)

Page 2. — LES MONUMENTS ANTIQUES DES VOSGES. En parlant des dolmens et des enceintes de pierres du pays de la Sarre, nous n'avons pas prétendu les attribuer aux Gaulois, au-delà desquels il était inutile de remonter, quant à l'histoire forestière. Il est à peu près certain que tous ces monuments mégalithiques, pour employer la terminologie scientifique actuelle, sont l'œuvre de populations préhistoriques antérieures à l'époque gauloise. (Voir Al. Bertrand, *La Gaule avant les Gaulois*, Paris, 1884, et les publications de MM. Bleicher et Faudel, *Matériaux pour une étude préhistorique de Alsace*, Colmar, 1878-85).

Page 31. — LES CASTORS DE LA MORTAGNE, AU XII° SIÈCLE. Nous avons dit que ces castors n'étaient autres que des loutres. Il résulte au contraire des autorités citées par M. Godron (*Les cavernes des environs de Toul*, p. 21) que c'est bien de castors qu'il s'agit, dans la charte de 1182 rela-

---

(1) En cours d'impression de cet ouvrage, nous avons reçu quelques observations dont il nous a été impossible de tenir compte, à cause de la composition trop avancée. D'autre part, en continuant nos recherches personnelles, nous avons été conduit à justifier et à préciser notre opinion déjà émise sur un point important. Tel est le double motif des notes que nous intercalons ici. Nous saisissons cette occasion pour remercier les personnes qui, en nous adressant leurs critiques, ont bien voulu nous témoigner ainsi leur intérêt.

tive à l'abbaye d'Autrey. Il s'en trouvait encore en Lorraine au xvi° siècle, et on les considérait comme un excellent gibier.

Page 53. — NOBLESSE DES VERRIERS LORRAINS, AU XV° SIÈCLE. Les privilèges conférés aux verriers, notamment par la charte de 1448, étaient si étendus, que beaucoup d'auteurs les assimilent à la noblesse. Toutefois, cette opinion a été combattue, et il résulterait de nombreux exemples que les verriers n'avaient pas complètement dépouillé la roture. Voir à ce sujet : M. L. Germain, *De la prétendue noblesse des Gentilshommes verriers en Lorraine*; Nancy, mars 1885, in-8° de 15 p.

Page 63. — FORESTERIES DE LA MONTAGNE VOSGIENNE, AUX XIV-XVI° SIÈCLES. Ces foresteries nous ont paru désigner des communautés formées sur l'emplacement d'anciennes forêts. On peut aussi traduire le mot foresterie en disant que c'était la mairie des *forains*, l'ensemble des habitations qui ne relevaient pas du même seigneur, bien que situées dans l'enclave de la seigneurie. Toutefois, on pourrait alors s'étonner de ne pas rencontrer ce terme au-delà de la montagne, alors que la situation qu'on lui fait ainsi désigner était fréquente même dans la plaine.

Pages 107 et 214. — LA VAINE PATURE EN FORÊT. Nous croyons que la vaine pâture s'exerçait sans titre dans les taillis défensables, que cette situation ne fut modifiée qu'au temps de l'occupation française, et que le titre ne fut exigé, d'une manière générale, qu'à partir du règne de Léopold, dans les premières années du xviii° siècle.

Nous nous sommes fondé, pour formuler cette opinion, sur les deux articles suivants de la Coutume de Lorraine : Titre XV, art. 1er. « D'usage commun, les habitans en divers villages desquels les bans sont joignans... peuvent, par droit de parcours, régulièrement envoyer leurs troupeaux ès-lieux de vaine pâture... » Et l'art. 3, même titre : « Vaine pâture s'entend en chemins... terres en friche, *bois* et autres héritages non ensemencés et ouverts... »

Or, il existe une ordonnance du duc Antoine, du 27 novembre 1511, qui pourrait nous être opposée, et dont il convient d'apprécier les termes. Voici le texte de cette ordonnance, extraite du Ms. n° 189, tome I. Bibl. de Nancy :

« ... Faisons défense à tous nos officiers de gruerie de permettre, directement ni indirectement aux communautés des villes, bourgs et villages, ni à quelque personne que ce soit, de mener vainpâturer aucun bétail dans nos bois, ni ceux des communautés, soit ecclésiastiques, soit laïques, ni d'en prendre ni tirer aucun profit, à peine de 200 francs d'amende pour la première fois, du double pour la seconde, du triple pour la troisième, et de privation d'offices, outre les dommages-intérêts tels que de raison.

» Défendons aux communautés et aux particuliers qui ne sont fondés audit droit de vainpâturage, par chartres, titres ou possession de temps immémorial, de mener vainpâturer leur bétail en nosdits bois et forêts et étangs, que les taillis n'aient au moins 9 années de recrûte, et reconnus défensables par nos officiers, ni dans ceux des communautés, soit laïques ou ecclésiastiques, à peine de 50 francs d'amende contre les particuliers, par chacune bête y trouvée pâturant, par échappée ou à garde faite, qui ne pourront être modérés en aucun cas.

» Voulons que ceux qui sont fondés en titre ou possession immémoriale soit réglés, pour éviter à toutes malversations, mésus, abus et dégâts qui peuvent se commettre en nosdits bois et forêts.

» Enjoignons auxdites communautés, qui ont chartres et titres, de les exhiber ou faire apparaître à nos gruyers et contrôleurs, et leur en délivrer copie, ou bien vérifier par devant eux leurdite possession immémoriale, pour être du tout rapporté par nos officiers à nos Chambres des Comptes de Lorraine et Barrois, pour y donner tel règlement qu'ils jugeront à propos... »

Le paragraphe 1er de cette ordonnance est simplement une mesure d'ordre à l'égard des gruyers, pour leur défendre de trafiquer du vain pâturage en forêt, mesure n'ayant aucun rapport avec la question de droit qui nous occupe.

C'est le second paragraphe qui, à première vue, semble constituer une innovation grave. La vaine pâture dans les bois, au lieu d'être *d'usage commun*, comme le dit la Coutume, ne s'exercera désormais qu'au profit de ceux qui sont fondés en titres ; ces titres doivent être vérifiés en la Chambre des Comptes, qui peut même ordonner un règlement contraire, si le bien de la forêt l'exige.

L'importance de cette innovation n'est pas cependant aussi grande qu'on pourrait le supposer. D'abord, l'ordonnance d'Antoine, si on la considère comme une dérogation à la Coutume, n'aurait pu avoir effet que dans les domaines immédiats du souverain, car elle n'a pas été soumise à la sanction des Assises, comme il était de règle lorsque le duc voulait modifier *ergà omnes* une disposition coutumière : cette ordonnance aurait donc été inapplicable sur les terres des hauts justiciers non comprises dans le domaine ducal. De plus, on remarquera que l'ordonnance rend possible le vainpâturage, non seulement s'il est fondé en titre, mais encore s'il a été précédemment exercé en vertu d'une possession immémoriale ; or, quelle base meilleure à une telle possession que l'art. 3 du titre XV de la Coutume ? En vertu de ce texte, toutes les communautés laïques profitaient effectivement de la vaine pâture dans les bois, et dès lors l'ordonnance d'Antoine n'a pu avoir pour résultat de la leur enlever. Cette ordonnance n'a donc été capable de modifier la situation antérieure qu'à l'égard des communautés ecclésiastiques ; elle a pu aussi avoir effet à l'égard des communautés rurales qui se sont formées postérieurement à 1541 : nous savons qu'elles furent en très petit nombre.

La fixation de la défensabilité à 9 ans au moins, est une dérogation plus grave à l'art. 7 de la Coutume, qui ne parle que de la 5ᵉ feuille ; sur ce point, le changement est indiscutable, au moins pour les hautes justices domaniales.

Concluons donc que l'ordonnance de 1541 n'a pu avoir qu'une influence tout à fait secondaire sur l'exercice du vainpâturage en forêt, pour les communautés laïques dont le finage contenait des massifs boisés.

Page 119. — GRUYER. Nous avons fait dériver ce mot, à l'exemple de Ducange, de l'allemand *grün*. Si cette étymologie paraît hasardée, nous dirons pour notre excuse que les auteurs spéciaux n'en ont pas trouvé d'autre. Ainsi Fr.

Diez (*Etymologisches Wörterbuch der romanischen Sprachen*, vierte Ausgabe, Bonn, 1878), p. 606, renvoie à Ducange et se borne à citer comme synonyme *verdier*, de *viridis*.

ERRATA

Page 4, ligne 25. Au lieu de : aux dépens des *bois* vacants, lire : des *biens* vacants.

Page 23, note 27. Au lieu de : *memoribus* abietinis, lire : *nemoribus*.

Page 27, note 31, in fine. Au lieu de : période des *foresta*, lire : des *forestæ*.

Page 38, ligne 5. Au lieu de : *de* même, lire : *le* même.

Page 91, ligne 9. Au lieu de : *qui* ne consommaient pas, lire : *que*.

Page 206, dernière ligne. Au lieu de : *tailis*, lire *taillis*.

Page 229, ligne 4. Au lieu de : ouvrage *écrit*, supprimer le mot : *écrit*.

Page 262, ligne 8. Au lieu de : *étant* surtout, lire : *étaient*.

Page 296, note 59, ligne 3. Au lieu de : *1555*, lire : *1655*.

Page 302, dernière ligne. Au lieu de : *pourtant*, lire : *partout*.

Page 338, note 102, dernière ligne. Au lieu de : sous l'ancien *village*, lire : sous l'ancien *régime*.

Page 359, ligne 17. Au lieu de : chanoine en l'église *dudit Villey*, lire : en l'église *dudit Toul*, prévôt *dudit Villey*.

TABLE DES MATIÈRES

	Pages.
Préliminaires	I à V
Sommaires	VI à XVIII

LIVRE I. — *Les forêts jusqu'au XIIe siècle* (périodes gallo-romaine et franke).

CHAPITRE 1er. — Période gallo-romaine	1 à 4
CHAPITRE 2. — Période franl.	4 à 31

LIVRE II. — *Les forêts depuis le XIIe siècle jusqu'au milieu du XVIIe* (périodes féodale et ducale).

CHAPITRE 1er. — Répartition générale des forêts sur le territoire. Distribution par nature de propriétaires. Populations forestières	33 à 69
CHAPITRE 2. — Droits d'usages dans les forêts	70 à 115
CHAPITRE 3. — Organisation administrative; répression des délits	115 à 157
CHAPITRE 4. — Exploitation et traitement des forêts	157 à 207
CHAPITRE 5. — Chasse et pêche	207 à 234

LIVRE III. — *Les forêts depuis le milieu du XVIIe siècle jusqu'en 1789* (période française).

CHAPITRE 1er. — Variations dans la consistance des forêts. Droits d'usages.................	235 à 262
CHAPITRE 2. — Grueries et maitrises ; leurs attributions..............................	262 à 288
CHAPITRE 3. — Exploitation et traitement des forêts	288 à 333
CHAPITRE 4. — Chasse et pêche...............	334 à 348
CONCLUSION	349 à 351
Appendice : Chartes et documents divers.......	353 à 384
Table bibliographique, et explication des abréviations les plus fréquentes......	385 à 388
Glossaire de quelques termes anciens se rapportant aux forêts, à la chasse et à la pêche........	389 à 402
Additions et corrections.....................	403 à 407

TYPOGRAPHIE DE G. CREPIN-LEBLOND

www.ingramcontent.com/pod-product-compliance
Lightning Source LLC
Chambersburg PA
CBHW050905230426
43666CB00010B/2036